证券期货业研发运营一体化体系建设最佳实践汇编

黄天寿 主编

中国金融出版社

序 一

人类有史以来最伟大的技术发明莫过于电力和信息技术，最伟大的金融工具和产品发明莫过于有价证券，两者近乎完美的结合，直接催生了现代资本市场。1990年12月19日，新中国第一家证券交易所——上海证券交易所开业。当时，欧美主要交易所都采用口头竞价方式，计算机在中国也并不普及，但上海证券交易所大胆创新，率先尝试采用计算机撮合模式，带领中国资本市场直接迈入了电子交易时代。得益于金融科技赋能，中国资本市场在短短的30多年内取得了迅猛发展，市场规模跃居世界前列，市场质量稳步提升，走出中国特色。在这一过程中，技术团队和技术系统逐渐由最初的辅助角色演变成今天的支撑和引领力量，市场各类参与机构的技术人员和投入规模绝对值及占比大幅提高。

党的十八届三中全会提出"国家治理体系和治理能力现代化"重大命题，党的十九大明确提出我国经济已由高速增长阶段转向高质量发展阶段，党的二十大全面擘画了社会主义现代化建设的宏伟蓝图，一脉相承，为中国特色现代资本市场建设指明了方向，明确了资本市场科技发展和标准化工作的准绳。2021年10月，中共中央、国务院印发《国家标准化发展纲要》，指出：标准是经济活动和社会发展的技术支撑，是国家基础性制度的重要方面。标准化在推进国家治理体系和治理能力现代化中发挥着基础性、引领性作用。新时代推动高质量发展、全面建设社会主义现代化国家，迫切需要进一步加强标准化工作。

在国家和行业发展双重聚焦的时代背景下，研究如何在运用金融科技赋能业务发展的同时实现业务创新和降本增效、推动行业数字化转型与高质量发展，研究如何在满足研发运营过程安全、合规的前提下提升研发交付效率，使产品和服务需求得到及时响应，既是时代的共同命题，也是市场参与各方实现可持续、高质量发展的内在需要。组织行业机构开展这方面的理论研究和实践探索，建立符合各自现有基础和未来目标的研发运营一体化体系，是回答这一命题、提升行业科技能力的重要举措，有助于实现行业科技的高质量可持续发展。

第四届证标委自成立以来，为了适时提高行业标准供给数量和质量，开创性地组织全行业开展了标准课题研究工作。上海证券交易所联合海通证券股份有限公司、中泰证券股份有限公司承担了"证券期货业研发运营一体化体系建设指南"行业标准研究课题，吸纳行业机构广泛参与，完成了对行业研发运营一体化体系及其运营效能理论研究和实践探索的最新代表性案例汇总和系统梳理，推出了阶段性成果《证券期货业研发运营一体化体系建设最佳实践汇编》，值得肯定和鼓励。本书是证标委第一批标准研究课题的第一个正式出版的成果，我在此谨向所有参与过本书编撰工作的同仁表示祝贺，相信本书对每一位读者都会有所帮助。同时，希望读者朋友们能够批判性地阅读本书，并希望课题组继续努力，早日推出高质量的《证券期货业研发运营一体化体系建设指南》。

书临付梓，欣为此序，共飨读者。

蒋东兴

中国证监会科技监管局副局长、研究员

2023 年 4 月

序 二

"证券期货业研发运营一体化体系建设指南"是上海证券交易所联合中泰证券股份有限公司、海通证券股份有限公司承担的一项行业标准研究课题，同时得到了行业机构的广泛支持和参与。大家共同努力，完成了对行业运营效能理论研究和实践探索的最新代表性案例汇总和系统梳理，推出了阶段性成果《证券期货业研发运营一体化体系建设最佳实践汇编》。

标准化工作具有悠久的历史，古代度、量、衡、货币、语言文字等标准为人类物质和精神文明的交流与传承奠定了基础，加速了社会的进步与发展。近现代以来，各国企业高度重视标准化工作，"一流的企业做标准，二流的企业做品牌，三流的企业做产品"的发展理念深入人心。

党的十八大以来，党中央、国务院把标准化摆在经济社会发展全局来统筹推进，先后印发了《深化标准化工作改革方案》《国家标准化发展纲要》等，将标准化工作纳入国家基础性制度建设范畴，使之成为促进经济社会高质量发展和推进国家治理体系与治理能力现代化的重要手段。各地区、各部门紧密协作、积极作为，使标准化工作的基础性、引领性、战略性作用日益凸显。深圳，作为改革开放的新兴城市代表，其发展成就和示范作用举世瞩目，近期在国家市场监管总局的指导下主办了深圳市首届标准化活动周，以"标准引领高质量发展"为主题，深入实施《国家标准化发展纲要》，引领深圳高质量发展。

在证监会科技监管局的领导下，在证标委的指导下，上海证券交易所对标准化工作高度重视，认真贯彻落实国家标准化战略，积极推动行业标准化建设与发展，广泛参与国家和行业标准的制定与修订工作。2022年，上海证券交易所成功召开第一次标准化工作座谈会，集思广益，确立了全所标准化工作指导思想；成功举办第一届标准宣传月活动，深入宣传贯彻《国家标准化发展纲要》《金融标准化"十四五"发展规划》和世界标准日活动精神，促进形成重标准、讲标准、用标准的工作氛围；成功申报2项国家标准，实现了上海证券交易所主持国家标准编制零的突破；稳步推进6项在建行业标准，1项被国际标准采纳；在行业标准研究课题中，牵头6项，参与 5 项，为助力行业标准高质量发展打下了坚实基础。

本书凝聚了全体参与单位和专家的智慧与汗水，希望对每一位读者有所帮助。同时，上海证券交易所将以本书的出版发行为契机，丰富专项主题交流形式与渠道，扩大同业界之间的交流与合作，广泛吸纳行业经验和成果，听取对上海证券交易所标准化工作的意见和建议，共同为建设高质量现代化资本市场添砖加瓦。

书临付梓，谨为此序，与全体编撰人员共勉，与读者共飨。

王　泊
上海证券交易所副总经理
2023 年 4 月

前　言

近年来，伴随新一轮科技革命和产业变革，我国数字经济快速发展，金融与科技深度融合，运用金融科技赋能业务发展实现业务创收和降本增效，成为推动行业数字化转型和高质量发展的重要方式。

为了在满足研发运营过程安全、合规的前提下提升研发交付效率，产品和服务需求得到及时响应，全行业开展了大量理论研究和实践探索。行业科技发展"十四五"规划中明确了数字化转型标准建设规划，提出了"发布敏捷研发管理、数字化产品设计、信创技术质量测评等标准，完成数字化转型标准体系建设"的目标。上海证券交易所联合中泰证券股份有限公司、海通证券股份有限公司开展了"证券期货业研发运营一体化体系建设指南"行业标准课题研究，在中国信息通信研究院牵头建立的研发运营一体化相关早期标准的基础上，上海证券交易所技术有限责任公司、上证所信息网络有限公司、国泰君安证券股份有限公司、富国基金管理有限公司等机构结合各自特色就研发运营一体化体系建设开展了理论研究、机制设计和实践探索。本书是行业研发运营一体化体系建设及运营效能理论研究和实践探索的最新代表性案例汇总和系统梳理，是标准课题研究组的阶段性成果和进一步研究的基础，是编委会全体成员的智慧结晶，收录了需求及应用设计、敏捷开发管理、持续交付管理、技术运营管理、合规及质量保障管理、合规及安全管理六大类32篇实践案例。希望本书可以为各相关机构建立研发运营一体化体系提供参考，助力提升运营效能、降本增效，但不建议读者朋友将某些案例不加评估改进直接作为认证或产品选型的商业拷贝，并提醒留意以下四点：

1. 研发运营活动要有一定的规模，否则一体化体系建设成本占比过高；
2. 不可控组织和技术"黑盒"较小，否则影响一体化可行性和效果；
3. 要有一体化的工具平台支撑，否则缺乏高效协作的技术基础；
4. 一体化的组织保障是庞大人、财、物不散或形散神不散的核心要素。

《证券期货业研发运营一体化体系建设最佳实践汇编》生逢其时，在筹备、编写、审稿、完善过程中，得到了中国证监会科技监管局、全国金融标准化技术委员会证券分技术委员会的指导和帮助，获得上海证券交易所的大力支持，各类行业机构广泛参与，在此向各方致以真诚的谢意，并向所有供稿单位和作者的辛勤付出与无私奉献表达崇高敬意，欢迎读者朋友们及时反馈不足之处和建议。

黄天寿

2023 年 4 月

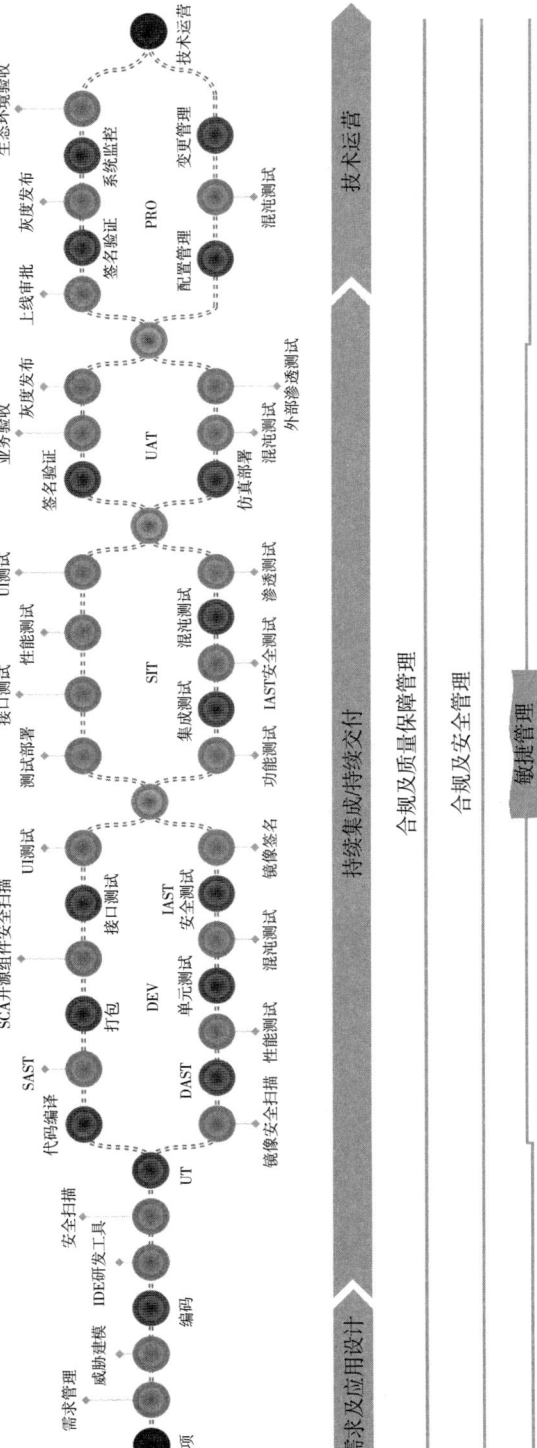

证券期货业研发运营一体化建设标准指南

目 录

◆ 第一部分 需求及应用设计

上交所数据中台数据标准化设计与实践
　　　王　芳　韩凤宁 / 3
东方证券企业中台设计与实践
　　　樊　建　严伟富 / 11

◆ 第二部分 敏捷开发管理

国泰君安基于DevOps的证券移动应用敏捷迭代机制设计与实践
　　　俞　枫　黄　韦　陶惠勇　张禄旭　龚恺妮　林　睿　吕亚莲　秦楚杰 / 25
中欧基金研发效能探索与实践
　　　杨如意　陈　羲　贾建国 / 33
国金证券全链路业务敏捷实践助力价值交付
　　　王建朋　杨　晨 / 46
敏捷助发展
　　　——海通证券软件研发敏捷转型实践
　　　熊　辉　周　靖　陆颂华 / 61

◆ 第三部分 持续交付管理

中金所技术支撑双态交付的DevOps生产线数字化实践
　　　高　剑　陈冬严 / 69
中泰证券研发运营一体化建设的思考和实践
　　　何　波　张永启　陈树冰　向元武　郝晗瀚　李文霞 / 75
光大证券敏态业务持续交付能力建设实践
　　　朱震宇　龚卫振　周宇淇 / 95
海通证券DevOps平台建设及应用
　　　陆颂华　周　靖　闫宇星 / 105

安信证券基于工程能力标准的研发管理体系建设与效能改进实践
　　劳添辉　蒋渐峰／113
东方证券研发运行一体化平台探索与实践
　　樊　建　赵　泽／128
国金证券基于云原生技术的DevOps工程实践
　　李　晨　陈智豪／141
一站式云原生研运平台在国信证券的探索与实践
　　李明军　邓启翔　陈培新／154
中信建投证券DevOps在研发过程中的探索和实践
　　孟晋津　王　洋　吴　刚／165

◆ 第四部分　技术运营管理

上证所信息公司智能运营体系的规划与建设
　　刘　洁　裘　岱　张晓军　王　波　谌　鹏／181
建立以混沌工程为中心的系统稳定性保障体系
　　——中泰证券理财业务混沌工程实践
　　何　波　张永启　向元武／192
国泰君安数字化智能运维落地实践
　　俞　枫　曾宏祥　毛梦非　黄　豁　姜婷婷　冯一欣／197
华泰证券运维技术服务台建设及运营实践
　　腾灵灵　邱　朋　王正宇／208
富国基金基于人工智能和应用图谱的智能运营平台
　　李　强　孙　琪　吉维维　姚　琦／218
中欧基金系统可观测性及稳定性建设探索
　　陈　羲　贾建国／227
光大证券DevOps可观测性管理实践
　　朱震宇　周宇淇　韩小华　裴旭宝／236

◆ 第五部分　合规及质量保障管理

中泰证券云原生体系下的合规质量保障体系建设
　　何　波　张永启　陈树冰　于娜娜／251
东方证券探索构建新型动态质量保障体系
　　杨忠琪／265

国金证券测试驱动开发（TDD）质量保障实践
  杜铁绳 / 285

光大证券 AI 技术加持测试敏捷化的建设与实践
  朱震宇 文梦梦 李高远 罗 涛 / 294

华泰证券稳定性工程实践
  田 江 王 刚 / 307

◆ 第六部分 合规及安全管理

DevSecOps 在华泰证券落地实践
  庄 飞 江 旺 / 317

中泰证券 DevSecOps 体系实践与探索
  何 波 董红涛 张永启 陈树冰 朱继建 向元武 / 348

国信证券 DevSecOps 的源码与开源组件安全审计实践
  金文佳 朱 毅 唐会明 王方凯 / 360

安信证券 DevSecOps 落地实践
  覃阳青 / 365

中信建投在 DevOps 敏捷开发过程中的安全实践
  张建军 吴 冰 陈祥云 卜 杰 / 374

后记一 / 382

后记二 / 384

后记三 / 386

第一部分
需求及应用设计

随着金融科技的不断发展和应用,研发运营一体化覆盖应用系统开发全生命周期,成为行业软件开发中不可或缺的一部分。需求及应用设计作为证券期货业研发运营一体化实践中首要的一环,涉及研发和运营的核心流程,是开发技术中核心的能力,其主要包括需求定义、应用系统架构、应用接口、应用性能、应用扩展和应用故障处理等关键要素能力的设计。企业在需求及应用设计实践过程中,往往面临许多的痛点问题。如在需求分析的过程中,面临需求变化频繁和需求不清晰等痛点;在应用系统架构设计过程中,面临围绕需求进行的设计不规范、应用设计考虑不够全面等问题。

本部分汇编了研发运营一体化需求及应用设计部分最佳实践案例相关的信息。其中,上海证券交易所(以下简称上交所)根据数据中台建设的实际情况,以最基础的主题数据层为例,探讨了数据模型标准化的设计思路。东方证券通过对企业进行分析,形成"薄应用 厚中台 稳后台"的企业中台架构全景设计。本部分需求及应用设计部分的行业最佳实践案例,能够指导企业更好地对需求定义、企业系统架构和研发设计流程等关键要素进行规范、指导,提升企业研发效率与运营成本,助力企业数字化转型。

总之,证券期货业研发运营一体化需求及应用设计部分的优秀实践案例,能够提高企业的需求及应用设计成熟度水平,从而在竞争激烈的市场中获得更强的竞争优势。

上交所数据中台数据标准化设计与实践

王 芳 韩凤宁

上交所技术有限责任公司

近年来，随着企业数字化转型工作在各行各业的深入开展，数据中台已逐步在金融、互联网等行业建成落地。数据中台的建设理念相比传统的数据仓库和大数据平台有较大的不同，数据中台更加重视打破数据孤岛及解决烟囱式开发问题，注重数据的体系化管理、标准化建模和产品化展示，强调数据的复用能力和共享能力。其中，数据的标准化建模是构建数据中台模型体系的核心环节。本文结合上交所数据中台的实际情况，以最基础的主题数据层为例，探讨了数据模型标准化的设计思路。

1. 背景介绍

上交所（以下简称本所）肩负着组织证券市场的有序运转以及对市场参与主体的监管重任。随着业务的不断发展，现有的大数据平台已表现出诸多不足，主要问题有：一是数据源缺失，存在数据孤岛，无法支撑监管业务的全链路融合分析；二是缺乏标准化的数据模型，数据摆放散乱，指标口径多样化，不便于取用；三是烟囱式开发模式使大数据平台与各应用系统耦合性高，增加了系统维护成本。为了解决以上问题，2022年伊始，本所启动了数据中台建设项目，项目内容包括丰富数据源、实现数据模型标准化、建设统一的指标库和标签库等，以沉淀业务数据、充分发挥数据价值为目标，打造出一个以数据赋能新业务新应用的支撑性平台。

在本所实际的业务场景中，各业务部门常常要结合业务场景作一些数据的统计分析，通过输出报表等方式服务于部门的运营与决策。如果把业务需要的数据比作果实，那么数据中台就是果园，数据模型就是果树，要想收获不同品种的优良果实，就必须要把果园里的果树修剪嫁接好。同理，数据中台数据标准化的过程就是修葺数据模型的过程，数据模型构建的好坏直接影响到数据中台的数据质量和服务能力。所以，在数据标准化的过程中，一方面要有科学的方法论作指导，另一方面也要充分借鉴行业案例，以理论联系实际的方式构建出最佳实践结果。要对纷繁复杂的数据源进行标准化，首先要建立清晰的数据层次，然后逐层制定数据体系并打磨和完善。本文将围绕数据中台最核心的主题数据层阐述数据标准化的建设思路。

2. 数据中台模型体系

本所数据中台的模型体系整体可以归纳为原始数据层、主题数据层和汇总数据层三个层次。对数据进行分层设计的目的主要有：一是将复杂问题简单化，把数据的处理逻辑拆分成多层来完成，明确每一层的功能定位，降低任务之间的耦合度；二是减少重复开发，规范数据分层，通过主题数据层将明细数据标准化，通过汇总数据层减少指标重复计算，做到一处计算多处使用，提高数据的复用性；三是隔离原始数据，从数据的敏感性等方面考虑，将原始数据与统计数据隔离开，做好数据安全的分类分级管理。分层设计整体上做到结构清晰、层次分明，提升了开发效率，降低了维护成本。

原始数据层，又称为 ODS 层（Operation Data Store），主要用来存放从上游业务系统采集的或从外部采购的原始业务数据，定位于保持数据原貌，并且需要保存全部历史数据。

主题数据层，又称为 DWD 层（Data Warehouse Detail），主要是对原始数据层进行标准化建模，基于每个具体的业务特点，构建最细粒度的明细层事实表。主题数据层需要对原始数据层进行清洗（去除脏数据）、融合（按数据内容合并或拆分），将原始数据层数据按业务主题归类整理，并明确每个主题之间的关系。

汇总数据层，又称为 DWS 层（Data Warehouse Service），是在主题数据层基础上，结合业务分析视角，将数据按维度和指标进行汇总，基于上层的应用需求构建通用的指标事实表。

从上述三层体系的描述中可以看出，主题数据层是数据建模的核心区域，这一层要对数以万计的上游接口进行清洗、归纳和融合，是整个数据中台最基础的一层。

3. 主题数据层建模原则

为保证模型的稳定性和对业务支持的灵活性，本所数据中台在设计主题数据层模型时一般遵循以下原则：

（1）业务继承性原则：数据中台在进行模型设计时，对于业务实体的相关概念，原则上以继承业务系统定义为主，不提出新的概念。

（2）稳定性原则：在设计模型时，需要根据数据内容的特性选择稳定的模型结构，以屏蔽上游数据接口变化对数据中台带来的影响。

（3）前瞻性原则：在设计模型时，基于当前已有的数据作适当超前的规划，以适应业务未来的发展，尽量保持模型的稳定性。

（4）兼顾实际原则：尽量兼顾上下游系统实际情况及数据中台本身的技术特性、性能特性，以建模理论为基础，结合实际，在运用建模理论的同时作一定的变通。

（5）实用性原则：在进行主题数据层设计时，兼顾模型结构一致、数据内容清晰、数据无交叉和数据不冗余等方面因素，以方便使用为原则进行整合，形式上既可以是多张表合并成一张表，也可以是一张表拆分成多张表。

（6）数据源可靠原则：分析本所内部数据与外部数据可靠度和数据质量，尽量保证所内数据相互融合、所外数据单独融合；对于同一数据存在多头数据源的，优先使用所内数据，其次使用所外数据。

（7）按需整合原则：原始数据层整合到主题数据层时需要着眼于数据内容，优先整合有明确分析价值的数据，将一些过程数据、备份数据、零散数据等价值尚不明确的数据，暂时放在原始数据层，待后续明确价值后再提到主题数据层。

4. 主题数据层模型构建思路

4.1 主题域划分（0级）

在构建主题数据层模型时，首先要划分数据的业务主题。本所数据中台在划分业务主题时，是以证监会 SDOM 主题划分标准为指导，同时参考了 FS LDM 金融行业主题划分标准，结合本所业务全景视图，将数据范围扩大至金融行业、资本市场和宏观经济等层面，对所涉及的全部业务数据进行抽象与归纳，最终形成本所业务数据主题的顶层视图（0级），如图1所示。

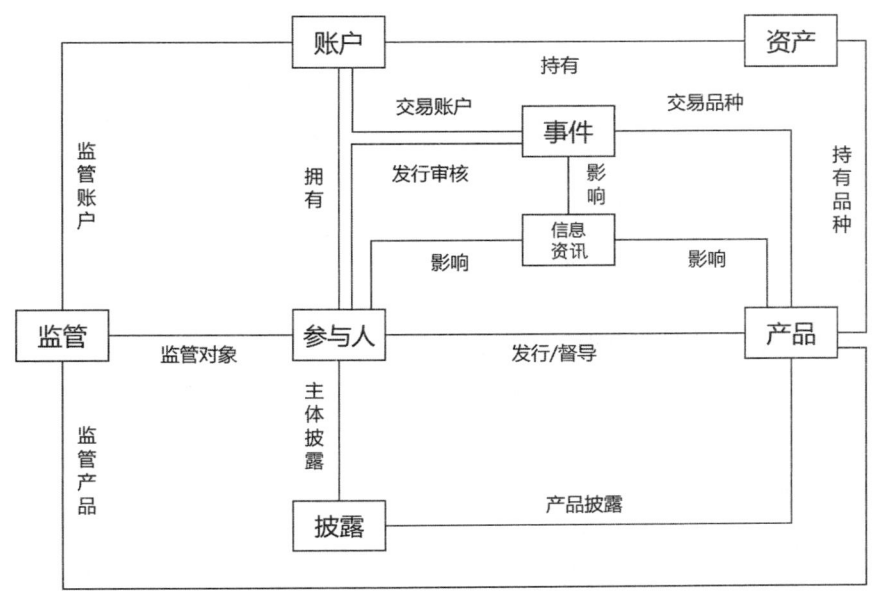

图1 数据中台主题域划分（0级）

顶层视图中描述了八大主题以及主题之间的关系，下面详细介绍每个主题包括的具体内容。

（1）参与人主题。参与人（Participant，简称PAR）是指证券市场活动中的所有参与主体，包括发行人、中介机构、服务机构、从业人员、高管、自律性组织和证券监管机构的基本信息及以参与人为主体的附加属性，如评价、知识产权、董监高、主要科研人员、交易权限，及其之间的关系等。参与人主题由名称、证件类型和证件号码、统一社会信用代码唯一标识组成。

（2）账户主题。账户（Account，简称ACC）是指参与人持有资产及参与各类证券行为（如委托、交易、结算、过户、分红等）的载体，包括证券账户、资金账户、期货账户、资管账户、银行账户、账户权限等。

（3）资产主题。资产（Asset，简称AST）是指参与人进行证券产品投资所拥有的资产信息，主要包括证券、期货、基金持仓及其变动、资金及其变动等。

（4）产品主题。产品（Security，简称SEC）是指在交易所交易或被监管的各类投资品种，包括证券市场上的股票、债券、基金、衍生品等，期货市场上的期货合约及期权，场外市场的产品（收益凭证、资管计划、私募基金等）及衍生品等，以及由上述品种编制所得的指数。除记录基本信息外，还记录行情、业务控制信息等。

（5）事件主题。事件（Event，简称EVT）是指投资者参与证券期货市场的所有行为，以及该行为触发的证券期货市场其他参与者的所有行为，如上市公司的审核、发行、回购行为，投资者新股申购、竞价委托及交易行为，结算公司为上市公司及投资者的权益登记行为等。

（6）监管主题。监管（Regulation，简称REG）是指依照法律法规和上级单位授权，监督管理证券市场秩序，保障其合法运行的行为。监管主题的数据内容包括司法处罚、行政处罚、行业监管、内部监管等。

（7）披露主题。披露（Disclosure，简称DSC）是指参与主体依照法律规定将其自身的财务变化、经营状况等信息和资料向监管部门与证券交易所报告，并向社会公开或公告的数据。

（8）信息资讯主题。信息资讯（Information，简称INF）是指第三方机构或自然人对证券市场的评价，以及其他与证券市场有关的数据，包括宏观数据、市场舆情、法律法规等。

4.2 主题一级分解

根据自顶向下、逐层分解的模型设计方法，在明确划分了数据模型业务主题后，需要进一步对各个主题进行分解，将其分解到子主题的层次。对数据主题进一步分解后形成的一级视图如图2所示。

图 2　数据中台主题模型一级视图

参与人的子主题包括发行人（Issuer，简称 ISR）、机构（Institution，INS）、参与人关系（Relationship，简称 RLT）。

账户的子主题包括账户信息（Basic Information，简称 BSC）、账户分类（Classification，简称 CLS）、业务控制（Control，简称 CTL）。

资产的子主题包括金融产品持仓（Financial Product，简称 FIN）、资金持仓（Capital，简称 CAP）、商品持仓（Commodity，简称 CMM）、业务控制（Control，简称 CTL）。

产品的子主题包括产品信息（Basic Information，简称 BSC）、产品行情（Quotes，简称 QTS）、业务控制（Control，简称 CTL）。

事件的子主题包括发行（Issue，简称 ISS）、交易（Transaction，简称 TXN）、权益变动（Equity Change，简称 CHG）。

监管的子主题包括司法监管（Judicial，简称 JUD）、行政监管（Administrative，简称 ADM）、行业监管（Industrial，简称 IND）、内部监管（Internal，简称 ITR）。

披露的子主题包括招股公告（IPO，简称 IPO）、定期公告（Periodical，简称 PER）、临时公告（Temporary，简称 TMP）。

信息资讯的子主题包括研究报告（Research，简称 RSH）、舆情信息（News，简称 NWS）、宏观经济（Macroeconomics，简称 MCR）、法律法规（Laws，简称 LAW）。

以上主题的简称都将运用在后续的物理建模过程中，作为数据元标准贯穿整个数据中台的模型定义。

4.3 主题二级分解

对一级视图进行进一步分解，可以得到各个一级主题包含的主要业务实体。下面以图的形式展示各主题所包含的一级主题及主要业务实体（见图3至图10）。

（1）参与人主题。

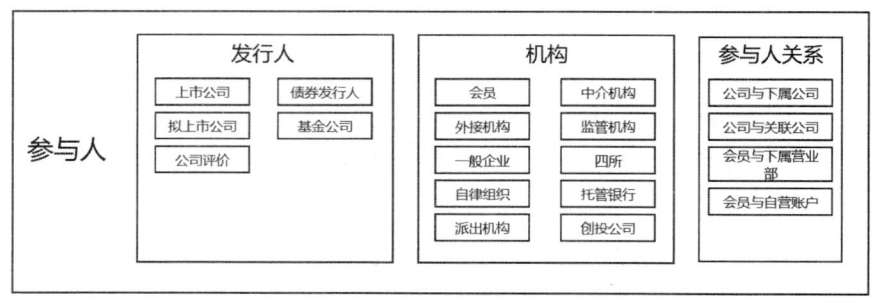

图3 数据中台主题模型（二级）——参与人主题

（2）账户主题。

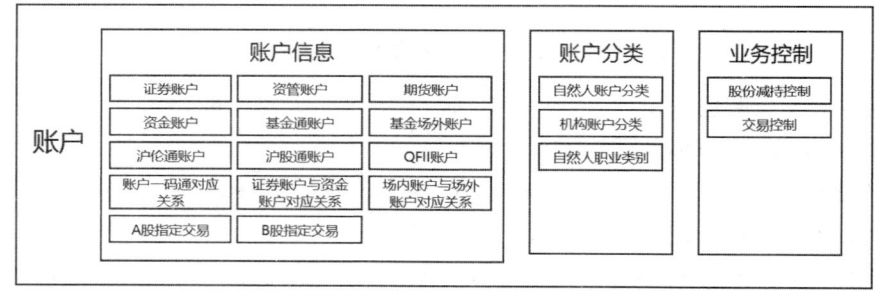

图4 数据中台主题模型（二级）——账户主题

（3）资产主题。

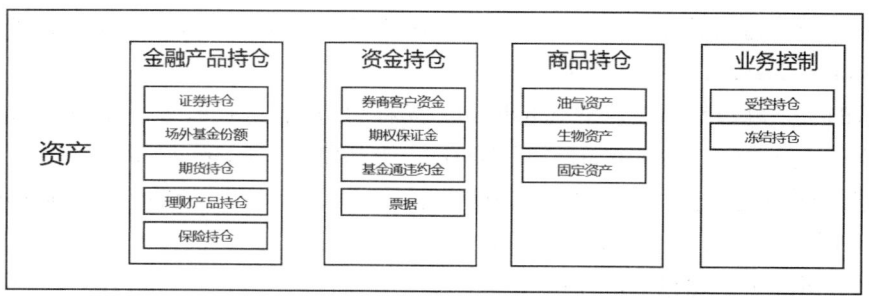

图5 数据中台主题模型（二级）——资产主题

（4）产品主题。

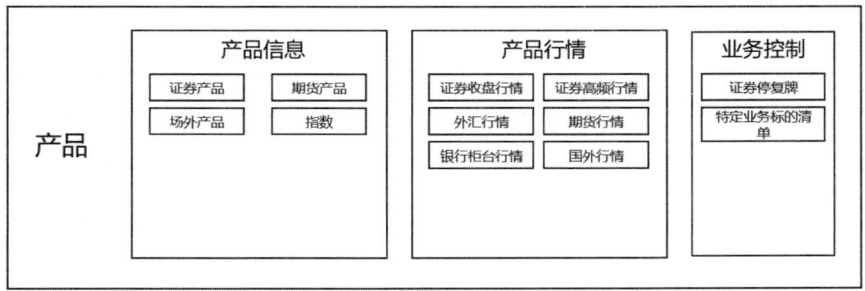

图 6 数据中台主题模型（二级）——产品主题

（5）事件主题。

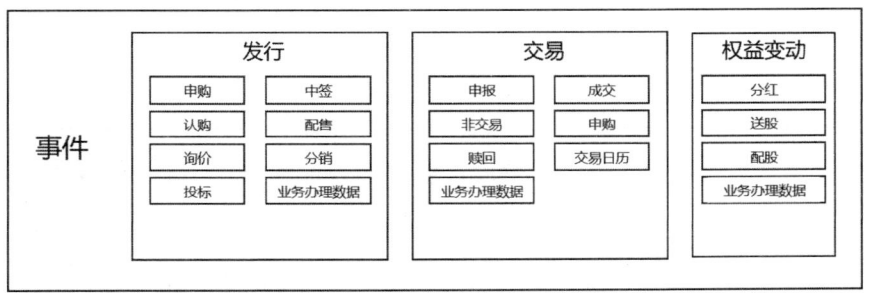

图 7 数据中台主题模型（二级）——事件主题

（6）监管主题。

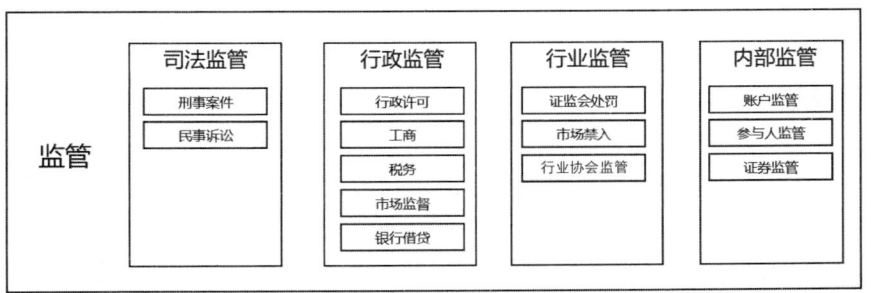

图 8 数据中台主题模型（二级）——监管主题

（7）披露主题。

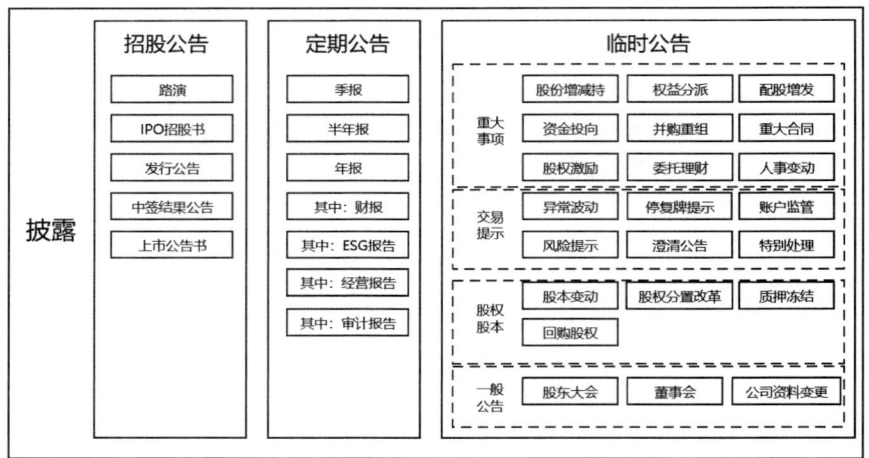

图 9　数据中台主题模型（二级）——披露主题

（8）信息资讯主题。

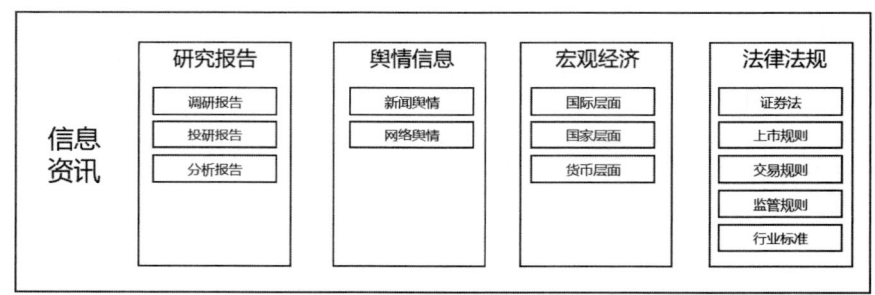

图 10　数据中台主题模型（二级）——信息资讯主题

5. 总结

综上所述，本文围绕上交所数据中台的主题数据层探讨了数据标准化的设计思路，在介绍了数据中台模型体系后，重点讨论了主题数据层中八大主题的划分，并对每个主题进行了逐层分解，最终得到各个主题包括的主要业务实体。后续将会随着业务的拓展，持续对标准数据模型进行推敲打磨和优化完善。今后，我们将会重点讨论各主题的概念模型，从业务视角描述每个主题包含的核心业务实体以及实体之间的主要业务关系。

东方证券企业中台设计与实践

樊 建 严伟富

东方证券股份有限公司

为了破除证券行业前台业务快（敏捷响应）和后台稳（坚实支撑）之间的"发展速率脱节和失配"的突出矛盾，东方证券股份有限公司（以下简称东方证券）在行业内率先对企业中台作出先行探索实践，通过对用户业务旅程进行分析，遵循业务引领、领域划分、统一视角及能力复用的建设原则，将企业业务中台主要划分为账户、产品、行情、资讯、认证、财富、资产等能力中心，形成"薄应用 厚中台 稳后台"的企业架构全景，并基于 API 化的开放式模块化架构核心思想，将核心业务知识进行沉淀，以模块化、服务化、共享化的形式建设企业级能力，从而快速响应市场变化和客户需求，大幅提升业务交付效率，助力企业数字化转型，金融科技核心竞争力取得重要突破。

1. 背景及意义

近年来，移动互联网、大数据和人工智能等新技术的全面深入应用，以及新商业模式的涌现和财富管理转型，对证券公司的 IT 能力提出了新的挑战。如何快速响应业务的需求、提供差异化的服务、满足投资者个性化的需求，成为摆在证券公司 IT 建设面前的巨大挑战。总体来说，券商在系统建设过程中仍存在不少痛点，主要如下：

（1）烟囱式开发。与大多数公司一样，东方证券系统以往多采用烟囱式发展方式，系统各自为政，功能大量重复，如证券公司面向零售客户的网上交易系统，一般都有通达信、同花顺等，面向机构客户的 PB 产品端往往有恒生、迅投、根网等系统，架构层面也缺乏统一规划和管控，技术成果更加无法共享。

（2）单体架构，牵一发而动全身，且系统相互之间耦合度高，相互影响，无法保证 7×24 小时业务开展。

（3）技术架构异构化，各个系统的功能调用方式、支持的开发语言、调用入口等也不尽相同，形成了系统间的技术壁垒。在此基础上再进行系统开发以及进一步的迭代，其技术难度和风险也非常大。

(4) 交付速度慢，核心系统建设多以购买为主，需求响应缓慢，受制于人。

2. 整体方案介绍

2.1 用户业务旅程

区别于互联网行业及其他传统行业，证券行业有其自身行业特点。我们站在用户的角度，具体来分析券商用户的核心业务旅程，以券商用户目前应用最为广泛的 App 为例，其典型具体业务旅程如图 1 所示。

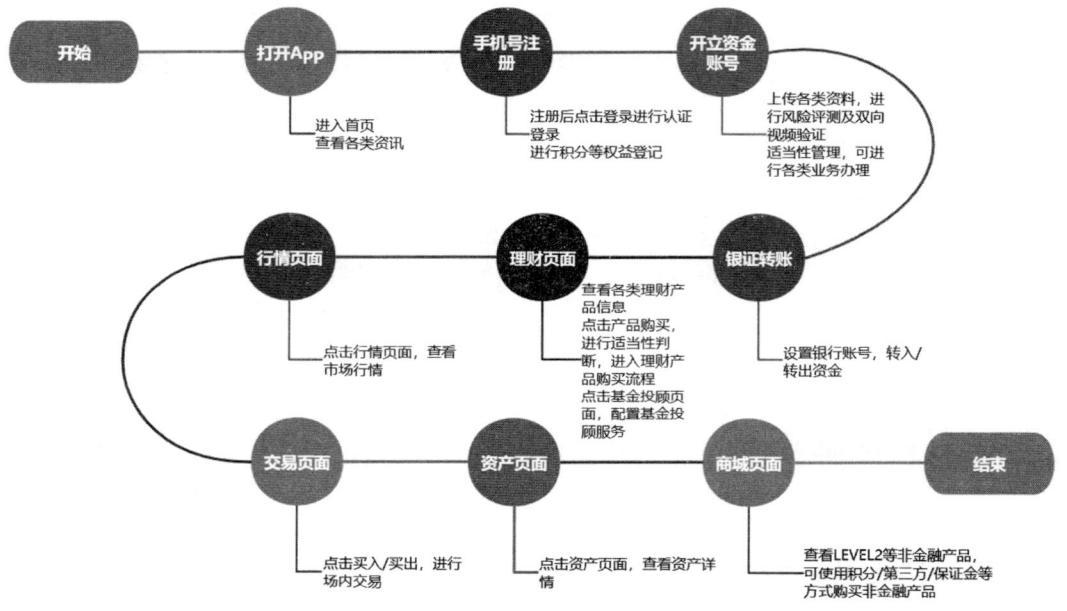

图 1 用户业务旅程

2.2 业务中台架构全景

通过对用户旅程进行分析可以得知，券商客户的核心业务领域主要涉及行情、资讯、账户、资金、认证、产品、基金销售/投顾、场内交易、资产及商城等核心场景，因此，根据业务单一原则，如图 2 所示，东方证券将企业业务中台主要划分为账户、产品、行情、资讯、认证、财富、资产等能力中心，形成"薄应用 厚中台 稳后台"的企业架构全景。

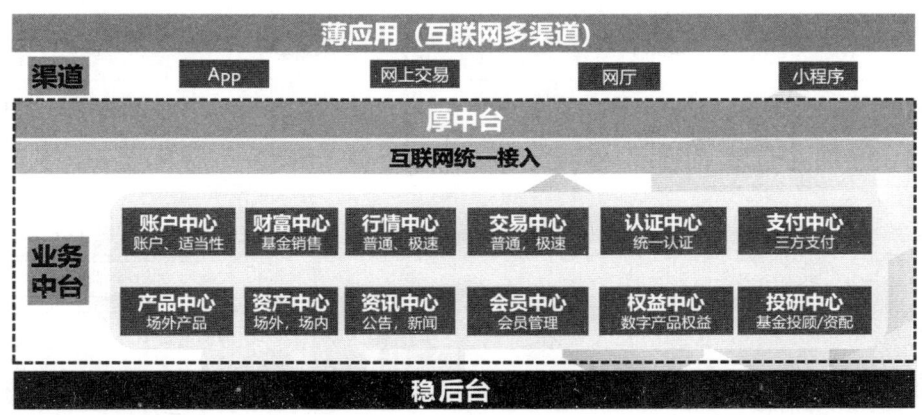

图 2　东方证券企业架构全景

3. 主要技术介绍

3.1　领域驱动设计

证券业务具有高度复杂性的特点，采用领域驱动方法，对业务领域进行分析，建立领域模型，根据领域模型驱动代码设计。合理运用面向对象的高内聚低耦合设计要素，降低整个系统的业务复杂性，从而使系统具有更好的扩展性以应对多变的业务需求。

各能力中心内部先进行模块化的拆分，可以先按照业务类型进行拆分，如场内交易可拆分为股票、信用、期权等模块，模块内部再进行更为细致的服务拆分，运用领域驱动建模的方法论，建立高内聚低耦合的业务模型，根据模型的关系划分限界上下文，限界上下文向微服务转化，并得到系统架构、API 列表、集成方式等产出，形成良好的微服务架构设计，避免形成大单体或混沌的微服务架构，核心原则是单个服务可独立开发、独立部署及运行。

3.2　技术架构

技术框架是业务中台成功的基石，为此，东方证券进行了体系化的技术架构建设，为企业业务中台提供了全方位的技术支撑，如图 3 所示。

3.2.1　服务治理框架

券商传统信息系统多采用单体架构模式开发，把所有的功能都打包在一个独立单元中，并当作一个整体来开发、测试和部署，然而，随着业务的爆炸性增长，应用系统规模不断增大，单体架构将给业务系统的开发、维护、部署带来巨大的问题。

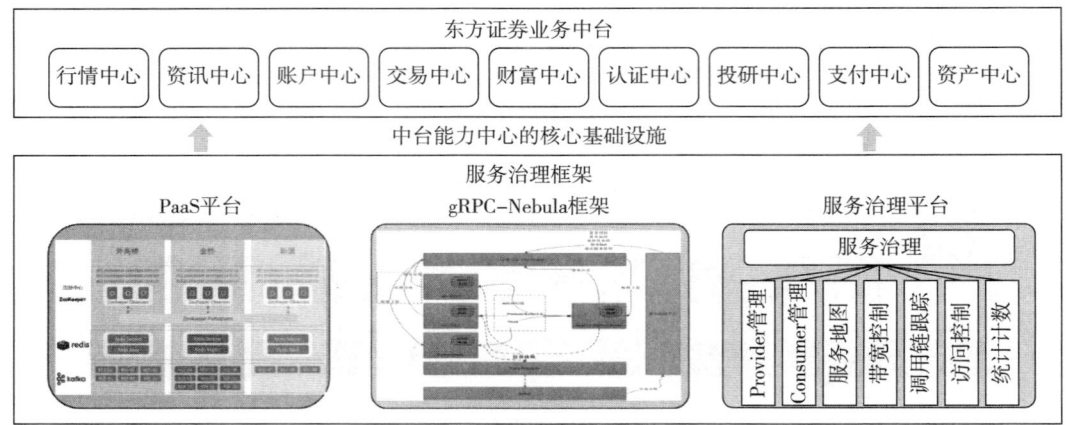

图 3　东方证券业务中台技术架构

微服务架构可以很好地解决单体架构下的诸多问题：第一，将巨大的单体应用拆分成颗粒度更小的服务，服务内逻辑简单、高度内聚，易于开发和维护；第二，各个微服务独立部署，功能修改后可以针对特定部分进行发布，使各个微服务系统能够持续化部署，加快了迭代的速度；第三，当单个服务系统出现故障时，只需要将出现故障的服务下线修复即可，不会导致整个系统的级联故障；第四，可根据不同微服务系统的访问量和资源需求，动态地实现横向扩展和纵向扩展，这大大地提高了系统的利用率；第五，各个研发团队可以根据自己的需求选择编程语言和技术栈，具有更大的灵活性。

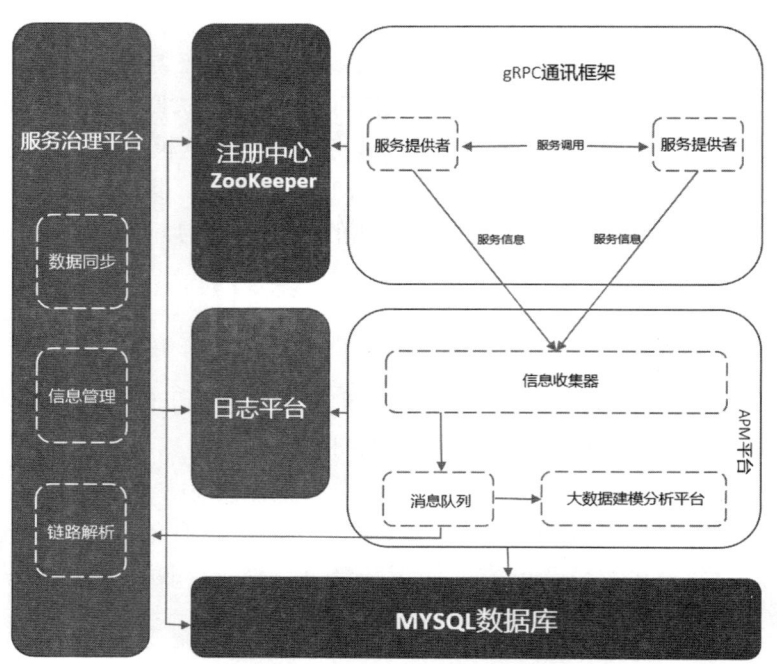

图 4　东方证券服务治理平台总体架构

为此，东方证券也制定了企业技术架构向以微服务为核心的现代化架构转型的策略。通过对比 gRPC、dubbox 及 SpringCloud 等业界主流框架，基于证券行业的特点，我们选择了具有跨语言特性的 gRPC 为核心框架，并在其基础之上新增服务治理特性，建设了 gRPC‑Nebula 服务治理框架和星辰服务治理平台，从而实现企业内部及外部服务的统一化管理，构建服务调用关系及拓扑结构，优化改进服务质量。东方证券服务治理平台的总体架构如图 4 所示。

3.2.2 PaaS 平台

随着互联网场景的不断延伸，业务系统对高吞吐低时延的要求越来越高，而开源中间件作为其中的佼佼者很好地承接了互联网业务的发展，同时也支撑了其他各类业务场景的探索，为此我们在 PaaS 平台上做了如下工作：

（1）建设了标准化的 PaaS 平台，对市场上主流的开源中间件进行了筛选，包括 Kafka、redis、Zookeeper、nginx、elasticsearch 等各类中间件，并设置相应版本基线。

（2）发布了 PaaS 管理规范的架构决策，从架构治理上规范了 PaaS 中间件的使用。

（3）对各类中间件进行全生命周期的纳管，供各应用方申请使用。

（4）对于业务应用最为常用的三个核心中间件（Kafka/redis/Zookeeper），实现了同城三机房高可用部署，支撑各类应用由目前的单活向多活的高可用架构演进。

3.3 研发规范

整个企业业务中台为巨型系统，且从业务需求视角出发，关联系统众多，所以需要有规范的 IT 数字化管理规范和工具链来保障整体的交付效率及交付质量。

（1）版本火车发布，如图 5 所示，建立版本火车的研发管理模式，每个模块或服务建立清晰的版本发布计划，同时整体研发活动有明确的需求评审→架构设计评审→代码 review→接口评审→测试案例评审→验收评审→各类变更评审。

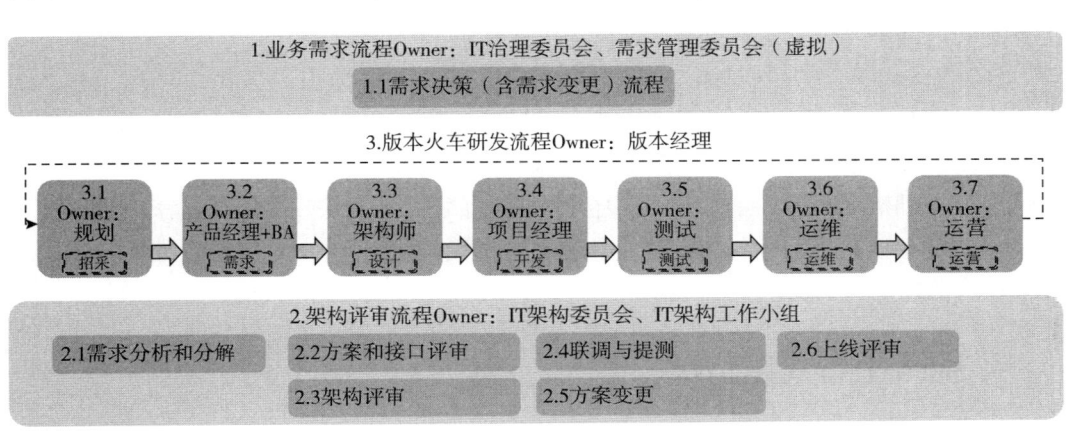

图 5　研发版本火车发布模式

（2）研发流水线，如图 6 所示，建设研发运行一体化平台，集成各类工具，紧紧围绕制品版本，建立严格的质量门禁和自动化测试体系，实现整个代码编译—打包—测试—发布自动化流水线作业，大幅提升交付质量及交付效率。

图6　研发运行一体化平台架构

（3）数据治理，以业务中台为基准形成主数据中心，确定整体各业务的词根、数据字典、公共代码等数据规范，形成公司级业务术语、标准词根及公共代码，并将数据治理流程嵌入整体研发流程，在接口评审环节通过人工形式对数据字段及代码进行审核。

（4）架构管理。针对企业架构缺乏统一规划建设，进行架构组织建设，推行架构标准，建设体系化及分层次的架构评审机制，通过架构组织完成企业架构的标准化及规范化落地工作，掌控架构/系统细节，具备遵循架构标准进行研发的能力。

（5）日志规范。日志是企业的重要数据资产，蕴含巨大的价值，明确日志分类、日志等级、日志格式、日志采集、日志存储、日志监控等日志相关规范，以便于日后上下游调用链等场景分析，提升运维监控整体水平。

（6）TraceID。为每个请求分配唯一的TraceID，用来标识一条请求链路，该TraceID会贯穿整个请求处理过程的所有服务。同时明确业务接口及日志须包含TraceID字段，以便于日后整体的上下游调用链分析场景。

（7）基础架构规范。明确对业务中台提出物理部署要求，实现应用双机房多活架构。

（8）业务监控。明确各类重要业务及容量指标，并制定APM架构标准，按照相应标准接入监控平台。

4. 业务中台建设情况

4.1　能力中心建设

业务中台主要划分为账户、产品、行情、资讯、认证、财富、资产等能力中心，各个能力中心定位如下。

(1) 账户中心，建设权威、完整、标准的账户主数据中心，进行账户类业务受理及办理，提供各类账户全生命周期及适当性管理，并为各业务渠道提供数据服务，如图 7 所示。

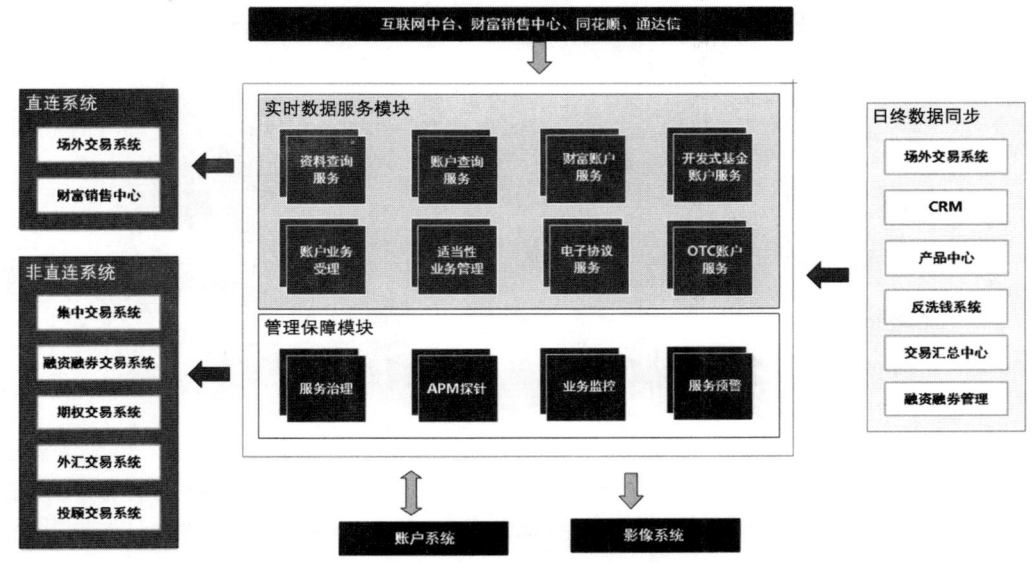

图 7　账户中心架构

(2) 财富中心，对接场外交易系统原子能力，进行金融产品销售业务流程封装，提供场外交易统一接入服务能力，如图 8 所示。

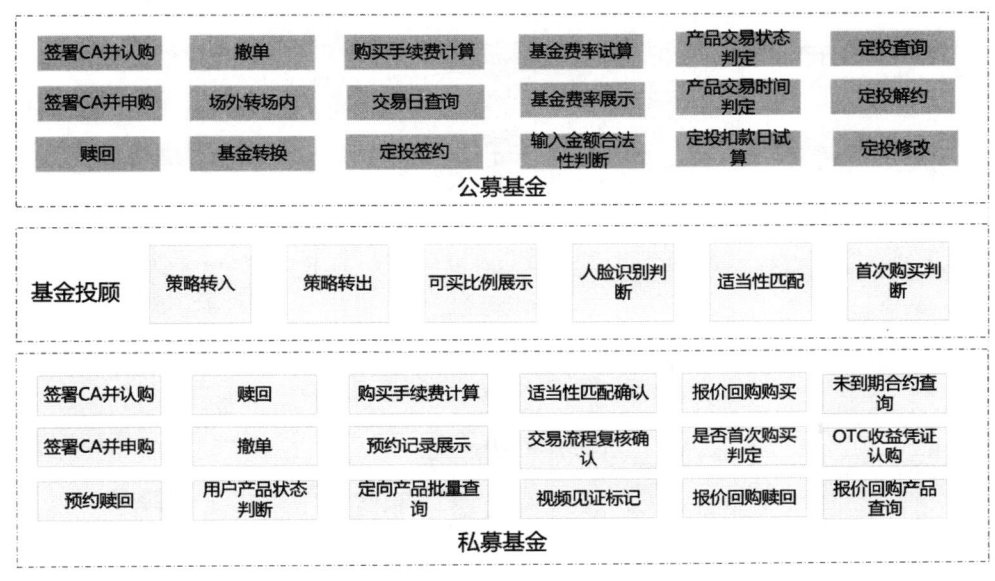

图 8　财富中心架构

（3）产品中心，建设公司级金融产品仓库，覆盖公司全业务各类型的金融产品及产品化业务，从产品引入、产品上架、产品库管理、销售支持、营运管理到售后的分析报表与绩效考核，实现金融产品全生命周期管理，成为公司金融产品标准和权威的来源，如图9所示。

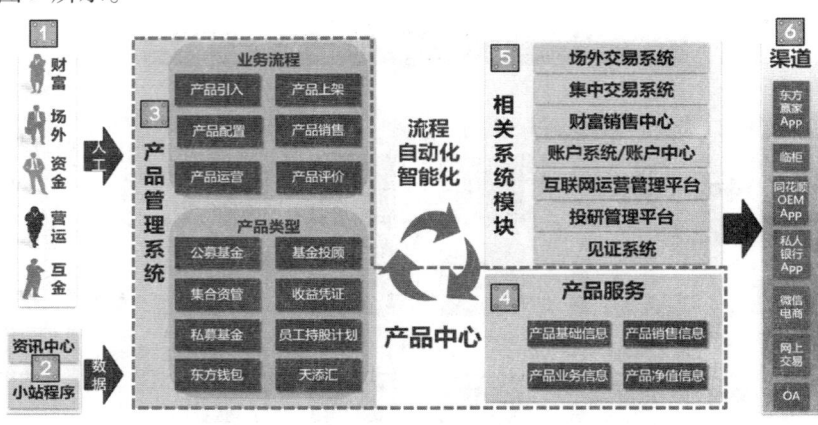

图9　产品中心架构

（4）资讯中心，统筹管理公司内外各类资讯数据源，对资讯数据进行提取、清洗、加工、存储等操作，形成资讯数据标准，对资讯数据进行全生命周期数据管理，并对外整体提供资讯类服务，如图10所示。

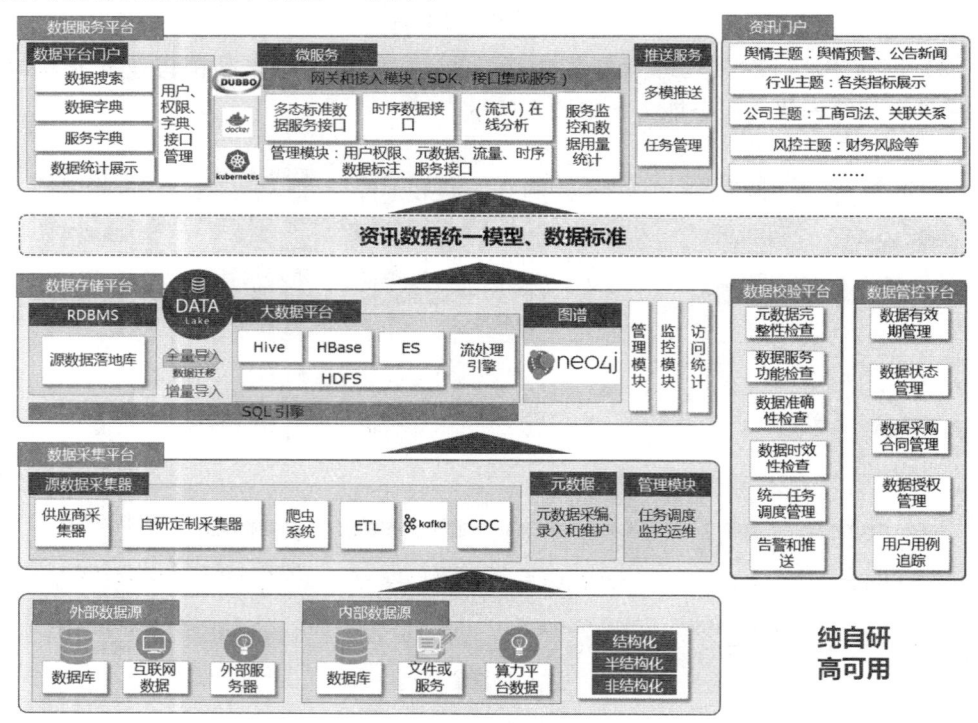

图10　资讯中心架构

（5）行情中心，整合接入了国内外主要金融市场的交易行情，提供行情接入与推送、存储、回放、计算及分析等领域的一体化解决方案，如图 11 所示。

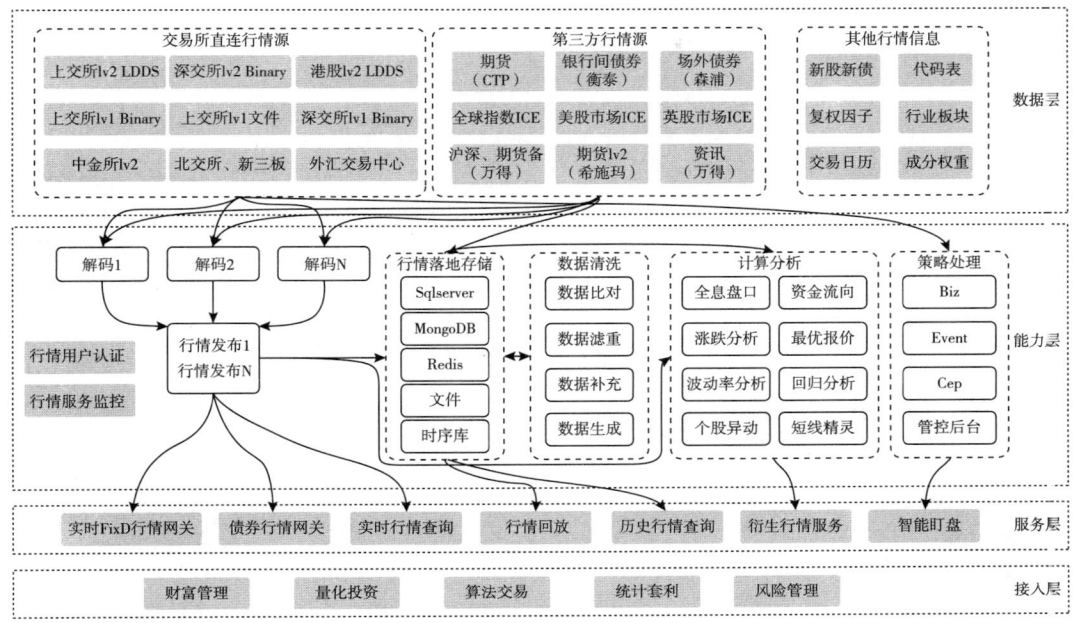

图 11　行情中心架构

（6）资产中心，整合各个相关业务系统的底层数据，汇总交易和回报的实时数据，承接交易清算数据，进行交易明细数据、资产查询及各类衍生指标的计算和服务，为客户提供更加深度的资产交易查询分析服务等功能（7×24 小时服务），统一提供用户资产整体解决方案，如图 12 所示。

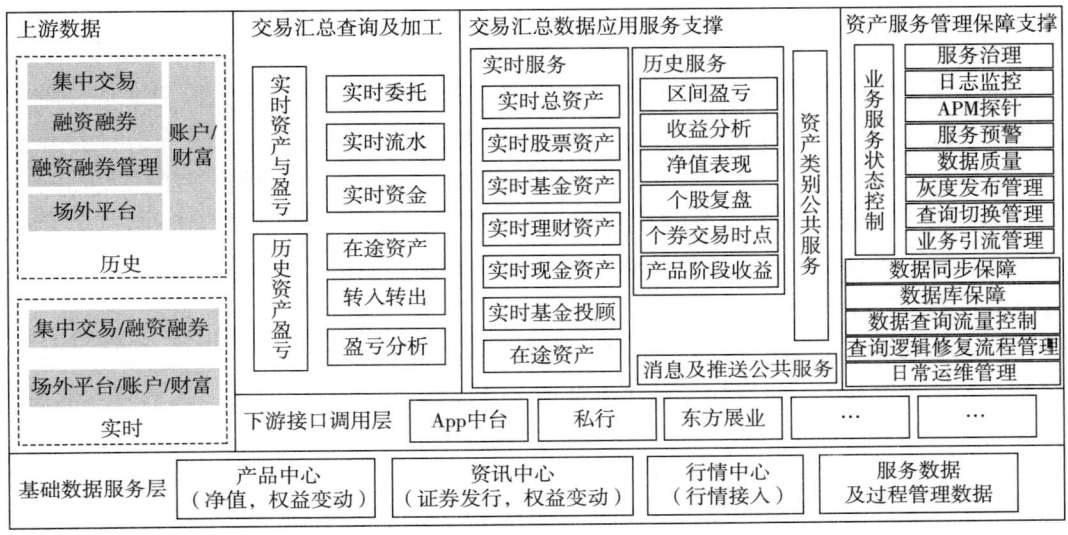

图 12　资产中心整体架构

（7）认证中心，以用户身份管理为核心，加强管理 B/S、C/S、移动 App 等结构的多应用的安全访问机制，集身份管理、身份认证、授权管理、应用资源访问控制及其安全审计于一体，构建多信息资源的应用整合、集约管理和安全防护的安全基础服务平台，如图 13 所示。

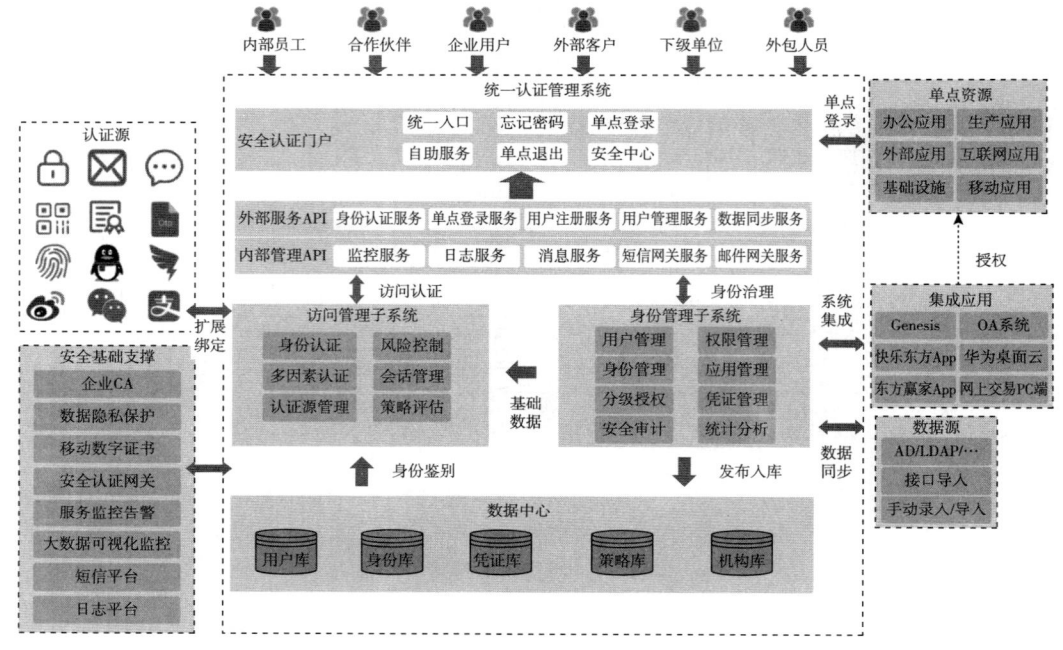

图 13　认证中心整体架构

4.2　行业探索

中台这个概念脱胎于互联网行业，为如何快速地完成业务创新并占领市场，带来了一种全新的发展思路。业务中台、技术中台、数据中台都有相应的成功案例，而对于证券行业，其仍是新鲜事物，没有太多可借鉴经验。从 2019 年开始，东方证券开始在中台战略上进行探索和创新，遵循业务引领、领域划分、统一视角及能力复用的建设原则，实现数据/流程的共享和业务能力的复用，以服务为中心，构建起数据闭环运转的运营体系，助力企业更高效地进行业务探索和创新，以数字化资产的形态构建企业核心差异化竞争力。

（1）业务领域，通过对用户旅程分析，划分为账户、产品、行情、资讯、认证、财富、资产等能力中心，制定了各领域架构全景并进行实践探索，在《交易技术前沿》发表论文两篇。

（2）技术架构领域，自研 gRPC - Nebula 成为行业内首个开源社区（https：//github.com/grpc - nebula），获得了 2019 年信通院 OSCAR 尖峰开源技术创新奖（基于社区开源二次开发）和第四届中国优秀云计算开源案例一等奖，并在《交易技术前沿》、《金融电子化》、InfoQ 发表论文三篇，获 2020 年度证券期货业金融科技研究发展中心（深圳）二等奖，获 2021 年度证券期货业金融科技研究发展中心（深圳）三等奖。

（3）架构管理领域，形成了数十项架构决策，使整体研发活动具备了遵循架构标准进行开发的能力。

（4）数据治理领域，以业务中台为基准形成公司级业务术语、标准词根及公共代码，并将数据治理流程嵌入整体研发流程。

（5）数字化管理领域，探索版本火车模式，打通整体的研发运行一体化流程，IT 自身交付效率、质量上了一个新台阶。

4.3 架构演进

"应用多活"是"应用容灾"技术的一种高级形态，指在同城或异地机房建立一套与本地生产系统部分或全部对应的生产系统，所有机房内的应用同时对外提供服务。当灾难发生时，多活系统可以在极短时间内实现业务流量切换，用户甚至感受不到故障发生。

常见的应用多活架构分为同城多活、异地多活、混合云多活。与传统容灾相比，应用多活具备 RTO 低、资源充分利用、切换成功率高、流量精准控制等优势。我们主要在同城多活方面做了以下工作：

首先，将各业务应用中经常使用的 PaaS 中间件（Zookeeper/kafka/redis）进行多活机房部署。

其次，由于 gRPC-Nebula 框架所依赖的 PaaS 中间件 Zookeeper 已实现多机房部署，并配合框架本身的多机房分组功能，实现 gRPC-Nebula 的多活架构。

最后，依赖 gRPC-Nebula 开发框架与 PaaS 中间件的结合，实现各中台应用的多活架构，最终实现企业架构整体应用多活，促进了整体架构演进升级。

5. 总结及下一步规划

5.1 总结

东方证券确定了企业大中台战略，围绕业务价值与 IT 用户体验，大力推进"薄应用 厚中台 稳后台"的架构转型，并制定架构标准推动相应领域建设。经过三年多的建设，截至 2022 年 9 月底，形成了体系化的技术架构和数字化管理能力，各业务中台上线对外服务 195 项，对外接口总数达 1790 个，日峰值请求量达 4600 多万次，对接各类业务需求 500 多项（不完全统计），形成数据治理词根 2436 个、字段 1554 个、公共代码 13 个，已深入经纪、财富管理、期货、资管、PB、自营等业务领域，形成了集团协同能力，为东方赢家 App、网上交易 PC 端、机构交易客户端、机构理财客户端、CRM 等业务线提供共享能力服务，并成功实现了财富管理业务领域需求全覆盖，助力东方证券以客户数排名第 38 位、经纪业务排名第 20 位，取得了公募基金保有量在行业内排名第 7 位的成绩。整体上线业务需求达 90%，通过技术共享、服务共享、数据共享、研发规范，有力地提升了开发效率，降低了对开发商的依赖和系统研发成本，避免了系统的重复建设和异构化，提升了业务需求的交付速度，沉淀了证券核心领域业务知识库，同时推动国产信创技术在金融核心业务上的落地实践，对于增强公司科技创新应用能力、激发行业技术创新动力、助力国家信创自主可控战略发挥了重要作用。

5.2 下一步规划

东方证券经过三年多的建设，并基于 API 化的开放式模块化架构核心思想，形成了"薄应用　厚中台　稳后台"的企业架构全景，并将核心业务知识进行沉淀，以模块化、服务化、共享化的形式建设企业级业务能力，从而快速响应市场变化和客户需求，大幅提升业务交付效率，金融科技核心竞争力取得重要突破。

未来，东方证券将继续以开放共享、合作共赢为原则，以金融科技规划为牵引，持续推进中台战略转型，在已建能力中心（账户、产品、行情、资讯、认证、财富、资产）基础上，在建和未来拟规划建设能力中心（权益、投研、支付、交易、会员），并以新一代交易核心平台建设为契机，与交易系统配合形成更为全面的领域服务划分，打造合理清晰的原子及业务流程服务，精细化各系统内部及之间细粒度的服务、接口及数据库设计，持续推动金融科技研究应用，以金融科技赋能业务、引领创新，不断助力公司数字化转型和行业创新发展。

参考文献

［1］樊建．东方证券企业架构建设实践［J］．金融电子化，2020（11）．

［2］樊建，舒逸，胡长春．跨语言服务治理框架在证券行业的探索与实践［J］．证券市场导报，2021（12）：60－73．

［3］樊建，杨子江，胡长春，等．东方证券服务治理建设实践［J］．交易技术前沿，2020，8（39）：29－37．

［4］樊建，舒逸．东方证券企业架构之技术架构转型实践［J］．InfoQ，2020（9）．

［5］杨子江，胡长春，章儒楠．基于 NodeJS 的动态 gRPC 业务网关服务设计与实现［J］．交易技术前沿，2021，10（47）．

［6］胡长春，杨子江，樊建．微服务框架 gRPC 交易接入网关实践［J］．交易技术前沿，2021，10（47）．

第二部分
敏捷开发管理

随着数字化转型的不断深入，证券期货业对高质量信息系统和高水平 IT 团队的建设提出了更高的要求。为了提高研发效能和服务于全业务场景，越来越多的企业开始采用敏捷开发和 DevOps 模式。相较于传统的瀑布模型，敏捷开发更加强调迭代和协作，可以更快速地响应变化和不断改进，而 DevOps 则强调将开发和运维紧密结合，实现快速迭代和高质量交付。这种新模式的应用已经成为提高研发效率、降低成本、提高质量和推进数字化转型的重要手段。

本部分汇编了包括中欧基金、海通证券、国泰君安、国金证券等多家企业的研发模式探索与实践，能够为行业企业进行敏捷转型提供实践参考价值。其中，中欧基金通过构建敏捷瀑布双模，建设研发效能平台，提升研发效能；海通证券采用多种模式融合来适应"变与不变"，以支持业务发展和监管要求；国泰君安基于 DevOps，设计并实践证券移动应用的敏捷迭代机制，以全生命周期管理模式提高交付效率；国金证券实施全链路业务敏捷实践，打通各个职能环节，以实现业务价值交付。这些行业探索实践，可以帮助读者更好地理解以及应用敏捷管理推进敏捷转型的实施。

敏捷开发管理可以帮助企业更快速地交付价值，提升客户满意度，提高开发效率，降低开发成本，同时也可以更好地控制项目风险，从而为企业创造更大的价值。

国泰君安基于 DevOps 的证券移动应用敏捷迭代机制设计与实践

俞 枫　黄 韦　陶惠勇　张禄旭
龚恺妮　林 睿　吕亚莲　秦楚杰

国泰君安证券股份有限公司

1. 背景及意义

随着投资者需求多样化、业务功能推陈出新、技术能力持续迭代，证券移动 App 所涉及的业务形态不断丰富，需求不规范、流程不紧凑、标准不清晰等，已经影响到需求交付。为更快地衔接流程、更灵活地上线需求、更高质地交付功能，需要从单节点交付转向需求全生命周期管理，搭建一套基于 DevOps 应用的超大规模敏捷迭代机制。

该迭代机制通过强调日期与流程相结合解决了版本计划频繁调整问题，通过制定关键节点交付标准提高了需求交付质量，通过关键节点负责人制缓解了工作量过于饱和、需求堆积现象，通过提升跨团队协作能力保障了信息的对称性，实现从需求提出到上线发布运维的全周期管理模式，形成了需求交付的良性循环，全方位提高了交付质量和交付效率。

随着金融科技发展，移动金融工具已经成为人们主要的投资平台之一，为了更好地服务用户、实现场景化运营，我们必须不断优化项目迭代机制，提高需求全生命周期管理的软实力，以实现高频次迭代和高质量发布。

2. 整体方案介绍

2.1　相关规划

移动应用敏捷迭代机制包括版本计划、流程标准、人员职责等。通过明确团队中各角色的职责和目标，规范不同角色的协作配合，让业务与科技沟通线路变短，缩短需求澄清时效；通过版本计划，产品经理可根据优先级提前规划和拆解需求进行排期，更灵活地选择发布版本。软件开发过程中，在需求准备、开发、测试、验收、上线等关键节点制定准入准出标准，把控各节点交付物质量，保障版本的顺利、准时发布。上线发布过程中，项目经理需要进行需求准入核对和需求上线审查以确保需求质量，同时协调核对多方资源，确保需求顺利、准时随版本发布。再结合需求生命周期各阶段流转流程，推动自动化持续交付工具使用，支持需求、任务、缺陷的自动化、可视化、数据化管理，实现上下可追溯、前后可跟踪，进一步实现敏捷迭代和精益研发管理。

2.2 相关细节

2.2.1 整体流程

敏捷迭代整体流程见图1。

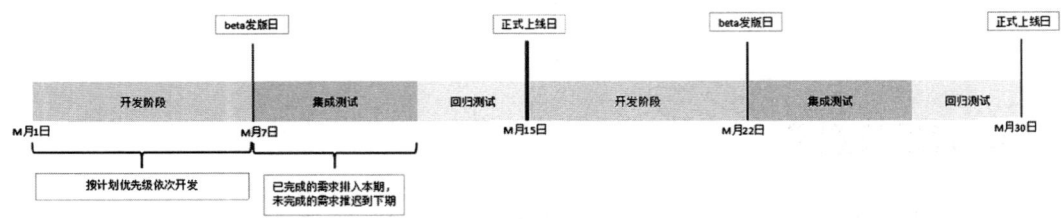

图1 敏捷迭代流程

2.2.2 迭代机制详述

（1）版本规划：项目经理提前规划版本时间并按时启动项目。

（2）需求评审和分配。

- 需求评审：待评审需求背景、内容描述清晰完善，由需求分析师项目经理组织团队开发、测试对需求进行技术可行性评估。

- 需求分配：待需求文档完善定稿、设计稿齐全、外部接口具备开发条件时，由项目经理通知开发负责人具备开发条件的需求，模块负责人估计开发工作量后根据需求优先级对需求进行排期。项目经理检查需求池的需求是否满足开发条件（需求内容完善，交互稿、设计稿、后台接口成熟）。

（3）开发阶段：开发环境具备、技术方案确定后，前端开发人员根据排期进行开发任务安排，开发过程中需要和接口方进行多次联调，确保接口通畅；开发需针对开发内容进行自测等，自测需要形成自测报告提供给测试部门；模块负责人负责组织项目内部代码审查及技术人员培养。

（4）测试阶段：开发自测通过且测试环境具备后，根据需求内容进行功能测试、集成测试、回归测试、性能测试、兼容性测试等，最终形成测试报告，明确测试团队对项目发布的建议。测试问题由开发工程师负责修改。

（5）验收阶段：功能测试通过后，项目经理通知业务产品经理、设计师、验收（UAT）测试进行需求功能验收、页面样式走查。

（6）上线阶段：由项目经理检查业务产品经理、设计师验收通过，UAT 测试报告，集成、回归、兼容性、UAT 测试结果未遗留 1 级和 2 级 bug，相关接口已升级后，将需求挪入版本计划。

（7）项目复盘：由项目经理负责项目总结和材料收集，总结内容包括项目数据统计及分析、项目中遇到的问题和解决方法、项目中可复用经验分享。

2.2.3 项目角色职责

项目角色职责见表1。

表1　　　　　　　　　　　项目角色职责

项目角色	工作职责
业务产品经理	输出需求文档、视觉稿、交互稿
	参与需求评审、设计评审、用例评审、业务验收
	分享项目业务数据、业务目标与成果
项目经理	项目启动
	项目里程碑计划
	项目质量保证
	项目团队建设，包括团队培训、绩效考核等
	需求评审、分析与拆解分配
	进度控制
	沟通协调
	验收管理
	项目总结
	项目流程标准规范制定
模块负责人	开发计划制订
	开发进度控制
	系统分析
	组织代码审查
	技术人员培养
	技术积累
开发工程师	前端开发
	后端开发
	开发自测
测试工程师	功能测试
	回归测试
	集成测试
	性能测试
	兼容性测试

2.2.4 关键节点交付物

关键节点交付物见表2。

表2 关键节点交付物

项目阶段	交付物	负责人
版本计划	版本计划表	项目经理
	项目里程碑计划	项目经理
需求阶段	需求说明书	业务产品经理
	原型	业务产品经理
	视觉稿	业务产品经理
	交互稿	业务产品经理
	技术方案	模块负责人
	开发排期	模块负责人
	需求要素清单检查	项目经理
开发阶段	源程序	开发工程师
	部署程序	开发工程师
	开发自测报告	开发工程师
测试阶段	需求测试报告	测试工程师
验收阶段	产品验收报告	业务产品经理
	设计师验收	设计师
	UAT测试报告	UAT测试负责人
上线阶段	客户端App	开发工程师
项目总结	项目总结报告	项目经理

3. 关键或创新点展示

3.1 发版周期固定，计划提前规划

国泰君安君弘App团队采用版本火车模式实现项目敏捷迭代（见图2），版本火车发版机制主要将明确的流程和规律的版本发布节奏与具体日期相结合，实现版本计划提前半年规划，已规划的版本计划除遇到维持稳定等，原则上不会因为需求的开发、测试而暂停或调整版本的发布。

3.2 三大阶段并行，加快需求流转

需求从提出到上线需经过三个阶段：需求池、开发计划池、正式上线计划池（见图3）。这三个阶段均采用平行处理的模式，实现产品、开发测试、集成发布的持续迭代运行。

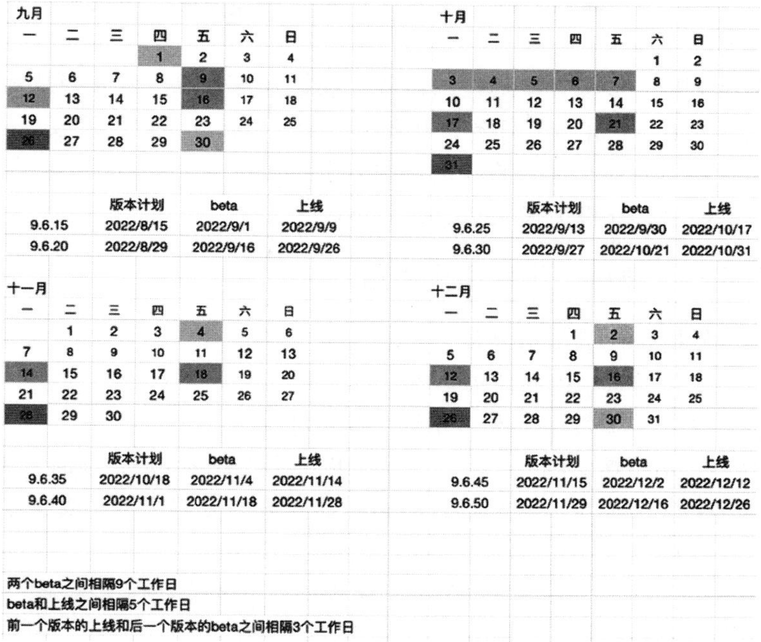

国泰君安基于 DevOps 的证券移动应用敏捷迭代机制设计与实践

九月								十月						
一	二	三	四	五	六	日		一	二	三	四	五	六	日
			1	2	3	4							1	2
5	6	7	8	9	10	11		3	4	5	6	7	8	9
12	13	14	15	16	17	18		10	11	12	13	14	15	16
19	20	21	22	23	24	25		17	18	19	20	21	22	23
26	27	28	29	30				24	25	26	27	28	29	30
								31						

	版本计划	beta	上线			版本计划	beta	上线
9.6.15	2022/8/15	2022/9/1	2022/9/9		9.6.25	2022/9/13	2022/9/30	2022/10/17
9.6.20	2022/8/29	2022/9/16	2022/9/26		9.6.30	2022/9/27	2022/10/21	2022/10/31

十一月								十二月						
一	二	三	四	五	六	日		一	二	三	四	五	六	日
	1	2	3	4	5	6					1	2	3	4
7	8	9	10	11	12	13		5	6	7	8	9	10	11
14	15	16	17	18	19	20		12	13	14	15	16	17	18
21	22	23	24	25	26	27		19	20	21	22	23	24	25
28	29	30						26	27	28	29	30	31	

	版本计划	beta	上线			版本计划	beta	上线
9.6.35	2022/10/18	2022/11/4	2022/11/14		9.6.45	2022/11/15	2022/12/2	2022/12/12
9.6.40	2022/11/1	2022/11/18	2022/11/28		9.6.50	2022/11/29	2022/12/16	2022/12/26

两个 beta 之间相隔 9 个工作日
beta 和上线之间相隔 5 个工作日
前一个版本的上线和后一个版本的 beta 之间相隔 3 个工作日

图 2　版本管理示例

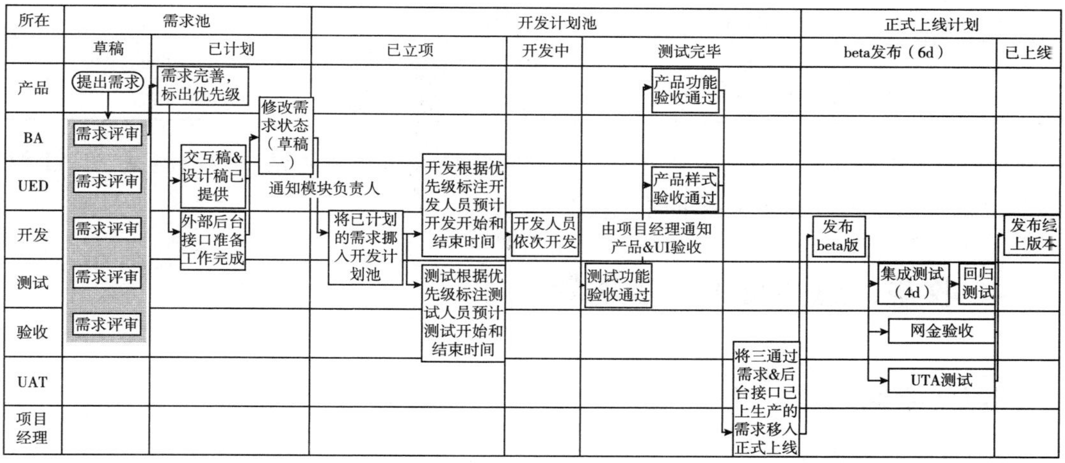

所在	需求池		开发计划池				正式上线计划	
	草稿	已计划	已立项	开发中		测试完毕	beta 发布（6d）	已上线
产品	提出需求	需求完善，标出优先级				产品功能验收通过		
BA	需求评审		修改需求状态（草稿一）					
UED	需求评审	交互稿&设计稿已提供	通知模块负责人			产品样式验收通过		
开发	需求评审	外部后台接口准备工作完成	将已计划的需求挪入开发计划池	开发根据优先级标注开发人员预计开发开始和结束时间	开发人员依次开发	由项目经理通知产品&UI验收	发布 beta 版	发布经上版本
测试	需求评审			测试根据优先级标注测试人员预计测试开始和结束时间		测试功能验收通过	集成测试（4d）	回归测试
验收	需求评审						网金验收	
UAT							UTA测试	
项目经理						将三通过需求&后台接口已上生产的需求移入正式上线		

注：
需求评审　人员：产品和所涉及前中后台的开发、测试
　　　　　输出：需求可行性、接口信息，并且评估给出开发工时、测试工时和预计排期
后台接口准备工作　1.接口文档
　　　　　　　　　2.可联调的测试环境
　　　　　　　　　3.后台生产接口需在该需求测试完成前一周上线
上线提醒　时间：集成包发布前一天
　　　　　内容：开发已完成但未三确认的需求&已完成三确认的需求列表

图 3　需求管理三大阶段

（1）需求池：涵盖产品经理撰写需求文档。需求文档完善后由项目经理组织相关方进行需求评审。

（2）开发计划池：涵盖评审通过的需求，根据开发资源按优先级从需求池中捞出需求移入开发计划池，安排开发任务，开发结束后交付给测试产品验收。

（3）正式上线计划池：涵盖验收通过的需求，最近一个发布版本将集成所有正式上线计划池中的需求，并将正式上线计划池清空。

3.3 上线五大原则，把控需求质量

本文指出的敏捷迭代机制结合角色和流程关键节点设立了五大原则，以确保流程顺利推进及把控交付质量，提高需求整体交付效率。

（1）时间原则：双周发布版本，提前半年规划。

（2）不等待、不延期原则："发车"时间确认后将不再变动，准时发版。

（3）需求准备充分原则：需求要素完善才能进入开发需求池，关键要素包括完整的需求文档、交互稿/设计稿、技术方案确认、需求相关接口具备开发条件。

（4）"检票上车"原则：满足以下三个条件的需求才能获得"车票"，所有需求只有通过"检票"才能打包到集成测试包（见表3）。

表 3　　　　　　　　获得"车票"的三个条件

编号	条件	目的	负责人
1	功能测试通过	确保功能可用	测试
2	功能验收通过	确保功能与需求一致	产品
3	功能样式通过	确保实现样式与原稿一致	UED

（5）版本回归通过原则："上车"的需求需要经过集成测试、回归测试、UAT测试，已确保版本没有问题可以准时"发车"。

4. 收益、总结及下一步规划

4.1 收益

4.1.1 社会效益

君弘App为近4000万用户提供了一站式、全场景、智能化投资理财服务，月活跃用户人数超过600万，用户活跃度和黏性均居行业领先水平。基于该敏捷迭代机制，国泰君安君弘App团队为支撑团队技术平台能力建设和赋能公司零售业务的数字化转型提供了一种切实有效的App发版流程和项目管理经验。

同时，该敏捷迭代机制覆盖了移动应用设计、开发、测试、上线等各个环节，提高了对大规模科技队伍和复杂技术工程的管理能力。该机制自2019年在君弘App百人

团队中运行至今,经过不断的打磨优化,研发效能较以前传统开发模式得到极大的提升,其中,需求平均上线周期从 30 天缩短至 14.21 天,缩短一半,人均交付需求数量增加了两倍以上,缺陷率下降约 27%。基于该敏捷机制,君弘 App 实现了两周一版本的快速迭代,具备了更高效、更可靠、更高质量的可持续交付研发能力,为公司创新业务和产品投放抢占了先机,也为行业提供了可借鉴的敏捷研发流程管理新模式。

4.1.2 奖项

君弘 App 持续得到行业认可,2020 年 8 月以来获得多个奖项(见表 4)。

表 4　　　　　　　　君弘 App 所获奖项（2020 年 8 月至 2022 年 7 月）

时间	奖项名称	评选机构
2022 年 7 月	"金科 E 学堂－金融科技达人赛" 入围	《金融电子化》杂志社
2022 年 3 月	网络安全国家标准 20 周年优秀实践案例三等奖	全国信安标委
2022 年 1 月	新浪财经券商 App 风云榜 "最受用户喜爱 App" "最佳财富管理平台 App" "年度最佳港美股券商 App" "年度十佳 App"	新浪财经
2022 年 1 月	2021 年度证券行业最佳技术创新奖、最佳应用质量奖、最佳研发效能奖	QECon 组委会和 Testin 云测试
2021 年 10 月	Harmony OS 应用服务合作伙伴认证	华为
2021 年 1 月	新浪财经券商 App 风云榜 "年度十佳 App" "最佳数字化赋能 App" "最佳财富管理平台 App" "最受用户喜爱 App"	新浪财经
2020 年 11 月	2020 中国证券业 "数字化运营团队君鼎奖" "综合服务 App 君鼎奖" "投顾服务 App 君鼎奖" "理财服务 App 君鼎奖" "十大品牌 App 君鼎奖"	券商中国
2020 年 10 月	第七届证券期货科学技术奖二等奖	中国期货业协会
2020 年 8 月	证券行业创新大奖	恒生电子股份有限公司

4.2　总结

本文所描述的敏捷迭代机制规定了版本制定时的发布计划及特性、项目中关键节点准入准出标准、里程碑交付物验收标准和不同阶段各角色职责等流程规范,覆盖了移动应用设计、开发、测试、上线等各个环节。该敏捷迭代机制通过规范协作模式,帮助提高团队间的协同效率,在应对业务功能的多样化及研发团队的不断壮大上具有较好的支撑性,同时该迭代机制已经在国泰君安君弘 App 团队落地和持续优化了近三年,对大规模、多角色开发测试团队具有较好的可落地性。

4.3 下一步规划

（1）持续优化敏捷迭代机制。随着团队人数不断增长和业务复杂化，越来越多需求涉及跨团队协作，面对不同的团队、系统，需要进一步探索适用于多团队和提升跨组协作效率的迭代机制，并将该机制进行推广和落地。

（2）打磨协作工具平台。为保障流程的顺利流转，需要强大的工具平台支撑，搭建一套从需求提出到部署上线的完整工具链，通过推动流程节点的自动化流转，配套异常提醒、数据落地、智能学习等，提高流程流转效率、提高需求质量、释放开发/测试人力等，实现项目管理流程和开发测试交付流程的紧密衔接。

（3）配套度量机制。从全局性出发，关注需求端到端的价值流动，构建以结果产出为牵引的一系列研发效能度量指标，通过效能数据反馈出的问题，及时复盘总结，同步迭代优化研发流程，形成不断反馈、优化的闭环。

中欧基金研发效能探索与实践

杨如意　陈　羲　贾建国

中欧基金管理有限公司

随着数字化转型的开展与深入，中欧基金的业务发展对高质量信息系统和高水平IT团队的建设提出了更高的要求，提升研发效能的紧迫性和重要性日趋凸显。我们立足于中欧基金现有IT项目的运作模式、IT团队的人员构成两个基本情况，探索中欧基金的研发效能提升方案，建设研发效能平台。通过构建敏态稳态双模、配置灵活可插拔、统一研发框架、通用组件复用的四大基础能力，以标准化研发流程、标准化工具与服务、服务治理框架、应用可观测性、效能度量作为效能提升的五个抓手，逐步实现质量和效率双提升，最终服务于投研交、风控、稽核、市场、数字员工等资管行业的全业务场景。

1. 背景及意义

随着资管行业的业务发展，越来越多的公司关注IT团队的研发效能。研发效能是持续为用户产生有效价值的效率，包括有效性（Effectiveness）、效率（Efficiency）和可持续性（Sustainability）三个方面。研发效能在作为明确的研究课题被提出来之前，软件工程领域已经有了一些公司的自觉实践，典型的实践集合包括需求管理、用户故事卡、代码审查、自动化接口测试、持续集成和自动化配置工具。

我们认为，研发效能是一个组织持续高效交付价值的能力，以及为了提高这一能力所建立起来的研发规范、流程、架构、工具、度量的工程体系。提高研发效能有助于公司在兼顾降本增效的情况下，更加快速、可靠地建设高质量IT系统，助推科技赋能业务。

2. 整体方案介绍

中欧基金对效能平台的规划建设分为五个阶段。重点是打造敏态稳态双模、配置灵活可插拔、统一研发框架、通用组件复用的四大基础能力。前两个基础能力是对项目管理和人员协同工作模式的优化改进，表现为通过一套平台系统来组织项目推进过程、明确人员角色和职责、完整记录项目进度与结果；后两个基础能力是对软件工程的开发、测试、运维过程的提质增效，沉淀出统一的 PaaS（Platform as a Service）服务、统一的开发框架、统一的前端和后端组件库为业务研发团队服务。围绕标准化研发流程、标准化工具与服务、服务治理框架、应用可观测性、效能度量这五个抓手并行落实。

2.1 研发效能提升计划

2.1.1 研发效能探索期

这一阶段主要结合中欧基金的实际情况，探索研发效能提升的方法论，研究适合资管行业的解决方案与落地案例，逐步形成对研发效能的完整认知。基于对研发效能的认知研究改进思路：评估研发流程规范性、有效性，完善自动化工具，设计效能度量指标，探索统一应用架构和业务架构，形成中欧基金研发效能提升的框架体系。

2.1.2 研发效能平台建设期

依据前一阶段的研发效能框架体系，设计、规划研发效能平台的各个子系统、自动化工具、统一开发框架、通用组件库、监控告警系统等。通过自建、与供应商合作共建的模式设计、开发和落地。重点建设的产品或服务有：IT效能平台，持续集成与持续交付系统，统一应用框架，通用组件库，监控告警系统。

2.1.3 研发效能平台试运行期

这一阶段主要是让研发团队将项目和需求落实到研发效能平台上进行实战检验，一方面为了让团队熟悉平台的各项规范、操作方式、技术文档，另一方面可通过试点项目收集团队的实际反馈，对效能平台进行检验评估、优化改进，切实提高研发流程运转效率、优化研发框架、提高工程质量，为效能平台更大规模的推广与运行打好基础。

2.1.4 研发效能平台提质增效期

依据研发效能框架体系，提炼若干个当前阶段的核心指标度量，评估研发团队和个人的效率，评估软件工程的质量。通过指标度量对人员形成正向积极反馈，减少人为差错，帮助其发现不足点，激发其持续提升的动力。通过指标度量对软件工程进行关键点评估，覆盖设计、研发、测试、运行等重要阶段，提早发现缺陷，减少生产缺陷，完善监控告警，全方位地提高工程质量。

2.1.5 研发效能业务赋能期

IT团队最终是服务于业务团队的，提高研发效能最终也是为了持续地进行业务赋能。业务团队通过效能平台提出新的需求，实时可视化观测到项目进度、投入产出、运行情况，并对项目结果进行反馈评估，再形成新的需求，与IT团队形成良好互动，实现IT赋能业务，为公司领导和业务团队，提供业务视角的实时运行态势，辅助业务决策。

2.2 研发效能提升的五个抓手

2.2.1 标准化研发流程

在团队内形成具有广泛共识的标准化研发流程，是效能提升的首要命题。参考中国信通院提出的"研发运营一体化（DevOps）能力成熟度模型"，我们将建设标准化研发流程分解为需求交付管理、运作模式、过程管理三个子问题进行探索。需求交付管理关注需求的创建、需求的内容形式、需求的验收、需求的评价与反馈。需求可以表现为新功能需求、对已有缺陷的修复、对生产问题的跟进解决、对现有功能的改进。运作模式关注团队的人员角色和职责、跨团队的协作方式。每个团队有不同的人员结构和组成，我们通过灵活配置能力定义多套运作模式以适应团队的现状，由项目经理根据项目复杂度、成本和风险等实际情况，选择一个运作模式来组织项目的团队。过程管理关注的是需求交付过程的耗时、质量、人力和资源投入、工单流转速度，是否可通过自动化工具提高一些环节的耗时、减少人为出错。

我们建立敏态的项目管理流程，来实现日常的业务需求、紧急的需求，需求可以在较短的研发周期内实现从提出到验收试运行。建立稳态的项目管理流程，来解决涉及核心业务系统的需求，在项目立项、设计规划、方案评审、开发、测试、验收、运行维护等环节进行全方位管控。

2.2.2 标准化工具与服务

标准化工具与服务的作用是提炼开发、测试、运维在实际工作中通用的、与业务无关的重复性、具备技术复杂性的活动，通过工具或中台服务来辅助完成，减少出错，提高人员效率，比如机器资源申请与分配、微服务开发脚手架、单元测试、代码质量扫描、SQL 质量扫描、标准化部署脚本、依赖管理、代码版本控制、持续集成与持续交付、知识协作与分享。中欧基金在以下 6 个方面建设标准化工具与服务：

（1）配置管理：搭建版本控制系统，定义代码分支管理规范，推行统一的制品仓库，定义制品命名、版本等规范，建设应用配置中心，做到配置变更过程可记录、可回滚、可回溯。

（2）环境管理：建立开发环境、测试环境、仿真环境、生产环境等多套环境，不同环境下的应用构建部署通过配置中心下发不同配置，减少人为出错。

（3）构建与持续集成：搭建多套编译与构建环境，满足 Java、C#、js、Python 等不同开发语言的软件工程的编译运行要求，提供标准化的构建脚本，让开发人员专注于实现业务需求，大大减少因构建脚本、运行环境等问题导致的交付延期情况。

（4）部署与发布管理：搭建持续部署流水线，提供预制的、模板化的部署策略，确保部署前的必要检查与备份、应用变更重启都有序可靠，减少部署出错。定义制品晋级的规则，降低不同环境下制品晋级的复杂度。提供灰度发布、一键发布的能力，为部署过程展现实时可视化的反馈。

（5）测试管理：提供单元测试框架，自动生成单测报告来提高开发人员进行自测的积极性。通过可视化的 API 管理工具，降低 API 文档的维护难度，以利于接口自动化测试。根据标准化研发流程下测试人员的产出自动生成测试报告。

（6）数据管理：通过脚本和工具来解决测试数据的来源、测试数据覆盖的有效性问题。将数据变更过程、回滚过程、数据监控通过工具和服务实现。

2.2.3 服务治理框架

随着微服务数量的快速增长，统一的服务治理框架对于研发效能的提升显得尤为重要。每个开发人员在日常工作中都会使用到服务注册与发现、配置中心、调度中心、流量治理、消息系统、文件缓存等基础服务，借助这些基础服务能更快速、更可靠地解决业务问题，缩短开发周期，从而提高研发效能。

我们将这些与业务无关的、具备通用性的服务和中间件，由专门的团队统一建设和维护，选用行业内比较成熟的技术和产品。通过定期培训分享的方式向业务研发团队输出通用能力，让他们熟悉并接受服务治理框架。最后，每个服务或中间件都会配套完善的操作文档，如接入手册、生产运维手册、常见问题答疑。通过搭建系统、输出能力、完善配套推动服务治理框架在公司内推广和应用。

2.2.4 应用可观测性

系统可观测性的概念最早由 Peter Bourgon 提出，他认为系统的可观测性是由日志、指标和链路追踪这三大支柱构建的，三种形式的转化和组合使用可以产生丰富的可观测数据。我们更关注应用层微服务的可观测性对于研发效能提升的意义。在日志层面，定义应用层日志的标准格式，提供统一的日志输出工具包；在指标层面，完善日志解析的规则库，提供数量众多的统计分析函数、通用的可复用的监控指标模板；在链路追踪层面，既可以按照流量的路径的唯一 ID 聚合转换得到追踪数据，也可以按业务线的唯一 ID 进行聚合，产出跨系统的完整调用链。应用可观测性的目标是可视化地呈现系统运行情况，在出现问题时帮助开发和运维人员快速、准确定位问题，有利于缩短生产问题修复时间。

2.2.5 效能度量

管理学大师彼得·德鲁克（Peter Drucker）曾经说过："一个事物，你如果无法度量它，就无法管理它。"（If you can't measure it, you can't manage it.），对于软件工程的管理者来说，讨论研发效能时往往离不开度量。度量是有价值的，可以让事情变好，能让每个人观察到事情的前后状态，但是不能把度量作为考核，不能让团队将度量数据变得好看作为工作目标。我们相信每个人都具备自我提升的源动力，度量是通过一组量化的数据帮助每个人自我提升。

过于细粒度的度量对研发效能提升并无益处，反而会打击团队和人员士气，产生为了度量指标而工作的现象，因此需要探索出适合中欧基金的效能度量。

效能度量表达为一组可量化的数据，用来跟踪和评估开发过程的"健康"状况。换句话说，是从项目立项到程序开发再到上线运行的生命周期中获取数据，并使用这些数据来衡量人员的工作效率。这组数据不是一成不变的，也不是每个团队都用一样的度量，我们关注的是每个团队的持续进步。

我们将效能度量指标划分为需求、开发、构建、测试、部署运维 5 个大类，累计 46 个细粒度，然后结合项目运作模式的实际情况，重点选择 6 个指标作为当前阶段效能提升的重点：开发前置时间、开发提测时间、生产问题修复时间、缺陷数量分布、部署失败率、上线前置时间。

3. 主要技术产品介绍

3.1 项目管理：IT 效能平台

中欧的 IT 效能平台对业务目标和需求的推进过程进行完整的追踪记录，满足公司领导、项目经理、开发、测试、运维人员在不同视角下的项目管理需要。

IT 效能平台实现了灵活配置能力，需求可以被表达为研发需求、任务、缺陷、生产问题等不同形式的工作项，每个工作项都可以定义状态流转，图 1 为研发需求的状态流转。随着状态的变更推进，将自动提醒下一个状态的对应角色来跟进，实现需求自动流转。状态的变更权限分配给不同的角色（比如只有测试人员才能将待测试变更为测试中），实现职责分离。

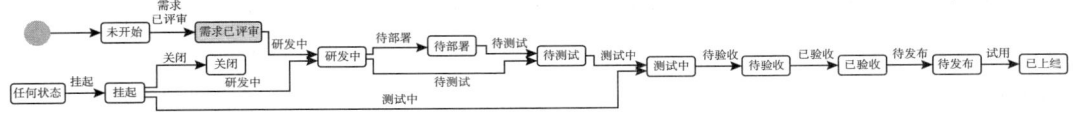

图 1 研发需求的状态流转

3.2 持续集成与持续交付系统

持续集成（Continuous integration）是在源代码变更后自动检测、拉取、构建和运行单元测试的过程，目标是快速确保开发人员新提交的变更是好的。这需要监测代码的变更，我们通过 gitlab 服务的 webhook 功能实现监测变更，从而支持自动地、快速地进行源代码拉取和构建。

持续交付（Continuous delivery）在软件开发过程中的目标是自动化、效率、可靠性、可重复性和质量保障。持续交付包含持续集成、持续测试（对代码运行各种测试以保障代码质量）和持续部署（通过管道发布版本自动提供给用户）。将源代码转换为可发布产品的多个不同的任务（task）和作业（job）通常串联成一个持续交付 pipeline（译为管道或流水线），一个自动任务成功完成后会触发流水线中的下一个任务。

中欧基金的一条典型流水线串联了多个子系统，包括源代码托管服务、代码质量扫描服务、sql 扫描服务、单测报告服务、制品库、机器资源、运行环境、部署启停脚本、配置中心等。如图 2 所示，流水线中的每个节点都可以调用这些子系统，一个节点的任务成功后会自动执行下一个节点，失败后会终止流水线运行并自动通知流水线负责人。

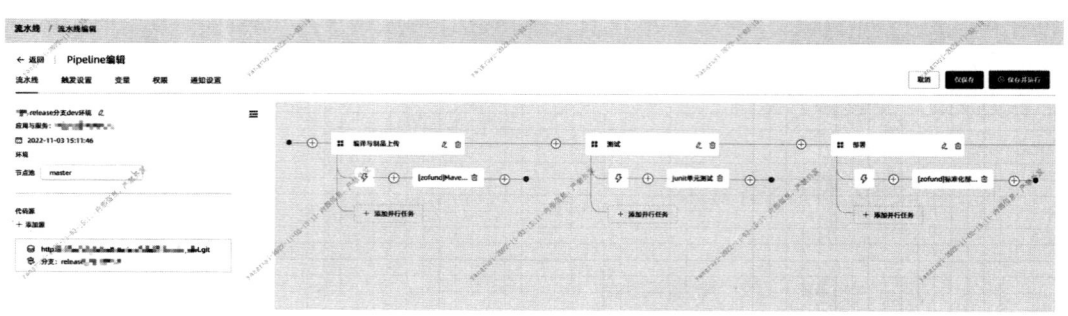

图 2　中欧基金 CICD 流水线样例

中欧基金将 CICD 流水线预置为通用模板，简化所有开发人员创建流水线的难度，便于每个服务或程序能快速地一键启用 CICD 流水线。

具体来说，在流水线和任务节点两个级别的粒度下分别设计通用模板。在任务节点层面，设计了一组通用的步骤模板，比如 maven 编译、npm 编译、python 编译、制品上传、sonar 扫描等。支持多套 jdk 版本（jdk1.8，jdk11）、多套语言（Vue，Java，C#，Python，Shell）、多套操作系统（Linux，Windows）。在流水线层面已经为 Java 微服务项目和 Vue 前端项目预置了标准部署流水线，如图 3 所示，方便开发人员快速上手使用标准化的部署模板。

图 3　流水线模板

将不同语言的制品的部署过程进行脚本化，提高自动化能力。我们对 Java 微服务的启停脚本、备份清理脚本进行标准化改造，既为每个应用服务提供了可自定义的运行参数，也通过部署脚本模板控制了部署出错的风险，统一了部署的规范，实现变与不变的分离。

3.3 统一应用框架

建设统一的应用框架可以降低重复性的开发成本，降低运维成本和技术风险。针对微服务架构的应用，我们搭建了公司内部的 SpringBoot Initial 服务，如图 4 所示。其中预定义了 SpringBoot 基线版本、jdk 基线版本、可选的依赖包及其版本、统一的工程目录结构等要素。我们同时建设了企业内部的微服务配置中心、注册中心、调度中心、分布式消息系统、服务网关等，不断完善服务治理框架。

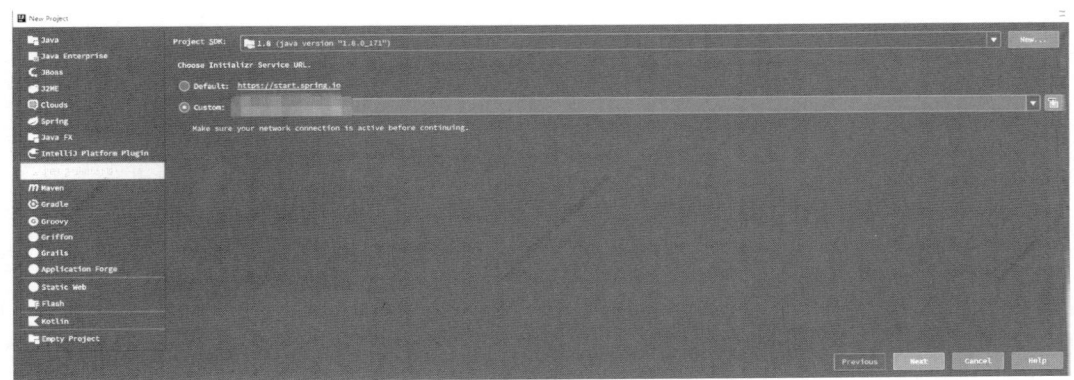

图 4　内部的 SpringBoot Initial 服务

3.4 通用组件库

我们将前端工程和后端工程中经常使用的代码抽象为组件，形成与业务无关的、具备通用性的组件库，提高代码复用性，减少开发和维护成本。基于 Vue 设计了一套企业级 UI 组件库，如图 5 所示。前端 UI 组件库有助于我们达成两个目标：一是通过复用前端 UI 组件，降低系统的开发成本，缩短开发前置时间、开发提测时间；二是通过提供统一的视觉效果和交互体验，减少用户的学习和认知成本，改善用户体验。

3.5 监控告警系统

监控告警系统对于研发效能的 6 个度量指标（开发前置时间、开发提测时间、生产问题修复时间、缺陷数量分布、部署失败率、上线前置时间）都有重要意义，尤其对于减少生产问题修复时间至关重要。生产问题的发现和解决，基本都靠监控告警系统，比如业务应用运行阶段产生的异常数量、打印的 error 日志、重要接口流量激增、异常的内存占用率，都被监控告警系统纳管。

中欧基金将系统的健康状态划分为物理层健康态势、服务层健康态势、业务层健康态势，建立系统维度的监控体系。组织 IT 专家和业务专家对每个业务域的业务线进

图 5　中欧基金 UI 组件库

行评审，梳理得到每个业务线涉及的系统核心链路，核心链路涉及的监控指标按不同权重进行综合计算得到业务健康态势，建立业务维度的监控体系。

4. 关键点或创新点展示

4.1　人员与项目效能报表化

效能度量数据落在 IT 效能平台后，将予以图形化展示，有利于决策者查看人员和项目的情况。比如，测试发现缺陷后可以创建缺陷并指派给开发负责人跟进，IT 效能平台就可以根据缺陷从被创建到被修复的平均时间，得到不同项目下的缺陷平均解决时长，如图 6 所示。

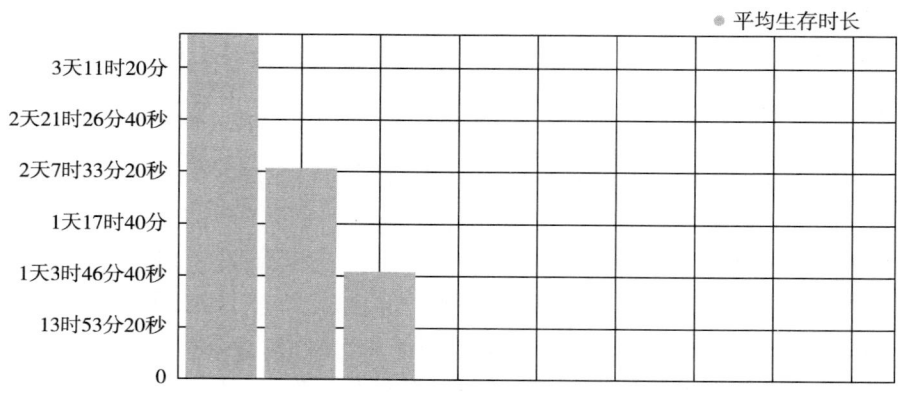

图 6　每个项目下缺陷的平均解决时长

4.2 研发流程灵活配置

考虑到敏态和稳态模式对研发流程的要求不同，各个项目的复杂度不同，我们的研发流程在设计上必须支持灵活配置，比如生产问题的受理流程可配置为如图 7 所示的状态流转。

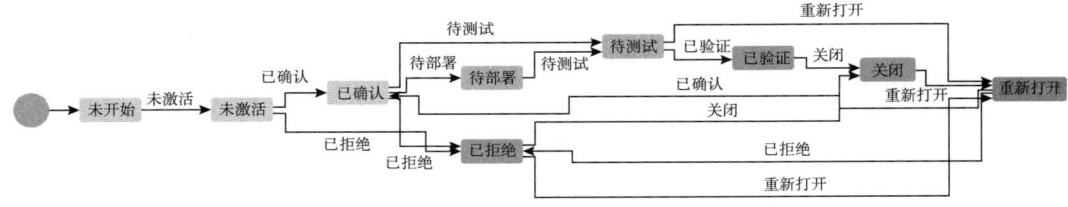

图 7　生产问题的状态流转

4.3 数据驱动效能改进

借助 IT 效能平台，需求从提出到上线运行的每个环节都有数据留痕，诸如需求从提出到进行开发的周期，开发和测试人员投入的工时，每个版本的需求和缺陷数量，自动构建与部署的耗时，生产问题的数量和解决时长，生产系统报错数量和级别分布等，这些数据的产出和积累都有助于我们逐步构建和优化团队的效能度量模型。比如，图 8 统计了每个需求的开发前置时间（从创建到开始研发的周期）、上线前置时间（从创建到发布上线的周期）。不同团队负责的业务领域、项目复杂度不同，人员现状不同，因此需要结合 2.2.5 部分中的核心效能度量指标，沉淀出适合本团队的效能度量模型，与历史上的效能数据进行对比分析，不断提升团队的战斗力、提升价值交付的速度和质量。

ID	标题	优先级	状态	开发前置时间	上线前置时间	负责人
#3376		最高 1/1	已上线	7 天 11 小时 47 分钟	18 天 11 小时 14 分钟	
#3013		最高 1/1	已上线	12 天 0 小时 11 分钟	31 天 14 小时 42 分钟	
#3453		较高 1/1	已上线	2 天 21 小时 54 分钟	16 天 17 小时 20 分钟	
#3700		普通 1/1	已上线	10 天 16 小时 30 分钟	10 天 18 小时 16 分钟	
#3672		普通 1/1	已上线	15 小时 8 分钟	11 天 16 小时 58 分钟	
#3622		普通 1/1	已上线	1 天 0 小时 59 分钟	11 天 22 小时 35 分钟	
#3608		普通 1/1	已上线	1 天 2 小时 12 分钟	11 天 23 小时 48 分钟	
#3503		普通 1/1	已上线	6 天 4 小时 47 分钟	13 天 19 小时 25 分钟	
#3389		普通 1/1	已上线	2 小时 56 分钟	18 天 2 小时 19 分钟	
#3386		普通 1/1	已上线	8 天 0 小时 11 分钟	17 天 22 小时 15 分钟	
#3309		普通 1/1	已上线	16 小时 48 分钟	18 天 17 小时 20 分钟	
#3292		普通 1/1	已上线	9 天 3 小时 25 分钟	19 天 0 小时 15 分钟	

图 8　统计报表样例

4.4 CICD 流水线可视化编排

中欧基金的 CICD 流水线实现了节点任务的可视化编排，支持用户通过简单的 UI 操作实现自定义的流水线，降低定制流水线的难度，如图 9 所示，在编译与制品上传节点中添加自定义的任务步骤。

图 9 可视化编排流水线的某个节点

流水线的部署节点中通过执行一系列自动化脚本缩短部署时长。具体来说，我们将 Java 微服务的部署脚本分解为若干个子任务，包括标准脚本下发、停止微服务、备份文件、启动微服务、健康检查等。支持用户可视化地修改、删减每个子步骤，自定义一些重要参数，在部署脚本中自定义部署路径（见图10）。

图 10 部署脚本中自定义路径

4.5 系统监控所见即所得

中欧基金将系统的健康状态通过一组自定义的重要指标来刻画，并通过丰富的图表进行表达，每个图表支持实时编辑，达到系统监控所见即所得的效果。微服务应用的系统健康态势被设计为通用模板，可以通过简单的修改快速复用给其他应用。图 11 是物理层健康态势的样例图。

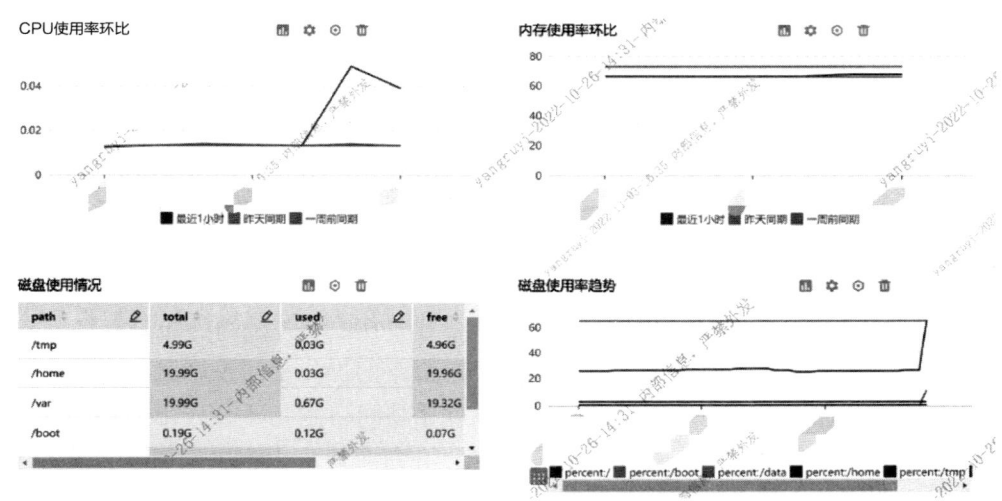

图 11 物理层健康态势

5. 收益、总结及后续规划

5.1 收益

将研发效能如何提升的命题由抽象变为具象。通过标准化研发流程、标准化工具与服务、服务治理框架、应用可观测性、效能度量这 5 个抓手，落实研发效能提升计划。

将研发效能的评估变为可度量的。重点选择 6 个指标作为当前阶段效能提升的重点：开发前置时间，开发提测时间，生产问题修复时间，缺陷数量分布，部署失败率，上线前置时间。通过一组量化的度量数据激励每个团队和个人自我提升。

5.2 总结

中欧基金现阶段处于研发效能平台建设期到试运行期的过渡阶段，标准化研发流程、标准化工具与服务、服务治理框架、应用可观测性、效能度量这 5 个抓手都初步建立，还需在推广和试运行期间不断完善服务能力、夯实底层能力。

我们的业务开发人员已经能够通过服务治理框架解决一些技术问题、复用通用组件库缩短开发周期，使他们更加专注于分析、实现业务部门的需求和解决业务痛点。CICD 系统也在开发测试环境中有效降低了部署失败率，缩短了上线前置时间。通过代码质量扫描、SQL 质量扫描等服务帮助开发人员提前在开发阶段暴露缺陷、发现问题、解决问题，提高软件工程质量。

（1）难点：标准化研发流程与效能度量的制定需要充分采纳全员的意见和建议，听取不同的声音，达到让绝大部分人员认可才能推广落地，这是一件难而正确的事情。服务治理框架和应用可观测性在软件工程领域一直都有新的变化趋势和更优秀的解决方案，要保持对技术进步趋势的把握，主动研究、深入学习同业的实践经验，具备持之以恒的心态。

（2）风险点：新员工的入职培训不足，对于中欧基金研发效能提升的相关技术与产品不够了解，容易出现不遵循标准化规范的情况，影响交付进度。

（3）解决方案。

- 提供配套的操作手册。我们在公司内部搭建了在线实时协同的知识库——Wiki。标准化研发流程、服务治理框架、标准化工具与服务的操作手册及常见问题都提供了简明、易读的文档。新员工入职后通过阅读操作手册可迅速上手，实际使用中如果遇到操作问题，也可以搜索、查阅这些 Wiki 文档。在每个研发小组中发展一名熟悉研发效能工具和服务的人员，由他解答组内遇到的常规操作问题。

- 定期的知识分享与培训。除了业务知识培训外，我们组织平台技术组的讲师开展不同专题的培训与讲解，比如中欧前端 UI 组件库、消息系统、CICD 系统常用操作等。

5.3 后续规划

后续规划主要分为 3 个阶段：研发效能平台试运行期、研发效能平台提质增效期、研发效能业务赋能期。有以下 3 个重点任务：

（1）通过试点项目的形式，指导项目接入和使用 IT 效能平台，通过观察 6 个效能度量指标，对 IT 效能平台进行功能评估，修改需求、任务、缺陷的受理流程，提高研发流程运作效率、提高工程质量，为 IT 效能平台更大规模的推广与运行打好基础。

（2）不断优化核心度量指标，评估研发团队和个人的效率，评估软件工程的质量，减少生产缺陷。通过指标度量对人员形成正向积极反馈，减少人为出错，帮助其发现不足点，激发其持续提升的动力。

（3）组织 IT 专家和业务专家对核心业务域的业务线进行评审，梳理得到每个业务线涉及的系统核心链路，核心链路涉及的监控指标按不同权重进行综合计算得到业务运行态势，建立业务维度的监控体系。为公司领导和业务团队提供业务视角的实时运行态势，辅助业务决策。

参考文献

[1] Nicole Forsgren PhD, Jez Humble, Gene Kim Accelerate: The Science of Lean Software and DevOps: Building and Scaling High Performing Technology. Organizations [M]. Portland: IT Revolution Press, 2018.

[2] 葛俊. 高效研发: 硅谷研发效能方法与实践 [M]. 北京: 机械工业出版社, 2022.

[3] Peter Bourgon. Metrics, tracing, and logging [EB/OL]. http://peter.bourgon.org/blog/2017/02/21/metrics-tracing-and-logging.html, 2017.

[4] Brent Laster. What is CI/CD [EB/OL]. https://opensource.com/article/18/8/what-cicd, 2018.

[5] 周靖. 海通证券研效之路的探索 [R]. GOPS 全球运维大会, 2021.

国金证券全链路业务敏捷实践助力价值交付

王建朋　杨　晨

国金证券股份有限公司

1. 背景及意义

随着国内互联网市场高速发展，用户对需求响应速度的期望越来越高。各行各业为了促进业务发展，抢占市场份额，开展了轰轰烈烈的数字化系统建设升级改造工作。国金证券财富业务在近些年的升级转型中，着力打造科技能力作为基础能力，通过开发运维一体化（DevOps）提升研发快速交付能力。

但根据TOC理论，任何系统至少存在一个制约因素或瓶颈，因此要提高一个系统（任何企业或组织均可视为一个系统）的产出，必须要打破制约系统的瓶颈。在传统的开发（Dev）和运维（Ops）分离的模式下，瓶颈往往在开发和运维之间，但随着研发快速交付能力的提升，系统的瓶颈已经转移到业务和研发之间。我们需要问自己的是：我们交付的需求是不是真的产生业务价值？如何以业务价值为导向，更高效高质量地交付业务需求？

国金证券立足现状，认为只有打通组织中的各个职能环节，在开发运维一体化的基础上，实现业务（Biz）、开发（Dev）和运维（Ops）的一体化运行，形成高效和精准的业务交付、业务反馈和业务调整闭环（见图1），赋能数字业务的发展和激发数字业务的创新，才能真正将开发敏捷转化为业务成功。

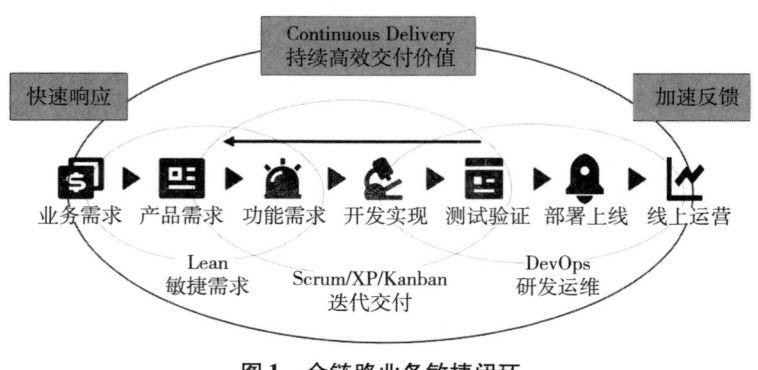

图1　全链路业务敏捷闭环

2. 整体方案介绍

在国金证券业务价值提升的实践中，我们从业务价值交付全链路、全链路数字化平台建设两大方面着手，打造基于"价值交付+数据反馈"的持续改进闭环。

首先，业务上寻求业务价值交付全链路，也就是用户价值驱动，打通从业务（Biz）到开发（Dev）再到运维（Ops）的端到端业务价值交付链路和反馈闭环。

其次，技术上寻求全链路数字化平台建设，也就是连通协作和工程及各个子领域，建立统一的数字化模型，并共享底层数据，实现组织协同、工程活动的全链路数字化和有效连接，保证整个交付链路的效率、质量和有效性。

最后，基于可量化数据的持续改进，也就是基于全量、全要素和实时的数据，从场景目标出发，设计和应用系统的度量，保障产研交付的执行并持续改进交付效能。

3. 业务价值交付全链路

在业务价值交付全链路的打造上，国金证券主要提升举措围绕敏捷部落、需求组合管理、业务价值评估、优先级排序、需求分解等方面。

3.1 敏捷部落

传统科技支持通常按职能和专业划分，比如业务、产品、运营、设计、开发、测试、运维等一般从属于不同的部门，国金证券在保有常规部门划分的基础上，着力打造围绕价值交付的第二张网络——敏捷部落管理，形成矩阵式的敏捷管理体系。

敏捷部落是不同成员之间的联盟，部落围绕同一个业务目标，不同职能的成员需要在同一业务领域高频协同工作。国金证券在推行敏捷部落的过程中，有意淡化传统部门的概念，更强调业务目标导向，打破了职能组织之间的筒仓，以消除"沟通壁垒"，有效增强对整体资源的调配支持能力。

在实施中，国金证券一方面将运营、产品、设计人员进行部门间合并，根据业务划分为多个"条线"小组，深化组织结构内的整合，压缩了组织层级，实现了部门内扁平化管理；另一方面强调产品人员的"枢纽"作用，给予产品人员充分的资源调配权限，以业务—产品线为导向，根据需求/项目需要将业务、技术人员纳入由多专业/部门组成的敏捷部落，充分响应业务需求，实现产品的快速迭代和上线交付。

敏捷部落体系主要划分为三大部分，分别为管理部落、业务部落与产品部落。管理部落主要聚焦国金证券战略目标及业务单元定位，梳理并形成综合评估体系，动态跟踪并输出员工—客户—产品三位一体数据进度，推进和统筹整体事项。业务部落紧密围绕客户服务体系，将业务人员—客源按不同层级划分为各类敏捷部落，并提供相应的平台化运营、产品、开发、人力、合规等支持。产品部落将传统证券的核心业务基于不同的"服务"定位划分，拆分为交易产品部落、信用产品部落、理财产品部落等，更好地提供客户服务支持。

3.2 需求组合管理

需求组合管理是指对从公司战略到业务需求再到产品需求的过程进行全方位的管理，以助于合理有效地分配资源，获得最大价值。需求组合管理通过可视化的方式将需求标准化管理，以确保稳定地、有节奏地满足客户的需求（见图2）。

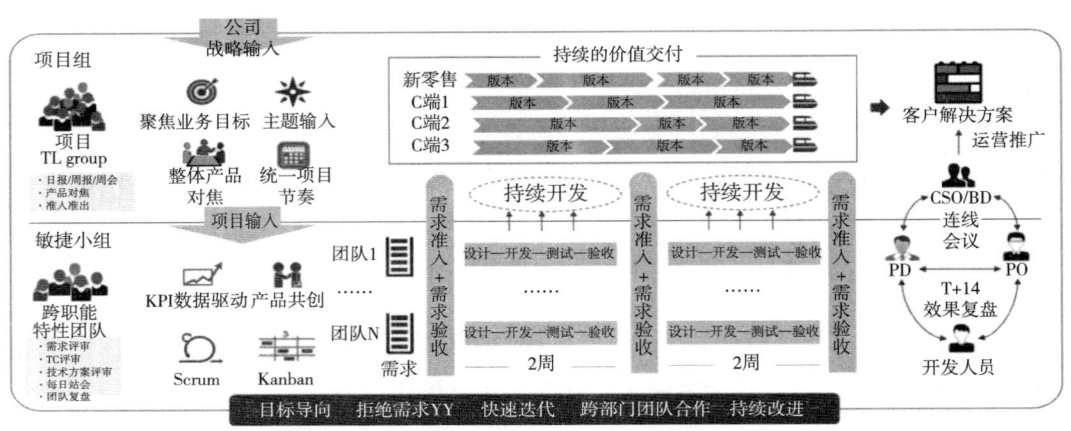

图 2　需求组合管理示意

需求组合管理有四大目标：

（1）价值最大化：通过资源分配最大化组合价值（各需求价值之和）。

（2）项目平衡：根据决策准则，维持不同项目间的平衡，包括长期与短期平衡、高风险与低风险平衡等。

（3）战略协同：确保整体组合与经营战略、创新战略始终保持一致。

（4）财务稳健：确保需求组合中所选项目能够实现战略中所设置的财务目标。

需求组合管理系统采用一种可视化和管理需求组合的方法，将需求从想法、分析、执行到完成的全链路可视化。看板通过识别、沟通和管理需求中最大和最具业务价值的部分，统一业务战略目标和执行工作的具体事项。围绕"可视化且系统化工作流程、严格限制任务数量、MVP思路、强化看板的沟通反馈机制"四大原则，生成"漏斗、评审、分析、待办列表、实施、完成"六大阶段（见图3），确保敏捷迭代需求的最高效组合。

3.2.1 漏斗

漏斗用来收集所有新的商业机会或技术想法。这些想法可能来源于战略、不同业务部门、开发团队，甚至来自客户和合作伙伴的建议。进入漏斗的需求通常是用一个简短的短语来描述，比如"条件单""影子账户"等。因为此时关于需求的很多细节还不清晰，所以此时每个条目只是一个占位符，用于触发讨论。

在漏斗状态下，也没有在制品数量（WIP）的限制，因为这些想法都是值得思考的。

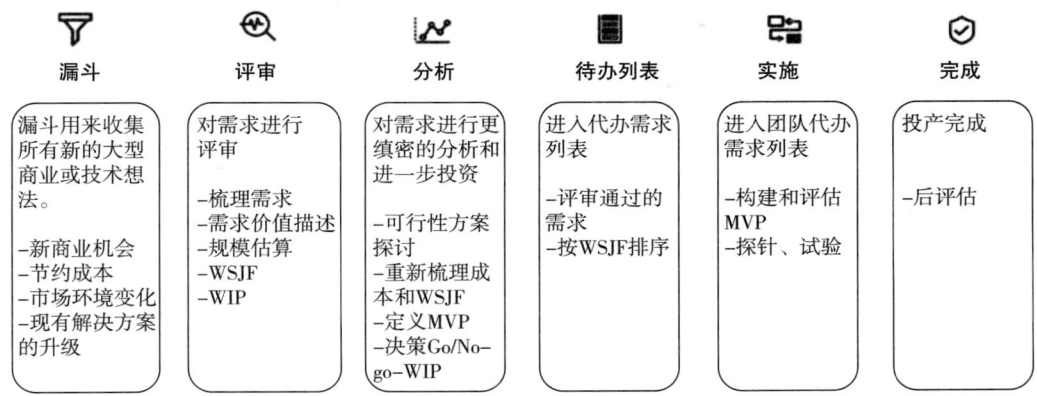

图3　需求生命周期模型六阶段

3.2.2 评审

在评审状态栏，需要有相关的需求负责人阐述需求的意图和定义。在这个状态下，需求增加了更多的细节：

- 描述——采用结构化的"为了（什么用户），实现（什么解决方案）"的格式概括描述该需求。
- 业务结果假设——如果假设被证明是正确的，预期的定量或定性收益。
- 领先指标——有助于预测业务结果的早期度量。
- 非功能需求（NFRs）——属性，如安全性、可靠性、性能、可维护性、可扩展性，以及可用性，作为约束和限制。

3.2.3 分析

评审通过进入分析状态，在分析状态下，将对需求进行更缜密的分析：

- 识别和评估方案可行性。
- 定义最小可行产品（MVP）。
- 建立 MVP 的成本估算。
- 更新 WSJF。
- 确定 Go/No-go 的决策。

3.2.4 待办列表

一旦下游有容量，处于分析状态的具有最高 WSJF 的需求就会被拉入下一个状态，即待办列表。这是一种低成本的"等待状态"，在这种状态下，更新 WSJF 和其他相关因素，周期性地对需求进行审查和排序。

3.2.5 实施

当研发团队有足够的容量可用时，具有最高 WSJF 的需求将进入实施阶段。产品需要与敏捷团队合作，开始识别、开发 MVP 所需的活动，并评估业务结果假设。对于

MVP 的实施会一直进行，直到分配给 MVP 的容量消耗完，或者假设被证明不成立。

3.2.6 完成

从组合管理的角度来看，当我们从中获得足够的认识或价值，不再需要额外的关注时，需求就算完成了。通常包含以下情况：

- 从需求组合管理看板中剔除。
- MVP 无法印证假设。
- 假设被证明了，不再需要额外的管理。

3.3 业务价值评估

业务价值是敏捷观念的核心。当人们谈及"业务价值"的时候，他们实际上是指很多不同的东西。为了将各种不同的看法统一起来，国金证券明确了不同的业务诉求场景分析要素和量化的指标，例如标准的：

- 在×场景下，为×人解决了什么问题，预期产生×的效果。
- 现状数据说明（明确衡量对比周期：×年×月×日）。
- 预期数据说明（明确衡量对比周期：×年×月×日）。

经过长期的实践和调整，从企业战略、业务和用户的角度出发，国金证券总结出了 SBU 模型。

（1）企业/部门战略（Strategy）：为了满足企业战略需要怎样的一套或几套系统？产品在这些系统中主要起到何种作用？主要是给什么角色用？

（2）业务（Business）：这个 B 端产品是为了支撑什么业务？这个业务现在是什么样的？为了解决什么问题？业务未来发展方向是怎样的？系统未来会怎样支撑起业务方向？

（3）人员/用户（User）：系统是给谁用的？支撑了他什么业务？满足了他什么需求？系统是如何给他提供价值的？

SBU 模型通过可量化的方式，将需求的业务价值评估出来，统一大家对业务价值的认知（见图 4）。

S	B	U
（战略）	（业务）	（用户）
0：匹配度0%	0：收益	0：免费用户
1：匹配度25%	1：收益	1：普通用户
2：匹配度50%	2：收益	2：中级用户
3：匹配度75%	3：收益	3：高级用户
4：匹配度100%	4：收益	4：大客户

图 4 需求业务价值 SBU 模型

3.4 优先级排序

在需求管理领域，哪些工作需要先做，哪些工作可以缓一缓，是一个核心问题。

如果只是定性的探讨，最后会变成谁权力大、影响力大，谁的需求优先级就高。所以我们不仅要有指导的原则，更需要有可以量化的方法，帮助我们科学地决策需求优先级。

我们采用加权最短作业优先方法，又叫 WSJF，是一种最大化经济收益的模型。

$$WSJF 分数 = 延期成本/任务时长$$

用延期成本除以任务需要持续的时长，结果就是 WSJF 的分数。分数越大，这个任务就越需要放在前面，反之放在后面。

3.4.1　估算任务时长

相对来说，这两个参数中，任务的持续时长是比较好估算的，这个时长往往代表任务的复杂程度（不考虑对其他任务的依赖）。这里对于估算方法不作重点探讨。

3.4.2　估算延期成本

一般我们认为延期成本由 3 个因素组成：

（1）基于用户的业务价值。我们的用户是不是真的非常想要这个？这个对我们业务的收入有什么影响？具体参考业务价值评估章节。

（2）时机关键性。有确定的最后期限（deadline）吗？用户会为此等待我们还是会转移到其他的解决方案上去？有其他关键里程碑会被我们的延期影响吗？如果延误，我们会受到什么样的惩罚和其他影响？

（3）降低风险/增加机会的可能性。这个能帮助我们降低未来发布的风险吗？它有帮助我们开启新业务领域的机会吗？

图 5 是一个例子，对比了优先执行高延期成本的需求和优先执行低延期成本的延期成本。

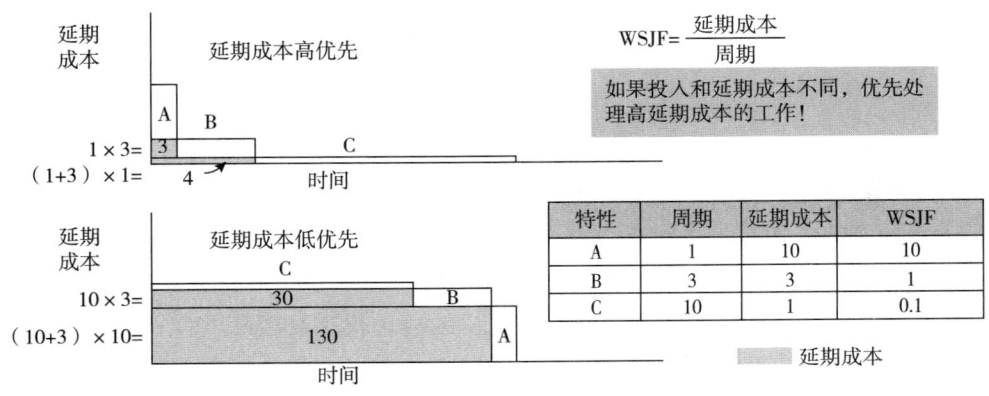

图 5　延期成本示意

3.5　需求分解双向可追溯

在需求开发和交付的漫长的全链路中，有一个关键点值得关注，那就是需求分解双向可追溯。当需求受到良好的管理时，就可建立从源需求到较低层需求，以及从较低层需求到它们的源需求的双向可追溯性。这种双向可追溯性有助于确定已处理所有源需求，并且所有较低层需求能够被追溯到有效的来源。需求追踪正向矩阵是为了保证源需求中的每一条都得到了满足，逆向矩阵是为了保证较低层需求中没有多余的需求。

要实现双向可追溯性，还要有建立在需求模型基础上的清晰的需求层级。在国金证券的应用产品开发中，业务需求的特点往往是跨多条业务线，所以简单的敏捷需求双层模型史诗→故事并不能满足我们需求层级的要求，而使用与需求—子需求—子子需求类似的层级模型，不利于我们快速地定位到需求应归属的层级。

在实践中，我们结合需求实际拆分要求，形成了史诗→特性→故事的三层需求模型，如图6所示。

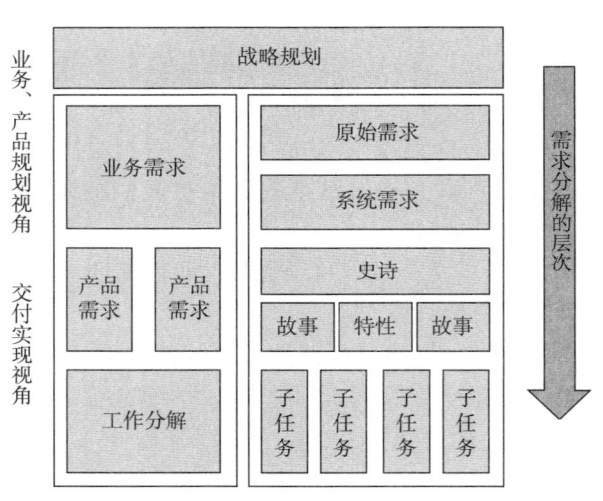

图6 需求分解层次

4. 全链路数字化平台建设

随着业务的持续发展，各系统间的建设不可避免地复杂度越来越高、流程割裂、形成数据孤岛，研发效率越来越低，无法支持敏捷迭代和规模化赋能。在这样的背景下国金证券选择了抽象核心能力，打造大数据平台，逐步走向平台化建设道路（见图7）。平台化敏捷具备稳定性强、复用性强、高度链接、系统更加轻型的优点。

建设围绕着领先的端到端的系统架构及支持自动化数据采集、清洗、可视化分析与管理的数据架构。支撑多业务体系埋点统一化管理、多业务体系标签统一化管理的大数据平台落地，支持以算法模型策略研究为辅助，营销内容管理、精细化营销管理为工具的科技应用敏捷迭代。

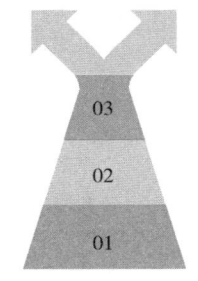

03 精准投放——平台营销
通过灵活的中台配置功能，实现广告位、智能小宝、弹屏广告、App 消息推送等营销场景按客群进行千人千面的营销呈现

01 数据分析——用户标识
通过海量数据整理与分析，对客户进行特征标识
通过呼叫中心、IM、企业微信等渠道进行主观客户性特征标识

03 精准投放——用户分发
通过强大的员工端平台，实现MOT、消息中心、营销机会、活动名单的逐级下发，结合客户风格与服务人员风格进行精准匹配

02 精准客群圈定
通过lookalike等算法进行人群扩散，训练分类模型，然后用模型对所有候选对象进行筛选
通过复杂查询指标筛选，实现快速客群圈定；支持人工名单维护，满足特殊个性化业务

图7　全链路数字化平台的三大方面

4.1　埋点统一化管理

埋点统一化管理是一切数据建设和数据产品化的基础，统一化的数据管理能够有效保证数据的规范性与准确性，提升数据质量，使分析匹配实际情景；能够提升数据的时效性，方便支持快速分析与多维度下钻分析的需求；能够控制数据的完整性和一致性，为业务的开展与分析提供有效的数据支持。

埋点统一化管理的关键内容是数据校验、入库的标准化。

第一，通过增加和提升数据校验环节权重，确保埋点入库数据的一致性。

第二，埋点数据的数据库统一集中管理，建立标准入库逻辑和接口规范，使数据库中的埋点数据从流程到存储统一规范。

国金证券埋点起步较早，自确立埋点统一化管理思路后，埋点覆盖了国金证券所有线上业务，可以支持用户线上行为分析和业务投放监控（见图8）。

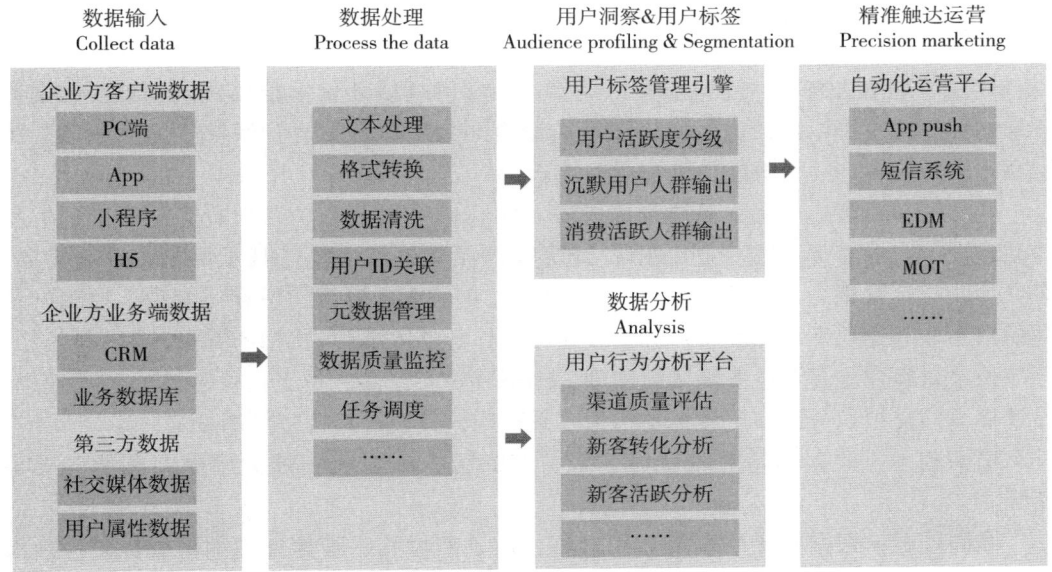

图8　埋点统一化管理全流程框架

埋点统一化管理，实现了标准化数据方案设计（见图9）；数据采集方案的设计标准化从源头上规范了数据未来的落地性和可分析性，在保证数据颗粒度一致性的同时，增加数据的完整性要求。实现了数据入库严格管理，采用统一集中的数据入库管理，减少人为因素对入库数据的影响，可以有效提升数据的时效性和规范性，从而覆盖多种业务场景的分析需要。

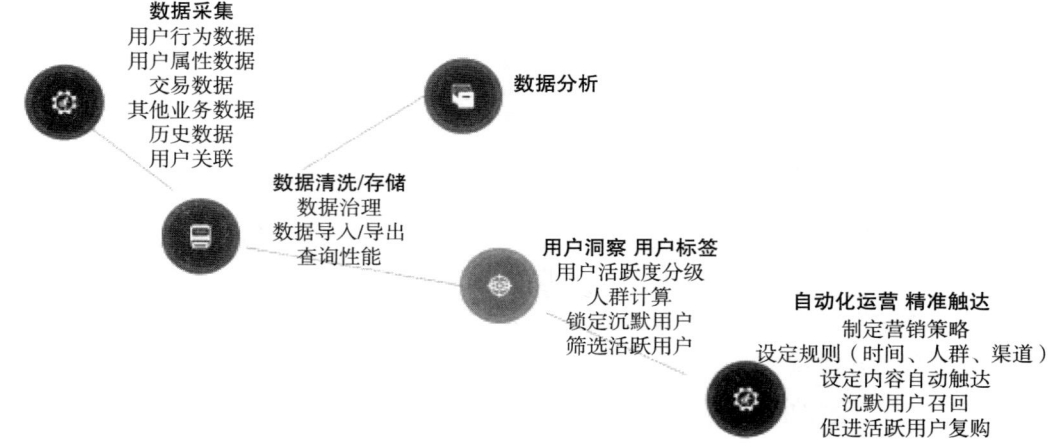

图9　数据标准化全流程示意

埋点统一化管理，实现了多维度数据下钻分析；通过埋点数据统一化管理，实现数据粒度、数据质量、数据流程以及数据流转的规范管理，有效提高了数据准确性，为业务分析和精细化运营提供更多的支持。

4.2　标签统一化管理

标签体系是快速、有效识别客户场景，实现持续精细化营销运营的基础。构建高质量的标签体系可以帮助优化人群圈选、分析洞察，提升新客户转化、交叉营销、沉默客户促活等客户运营效能，助力业务增长。

国金证券以客户旅程为基线开展标签及指标体系研究，从客户研究角度推进标签体系建设。在标签体系建设过程中，围绕客户经营框架，坚持基于场景、以终为始、客户关联与运营视角相结合的敏捷设计理念。在获客、激活、留存、变现、增值、传播的核心业务模块下，深耕客户标签及业务指标，整体结构如图10所示。

通过对客户旅程及业务场景的梳理，围绕客户、产品、员工三位一体的经营理念，设计横纵向交织切分的多层级标签指标体系架构，其设计架构图见图11。

横向刻画：根据标签对象从客户级、产品级、员工级三种类型横向刻画各对象特征。

纵向刻画：根据标签生成及运用过程，从事实标签、画像标签和应用标签三个层次纵向刻画各对象特征。

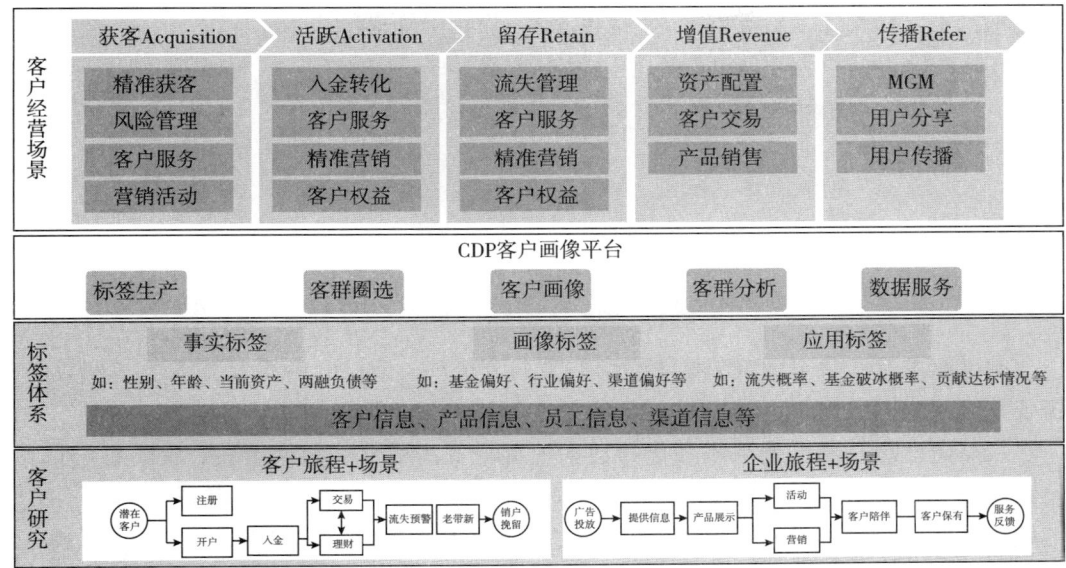

图 10　全生命周期客户经营标签与指标构建示意

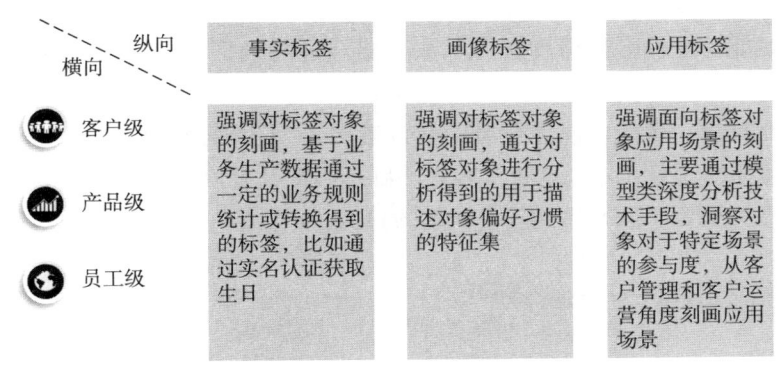

图 11　双维度标签构建示意

4.3　算法模型策略研究与落地

随着人工智能和大数据挖掘技术的高速发展,各大证券公司纷纷开始探索金融与科技的深度融合,国金证券很早便坚持以数据赋能业务,通过数据分析、模型算法、策略设计等手段,提升公司的获客和盈利能力,提升自身在行业中的竞争力。

在策略研发架构层面,国金证券创新地搭建了基础研发层、策略研发层、策略应用层联动的研发架构,提高了数据策略及算法模型的业务渗透率,提升了研发及应用效能,从而有效实现了产、研、应用一体化敏捷结构。具体架构如图 12 所示。

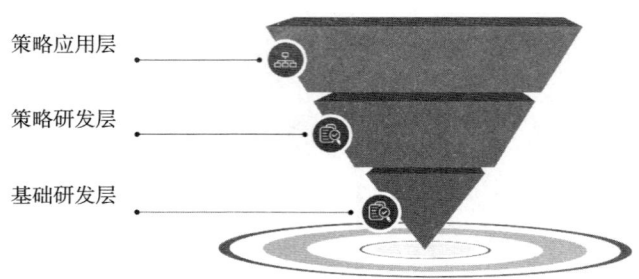

图 12 算法模型策略三层架构

基础研发层：负责围绕数据策略生产方向，梳理、清洗、解析业务系统基础数据，搭建并维护主题数据集市。

策略研发层：负责采用体系化的数据挖掘、算法模型等技术手段，聚焦标签体系设计及模型算法，设计并研发围绕客户、产品、员工三个维度的业务策略（客户ROI）与绩效策略（公司绩效），为各业务线业务运营及公司战略目标实现提供数字化策略。

策略应用层：负责数据策略的推广应用，并基于绩效逻辑、业务逻辑加强对目标完成及实现路径的数据分析，优化相关策略，推动目标实现。

除了先进的研发及应用架构外，国金证券很早就开始探索前沿技术在公司实际业务上的展业赋能。通过引入深度学习算法、图神经网络算法等前沿技术，不断优化算法准确率及召回率，并实际应用于公募基金推荐、客户流失预警、咨询工具推荐、客户经营、智能投研、智能风控等领域，且打造出了一套覆盖客户全生命周期各个阶段的数据策略体系（见图13）。通过对客户的状态洞察及有效评估，合理地推荐相适应的数据策略，支持展业，从而达到降本增效的目的。

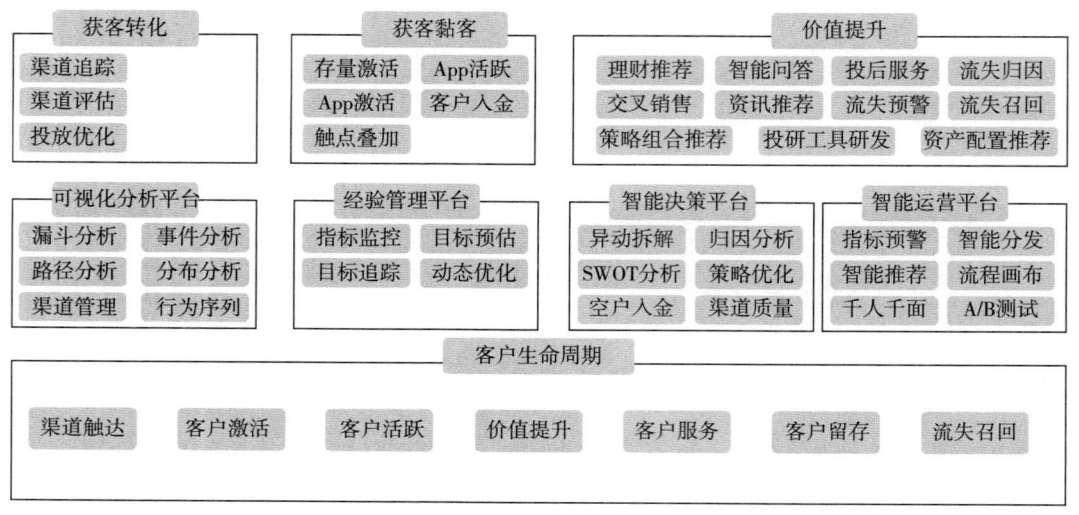

图 13 算法模型策略客户全生命周期落地示意

4.4 营销内容管理（内容银行）

随着移动互联网的发展，证券业务已经逐渐由线下转移到线上。专业晦涩的金融知识和复杂的流程逐渐被大众接受，其中营销内容发挥着重要的作用。国金证券的内容池主要以 PGC 为主，并将内容进行标准化数据处理，借助平台管理能力和推荐策略进行前台分发，达到千人千面的效果。

内容生产是整个营销内容管理体系的基础。国金证券的营销内容由资讯内容、营销内容和知识库三个部分组成。内容生产的成果将会通过标准化数据方式接入国金证券的营销系统，沉淀为营销内容的平台能力，并设置权限管理、任务管理和场景管理等机制，支持营销人员高效地开展业务。

推荐策略是实现千人千面、提高内容触达率的必要环节。国金证券营销内容中台提供针对内容、人群和坑位等的素材分发策略和针对流量的流量调控策略。以上内容生产→平台管理→推荐策略→前台分发→成效分析，形成了一个完整的营销内容中台能力链路（见图14）。

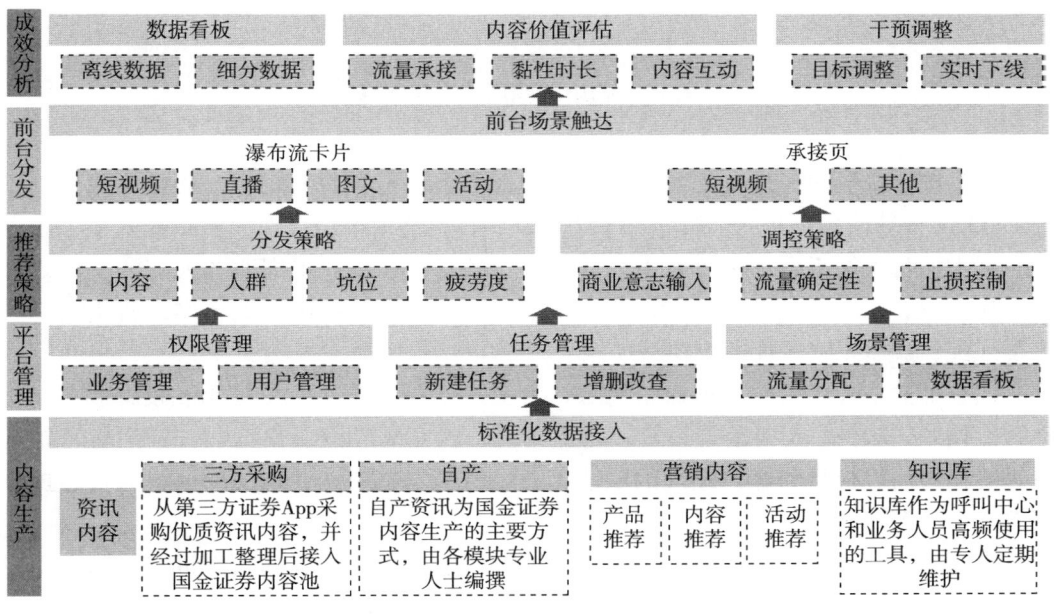

图14 营销内容管理架构示意

4.5 精细化营销管理

当前市场上营销模式多样化，用户获取信息的渠道也越来越多，如何精准地触达客户，吸引客户的眼球，给客户提供个性化、专业化和多元化的分级服务，引导、促活、转化，产生更大的客户价值，是每个市场营销人员的工作重心。

国金证券在大数据分析的基础上，重点发力人群能力、营销场景趋势洞察建设，围绕用户角色场景推进用户打标、客群圈定、用户分发和平台营销的流程建设（见图15）。

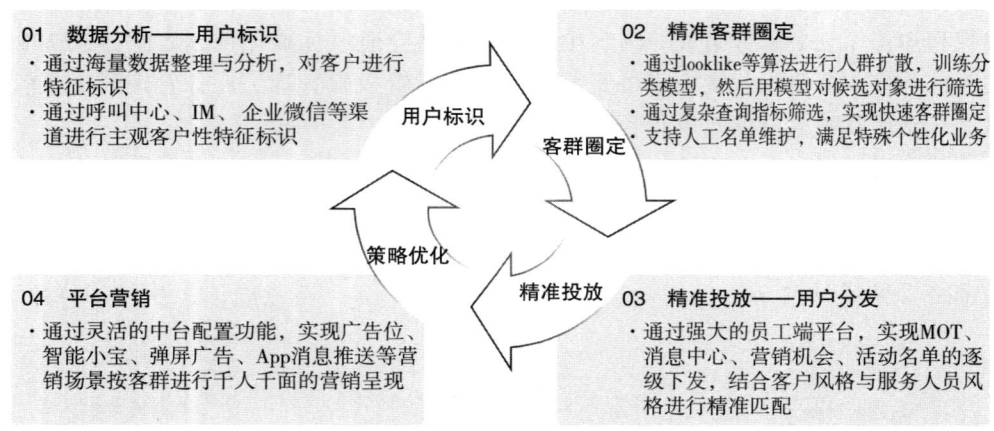

图15 精细化营销平台构建示意

在基础建设层面，通过大数据分析和客群服务进行用户打标；基于用户标签，采用looklike等算法模型进行人群扩散和模型训练。在能力应用层面，BBC模式下，国金证券强大的员工端平台，实现服务人员与客户的精准匹配，提高业务人员的工作效率和工作质量；B2C模式下，营销人员可以借助国金证券营销系统能力实现营销场景和客群匹配，进行千人千面的营销呈现。

国金证券依托佣金宝App流量优势，为普通投资者提供一站式App投顾服务，打造智能投顾式服务，提升公司人效。与此同时，针对高净值用户群体，精细化营销工具系统作为前线投顾和客户经理的赋能工具，直接对接一线，赋能个体，为投顾提供客源、产品等能力支撑。

丰富的营销工具和便捷的操作流程，可快速响应一线员工的营销诉求，基于用户分级管理，大数据产出营销标签等数智化工具，实现智能化的资产配置和数据驱动客户经营。

员工端完善的业务标准作业程序（Standard Operating Procedure，SOP）是提高服务人员展业效率和服务质量的重要环节。国金证券基于精细化营销平台赋能员工展业端，打造"营销需求识别""一体化营销工具""前台客户服务项""数据驱动客户经营"的综合金融服务闭环流程（见图16）。

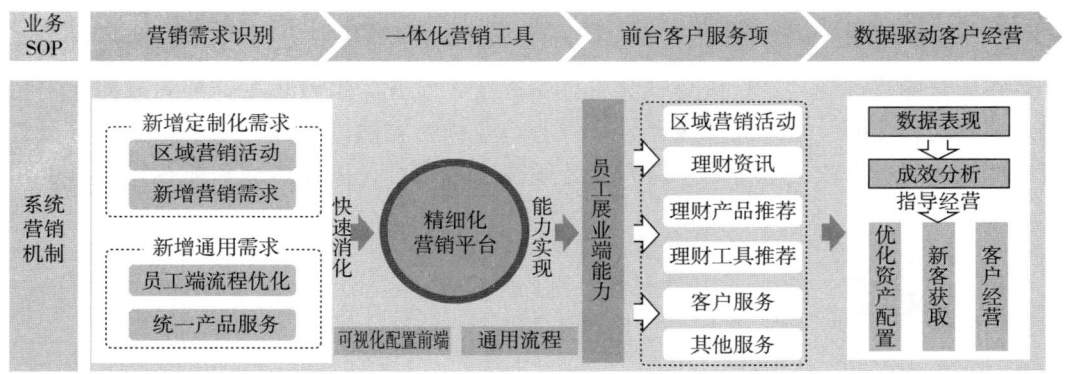

图 16　精细化营销平台业务 SOP 示意

5. 收益、总结及下一步规划

5.1　收益

国金证券全链路业务敏捷实践落地使国金证券在市场响应能力、产品质量、成本控制各个维度上都得到了提升，极大地提高了公司的市场竞争力和影响力，具体体现如下。

首先，通过业务价值交付全链路的有效管理，将业务、产品、技术纳入多专业组成的敏捷部落，辅以需求组合管理、业务价值评估、优先级排序，保证了国金证券将有限的资源投到最有价值的工作上去，从而实现产品的快速迭代和上线交付，提升业务需求响应效率。数据显示，需求响应速度整体提升了 55%。

其次，通过大数据、用户画像等技术赋能，提供多元化的服务模式，同时以智能工具为主，匹配不同的客户群，打造一套"用户标识""客群圈定""精准投放""策略优化"四位一体的营销流程，使用户体验满意度更高。数据显示，新增客户数量同比大幅度增长。

5.2　总结

敏捷是已经被证实具有颠覆性，且被各行各业积极推广的优秀管理思想。国金证券从全局视角观察和系统性的优化改进，也正是基于敏捷核心理念，将敏捷从研发领域拓展到业务领域的创新实践。

国金证券在业务敏捷实践尚不成熟的情况下，不断钻研新方法，并基于量化的反馈持续优化，逐渐形成良性的 PDCA 改进环路，为证券行业甚至金融行业全链路业务敏捷踏出一条清晰的路径。

5.3 下一步规划

在未来的改进规划中,国金证券将继续围绕系统化、平台化敏捷的大方向,不断提炼和归纳以往的经验与教训,通过引入各行业优秀方法论实践,以及积累日常经营管理经验,逐步形成更丰富的全链路业务敏捷实践集合,以支撑国金证券技术卓越和业务高速发展。

参考文献

[1] SAFe. Business Agility [EB/OL]. https://www.scaledagileframework.com/business-agility,2023-07-13.

[2] SAFe. Weighted Shortest Job First [EB/OL]. https://www.scaledagileframework.com/wsjf,2023-04-17.

[3] SAFe. Portfolio Backlog [EB/OL]. https://www.scaledagileframework.com/portfolio-kanban,2023-09-06.

敏捷助发展

——海通证券软件研发敏捷转型实践

熊 辉 周 靖 陆颂华

海通证券股份有限公司

数字化时代推动传统证券业大迈步变革，随之而来的是业务场景不断激增与对创新的强烈诉求。如何应对不断变化的业务需求，快速响应市场变化和客户需求，已成为当前证券业面临的一大挑战。海通证券坚持"科技赋能、数据驱动"的发展战略，主动拥抱转型加速的数字化时代，开展以"敏捷化、平台化、智能化、生态化"为特点的金融科技平台建设，逐步探索形成符合自身的敏捷研发转型之路，助力数字化转型不断向前推进。

1. 规划引领，统筹建设敏捷研发体系

2021年，《证券期货业科技发展"十四五"规划》《金融科技发展规划（2022—2025年）》相继发布，为新时期证券行业的数字化转型发展提供了纲领性指南，规划中提出要构建敏捷化创新体系，探索扁平化、网格式金融科技创新管理模式。敏捷研发作为一种新型的软件开发方法，能应对快速变化的市场和技术环境，主张演进式的规划和开发、持续和尽早交付，强调价值交付过程中各类角色的紧密协作，已成为公司数字化转型的加速器。

海通证券积极着手敏捷研发模式的试点和探索，逐步形成了一套业务与技术深度融合的敏捷研发体系，实现了需求、开发、测试、部署、运维的一体化管理，构建了符合自身经营发展特点的敏捷研发模式，有力提升了产品的质量和效率，全面赋能公司高质量发展，实现客户服务能力、运营管理效率、风控智能化水平和科技自主创新能力的进一步提升。

海通证券敏捷转型可以总结为"三化"。

（1）组织架构敏捷化。海通证券根据业务发展的需求灵活调整组织架构，深化业务和技术融合。按照"业务主导、科技前移、双向考核、复合培养"的基本思路，成立了业技融合团队。融合团队建立了统一、高效、创新的工作机制，围绕需求管理、测试验收和问题跟踪三个核心职责开展工作，凝聚了业务侧与科技侧合力，高效率、

敏捷化地保障各项工作有序推进。

（2）技术架构标准化。强化企业架构治理工作，规范技术架构，统一技术标准，提升工程技术成熟度。实施"一核心三平台"技术平台化战略，打造不同类型应用系统的通用开发平台，构建新一代研发底座。围绕架构，制定形成企业级的技术架构清单，持续收窄、规划技术架构。

（3）研发流程体系规范化。借鉴多种国际标准、方法论，探索出符合公司发展现状并具有前瞻性的研发模式，形成了企业级研发流程体系（Haitong Organizational Process of Engineering，HOPE）。HOPE研发体系确定了软件研发的方针和政策、生命周期模型、规范和流程，实现了需求、开发、测试的规范化和标准化，作为组织级资产库，为全面提升企业级软件成熟度打下了体系基础。同时，构建开发运营一体化的DevOps平台，贯穿需求、开发、测试、部署等环节，在规范化的基础上，进一步增强工程化能力，提升业务端到端的交付质效。

2. 多方面实践，持续深入敏捷转型

2.1 业技融合，数字化转型全面加速

在"技术与数据双轮驱动、科技与业务双向融合，数字化转型全面加速"的指导要求下，公司在投行、财富、财务、运营、机构等多个业务条线建立了由业务和科技骨干组成的业技融合团队，努力打造"科技团队中最了解业务、业务团队中最了解科技"的复合型人才队伍，实现对业务发展、技术创新、行业动态、客户需求的深度洞察。

融合团队由业务和科技人员组成，围绕需求管理、测试验收和问题跟踪三大核心职责开展工作，凝聚业务侧与科技侧合力，保障各项工作的有序推进。

2.1.1 融合先行，精细化需求管理

融合团队从需求管理入手，广泛调研和挖掘业务痛点，主动参与需求全周期管理。在需求论证阶段，提前介入需求分析，参与需求讨论和需求文档撰写，把好需求入口关。在需求流程审批阶段，协同做好需求解读、流程进度跟踪及定期提醒，2022年需求审批时长较上年缩短50%。

2.1.2 强化协同，把好业务验收关

在验收测试方面，融合团队将验收测试准备前移至需求分析、设计阶段，推进业务人员、开发人员、测试人员共同参与业务需求、技术实现方案、测试案例等评审，提升项目团队对需求理解的一致性，从源头提升版本发布质量。

2.1.3 完善机制，提升问题解决效率

在问题跟踪方面，融合团队通过IT服务台报障、项目沟通群反馈、电话会议等多渠道建立快速反馈及响应机制，并建立跟踪台账，确保生产问题得到及时响应和有效

解决。同时，通过项目周例会、融合团队双周会等机制定期进行重点问题复盘、重要事项跟踪，确保瓶颈问题、跨部门协调事项得到有效推动。

2.2 强化技术架构标准，全面提升工程技术成熟度

海通证券在集团化、国际化战略的推进过程中，应用系统快速增加，技术架构变得越来越复杂，如何保障技术架构能在未来支持业务可持续发展，是一个新的挑战。敏态、稳态的研发模式长期共存，自主研发和软件采购交叉组合，以及自有员工、外包人员、供应商混合研发等现状，导致现有的技术难以沉淀、定制的标准难以实施。为提高技术架构的管理能力，海通证券通过统一技术标准、规范技术架构，复用已有技术平台和组件，不断降低技术治理复杂度。

2.2.1 规范技术架构，夯实技术基础

海通证券基于目前软件研发现状，吸收同业和互联网行业的实践经验，站在整个软件开发中心的视角，从多个维度制定并实施了技术架构清单。

从规范角度看，规范了数据治理、日志规范、中间件使用、API 网关、开发规范、运行环境、安全、自动化、技术运营等标准，同时制定负面清单以及针对特定业务场景的设计要求等，为规划技术架构提供了规范样板。

从流程角度看，规范了技术架构管理的全流程，组成了 3 道有序评审，分别是立项评审、技术架构评审、上线评审。3 道评审依次开展，产物不断积累、相互促进，实现机制、流程和人的有效协同。

2.2.2 构建"一核心三平台"开发平台，提升工程技术能力

海通证券积极推动开发平台的建设，助力企业数字化转型。通过建立自主可控的移动端开发平台、PC 端开发平台和管理类应用开发平台，打造不同类型应用系统的通用底层技术平台，提高研发效率。例如，海通证券移动端开发平台已累计支持 4 款移动端建设，同时支持零售客户、机构客户、员工操作，支持超过 100 个场景落地；管理类应用开发平台已累计支持近 20 套应用系统建设，涵盖了办公协同、经营管理、合规风控、业务办理等管理型应用系统，构建了 80 多个各类 UI 组件、技术组件、业务组件。

通过规范技术架构，构建技术平台，统一业务、应用、数据、技术视角，沉淀公共业务和技术能力，保持 IT 架构的先进性，海通证券数字化转型战略稳步落地。

2.3 构建企业级 HOPE 研发流程体系

海通证券构建了企业级 HOPE 研发流程体系（见图 1），在体系中共设计了 34 个流程，同时支持敏态、稳态、双态等研发模式。为了保障 HOPE 研发体系更贴合海通证券现状，更易于实施，公司在组织、流程、平台上开展了多项设计。下面以敏捷组织、研发管理平台为例展开说明。

敏捷组织方面，一是部门层面建立了 EPG 组织，负责 HOPE 优化和研发过程持续

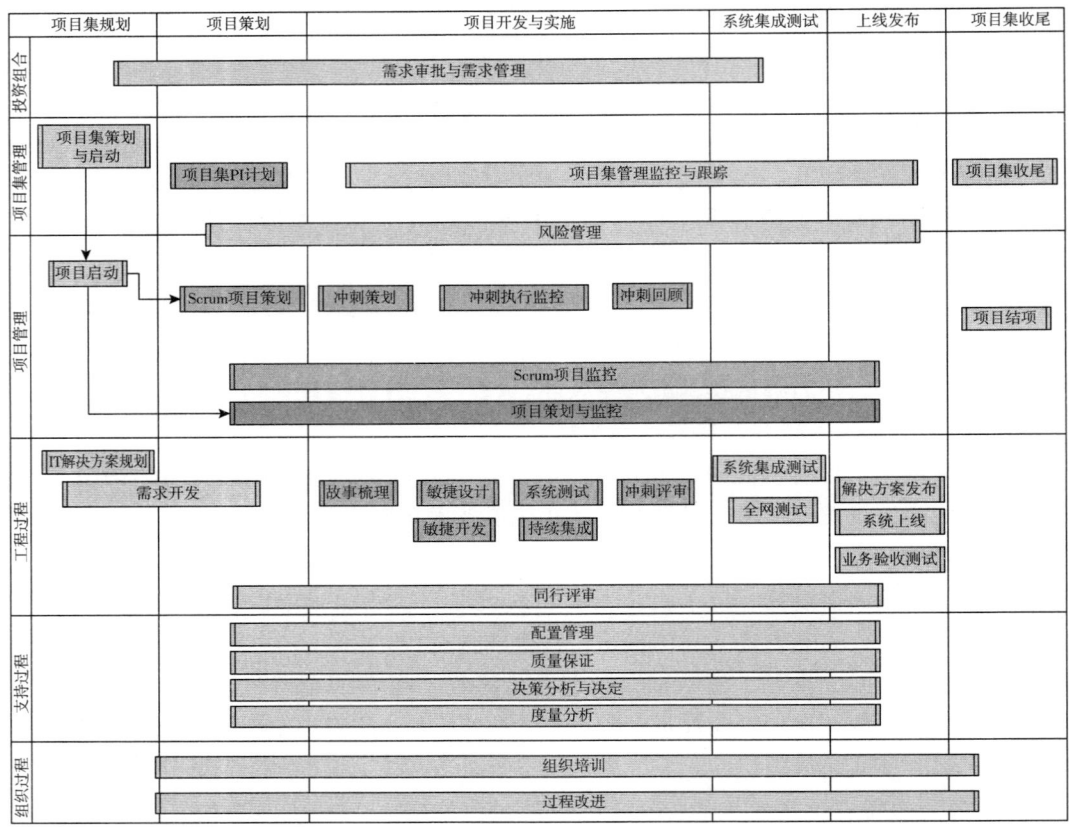

图 1　海通证券整体流程框架

改进工作以及优秀研发方法和工具等的引入落地。EPG 由来自研发一线经验丰富的专家组成，专业领域涵盖需求、开发、测试、项目管理、质量保证、敏捷教练等。二是组建了 PPQA 团队，负责软件质量体系保障，执行流程检查和审计，并按照审计结果辅导项目团队改进。三是形成了敏捷教练团队，作为敏捷实践的产生者、传播者和落地者，负责引入和推广业界先进的管理方法与实践，结合产品与团队实际情况，制订有针对性的效能提升方案。

研发管理平台方面，基于海通证券统一的管理类应用开发平台建设了企业级研发管理协作平台 RDCP，并和办公自动化系统、自动化测试平台、配置管理系统等多个管理平台集成，实现了统一的需求管理、开发管理、测试管理和项目管理，能够从项目集、项目、系统、需求、任务、缺陷等多维度跟踪、监控和管理。RDCP 初步建立了常态化的量化管理机制，并应用到项目管理、风险预测、过程优化、质量管理、研发效能度量中，有效支撑了自主研发水平提升。RDCP 对研发过程进行事前、事中、事后管理，实现 IT 项目从立项、开发、测试、部署到运维全流程各个环节的高效衔接与协同，加强了对项目的整体把控，助力研发效能提升。

2.4 构建 DevOps 平台，助力研发运营敏捷化

为持续强化敏捷研发过程管理，提升产品端到端的交付质效，海通证券从2019年开始启动 DevOps 平台建设，集开发、测试、运维于一体。DevOps 平台覆盖分支策略、持续集成、质量门禁、制品管理、持续部署五大能力域，研发全工程链路可视化、可追溯（见图2）。其中，制品流贯穿构建、测试、生产多个环节，制品层层晋级，确保交付准确一致的软件版本。工作流采用流水线的设计，涵盖需求、开发、构建、测试、发布和运维环节，关联研发需求，把控代码质量，持续集成发布，提升研发效率和质量。

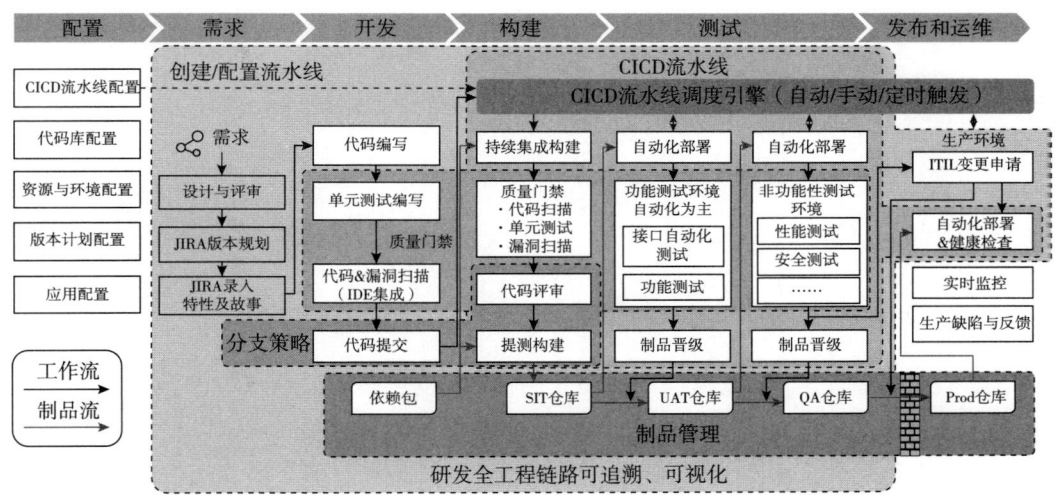

图 2 研发全工程链路

未来，海通证券仍将坚持"科技赋能、数据驱动"的发展战略，不断深化技术架构治理，持续增强软件研发工程化能力，打造更加柔性、敏捷的组织架构，加强业务和技术深度融合，优化平台工具、方法流程，做敏捷转型之路的探索者和先行者。

第三部分
持续交付管理

近年来，随着金融行业的快速发展，证券期货业公司的业务规模和复杂度越来越高。在这样的背景下，传统的瀑布式开发模式难以满足快速交付的需求。如何提高软件研发能力、快速而高效地响应客户的业务需求，以适应市场变化，成为众多公司信息科技建设的重要课题。DevOps 作为一种新型的软件交付思想和方法已经在软件开发中得到了广泛应用。DevOps 的流程自动化、测试自动化、持续集成和快速部署等手段，可以使开发和运维部门实现更快速、更稳定的协作，从而提高生产力和交付质量。

本部分汇编了研发运营一体化持续交付管理方面优秀实践案例相关的信息，案例企业结合行业发展趋势以及自身公司整体战略规划，运用 DevOps 相关理论和技术的研究、分析，基于行业内研发运营一体化（过程管理、持续交付、技术运营）的思想设计并建设了高效便捷的研发管理平台。其中，中金所技术公司以双核心模型为指导，基于"微服务 + 微前端"架构建设了 OneDot 效能平台。中泰证券结合证券行业安全、合规等需求特性构建了一个集多环境持续集成 (CI)/ 持续发布 (CD)、代码质量检测、自动化测试、上线流程审批、研发效能数据跟踪及报表统计功能于一体的综合效能管理平台。案例企业对 DevOps 平台的建设，保证了发布质量，提升了持续交付的能力。

在当前快速变化的市场环境下，持续交付管理已经成为企业在数字化转型过程中的必备手段。我们需要认真对待持续交付所带来的管理和变革，持续提升企业的运作效率和产品质量，为企业发展生生不息打下坚实的基础。

中金所技术支撑双态交付的 DevOps 生产线数字化实践

高 剑　陈冬严

上海金融期货信息技术有限公司

近年来，创新驱动和科技自立自强成为国家发展的战略支撑，数字中国、数字经济、网络强国建设如火如荼，高质量发展成为首要任务和核心旋律，科技正从底层基础设施跃升成为推动高质量发展的创新动力。全行业数字化转型的深入，对 IT 产品和服务质效提出了更高要求，研发运营一体化成为数字化的关键能力。自 2018 年起，中金所技术公司以数字化转型为契机，以双态交付作为切入点，建设了以 DevOps 效能平台（内部称为 OneDot 平台）为代表的数字化生产线基础设施，为健全双模交付体系，实现安全、稳定、高效的业务交付提供了技术保障。

1. DevOps 生产线数字化的前提

1.1 战略引领

研发运营一体化是对技术生产线的重塑，是企业数字化转型的重要环节，与企业战略布局密不可分。《证券期货业科技发展"十四五"规划》《中国证监会监管科技总体建设方案》等文件的出台为证券期货行业数字化建设提出了明确的要求，同时也提供了良好的制度基础和高度共识的行业环境。中金所以及技术公司在新的发展战略规划中对数字化转型及相关底层能力构建进行了重点布局，对技术生产线数字化提出了明确要求：要围绕提质增效，提升技术生产一体化程度，实现敏捷开发、持续构建、自动测试、智能运维，形成端到端的持续交付生产线。

1.2 组织共识

数字化生产成功与否关键在于是否能真正消除价值流流动过程中的"鸿沟"和"筒仓"。在公司战略指引下，DevOps 研发运营一体化的理念和思想迅速在开发运维各部门间达成共识。作为核心机构的 IT 开发运营团队，公司以稳中求进作为发展思路，将研发运营一体化的目标聚焦于保障安全生产和提高业务交付效率。保障安全生产是首要目标，是维护金融期货市场稳定运行的基础；提高业务交付效率是推动数字化转型的关键，是支持金融期货功能发挥、服务业务高质量发展的保障。文化层面的共识，结合双模生产线等一系列管理制度的落地，有效夯实了数字化生产线建设的组织机制保障。

1.3 技术升级

在战略引领、组织共识的基础上，更加重要的是整个 IT 生产线的技术升级。随着业务的发展和金融期货产品的丰富，技术开发和运维保障的难度与复杂度日益增加。应用的微服务化容器化、基础设施的资源池化云化等一系列面向云原生的改造升级已经逐渐落地，成为最终实现业务交付简单顺滑的技术转型前提。根据熵增定律，复杂性只会转移不会消失，面对安全生产和快速交付的要求，急需降低业务层面的复杂性，把复杂性逐渐集中下沉到平台和基础设施层面，以保证对业务价值的快速响应。

2. 生产线数字化转型思路

在保障安全生产、提高交付效率的大目标下，生产线数字化转型主要围绕左移和右移的思路展开，即以保障安全生产为主要目标的运维质量检测左移和以支持快速交付为主要目标的开发交付能力右移。

2.1 运维质量检测左移

对于安全性和交付质量要求高的业务需求，将运维保障和安全生产的要求左移到开发环节，把相关的质量检测和质量管理工作向开发团队、测试团队迁移，提升开发端的运维能力，在生产线前端实现统一质量管理。在数字化生产线平台上，通过大力推广单元测试、集成测试，测试团队的接口自动化，构建"金银铜"质量门禁标准，交付过程中版本上线规范检查等工作，逐步将质量要求左移到研发侧，降低运维侧的压力。同时，依托生产线平台，对微服务、容器化等云原生技术架构规范的执行情况进行统一管理，有效保障和推动了技术架构转型落地，夯实了数字化建设的技术底座。

2.2 开发交付能力右移

对于业务响应速度要求高的业务需求，将开发交付能力右移，基于统一的业务模型建设应用系统和交付系统，逐步实现上线部署的标准化和自动化，降低应用的运维复杂度。在敏态生产线上，开发团队逐渐承担部分系统的标准部署上线工作，并探索形成自动化部署流水线，部分系统实现了开发自动上线，有效降低了核心系统运维团队的运维压力。一方面，核心运维团队能够更加专注于核心系统的运维保障，加大了安全生产保障力度；另一方面，通过打通开发与运维职能，切实提高了业务交付效能，提高了快速交付、快速响应的能力。

2.3 分步走的转型策略

在明确了左移、右移的思路之后，中金所技术公司按照分步走的策略推进数字化生产线建设和研发运营一体化的落地。一是在制度建设方面，在 CMMI/ITIL 等体系的基础上，颁布了一系列办法、规范和指南，制度先行保证数字化建设的标准化程度。二是在组织保障方面，调动技术力量建立了十多人的专职研发团队，横跨开发、测试、运维和平台架构，专门负责生产线的数字化转型，解决了组织和人力资源层面的问题。三是在战略布局方面，制定了关于微服务、容器化以及 DevOps 等相关的建设规划，构建了明确的实施路径和建设方案，通过标准化、开源集成和产品化平台化三个阶段推进生产线数字化的转型工作。第一阶段结合公司实际情况引入最佳实践，实现组织层面的价值流交付过程的统一，第二阶段优先考虑采用开源产品来快速提供技术能力，第三阶段则有选择地对部分平台服务和开源产品不具备的特性需求进行自研创新。

3. 生产线的数字化模型

3.1 建设双模生产线

中金所技术公司借鉴业界先进经验，结合自身实际，在优化企业架构的基础上，针对核心系统和一般系统的差异化管控要求，构建了"稳态+敏态"的研发双模式，实现稳态更稳、敏态更敏的目标。稳态生产线类似于传统瀑布模型的延伸，基本采用更为全面和稳固的阶段及节点设计整个交付流程与交付要求。通过数据治理和平台化，使各个阶段到下一个阶段的交付一体化通过平台工具解决，提高了整个交付流程的顺滑程度。敏态生产线则对各阶段的活动、活动的顺序、人员的协调进行了差异化的安排，实现了对信息系统的分级保障。

3.2 双核心模型实现生产线的数字化

建设 DevOps 平台的实质和前提，是实现生产线的数字化，通过统一模型，为开发运维数据治理制定标准，保证书同文、车同轨。中金所技术公司经过业务交付的价值流梳理，结合行业的特点，发现客观存在"交付"和"应用"这两个业务对象，按批次交付业务价值，以应用为中心进行系统建设，例如新产品、新业务的推出，往往涉及多个参与部门，需要多个系统的改造。因此，生产线的数字化必然要在以往专注于做好业务价值交付管理的基础上，补齐应用生命周期管理（ALM）的能力，也就是建立双核心模型（见图1）。

对于应用来说，结合 ALM 的思想，在平台建设初期引入了四个"一"模型的简化模型，即一个应用对应一个代码库、一个项目库和一条生产线。该模型使开发、测试、运维团队具备了统一的语言和统一的模型，通过应用元数据单一信源的设计，实现了

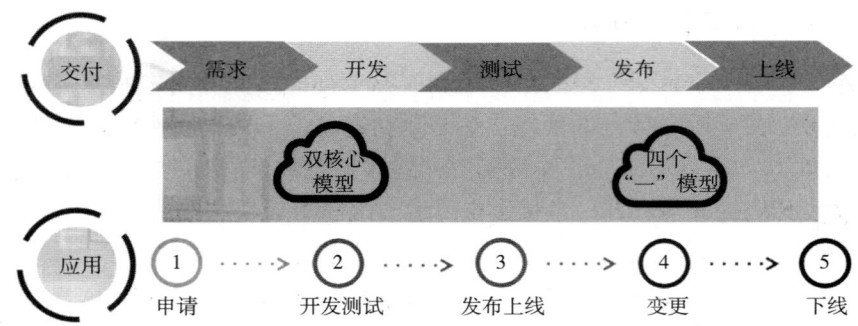

图1 数字化生产线双核心模型

100多个应用从申请、开发测试、发布上线到变更、下线的整个过程的有序管理，并以此来支撑业务价值过程的数字化管理。

4. 生产线数字化建设进展

4.1 OneDot效能平台实现端到端的交付能力

中金所技术公司基于"微服务+微前端"架构建设了OneDot效能平台（其架构见图2），打通需求、开发、构建、部署、测试、交付等工具，具备项目管理、需求管理、应用管理、配置管理、持续集成、流水线、自动部署、度量分析等能力。在CICD主体服务的基础上，逐步增加了代码扫描服务OneRadar，实现了自主、自动的质量门禁系统。同时，通过OAuth模块实现了DevOps的单点登录和工具链的认证能力以及外包账号的归口管理，目前正在建设中的接口中心将根据服务调用链信息利用图数据库建设变更影响分析能力模块。

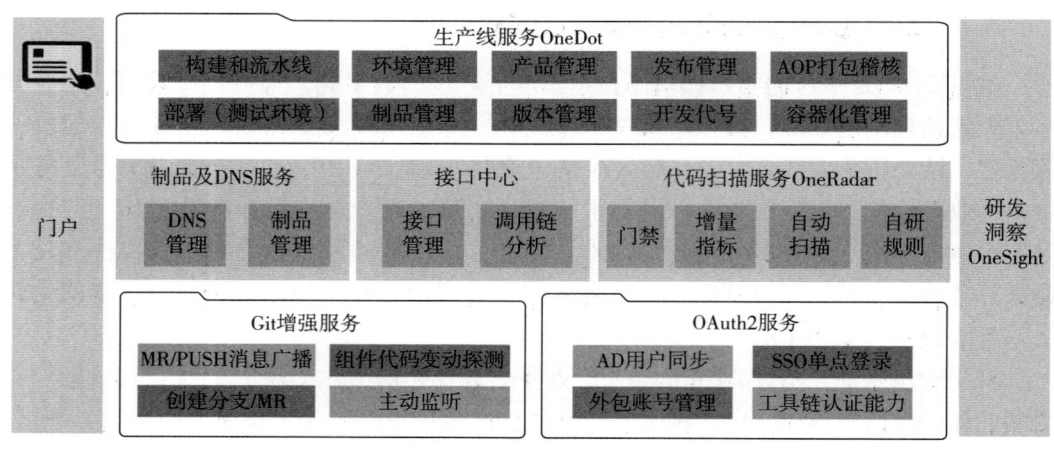

图2 OneDot效能平台架构

为了提供高效的基础环境自助服务，在开发测试环境建设了云管理平台、容器云管理平台以及伴生的可观测性平台，实现了 10 分钟自助获取一整套与线上部署环境和版本保持一致的开发测试环境和测试基准数据，提升了开发、测试的工作效率。图 3 是目前数字化生产线的整体架构。

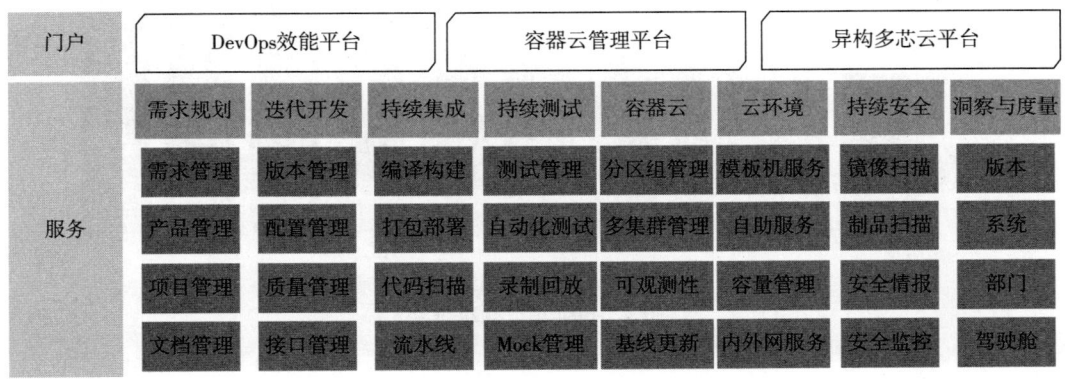

图 3　数字化生产线整体架构

通过上述各平台的协同，构建了贯穿从需求到开发、集成、测试、部署、安全、发布和洞察的整个过程的数字化生产线，实现端到端的交付能力。

4.2　平台促进研发质效提升

依托 OneDot 效能平台提供的 DevOps 一体化能力，技术交付的质量和效能取得明显提升。在质量方面，平台设置多道质量卡点，包括代码合并、发布包合并包检查以及发布完成标准的数字化检查等。依托 OneRadar 服务以及自研规则，结合不同信息系统的分级保障要求，构建了"金银铜"三级质量门禁，以"增量违规清零、增量覆盖率达标、单元测试通过率 100%"为牵引指标，应用于代码合并、版本发布等环节，逐步促进质量内建，保障技术架构规范落地和线上事件的技术归零。目前月扫描次数已超过 1800 次，涵盖了所有微服务化的组件。

在效能提升方面，版本发布时间从 1 天缩短到了半个小时。敏捷研发过程在同一模型、统一配置和统一元数据的基础上，需求、任务、用例、缺陷等条目的年新增量超过 4 万条。持续集成的频次在 2022 年超过了 5 万次，比近 5 年的数据增长了 500%，在 2022 年上半年部分月份居家办公期间，依托远程办公和数字化生产线，持续集成频次几乎与当年其他月份持平，保证了在突发情况下的高效业务交付，促进了研发工程能力的提升。图 4 是持续集成频次的统计。

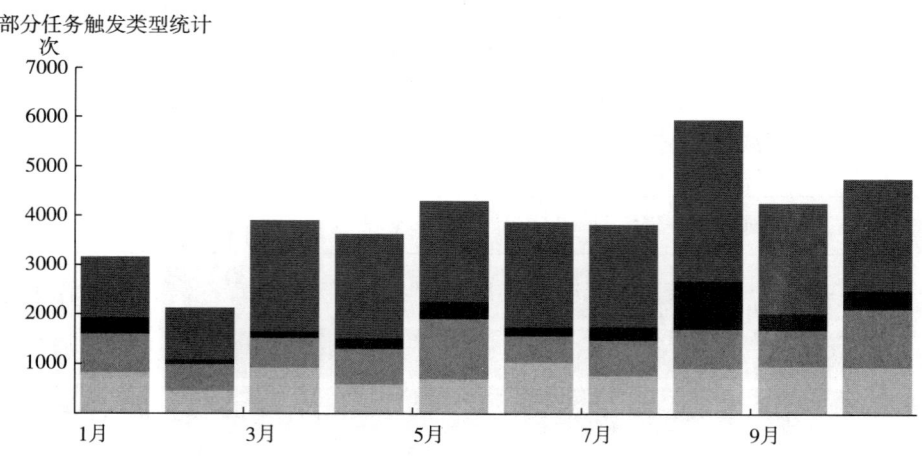

图 4　持续集成频次统计

5. 生产线数字化的下半场

生产线数字化的落地将成为推动业务数字化转型的有效利器，再造技术生产关系、升级技术生产效能，赋予技术更高效、更高质量的保障业务运行、快速响应业务、灵活对应需求的能力。未来，在数字中国建设的大背景下，金融领域的数字化发展将进入新阶段、迈上新台阶，生产线数字化和开发运营一体化建设也将围绕新方向、新技术，进一步实现创新升级，发挥科技赋能的积极作用。

一是依托大数据技术实现更高层次的研发洞察。在产品生命周期管理（PLM）领域，存在设计态、制造态和运行态三种形态，对应于产品的研发、生产制造和售后服务。在软件领域，同样存在类似的三态。借助研发大数据对生产线各阶段人、事、物进行智慧分析，实现对生产线的洞察，在传统统计分析的基础上，为业务价值提升、供应链安全等场景提供更高维度的指导。

二是从传统监控向可观测性升级。可观测性是云原生的基石。在云原生时代，在可观测性平台上持续发力，从面向运维、以资源监控和问题感知为主要手段的被动监控转向面向开发、以主动发现问题和根本原因的全景监控，通过数字化实现质效提升。

三是平台工程落地。Gartner 发布的《2023 年十大战略技术趋势》提出了平台工程的概念。平台工程是一套用来构建和运营支持软件交付与生命周期管理的自助式内部开发者平台的机制及架构。数字化生产线就是一个面向研发团队的平台工程，通过实施平台工程，在现有平台的基础上，提供统一的研发门户，优化开发人员体验，提升软件交付质效，降低复杂性，为业务数字化打好基础，推动业务稳中求进、实现高质量发展。

中泰证券研发运营一体化建设的思考和实践

何　波　张永启　陈树冰　向元武　郝晗瀚　李文霞

中泰证券股份有限公司

近些年，金融科技在证券行业发挥的作用越来越重要，运用金融科技赋能业务发展，通过个性化服务构建"护城河"，将金融科技与业务创收和降本增效相结合，开始成为证券从业人员所关注的问题，如何提升研发交付效率、小步快跑、快速迭代是证券行业所有科技研发团队共同关心的话题。敏捷开发为快速迭代提供了理论和方法指导，DevOps 为敏捷开发落地提供了补充和工具支持。

中泰证券股份有限公司科技研发部互联网研发团队通过对 DevOps 相关理论和技术的研究、分析，基于行业内研发运营一体化（即过程管理、持续交付、技术运营）的思想设计并实现了蜂鸟效能平台，通过蜂鸟效能平台实现了编码后续研发环节的降本增效。DevOps 是一套创新且有效的文化和思想，蜂鸟效能平台借鉴其中的持续集成、持续交付和持续运营的关键思想，并结合互联网研发过程中遇到的实际情况，解决了研发、测试和运维等角色沟通协作中遇到的一系列问题，实现了产品多环境交付、流程可视化、测试自动化、运维智能化、流程规范化和效能指标可视化等功能。蜂鸟效能平台上线后的应用实践结果表明，运用 DevOps 相关理论和技术能够在市场快速变化的过程中实现产品的快速迭代，从而达到减少产品试错与迭代过程中的时间成本和技术人力成本，为公司业务创收提供技术保障的目的。

1. 背景及意义

DevOps 因其先进性和全面性，已被认为是软件工程的第三次革命；由 Puppet 和 Dora 联合发布的《2017 年 DevOps 状态报告》（*2017 State of DevOps Report*）指出，故障恢复时间缩短为原来的 $\frac{1}{96}$，业务需求自提出到投产的周期从 3~6 个月缩短到 3 周甚至更短，使企业更好适应市场变化。DevOps 已经被证实能在 IT 和商业两个方面提升效率。

DevOps 定义：DevOps（Development 和 Operations 的组合词）是一组过程、方法与系统的统称，用于促进开发（应用程序/软件工程）、技术运营和质量保障（QA）部门之间的沟通、协作与整合。它是一种重视"软件开发人员"(Dev)和"IT 运维技术人员"(Ops)之间沟通合作的文化、运动或惯例,通过自动化"软件交付"和"架构变更"的流程,使构建、测试、发布软件能够更加快捷、频繁和可靠。它的出现是由于软件行业日益清晰地认识到:为了按时交付软件产品和服务,开发和运维工作必须紧密合作。

特别是敏捷迭代已经成为金融行业研发团队的主流研发模式(见图 1),这对开发、测试、运维提出了更高效的要求。

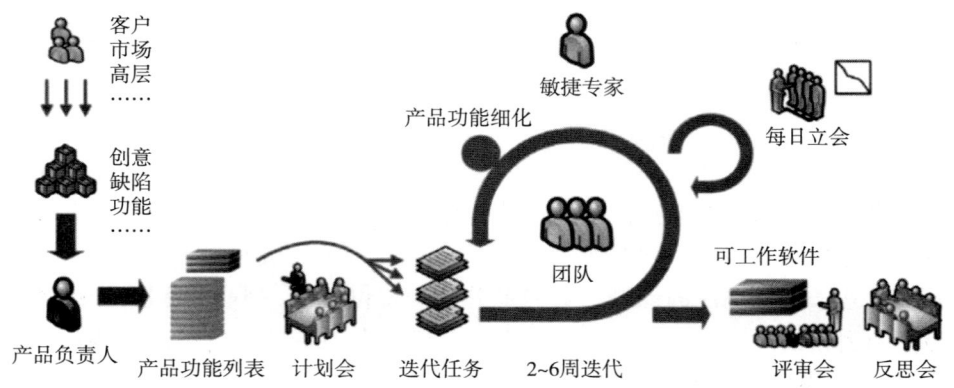

图 1 敏捷迭代流程

中泰证券互联网研发团队采用敏捷研发模式进行团队间的协作,敏捷的实施需要通过小迭代形式不断地交付应用产品。敏捷开发驱动开发人员更快地交付代码,新的代码需要被更快地测试,并需要频繁地被部署到开发、测试和生产中,由于运维和测试不能尽快地参与到软件开发生命周期,交付流水线出现阻塞的情况,而 DevOps 的运用很好地解决了这些问题。

在 DevOps 实施的过程中,涉及的角色主要包括研发、测试(质量保障)、运维三个(见图 2)。

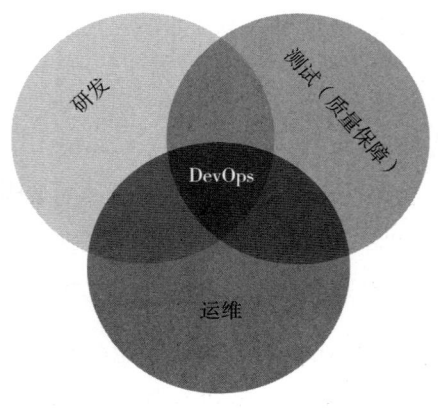

图 2 DevOps 实施涉及的角色

其中，研发角色主要关注产品研发的高效、稳定、快速实现，以及对应的产品开发完成后，交付制品对应上线时间点能够可预期；运维角色更多地关注如何通过自动化运维和持续监控等工具降低产品上线后的维护成本；测试（质量保障）角色则关注研发部门提交过来的产品能够尽快地得到测试，因此在提高质量保障效率的过程中，该角色更多地关注产品的持续自动化测试，以及产品交付质量的提升。而 DevOps 将研发、运维和测试三个角色统一起来，实现了研发、运维和测试的一体化，同时通过持续集成和持续交付，使运维人员更早地参与产品的交付过程，减少了不同角色之间的交付壁垒。

综上所述，尽管新工具思想的推进在一定程度上能够提升产品的交付效率，但由于企业自动化程度低、软件开发流程不规范导致交付效率低、交付流程不规范、线上故障反映不及时、运营数据获取困难等问题的存在，企业在实际的产品交付过程中依然不能实现快速交付有价值的产品给用户。这就需要一个平台解决以上问题，但是目前市面上已有的相关产品存在不能和流程结合以及不支持混合制品（容器和非容器）的持续集成与持续交付等问题，且不能获取实际场景的业务数据。因此，一个能够解决当前困境的统一自研 DevOps 平台（见图 3）变得尤为重要。

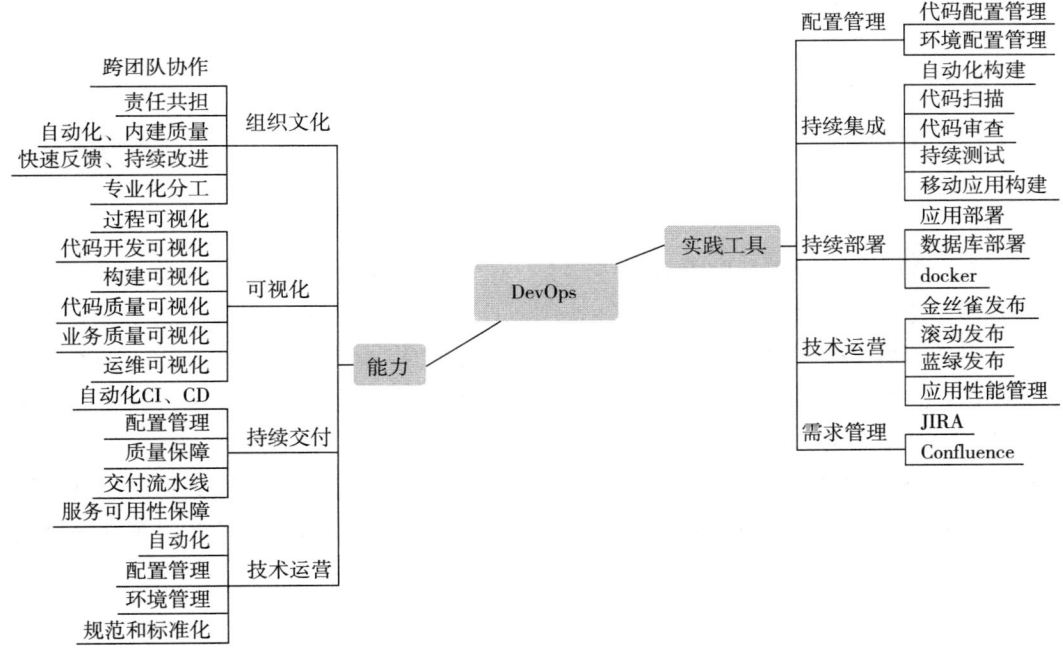

图 3　DevOps 能力地图与实践落地

2. 整体方案介绍

蜂鸟效能平台是一个以 DevOps 相关理念为指导思想，结合证券行业安全、合规等需求特性实现的一个集多环境（开发、测试、预发布、生产）持续集成（CI）/持续发布（CD）、代码质量检测、自动化测试、上线流程审批、研发效能数据跟踪及报表统计功能于一体的综合效能管理平台。蜂鸟效能平台在互联网研发过程中的应用，在市场快速变化的过程中实现了产品应用的快速迭代，从而达到减少产品试错成本与迭代过程中的时间成本和技术人力成本，并为公司业务创收提供技术保障的目标。

蜂鸟效能平台是具有持续集成、持续交付和持续运营能力的统一综合效能管理平台，各阶段详细技术如图4所示。

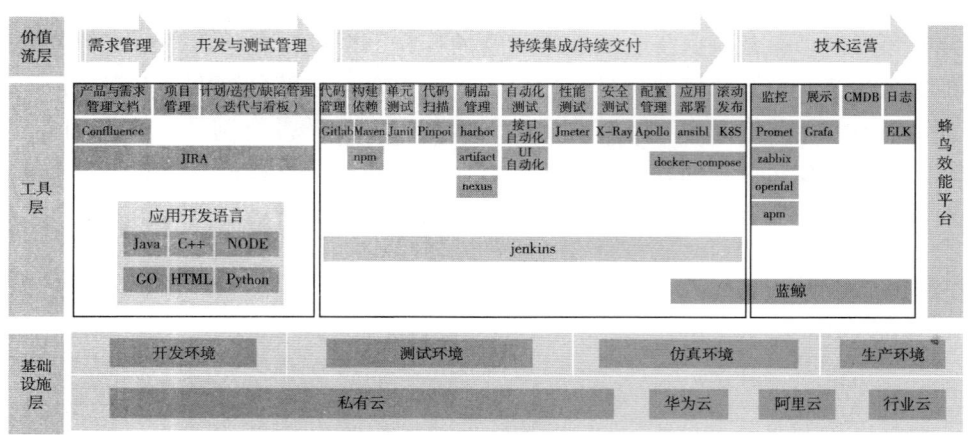

图 4　蜂鸟效能平台系统技术架构

蜂鸟效能平台整体技术架构划分为三层，最底层为基础设施层，该层主要为各混合云环境下的基础环境，如私有云、华为云、阿里云和行业云等环境下的开发、测试和生产环境。在基础层之上搭建了支撑平台的工具，形成了平台的工具层，如需求管理 JIRA、代码管理 Git、构建依赖工具、单元测试 Junit、代码扫描工具、制品管理工具、自动化测试工具（接口、UI、安全）、配置管理工具、应用部署工具、容器管理 kubernetes 和监控工具等。通过工具层提供的能力，建立并实现了价值流层，价值流层对应的功能直接为对应的职能化人员赋能，主要包括持续集成、持续交付和持续运营等功能。

3. 主要技术介绍

3.1　流水线 CI/CD

蜂鸟效能平台依托 DevOps 相关理念，结合当前互联网技术中最前沿的容器化技术、容器管理 kubernetes、微服务架构、配置中心、静态代码扫描、接口管理和自动化测试（UI、接口、安全、性能）等技术，是具有持续集成、持续交付和持续运营能力的统一综合效能管理平台（见图5）。

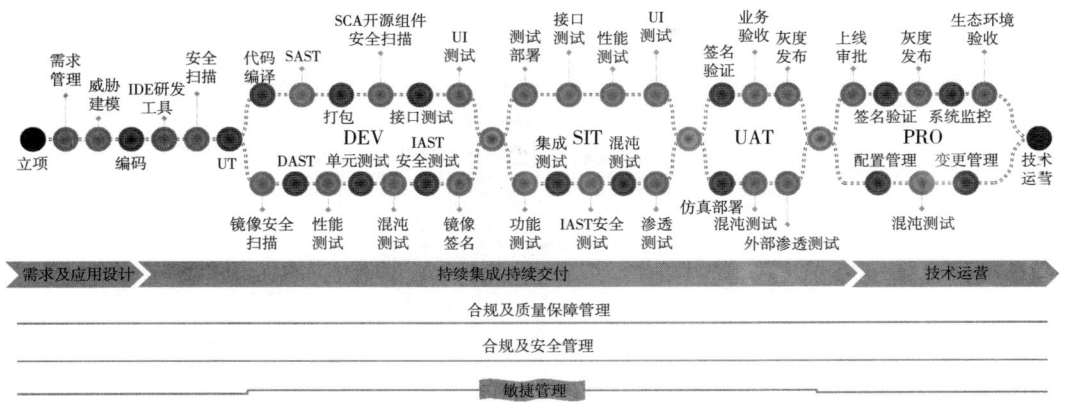

图5　研发运营一体化全生命周期

为了提高研发人员效率，将自动化工具与流水线相结合，实现自动化执行流水线相应节点功能。开发人员在进行代码提交或者进行代码合并时将触发静态代码扫描、安全扫描、接口自动化测试、混沌工程演练等并将结果反馈给对应研发人员，测试阶段可以自动触发测试环境部署、UI自动化测试、性能测试等。

3.1.1 与需求管理JIRA打通

为了将具体需求与迭代上线进行对应，从而达到系统上线需求可追踪的目的，同时也为后续对需求进行价值分析提供基石，需要对项目管理平台JIRA与蜂鸟效能平台持续交付进行打通。蜂鸟效能平台实时同步JIRA项目的STORY数据，研发人员在蜂鸟效能平台进行提测时可以根据提示选择对应的STORY，从而完成提测、上线与具体JIRA项目的STORY的绑定。

3.1.2 静态代码扫描

为了提高研发过程中的代码质量并尽快发现已有系统代码中存在的漏洞缺陷，蜂鸟效能平台提供了静态代码扫描功能，该功能可以对研发人员的代码进行分析并进一步提升编码规范。静态代码扫描功能需要能够识别代码中一些常见的漏洞，如资源类问题（资源释放、无效指针等）、安全性要求（数据污染、注入等）、潜在的缺陷（数组越界、初始化、除零错误、空指针引用等）、多线程和同步性（双重锁定、未释放的锁定）及异常处理（NullPointerException）等。静态代码扫描平台采用增量扫描和全面扫描相结合的方式，日常开发对于不断的代码提交采用自动增量扫描，便于快速发现新增代码中的缺陷，同时结合定时全量扫描和提测前全量扫描的方式，发现代码中所有的缺陷，只有当高危、中危、低危等级的缺陷全部修复完后才能由开发人员在蜂鸟效能平台上提测版本给测试人员，提升了开发人员提测版本的质量和安全性。代码扫描统计分析结果如图6所示。

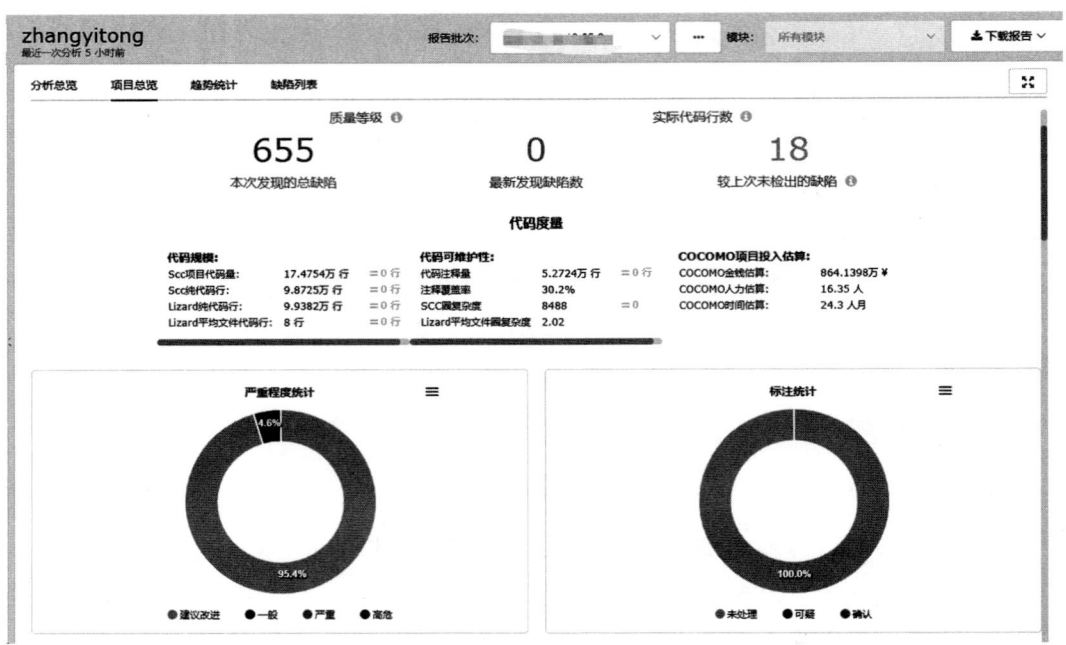

图 6　静态代码扫描统计分析

3.1.3　安全扫描

蜂鸟效能平台 CI 流水线中，也集成了安全扫描，主要包含网站安全检测、SCA 开源组件扫描、IAST 扫描。

（1）网站安全检测。蜂鸟效能平台流水线执行安全扫描包含网站安全检测（见图 7），主要包括 Web 漏洞扫描、数据库漏洞扫描、基线配置核查、主机扫描四大扫描功能。

（2）SCA 开源组件扫描。与 DevOps 流程无缝结合，在流水线的相应阶段自动发现应用程序中的开源组件。监控众多开源软件漏洞情报来源，让用户及时获取影响其安全的最新开源软件漏洞和许可证风险情报。图 8 为 SCA 的扫描结果。

（3）IAST 扫描。IAST 扫描通过在服务端部署 agent 程序，收集、监控 Web 应用程序运行时的函数执行、数据传输，并与扫描器端进行实时交互，高效、准确地识别安全缺陷及漏洞。

IAST 扫描的过程如图 9 所示。

①被测试服务器的 Web 中间件或微服务组件中部署轻量级插桩探针。

②插桩探针在应用运行时实时捕获请求上下文和代码数据流、代码控制流及函数调用栈等敏感情境信息，动态污点追踪引擎进入工作状态；通过实时监控程序的污点数据在系统程序中的传播，来检测数据能否从污点源传播到污点汇聚点。

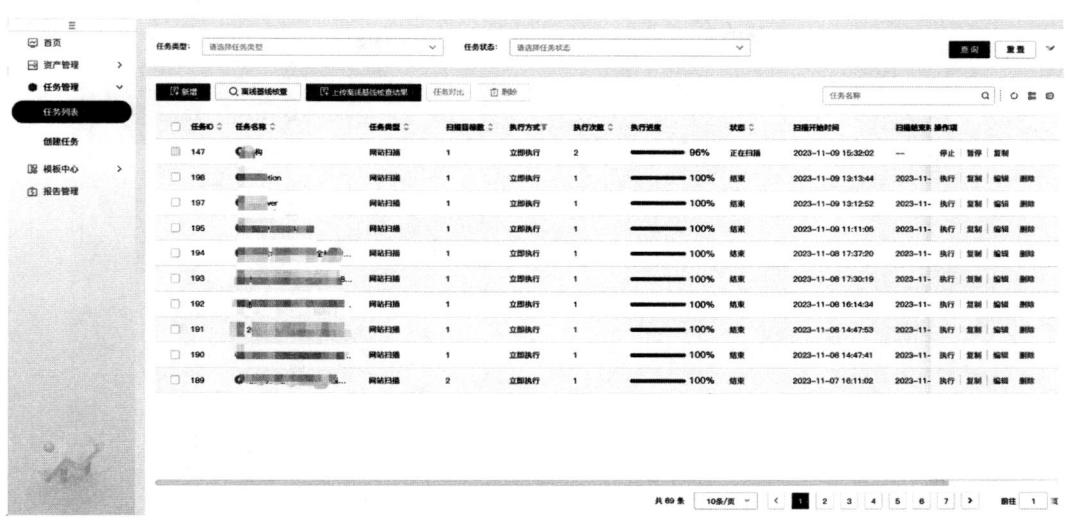

图7 网站安全检测

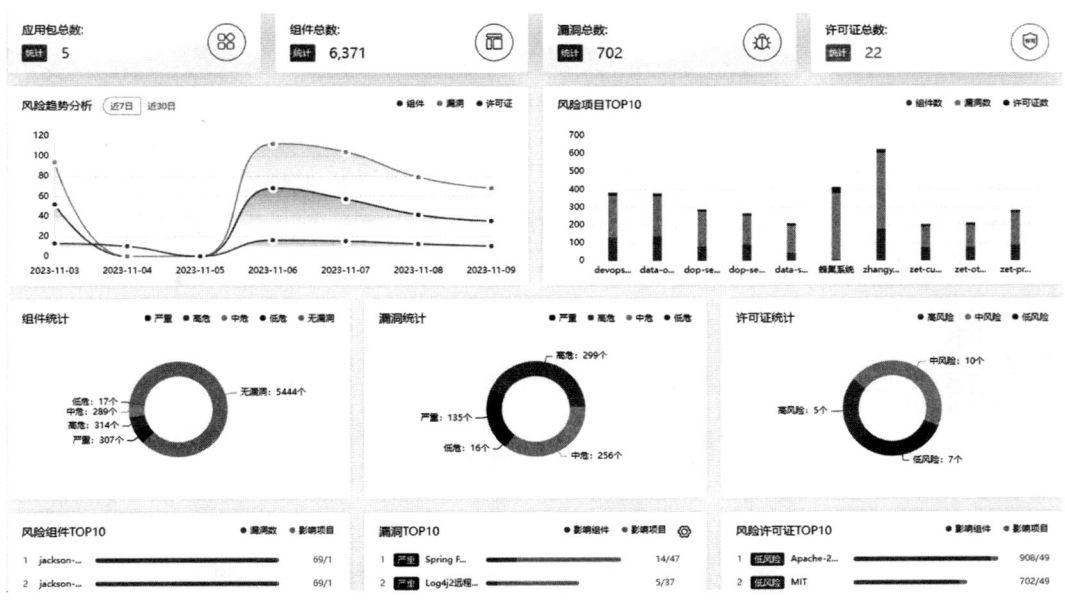

图8 开源组件扫描

③当定位到具体漏洞信息时，插桩探针将获取的信息发送给管理控制台，控制台展示应用安全测试结果。

正常测试流量就可以实时触发漏洞检测，没有额外重放的测试流量，也不会产生脏数据。

3.1.4 自动化测试

（1）接口管理。蜂鸟效能平台集成了接口管理的功能，接口管理功能对于不同的

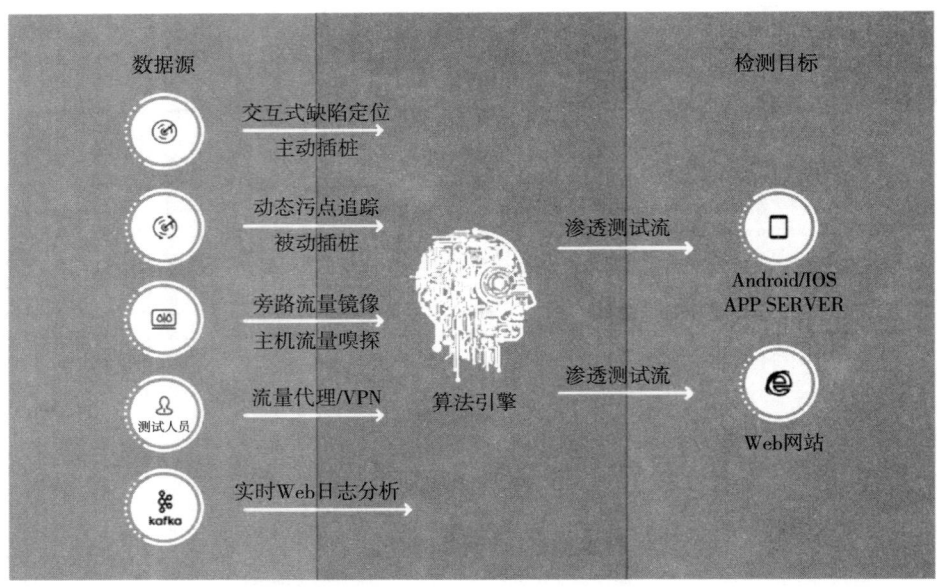

图 9　IAST 扫描

研发角色作用不同：开发人员能够利用接口管理功能进行前后端接口调用、多项目接口统一管理、接口调试和多团队协同开发；测试人员能够基于接口管理功能中登记的接口进行简单接口测试、场景化接口测试；运维人员可以基于接口管理功能中登记的接口实现业务监控；产品人员可以快速进行数据统计。接口项目维度管理和接口服务维度管理分别见图 10 和图 11。

图 10　接口项目维度管理

图11 接口服务维度管理

蜂鸟效能平台通过接口管理功能与自动化测试功能的集成，目前已经支持 UI 及接口自动化测试。

（2）UI 自动化。UI 自动化（见图 12）基于 Appium 实现，Appium 要能真正自动化手机上的应用必须依赖各个移动平台所带的自动化框架；IOS 平台目前依赖 XCUITest 实现，安卓目前主要依赖 Uiautomator。框架提供的是运行库，运行库运行在移动设备上。

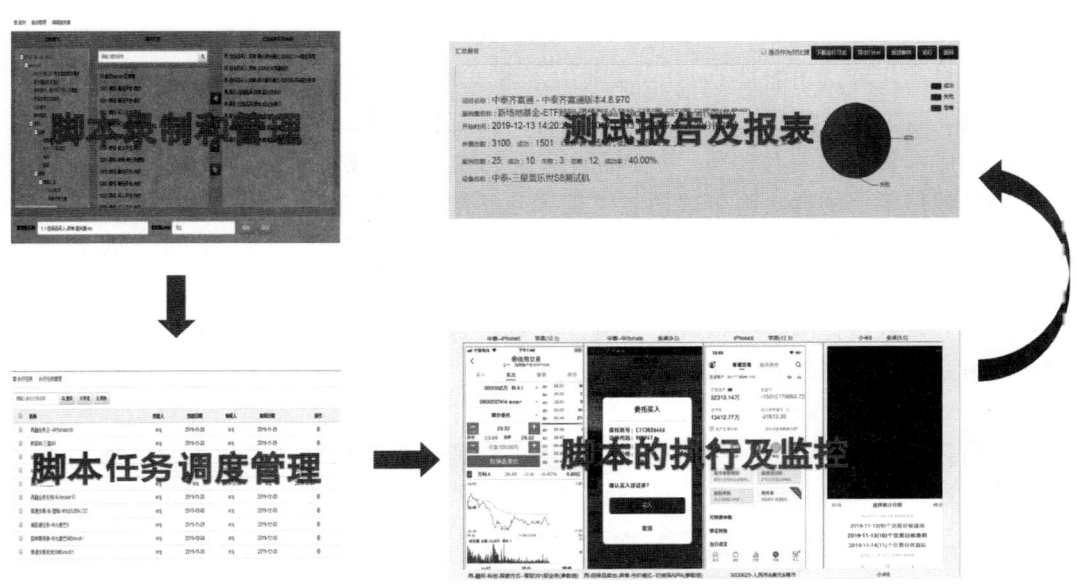

图12 UI 自动化流程

AppiumServer 服务启动后会在移动设备上安装一个帮助自动化的应用，可理解为"控制许可"或者"代理"应用，通过这一应用可以编译我们自动化给出的指令，然后按指令测试移动设备上的应用。

（3）接口自动化。蜂鸟效能平台的接口自动化功能基于接口分层测试设计的思想，采用 python + unittest + ddt 框架自研实现（见图13）。把测试数据与测试代码完全分离，将数据操作、用例配置、日志记录、接口请求等公用方法封装成单独类，使用 DDT 数据驱动工具管理每个接口的多种测试场景，使用 unittest 组织、执行多个接口的测试用例集合，通过添加多种断言形式，如接口的状态码、返回值、差异化（diff）对比等对接口测试结果进行判断，最后通过 HtmlTestRunner 生成测试报告，把返回的测试结果用图形和文本形式形象地展现出来。

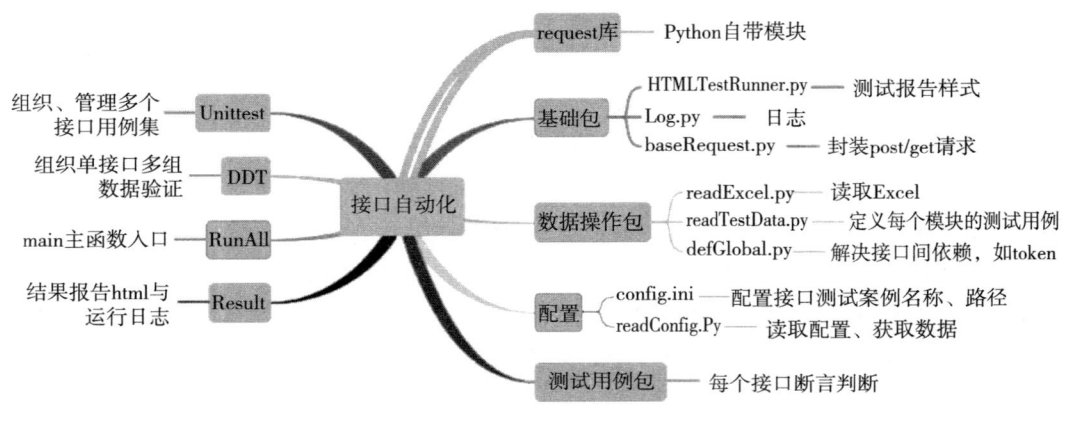

图 13 接口自动化体系

接口自动化测试功能是 DevOps 实践中不可或缺的一部分，具备持续测试能力，大大提升测试效率，使测试人员快速适应敏捷开发工作模式，从而减少了产品迭代过程中的时间成本和技术人力成本，为产品快速迭代和发布提供了质量保障。

蜂鸟效能平台的自动化测试功能实现了互联网研发团队测试人员的效率飞跃，通过将自动化测试平台与持续交付流程进行结合大大提升了测试效率。在蜂鸟效能平台上，测试人员能够看到研发人员提测的具体内容，并识别出具体的制品版本及唯一码，也可以对开发人员提测的版本进行一键部署和一键自动化测试，最后测试的结果将以报告的方式反馈给研发人员（见图14）。

3.1.5 混沌工程演练

在持续部署流水线中，我们在开发环境、测试环境和仿真环境中先后实施混沌工程演练，使用"自动故障注入"的方式来测试可靠性，以便及早发现问题并减少生产故障。混沌工程主要负责故障注入，具体的演练原子能力如图15所示。

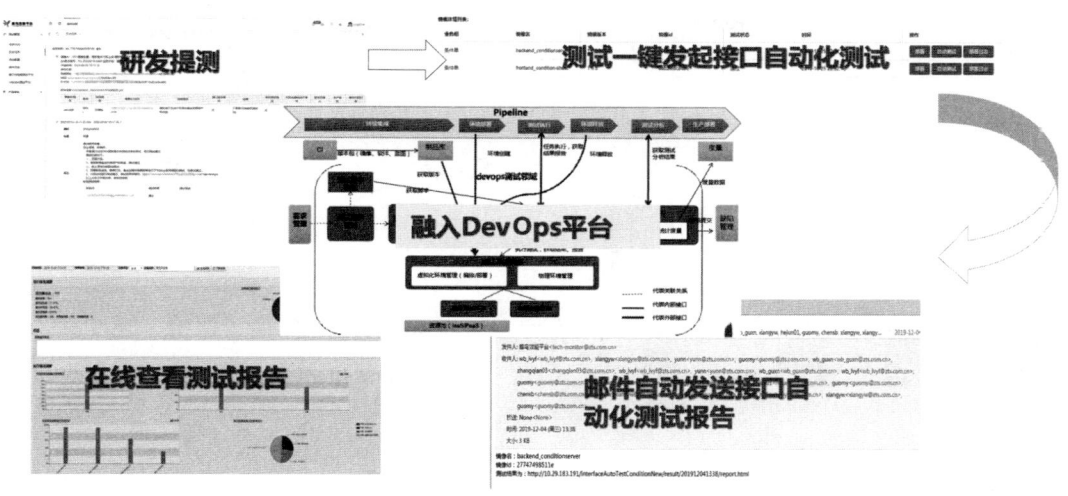

图 14 接口自动化流程

业务应用	进程挂掉	JVM异常	Servlet异常	内存异常	关键方/方法延迟、异常、修改返回值等			
基础服务	中间件	数据库/Redis等存储中间件		微服务组件（SpringCloud/GateWay/Nacos/Sentinel/Appollo/网关等）		消息队列		
		延迟	异常	调用延迟	限流失效	异常	消息重发	异常
		连接池	超时	连接池	超时	网络异常	连接池	超时
	基础服务	Docker容器						
		容器/Pod网络延时	k8s容器崩溃		停Pod	k8s kubelet等组件异常	内容溢出	容器假死
部署环境	CPU		存储		网络			硬件服务
	CPU负载		硬盘填充	磁盘IO负载	网络延迟	DNS篡改	网络丢包	宕机
			指定内存占用	内存满载	网络包损坏	网络包重排		

图 15 混沌工程原子能力

3.2 混合云管理及生产发布

中泰证券互联网应用系统的部署环境为混合云，为了实现多云环境下的制品流转及发布部署，蜂鸟效能平台实现了一套基于混合云环境的发布管理功能，通过对混合云环境资源的整合，解决了混合云环境的 CI/CD 发布部署和系统监控问题，具体方案如图 16 所示。

对于容器化应用各环境流转发布部署细节如下：

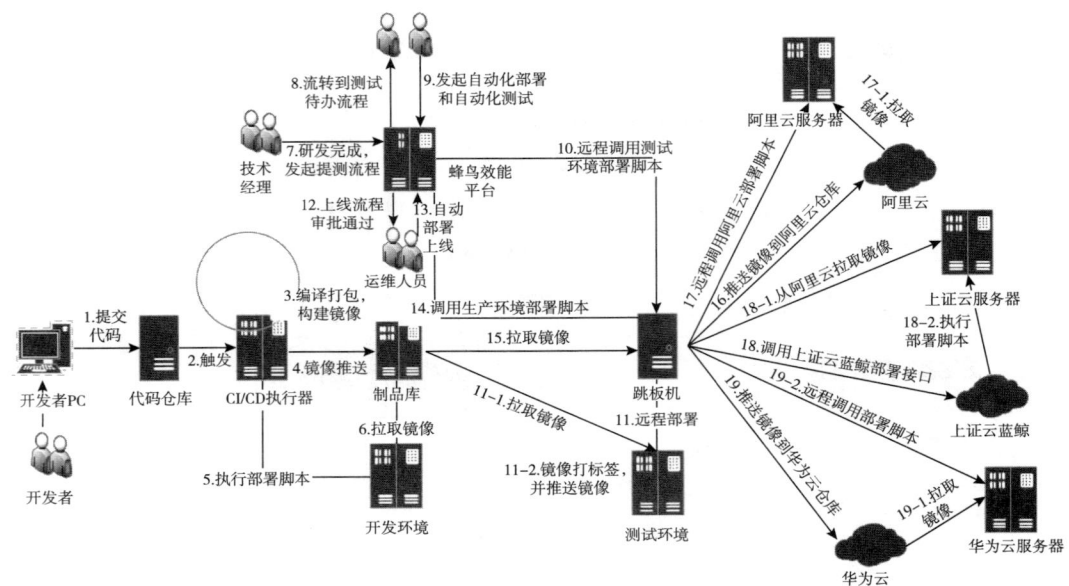

图 16　混合云多云环境部署

（1）开发环境下的镜像生成与发布。在 Gitlab 上创建工程后，研发人员可以自助在平台上对该 Gitlab 工程绑定自动构建和部署模块，当该工程主分支发生 branch 合并时触发自动构建。镜像创建后，会将对应的镜像推送到镜像仓库，然后再触发自动化部署脚本将该镜像自动部署到开发环境。

（2）测试环境下的镜像流转与发布。开发人员将对应的需求开发完后，在蜂鸟效能平台上进行应用产品提测。提测后测试组能够在蜂鸟效能平台上的测试模块中看到提测的具体镜像内容，根据提测详情，可以实现一键自动部署，然后再对测试环境的镜像进行自动化功能、接口、性能和 UI 测试。

（3）生产环境下的镜像流转与发布。在完成产品上线流程审批后，运维人员能够在蜂鸟效能平台上看到具体的上线流程信息，根据实际情况进行自动化发布部署、回滚和复核。

通过混合云多云环境部署与 CI/CD 制品流转（见图 17）设计相结合，研发人员交付的应用制品可以通过蜂鸟效能平台实现多环境流转，最终发布到混合云的环境中。

蜂鸟效能平台的发布管理功能有两大特点：

（1）支持多种发布方式。发布方式支持灰度发布方式中的多种策略，如金丝雀发布和蓝绿发布等，同时能够对发布过程中的应用健康状态进行自动化检查，如发现问题能够实现自动化版本回退，极大地避免了发布过程对业务的影响，保障了生产环境业务的连续性。

（2）自动部署。研发人员在平台上提测后，测试人员在任务待办里可以实现一键部署到测试环境（见图 18）。

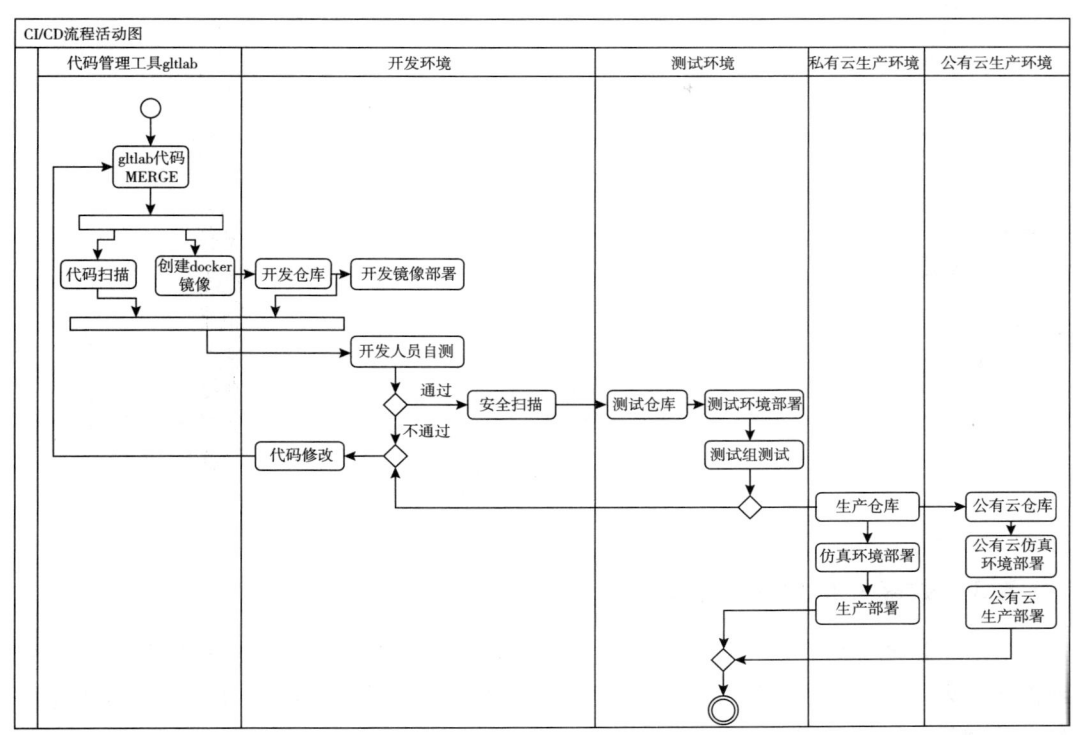

图 17　制品流转

图 18　测试部署

发起上线流程并经过运维负责人审批后，可以在平台上进行一键发布，查看实时日志，当出现问题时可以回滚到上次发布（见图19）。

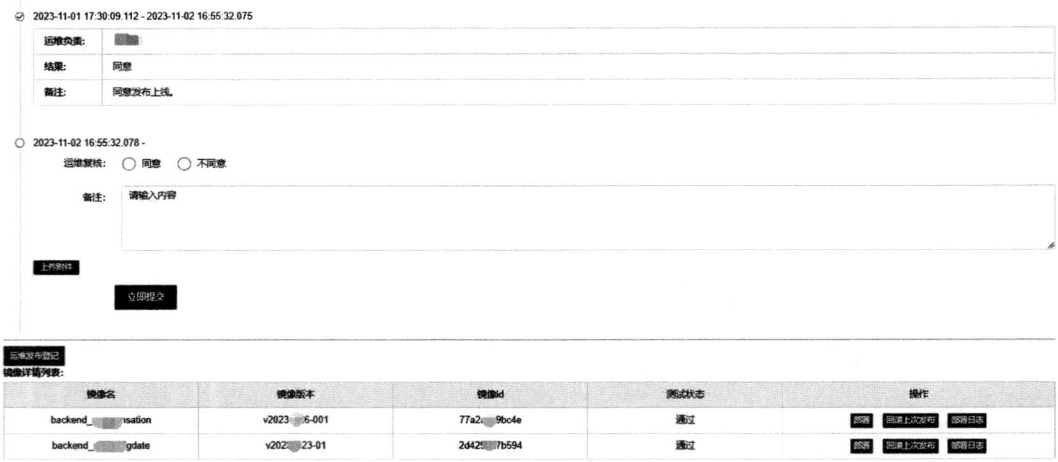

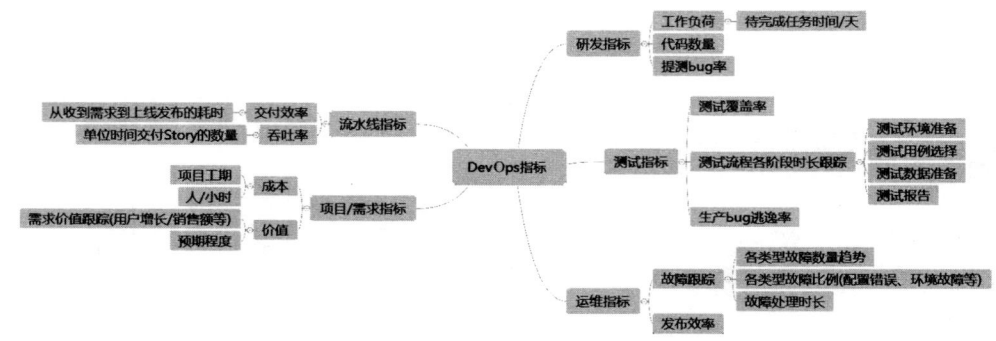

图 19 生产部署

3.3 效能指标跟踪及改善

效能指标能够体现研发过程的实施情况，客观的效能数据可以对我们研发改进起到指导效果，没有客观数据和成功标准就无法做到持续反馈和持续改进。蜂鸟效能平台中关键效能指标见图 20。

图 20 效能数据

研发效能数据多维度展示产品交付各阶段的数据，如开发阶段的代码数据统计、测试阶段的自动化测试数据统计、运维上线后的故障数据统计等。其中，流水线指标从交付效率和吞吐率两个方面主要反映研发过程整体效能情况；项目/需求指标能够从需求的成本和上线后的价值两个角度对需求进行价值数据衡量；研发指标反映了当前研发人员的工作负荷以及产出和质量情况；测试指标对产品质量保证具有关键指导的作用；运维指标能够反映运维工作效率情况，如线上故障情况及功能上线发布效率。

4. DevOps 蜂鸟效能平台关键功能截图

4.1 对接 JIRA 需求

蜂鸟效能平台的需求管理模块（见图21）中的需求数据与项目管理平台 JIRA 数据打通，从而实现需求与持续交付一体化运营。

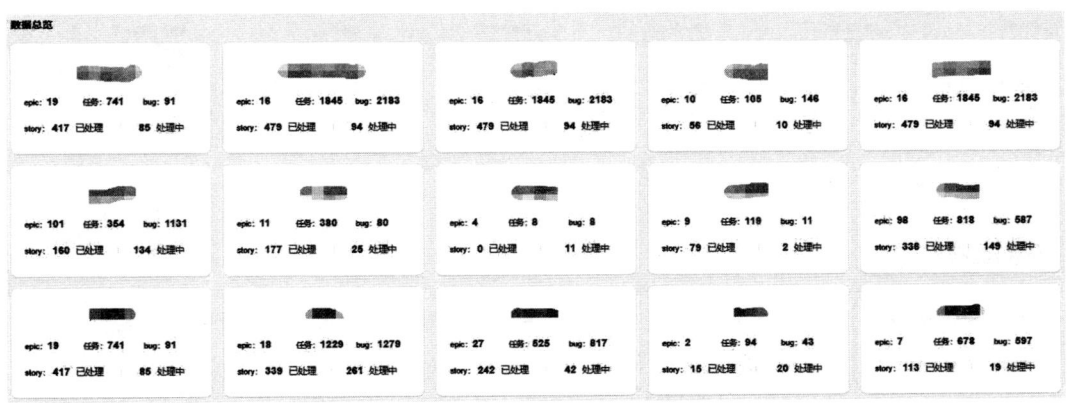

图 21　需求管理

4.2 流水线 CI/CD

蜂鸟效能平台集成的流水线模块支持组件灵活编排配置（见图22）。

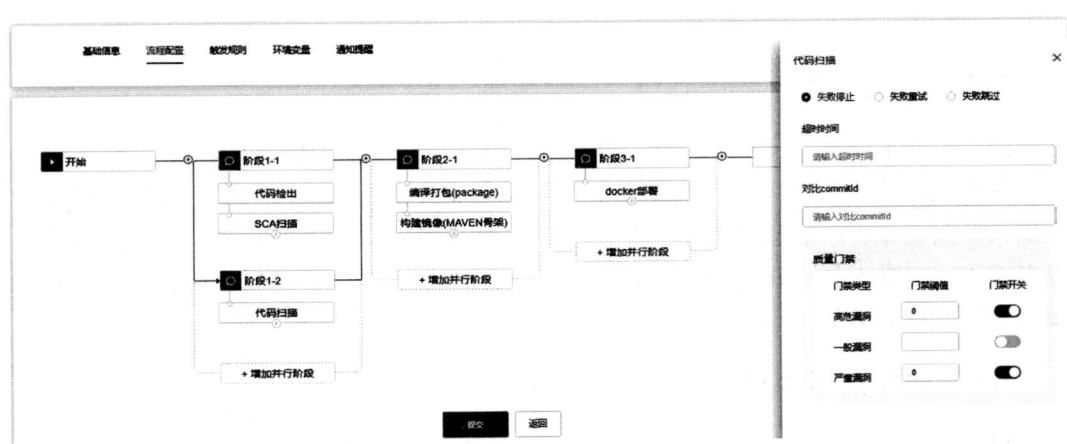

图 22　流水线编排

流水线支持的组件类型包含代码扫描、SCA 开源组件扫描、编译打包、构建镜像、部署、接口自动化测试、人工审批、引用其他流水线等，其中代码扫描和 SCA 开源组件扫描可以配置相应的质量门禁作为提测卡点。

4.3 提测功能

图 23 为提测详情，开发人员可以通过该提测详情页完成容器或者非容器化的提测。

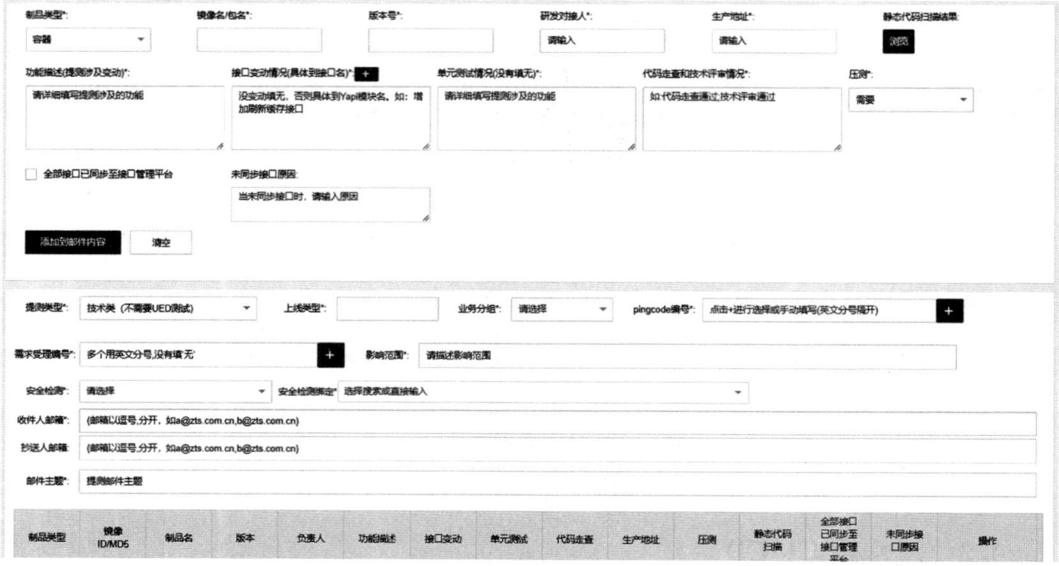

图 23　提测详情

4.4 发布流程

蜂鸟效能平台建立了常规功能发布和紧急功能发布流程，如图 24 所示。

各职能化角色都有参与到该流程中，开发人员提测、测试人员执行测试、技术经理确认上线发布、产品经理发布前验收、产品及技术负责人确认上线、合规人员确认发布流程、运维人员 A 执行发布、运维人员 B 复核发布、业务部门生产验收。发布审批的部分流程如图 25 所示。

4.5 效能指标数据

研发效能数据多维度展示产品交付各阶段的数据，图 26 和图 27 为部分效能指标数据截图，如研发部门的提测统计数据、测试阶段的自动化测试用例统计。

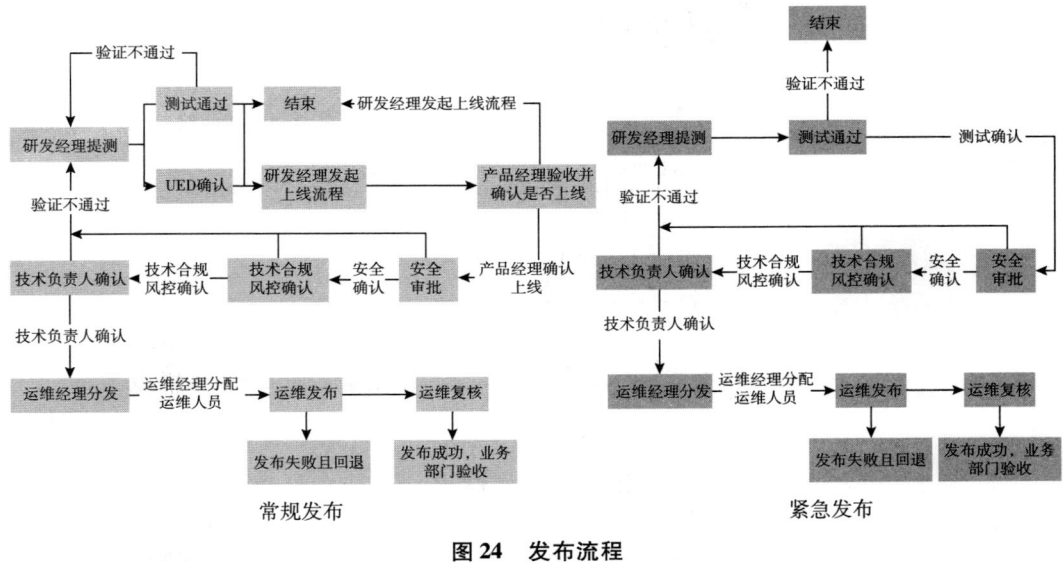

图 24　发布流程

图 25　发布审批

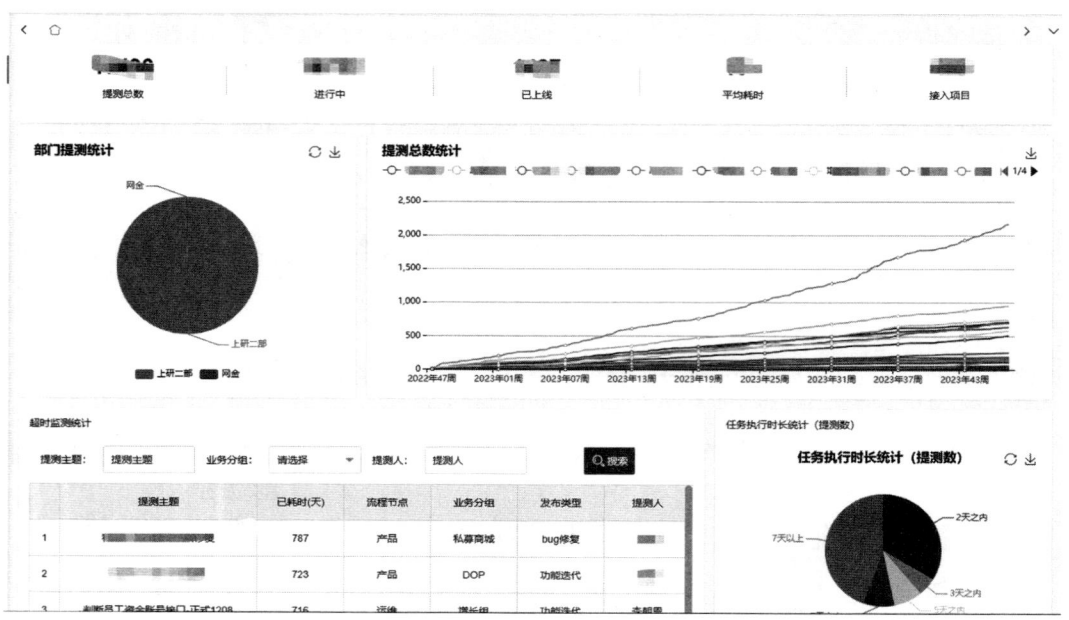

图 26　提测统计数据

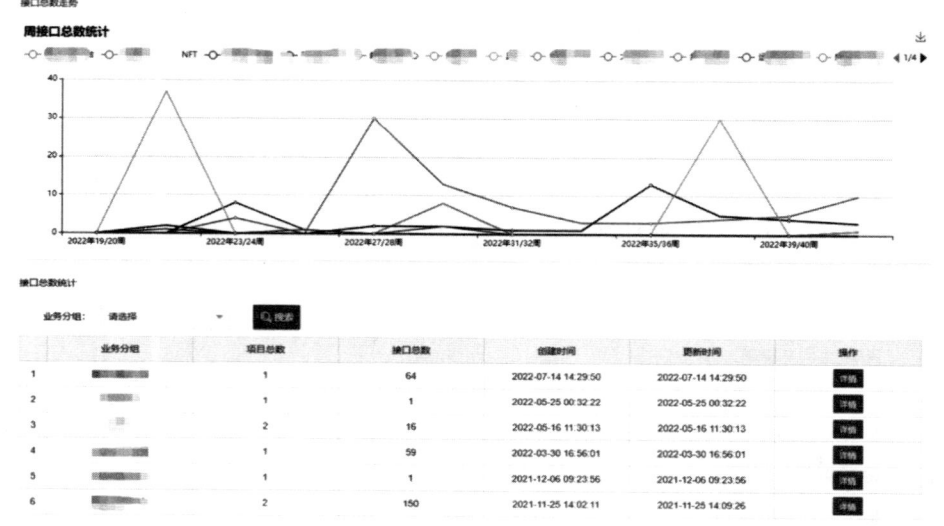

图 27　自动化测试用例统计

5. 收益和总结

5.1 收益

中泰证券互联网研发团队基于 DevOps 思想构建的蜂鸟效能平台自上线以来，经过累计 54 万多次的持续集成/持续交付（CI/CD），已经成为目前互联网研发过程中不可或缺的核心研发工具平台。其带来的价值如下。

5.1.1 规范研发过程，实现安全可控

蜂鸟效能平台将开发、测试、生产环境进行了有效隔离，实现了各环节操作的安全可控及合规。所有的发布操作均通过蜂鸟效能平台留痕并且操作绑定流程制度，做到了问题可追溯，减少了误操作。

5.1.2 提升交付效率，缩短交付时间

蜂鸟效能平台旨在缩短开发人员从完成功能代码编写到生产发布过程中的时间消耗，提升研发交付效率。

一是缩短了开发时间周期，通过静态代码扫描可以在 10～20 分钟内完成对一个应用系统的代码检查，提升了开发人员代码审查的效率。每个迭代的时间缩短 0.5～1 天。

二是缩短了测试时间周期，接口和 UI 全功能回归测试从 2～3 天人工测试缩短到 6～8 小时自动化测试。每个迭代的时间缩短 2 天左右。

三是缩短了各环节流转的时间，蜂鸟效能平台自动化 CI/CD 次数自上线以来达到几万次，已经实现了从开发人员提交代码到生产发布过程的自动化，节约了大量的人力成本。其中各环境下的发布部署改造前后对比具体参考图 28。

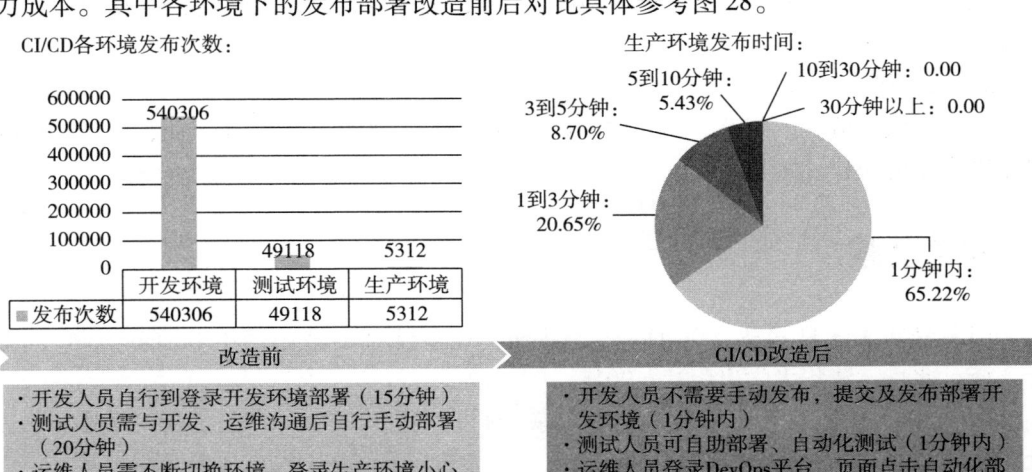

图 28 改造前后对比

5.1.3 减少人力资源投入，节省成本

在测试能力提升方面，为保障核心业务的上线质量，加强了自动化测试能力建设，通过自动化测试大大减少了人力资源投入，目前自动化测试团队 6 人，自动化测试累计节省 16 人年。

在 UI 回归次数方面，安卓和 IOS 共回归 65 次，每次执行用例 2500 多条，按照每人每天可执行 55 条计算，共节省约 11 人年。

接口自动化回归 529 次，按每人每天 40 接口计算，共节省约 5 人年。

5.1.4 提升交付质量，减少线上故障

静态代码扫描可以识别一定的代码逻辑设计、编码缺陷及安全漏洞，减少了程序问题导致的生产问题。

保障核心业务的上线质量，自动化测试用例 2500 多条，覆盖核心业务用例 80% 以上，核心业务主要为集中交易、两融、期权、理财、条件单、银证转账等，自动化测试回归后无线上问题反馈。

应用发布过程中，应用包在开发、测试和生产环境的流转过程中，不用重新编译打包，实现了同一应用包多环境流转，系统、业务配置参数通过配置中心读取，减少了应用包变更和参数配置导致的生产发布问题。

5.2 总结

蜂鸟效能平台实现了以下目标。

5.2.1 建立持续交付流水线平台

蜂鸟效能平台打造端到端的 DevOps 持续交付流水线平台，使之具备较好的组织级能力，提高交付效率，减少人员投入，加快版本迭代频率。

在蜂鸟效能平台系统的建设过程中，建立了统一的上线审批流程，以及制品管理和维护流程。

5.2.2 提高团队研发效率，增强协作能力

将研发效能流程、规范、实践内建固化到 DevOps 平台，可促进开发、测试、运维更紧密高效的协作。

参考文献

[1] 桑吉夫·夏尔马. DevOps 实施手册：在多级 IT 企业中使用 DevOps [M]. 万金，译. 北京：清华大学出版社，2018.

[2] 吉恩·金，等. DevOps 实践指南 [M]. 刘征，等，译. 北京：人民邮电出版社，2018.

光大证券敏态业务持续交付能力建设实践

朱震宇　龚卫振　周宇淇

光大证券股份有限公司

1. 引言

随着云计算、容器等新兴技术的发展，各类金融业务的产品、服务、工具也纷纷出现，持续交付是一个承上启下的过程，不仅局限于简单地提高产品交付效率，它还通过统一标准、规范流程、工具化、自动化等方式，影响着整个产品研发的生命周期。

持续交付和业务创新也是相互关联、相辅相成的。持续交付是业务创新的基础，而持续交付的收益最后要落到业务创新中去。有效的业务创新离不开持续交付能力的支持，持续交付能力让业务可以更快地获取反馈，持续交付有效支撑了业务快速迭代与创新。

光大证券通过持续交付能力建设，使IT服务建立了全新的持续交付体系，实现了软件构建、测试、发布等持续交付过程更加快捷、频繁、可靠，使各个团队减少时间损耗，更加高效地协同工作，提高了研发侧、运维侧对业务的快速响应能力，提高了持续交付效率和质量。

下面从敏态业务现状分析、持续交付能力建设实践剖析、持续交付能力建设收益分析几个方面阐述光大证券在敏态业务持续交付能力建设方面的实践。

2. 光大证券敏态业务现状分析

金融服务场景变化很快，既要满足多变的用户需求，又要适应政策、监管的变化，当花大量时间将产品功能全部开发完成后，常会因为潜在用户对原型的理解偏差，或者用户需求发生了变化，而出现当初的设计不再适应市场需求的情况。事实上，这反映了产品或服务开发过程中常见的风险假设。一是用户假设，即提供的产品服务是针对某类潜在用户人群的需求的假设；二是问题假设，即目标用户群之所以有这种需求，是因为他们的确存在某些痛点（或问题）需要解决的假设；三是解决方案假设，即提供的解决方案可以解决这些痛点或问题，而且比其他现存的解决方案更有效且高效。

光大证券在产品开发过程中,还同时面临多语言并行的技术栈、外购与自研并存的建设模式、系统交付质量参差不齐等情况,对于强调业务驱动、需求导向,关注用户价值与体验的敏态业务,如何保障快速交付的运维体系是光大证券面临的一大挑战。

3. 光大证券持续交付能力建设实践剖析

为了顺畅和高效地交付,让开发人员专注于业务逻辑,而不用过度分心于其他事务,光大证券构建以流动效率为核心的敏态持续交付能力,在整个持续交付能力实践中重点强调了项目选型策略、流水线原则与工具设计、安全隔离的制品晋级策略、发布系统的平台化实践等。

虽然在实施持续交付的初期,团队为了适应新的流程和工具,会有一定的效率下降,但之后在自动化的帮助下,交付效率有了明显的提升并逐渐稳定下来。

3.1 持续交付的项目选型

图 1 是光大证券的产品开发实践栈,产品团队更多关注的是中间需求、开发和测试部分。但金融业务不确定性持续提升,选择权向用户侧转移。持续变化和激烈竞争的环境,对产品开发提出了更高的要求。产品开发的敏捷实践需要突破原有边界。

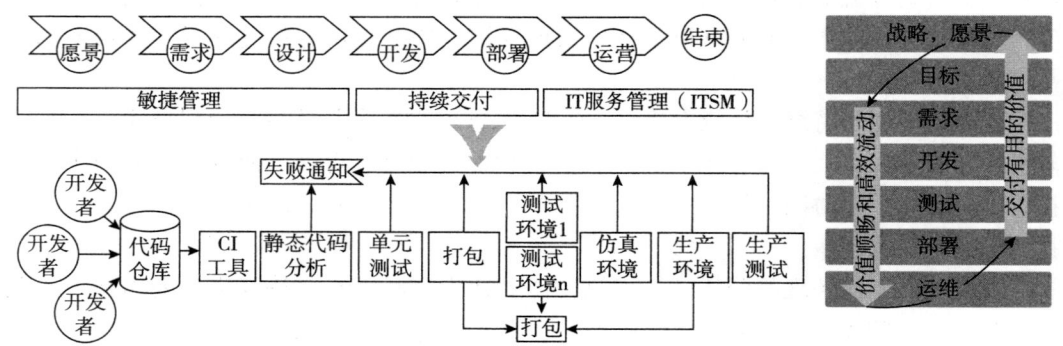

图 1 光大证券产品开发实践栈

光大证券持续交付能力建设最初目标客户就被定义为那些希望以敏捷开发方式交付软件,并希望提升软件交付速度与质量的敏态类项目组,并且早期在试点项目的选择上,遵循了以下原则:

(1)项目压力适中,有相对富余的时间。需要团队中的每一个人都有能力提升,并非只是工作流程的改变。如果一个项目的时间压力巨大,研发团队已经"疲于奔命",那么团队成员通常会拒绝一切改变。因为对团队来说,此时的任何改变都有很高的不确定性,是一个巨大的风险。但是也不能没有项目压力。如果没有交付压力,那么在组织中就无法起到试点效果,失去了试点的意义。

（2）团队成员心态开放，能够承受压力，勇于尝试。这种改变对团队的每个人都是一种挑战。如果没有开放的心态，在压力面前，很容易按原有习惯处理问题与挑战。一旦如此，就会陷入自我封闭的保护状态。

（3）团队成员有热情。假如团队成员对即将进行的改变并没有热切的渴望，在改进过程中就会缺乏积极的思考，缺少互动与反馈。在试点结束后，也无法形成强烈的自豪感和成就感。这与试点团队的意义和初衷不符。

（4）业务方有快速频繁交付的强烈诉求。如果业务方在这方面的诉求不高，那么即便团队掌握了各项技能，由于得不到业务方的积极反馈，团队的交付成果也将黯然失色。

基于以上选型原则，光大证券成功将试点项目的持续交付流程打通，形成案例在公司内部进行宣讲推广，起到了以点带面的标杆作用。

3.2 流水线原则与工具设计

光大证券通过持续交付的流水线与工具集，将研发团队的工作流程进行了固化（见图2）。同时，通过一系列的自动化工具集提升了交付的执行效率。

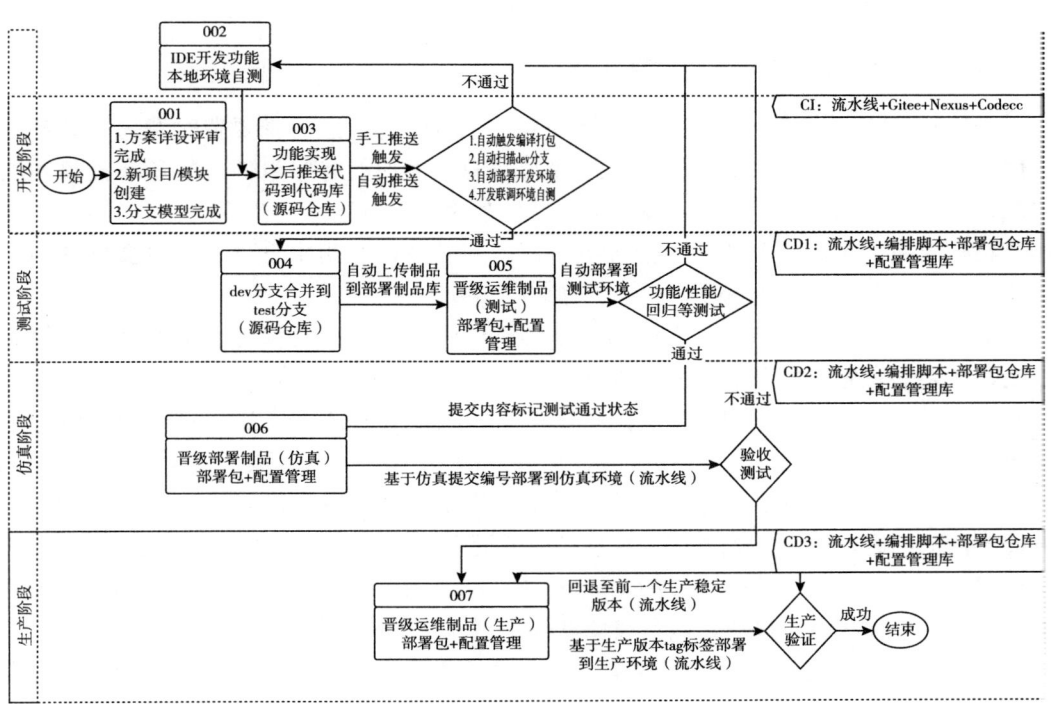

图2 光大证券持续交付总体流程

第0步：环境准备，如用于编译打包的构建环境、单元测试用的测试环境、产品验收测试的仿真环境（UAT环境），甚至生产环境。

第 1 步：提交构建。提交构建阶段不仅包括软件的编译打包，还包括基本的软件包验证，如单元测试、代码规范扫描和安装包验证测试等。因此，构建包管理服务从代码库中取出源代码，在构建环境中构建打包后，放入制品库。然后，部署包管理服务根据流水线的定义将编译好的产物放到测试环境中。若测试过程需要一些特殊配置，则同时从配置管理库中拉取测试部署配置。部署成功后，执行流水线指定的测试任务，最终返回测试是否成功的信号。

第 2 步：次级构建。部署包管理服务从制品库中取出第 1 步生成的二进制包，并从配置管理库中取出仿真环境（UAT）部署配置信息，将二者结合后，部署到 UAT 环境，运行端到端自动化测试用例。结束后，返回是否成功的标记。

第 3 步：部署生产环境。部署包管理服务从制品库中取出第 2 步生成的二进制包，并从配置管理库中取出生产部署配置信息，将二者结合后，部署到生产环境，最后完成验收，如需回滚则将二进制包和配置管理库的上一个版本结合后重新执行部署任务。

持续交付的流水线原则与工具设计也如同中间件一样，能够从日常的业务研发工作中抽象出来，其不同只在于中间件解决架构问题，而持续交付解决工程问题。这样，研发团队能够全力应付业务的需求，而不用总是重复奔波于耗时的工程问题，比如安装测试机、准备编译服务器等。

3.3 安全隔离的制品管理方案

开发构建阶段往往会"依赖"大量外部的依赖组件，这时既要费时费力下载各种外部依赖文件，还要防止下载的开源组件有漏洞，再加上有些组件可能还有授权的法律风险，因此，如何处理依赖库就成为开发构建中的大难题。

在构建完之后研发人员往往会将制品存入制品库进行集中管理，这时会出现制品的质量低、版本管理乱等问题。

最后交付的制品，在部署实施的时候会有许多要求。既要保证传输的介质可靠和安全，还要兼顾版本的管理。哪个版本是最新的？哪个版本是临时的？还有权限管控方面，如果制品库无法做到细粒度的权限管控，权限管控不严，制品被篡改，将遗患无穷。

因此，一个可靠的制品库在持续交付的流程中往往可以帮助解决许多安全和版本管控方面的问题。以下是光大证券在制品库建设实践过程中总结的一些经验。

（1）多类型制品支持：支持 Generic、Maven、NPM、PYPI、Docker、Helm 等多种常见类型，支撑多种不同语言的研发团队使用。

（2）制品统一管理：提供代理功能，通过设置多个代理源实现本地仓库、私有仓库和中央仓库的制品统一管理，打造唯一可信源。

（3）制品溯源追踪：基于制品元数据和准入准出规则，进行制品晋级，以制品维度记录从需求到发布的过程数据，实现需求、编码、构建、测试、质量和部署全生命周期过程的强管控，实现可信追溯与安全审计。

（4）制品安全扫描：提供自定义扫描计划和质量规则，满足对开源组件的漏洞安全和许可证合规性方面的检测管控要求。

（5）保障服务稳定：支持集群部署和健康监控，提供稳定的性能服务。

（6）降低运维成本：多地数据中心集群方式部署，支持横向多节点扩展，以灵活的同步策略应对高并发下载场景。

（7）安全隔离双仓库模式：制品仓库（见图3）分为研发仓库和投产仓库，研发仓库通过专线打通可向投产仓库同步数据（见图4）。

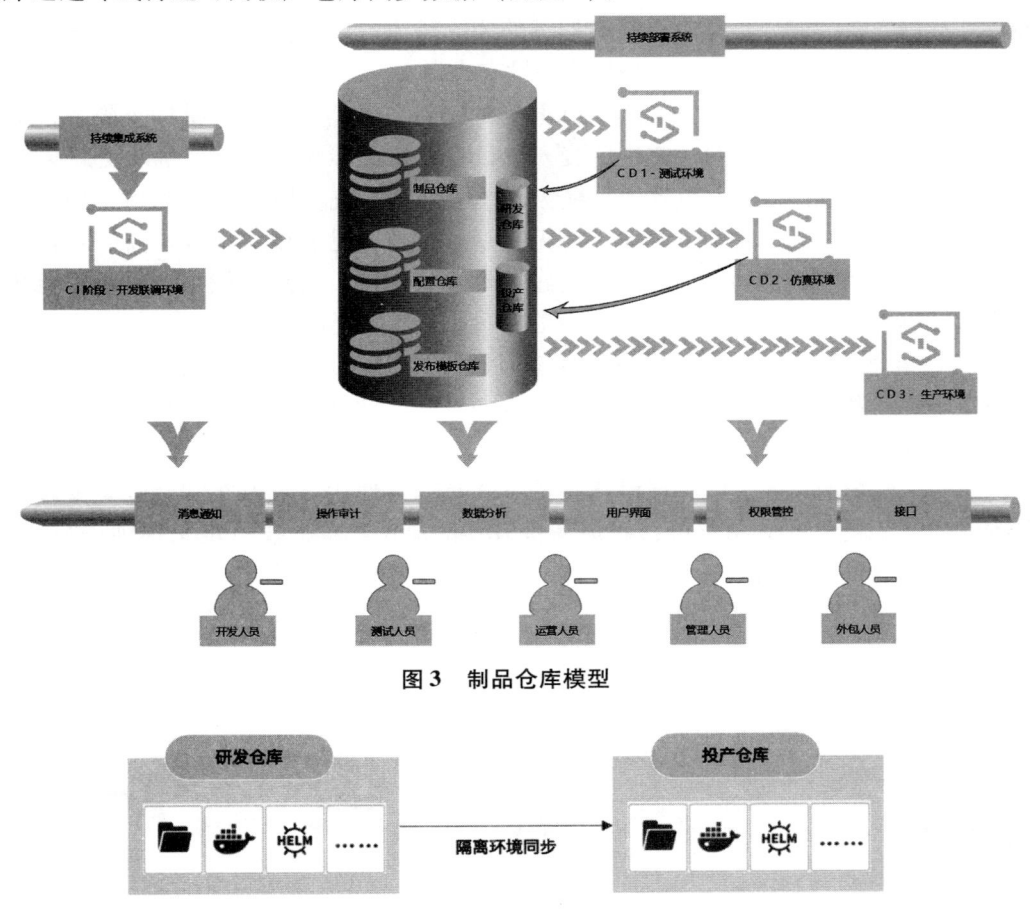

图 3　制品仓库模型

图 4　研发仓库与投产仓库

3.4　发布系统是持续交付的"最后一公里"

无论是为新需求添加的代码，还是静态配置的变更，线上应用的任何变动都要经过发布这道工序才能最终落地、完成交付。通常，发布意味着应用重启、服务中断，这显然不符合光大证券系统高可用的需求。因此，一个易用、快速、稳定、容错力强、可快速回滚的发布系统至关重要。

接下来分别介绍蓝绿发布、滚动发布和金丝雀发布,以及光大证券在发布系统上的实践。

(1)蓝绿发布:先增加一套新的集群,发布新版本到这批新机器,并进行验证,新版本服务器并不接入外部流量。此时旧版本集群保持原有状态,发布和验证过程中旧版本所在的服务器仍照常服务。验证通过后,流控处理把流量引入新服务器,待全部流量切换完成,等待一段时间没有异常后,旧版本服务器下线。这种发布方法需要额外的服务器集群支持,对于负载高的核心应用机器需求可观,实现难度巨大且成本较高。蓝绿发布的好处是在所有服务器都使用这种方式时,实际上创造了蓝绿两套环境,隔离性最好、最可控,回滚切换几乎没有成本。

(2)滚动发布:不添加新机器,从同样的集群服务器中挑选一批停止服务,并更新为新版本,进行验证,验证完毕后接入流量。重复此步骤,一批一批地更新集群内的所有机器,直到遍历所有机器。这种滚动更新的方法比蓝绿发布节省资源,但发布过程中会同时有两个版本对外提供服务,无论是对自身或是调用者都有较高的兼容性要求,需要团队间的合作妥协。但这类问题相对容易解决,实践中往往会通过功能开关等方式来解决。

(3)金丝雀发布:从集群中挑选特定服务器或一小批符合要求的特征用户,对其进行版本更新及验证,随后逐步更新剩余服务器。这种方式比较符合光大证券对灰度发布的预期,但可能需要精细的流控和数据的支持,同样有版本兼容的需求。

结合实际情况,光大证券最终选择的方式是综合使用滚动发布和金丝雀发布。首先允许对一个较大的应用集群,特别是跨 IDC 的应用集群,按自定义规则进行切分,形成较固定的发布单元。基于这种设计,光大证券自主研发了异步发布系统引擎(见图 5),支持纳管主流的编排工具。

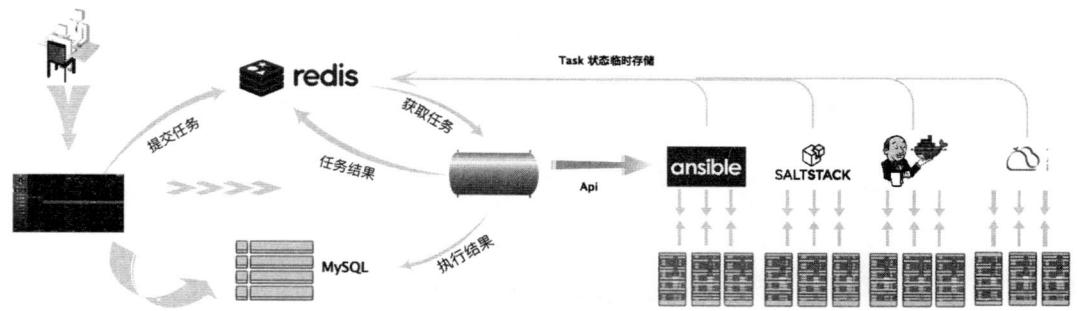

图 5 异步发布系统引擎

3.5 持续交付的平台化实践

随着软件技术和金融科技的发展,光大证券面临多技术栈的现实情况。不同技术栈,意味着不同的标准、不同的工具、不同的方式,所以必须通过持续交付平台解决不同技术栈的适配工作。

随着业务的发展，团队会越来越庞大，分工也会越来越细。这就要求持续交付体系能够支持更大规模的并发处理操作，同时还要不断地提升效率。

同时，持续交付技术本身的发展，还会不断引入新的工具，或新的流程方法。如果持续交付体系不能做到快速适应、局部改造、高可扩展的话，那它自身的发展与优化将会面临严峻的挑战。

基于以上三个方面的原因，光大证券打造了一套高可用、可扩展、兼容性强的持续交付平台（见图6）。

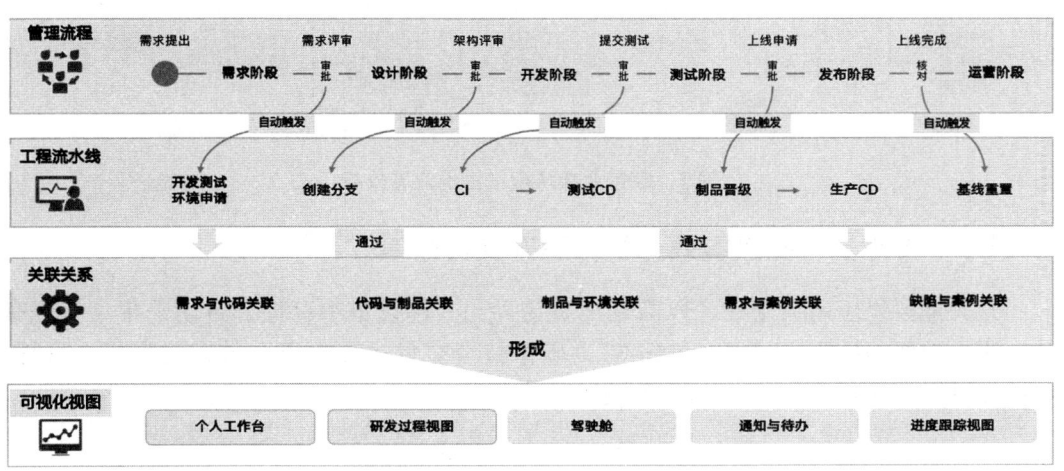

图6　光大证券敏态业务持续交付平台

4. 光大证券持续交付能力建设收益分析

持续交付的落地实践，纵向打通需求、开发、测试、部署、运维全生命周期，横向打通产品、开发、测试、安全、运维等团队的协作配合通道（见图7）。

研发侧提供了完备的基础能力，包括项目管理、需求管理、测试管理、流水线编排和制品管理等。通过实现15个可复用的流水线模板及兼容多种类型编译和发布方式，编译构建部署全流程自动化已经成功实现，同时接入了15个项目和100多个应用，进一步提高了研发效率和质量。

运维侧提供了多项基础能力，包括基于应用的配置平台、运维自动化、流程管理、交付数据大屏可视化和OpenApi等。通过纳管1500多台服务器，并建设16个自动化插件、18个数据插件、15个通用模板、10个通用自动化脚本以及配置数据，交付效率提升约80%。这些基础能力帮助更好地管理服务器、自动化流程，并提高了交付效率。

综上所述，实现自动化流程和提供基础能力，可以为光大证券提供高质量和高效率的研发与交付服务。这些成果将带来重大的商业价值，并有助于增强竞争优势。

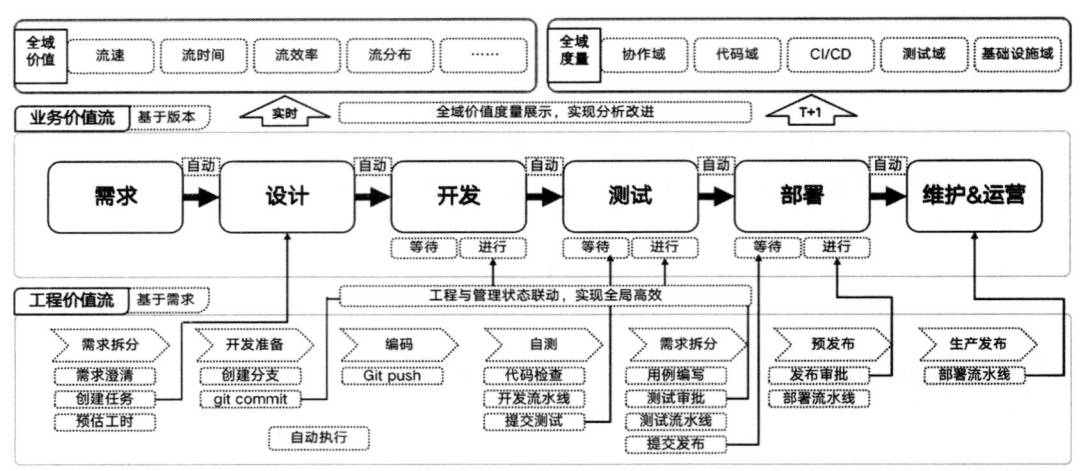

图 7 敏态业务持续交付价值流分析

4.1 持续交付数据有效分析,提升交付效率

光大证券以应用为中心,以数据消费为导向,建设集中存储、自动采集、流程联动、线上消费的应用 CMDB(见图 8),确保持续交付过程中资产数据的可视、可管、可信和可用,保障了持续交付的效率提升。

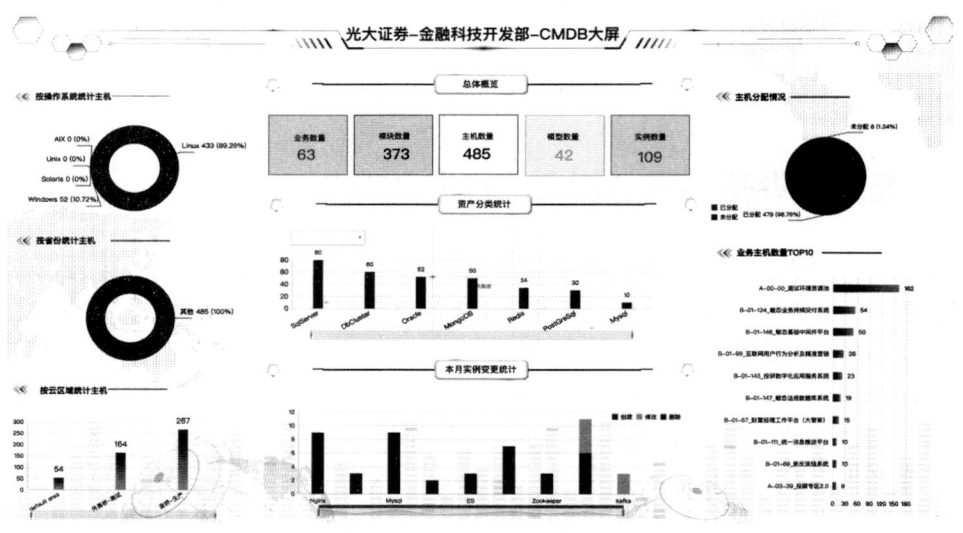

图 8 CMDB 资源大屏(脱敏版)

4.2 建立制品晋级质量门禁,提升交付质量

光大证券在持续交付流水线(见图 9)中建立了质量的基线或准入门禁,将内部

的数据或者外部的数据接入作为指标配置流水线拦截规则，确保交付物的准入门槛，提升了交付质量。

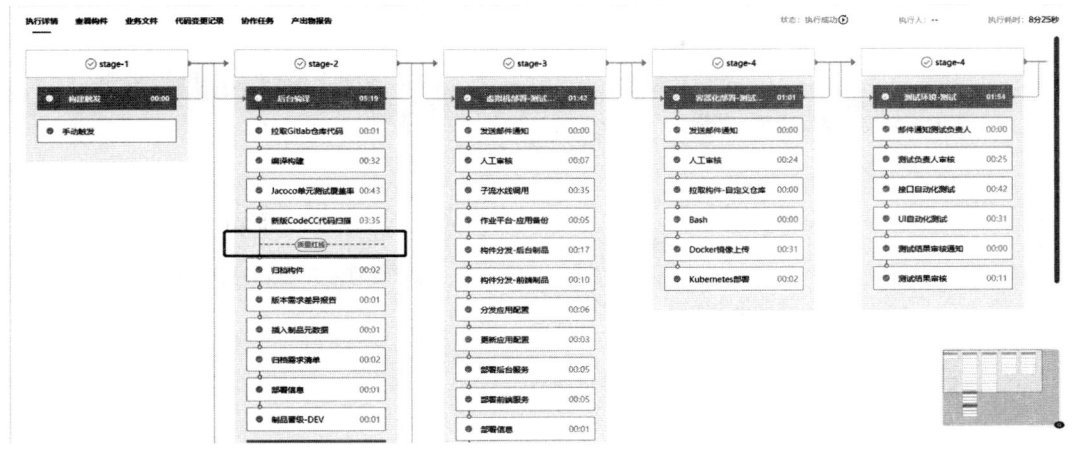

图 9　持续交付流水线

4.3　建立持续交付管理规范，提升交付安全性

光大证券通过制品管理规范、流水线使用规范等工程实践，以持续交付平台的权限控制、资产管理、任务调度、流程模板等工具为载体进行内部的落地执行，提高了开发交付过程中的安全性。

5. 展望

随着光大证券财富业务的不断拓展，客户端开发团队人数激增，代码量急剧膨胀，业务的成长和人员的倍增给技术架构、团队合作、产品交付带来了巨大的挑战，金阳光 App 如何保证高效、稳定、安全、高质量的持续交付值得重点实践和深入探索。

上述实践介绍偏向后端的持续交付体系。与后端服务相比，光大证券移动 App 的持续交付目前存在一些痛点，比如版本更新要依赖用户更新客户端的行为、移动 App 的编译速度随着应用越来越大变得越来越慢、Apple Store 审核慢、热修复困难等。App 持续交付的展望见图 10。移动 App 持续交付体系的搭建可以借鉴服务端持续交付的经验，然后再针对移动 App 固有的特点进行改进和优化。

（1）有效地管理客户端的版本，保证研发工作按节奏持续向前推进。

（2）组件可以存在多版本，通过依赖管理快速选取所需的版本。

（3）移动 App 的发布有其独特的流程，通常是先内测，后正式发布，实现发布的自动化，以提高研发效率。

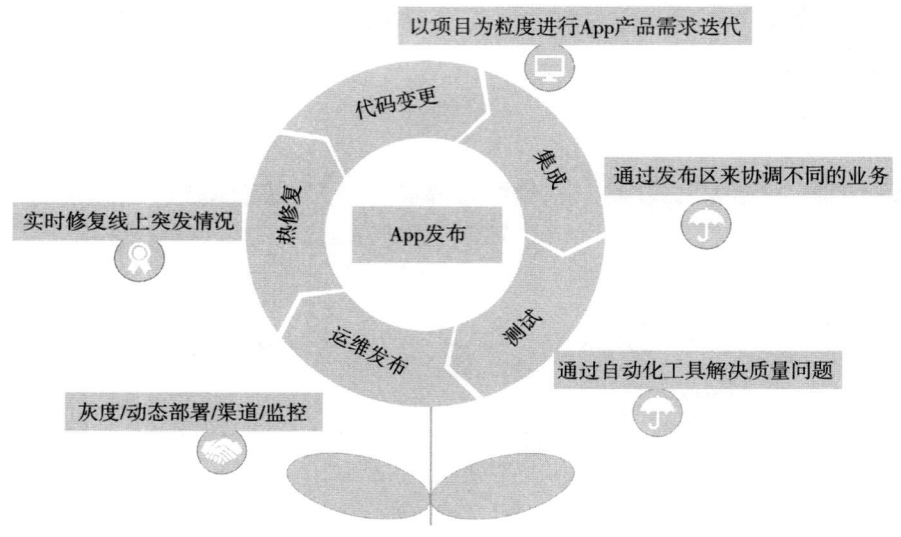

图 10 App 持续交付的展望

参考文献

[1] Jez Humble, David Farley. Continuous Delivery: Reliable Software Releases through Build, Test, and Deployment Automation [M]. Boston: Addison Wesley, 2010.

[2] 吉恩·金, 等. DevOps 实践指南 [M]. 刘征, 等, 译. 北京: 人民邮电出版社, 2018.

[3] Jennifer Davis, Ryn Daniels. Effective DevOps: Building a Culture of Collaboration, Affinity, and Tooling at Scale [M]. O'Reilly Media, 2016.

海通证券 DevOps 平台建设及应用

陆颂华　周　靖　闫宇星

海通证券股份有限公司

1. 项目背景

作为证券行业成立最早、综合实力最强的证券公司之一，海通证券已经全面完成了"数字海通 1.0"建设。公司在"十四五"期间继续紧紧围绕打造国内一流、国际有影响力的中国标杆式投行的战略目标，全面开启了"科技＋数据＋场景"三位一体，以"敏捷化、平台化、智能化、生态化"为核心特征的"数字海通 2.0"建设。为了实现上述核心目标，公司启动了一系列建设任务，其中，提升软件研发成熟度是一项重要任务。

为了从整体上提升软件研发成熟度，同时提升软件研发的质量和效率，海通证券自 2020 年开始建设 DevOps 平台。建设专业化工具平台，为海通证券提升软件研发成熟度发挥了重要作用。一方面，对海通证券双模研发模式（HOPE 研发体系）的工具化支撑，可以更好地落地相应的规范要求；另一方面，平台化的标准能力，对软件研发的过程进行了标准化，借助标准化的脚本、流程、自动化能力，可以明显提升软件研发的质量，提高研发效率。

海通证券 DevOps 平台自建设以来，取得了一些实际成果，这些成果都是保障软件研发质效的基础。本文分别围绕软件研发、流水线执行、自动化测试三个环节展开介绍。

2. DevOps 平台实践

2.1　软件研发，统一管理分支模型

分支模型是指开发过程中多个分支的协作方式，对分支模型统一管理是指对整个科技团队实施统一的管理。分支模型对研发过程规范化具有重要作用，分支模型管理得好，软件研发的版本与需求的关系会很清晰，也是敏捷研发及发布的基础；分支模型用得混乱，则易出现版本、需求、代码三者关系混乱的情况，最终导致生产事故。

分支模型如果实现了标准化，对研发标准化作用很大，但在实际研发工作中，分

支模型的落地难度很大。主要原因有几个：一是分支模型没有严格的标准，业界同时存在多种不同的分支模型，不同的组织结构及研发风格适用于不同的分支模型；二是分支模型的使用很灵活，一般是方法论上的指导，平台化程度很弱，例如在集成开发环境（IDE）中主要依赖开发人员的主观认识。因此，海通证券分支模型的实践体现在两个方面：一是找到适合海通证券现状的分支模型；二是将该分支模型平台化落地，通过平台提供标准化的使用方式，固化并标准化。

通过广泛调研开发中心在软件开发过程中积累的实践经验，结合 DevOps 方法与工程实践，参考业界 GitFlow 与 AoneFlow 分支模型优势与特点，海通证券形成一套适应自身自研项目研发现状的分支模型：HT–Flow。

分支规范固化到平台，开发人员不再关注分支合并等，具体实现如下（见图1）：

（1）平台可根据需求（JIRA story），基于 master 分支创建 feature 分支。

（2）开发人员将需求代码推送到 feature 分支之后，平台实时自动集成到 develop 分支。

（3）平台选择需求进行版本提测后，将多个 feature 分支合并至 release 版本分支。

（4）平台在完成上线和确认后，自动将 release 版本分支合并到 master 分支。

（5）在上线完成或线上修复完成确认后，平台自动将 master 合并所有在途分支，删除已上线 feature 分支、release 分支。

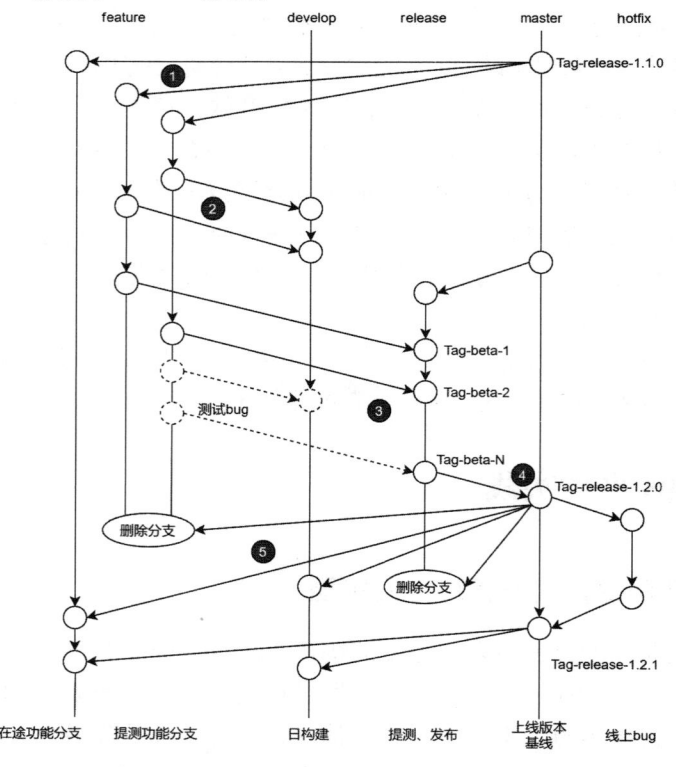

图 1　HT–Flow 分支模型

引入该分支模型可实现如下效果：

（1）可基于分支模型中的开发分支、集成分支，分别设置质量门禁，有利于代码质量提前把控。

（2）海通证券分支模型，结合自身技术特点，对业界模型进行了裁剪，研发过程的分支管理更清晰。

（3）分支模型能力集成到了平台上，可以提供开发人员无感知的体验，并且降低使用成本。

（4）固化后的分支模型，在平台上可实现可视化，分支上所包含的需求、分支、功能代码三者关系非常清晰。

2.2 流水线执行，贯通多环节的自动化流水线

从代码提交到测试环境部署，有编译构建、制品提交、部署等多个步骤，原有方式需要过多手工操作，存在一定误操作风险，效率较低，同时缺失自动化质量门禁。

为提升项目构建、部署自动化水平，覆盖项目集成、构建、部署执行需求，海通证券设计了如下流水线计划（见表1）。

表1　　　　　　　　　　流水线计划

流水线类型	分支	触发方式	备注
feature 提交即构建	feature	代码提交自动触发	
develop 集成构建	develop	分支合并自动触发	
提测构建	release	手动触发	
日构建	develop	定时触发	用于执行耗时较长的集成测试
sit/uat 部署流水线	—	手动触发	
sit/uat 晋级流水线	—	手动触发	

同时，在流水线中集成各类质量门禁，如静态代码扫描、单元测试、API 自动化测试，实现测试左移，提早发现集成类问题，对项目代码质量、接口质量提供有力保障。DevOps 平台主要功能示例见图2至图6。

2.2.1 DevOps 平台门户

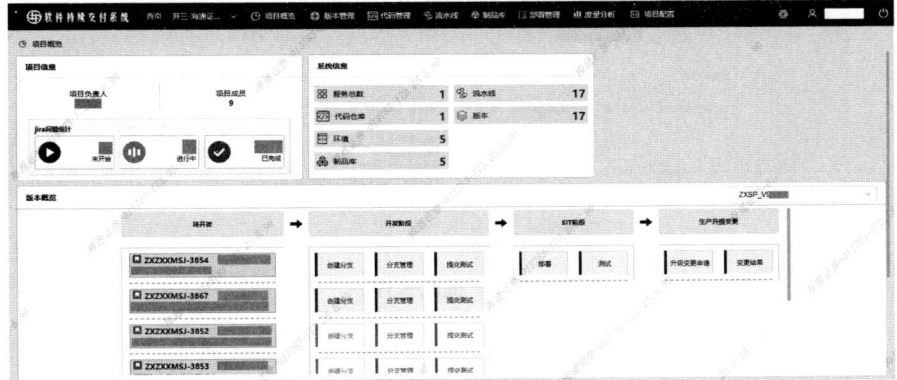

图2　DevOps 平台门户

2.2.2 提测管理

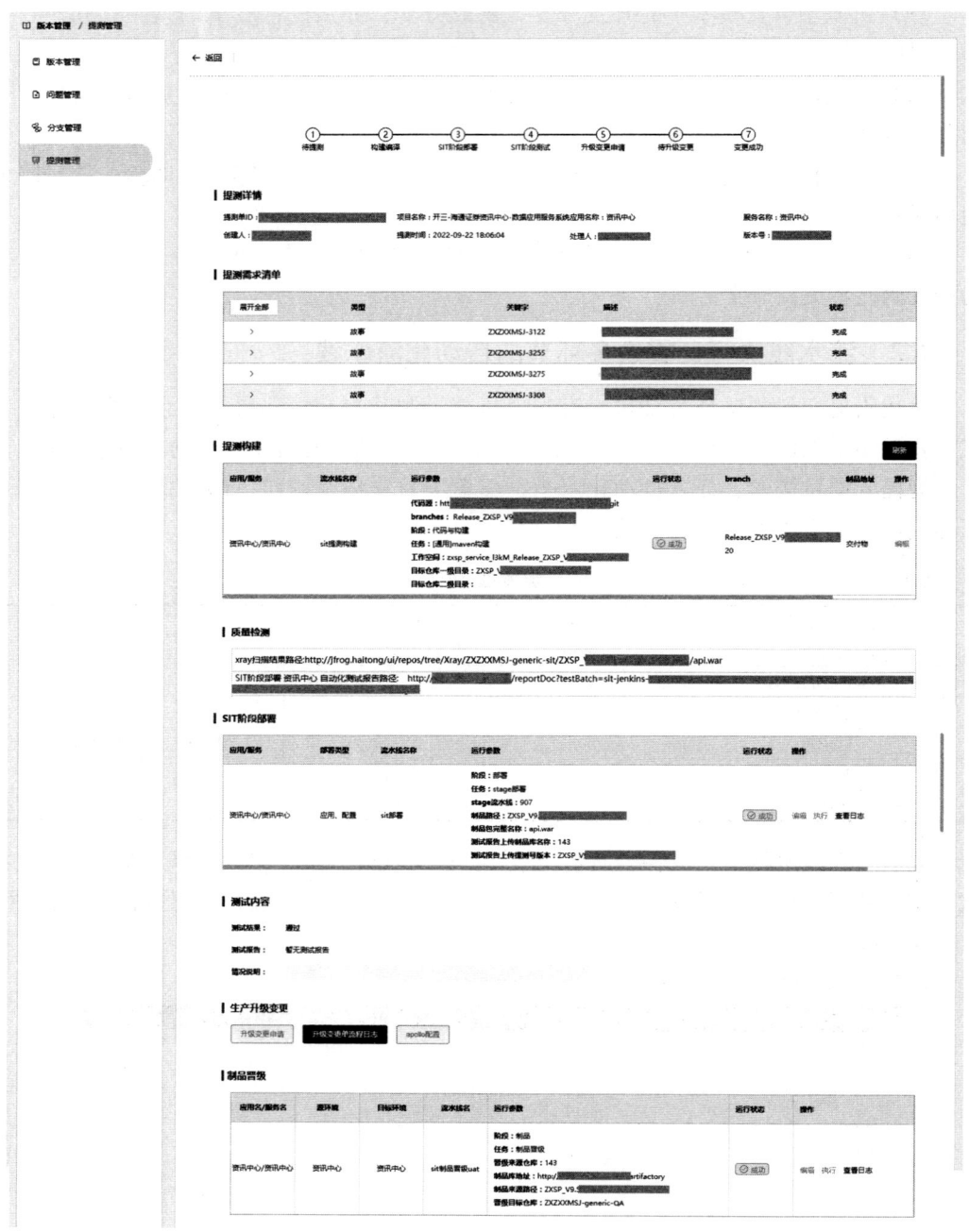

图 3 提测管理

2.2.3 流水线执行明细

流水线	运行人	构建状态	构建阶段	服务名称	构建时间	操作
Feature分支自动化构建 #1		成功	代码与构建	资讯中心	2023-11-24 17:27:22	
每日构建 #382	定时触发	成功	代码与构建	资讯中心	2023-11-24 01:15:00	
sit制品晋级QA #56		成功	制品	资讯中心	2023-11-22 17:29:49	
sit部署 #78		成功	jacoco拉取… 更多… jacoco代码…	资讯中心	2023-11-22 17:18:02	
develop分支自动触发构建 #2		成功	代码与构建	资讯中心	2023-11-22 16:56:22	
sit提测构建 #41		成功	代码与构建	资讯中心	2023-11-22 16:45:47	
合并到develop分支自动触发构建b… #112	(代码源触发)	成功	代码与构建	资讯中心	2023-11-14 17:24:03	
feature分支push自动触发构建bac… #623	(代码源触发)	成功	代码与构建	资讯中心	2023-11-14 17:17:18	

图 4　流水线执行明细

2.2.4 流水线运行结果（构建、部署）

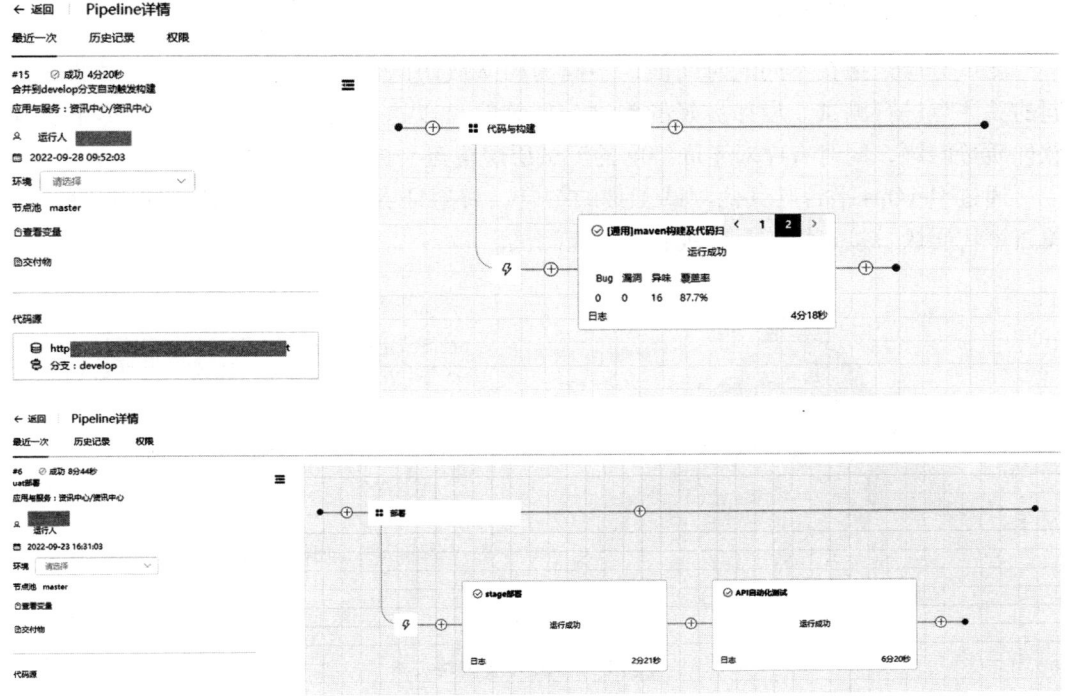

图 5　流水线运行结果

2.2.5 流水线脚本编排能力

图 6　流水线脚本编排能力

2.3 自动化测试，测试分层设计

测试分层是指在不同的时间段，不同的团队或团队使用不同的测试用例对产品不同的关注点进行测试。设计良好的测试分层策略可以达到测试前移的效果，尽早发现软件质量问题，同时有序对不同维度的测试层层覆盖，提升软件质量。

通过 DevOps 平台与其他测试工具的结合，海通证券的测试分层策略如图 7 所示，覆盖率代码级、接口级、系统级和非功能测试。

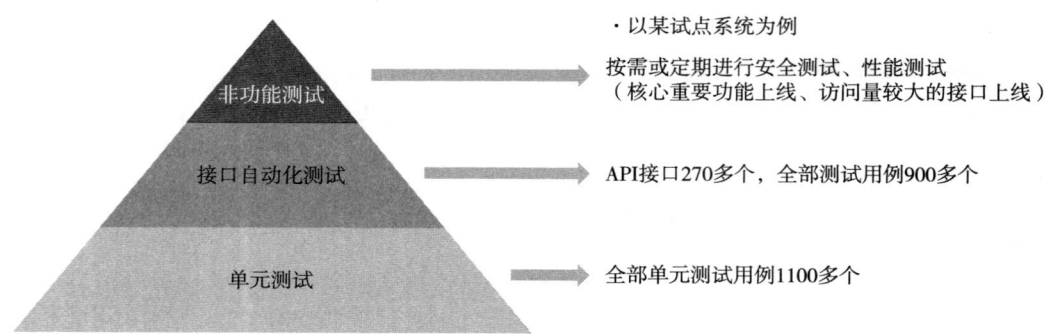

图 7　测试分层策略

测试实施过程如图 8 所示。

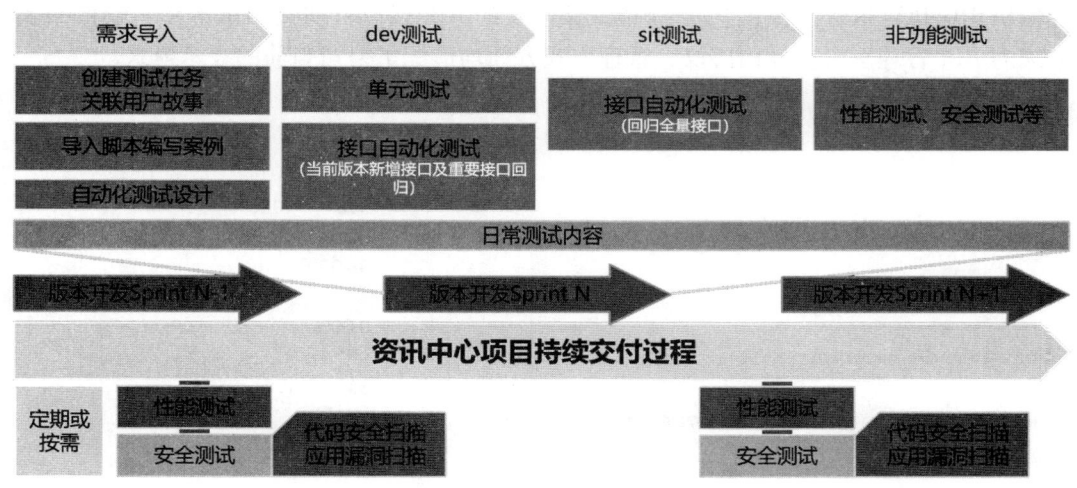

图 8 测试实施过程

分层测试过程中，各层测试投入成本如表 2 所示。

表 2　　　　　　　　　各层测试投入成本结构

测试层级	测试类型	测试投入权重
数据处理层	单元测试、代码评审	35%
逻辑处理层	API 接口自动化测试	45%
非功能测试	性能测试、安全测试	20%

具体测试方法如表 3 所示。

表 3　　　　　　　　　各层测试方法

测试层级	测试类型	测试技术或手段	测试方法描述
数据处理层	单元测试	编写测试代码或使用测试工具	使用测试工具或者编写代码调用函数或方法
数据处理层	代码评审	开发团队组织评审会	组织团队人员进行代码评审
逻辑处理层	接口测试	使用工具，或者编写自动化测试代码（API 管理系统）	使用工具进行接口测试
非功能测试	性能测试	使用性能测试工具（jmeter）	使用测试工具对软件的峰值进行批量请求处理
非功能测试	安全测试	使用安全扫描工具（绿盟、奇安信）进行扫描	将开发好的代码文件放入扫描工具中进行扫描

示例：接口自动化测试报告

海通证券基于自主研发的 API 接口自动化测试平台，可支持异构类型的 API 接口，以多机调度的方式，对 API 接口中的正、反、异常等测试案例执行增量、全量回归，并输出相应执行报告（见图9）。海通证券研发的 API 接口自动化测试平台，较市面上常规的 API 管理平台在异构协议、管理方式方面均适配了公司当前的技术模式。

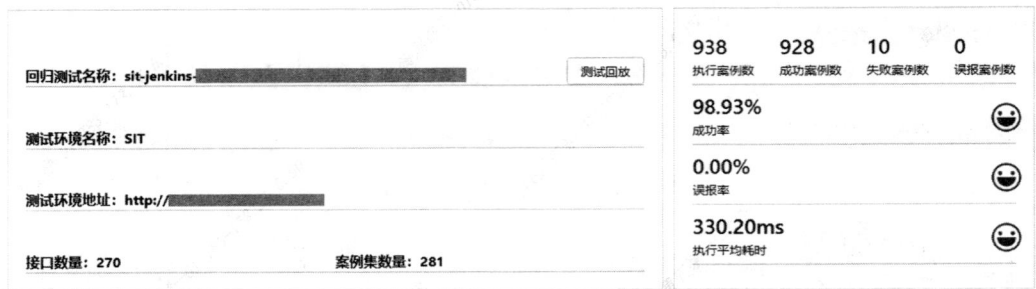

图9　接口自动化测试报告

3. 未来展望

海通证券经过两年多的 DevOps 平台与体系建设，已经形成了一套较完整的 DevOps 工具平台与最佳实践体系。未来的一个重要目标就是持续扩大 DevOps 在海通证券的应用范围、适配更多技术栈、丰富工具集成、积累最佳实践，为更多项目和团队提供转型动力，全面提升企业级研发效能。

同时，海通证券也将结合业界先进的方法与实践，不断丰富 DevOps 内涵。比如，研发过程全面融合安全，实现安全设计、安全开发、安全测试，从 DevOps 进化到 DevSecOps；又如，将 DevOps 延伸至运维运营侧，在技术运营领域开展新的探索与实践。

安信证券基于工程能力标准的
研发管理体系建设与效能改进实践

劳添辉　蒋渐峰

安信证券股份有限公司

1. 背景及意义

随着互联网经济浪潮的到来，信息技术不断发展，并在金融行业中广泛应用，使越来越多的互联网企业特别是互联网金融企业进入证券市场并推动业务创新，尤其是拥有深厚技术背景以及自主研发能力的互联网金融巨头给行业带来了巨大冲击。严峻的行业竞争态势迫使证券公司不得不进行反思，面对快速变化的互联网环境，如何提升企业响应市场的敏捷度。此外，早期证券IT部门是以运维管理和项目管理为主，系统和产品也是以采购为主，IT研发的组织和规模普遍较小，自研团队不成体系，既缺乏研发经验，也缺乏相应的研发运营和管理过程，整体上还是以"堆人力"来满足业务的IT需求，在实际的研发过程中存在效率较低、质量不高、资源投入难以跟踪、流程审批时间过长等问题。随着证券业务的发展，业内证券公司的IT部门人员规模迅速壮大。近年来，安信证券IT部门人员也迅速扩张至超过700人的规模，从一开始基本没有自主研发人员到自主研发人员占半数左右。在当下业务推广和运营深度依赖IT系统的情况下，IT研发需要更规范、更精细的方式进行管理，否则可能严重影响到对公司业务的发展支撑，在激烈的市场竞争中难以获得IT能力的相对优势。

结合外部环境冲击、自身业务特点和问题，如何更好地为行业内个人客户以及各类机构客户服务，提高软件研发能力、快速而高效地响应客户的业务需求，是证券公司生存发展过程中无法回避的问题，且已迫在眉睫。结合行业发展趋势以及公司整体战略规划，建立一套完整高效的研发管理体系，定义规范可执行的研发流程，建设高效便捷的研发管理平台及工具，引入高效合理的激励管理机制，能帮助证券公司提高IT产品和服务的研发能力，提升对行业客户的服务水平，以获得行业竞争优势，助力企业达成战略经营目标。安信证券在IT研发管理上提出基于DevOps能力成熟度模型制定、实施建设与其业务发展相匹配的研发管理体系，结合敏捷、DevOps和CMMI等的研发管理理论，持续优化自身的研发管理流程、研发平台工具、组织架构以及持续改进机制，为研发组织的研发工程实践提供一个阶梯式的改进框架，提高敏捷的自主可控的研发能力，助力公司业务和管理的数字化转型。

2. 研发体系整体方案介绍

在证券公司组织里，研发团队按不同的角色分担不同的专业工作，包括产品业务方、技术管理、架构师以及开发、测试、运维和安全人员等，需要他们的通力合作才能够完成对应产品的研发工作和业务发布上线。这个过程就是我们研发管理的过程，包括研发过程中内部如何协作交流，采用什么样的工作流程，使用什么样的工具和建设方式，并要持续地改进现有的研发管理工作，提升敏捷响应度和效率，降低研发成本，降低产品研发的风险。安信证券在 CMMI 质量模型指导下，运用敏捷开发和 DevOps 的理念和最佳实践，结合应用全生命周期管理工具平台，为规模化敏捷团队提供高效率和高质量的软件交付能力支持。具体而言，安信证券从工程能力标准、流程、工具平台和机制四大方面构建数字化的研发管理体系，研发管理体系整体建设方案概括如图 1 所示。

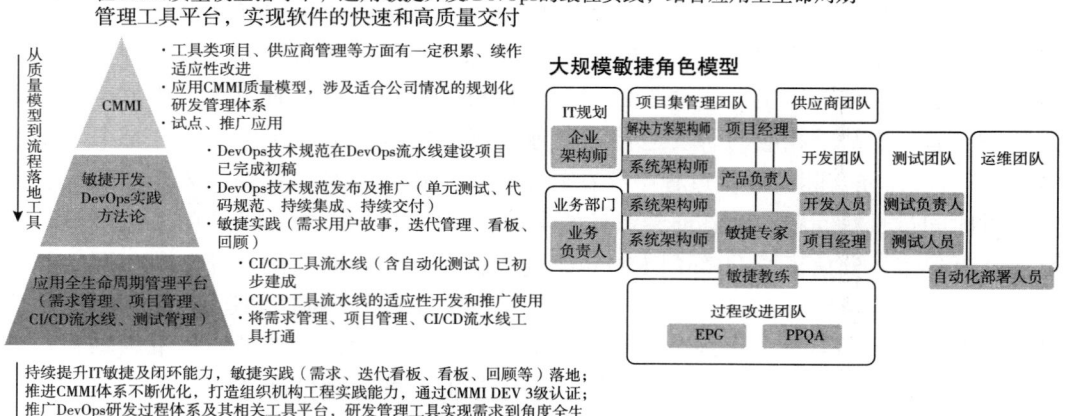

图 1　研发管理体系整体建设方案

3. 主要技术介绍

3.1 DevOps 工程能力标准及成熟度模型

DevOps 是由 Development 和 Operations 组合而来，指研发运营一体化。它的概念在

2008年的多伦多敏捷会议中初次被提出，此后十多年得到快速发展和推广。根据《中国DevOps现状调查报告（2020年）》，超六成企业已开始实践DevOps，实践比例呈现持续上升的态势。

对照DevOps背后的研发管理思想和相应技术实践，建设以DevOps为核心的研发管理平台，落地对应DevOps技术实践，实现研发管理的标准化、流程化、自动化，可以很好地解决上述提及的证券行业及我们面临的研发管理现状和问题。在具体落地DevOps的过程中，各研发团队所面临的研发痛点不尽一致，导致转型路径不清晰，难以形成有效的抓手。

因此，在建设和落地企业研发管理体系的过程中，需要建立对应的成熟度模型和框架，评估研发能力水平，识别瓶颈所在，找准方向、稳步推进。中国信息通信研究院牵头制定的DevOps能力成熟度模型在持续交付方面提出较为完善的框架，为企业开展DevOps转型和研发管理实践提供了指导。因此，我们选择在此基础上进行剪裁，结合行业和公司自身业务特点与研发现状来定义相应的研发能力成熟度模型，持续度量，给出改进路径。

在具体成熟度模型的设计上，整体分为L1初始级、L2管理级和L3亮点级三个级别。针对每个能力维度细化出能力子项，并给出具体的要求和标准。此外，我们在标准之下，进一步细化了如何达到标准的工程能力实践白皮书，切实帮助团队理解成熟度标准，以实现工程卓越，如图2所示。

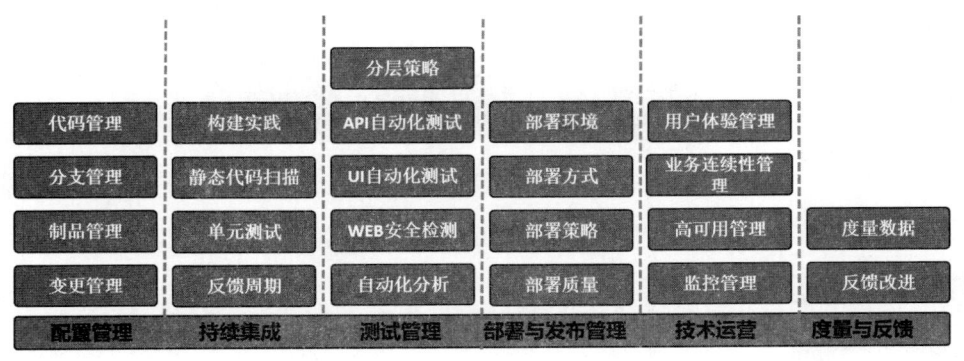

图2　工程能力成熟度模型

3.2　研发管理流程设计

DevOps能力成熟度模型对每个领域进行了详细的分级定义，我们能够将各个领域对应的过程域的差距识别出来，并确定研发角色与职责表，同时也能分析出该如何做才能达到标准要求。但在具体改进过程中，推进还是非常缓慢的，一个关键问题在于：各个过程域级别提升存在相互依赖性，在提升的过程中需要对研发流程进行同步调整。

为此，安信证券结合产品生命周期、敏捷、DevOps以及CMMI的理论，精细化定义研发阶段和管理层次。首先，我们横向定义研发阶段和各阶段所属研发流程，研发阶段主要包括产品与项目规划、产品开发与实践、产品集成、产品发布以及总结收尾，研发流程主要包括项目策划、团队策划、需求分析、发布火车策划、冲刺管理、软件设计与开发、测试管理、系统上线发布等 30 余个，研发阶段和分层如图 3 所示。其次，结合研发阶段和流程模型，进一步将不同阶段的具体流程归结对应的职责主体和层次，包括项目组合层、发布火车层以及团队层。在发布火车层开展基于项目集增量的管理方法，在团队层广泛推广标准化的 Scrum 敏捷迭代框架进行冲刺管理，实现大规模的敏捷开发管理与协作，如图 4 所示。此外，基于质量门禁和快速反馈的 DevOps 理念，借助工具平台串联研发步骤，自动化相关执行操作，形成系统性的流程卡点和门禁。以此构建端到端的研发流程，对应不同的研发阶段以及相应的协作层次，将复杂的研发流程和标准落地为层次分明、清晰可见、可高效执行的流程体系。

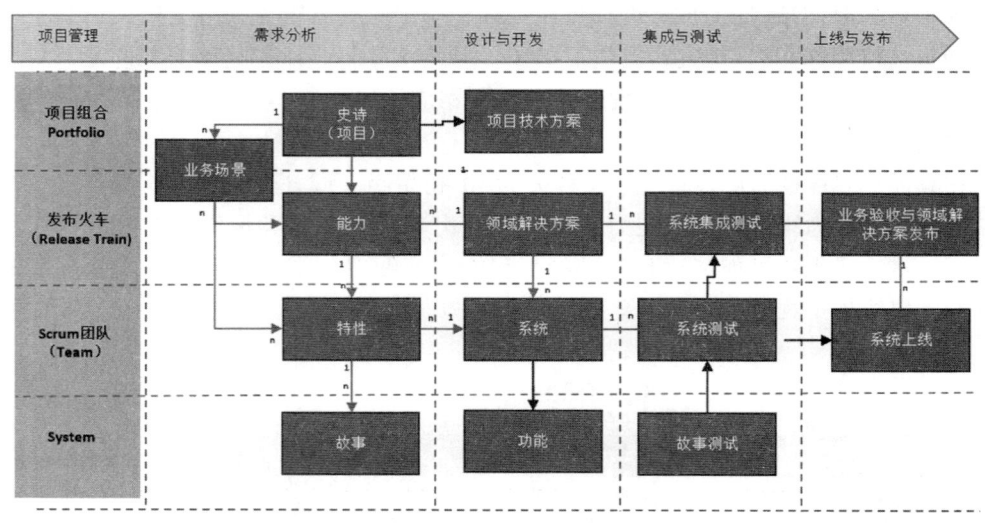

图 3　研发流程体系组织示意

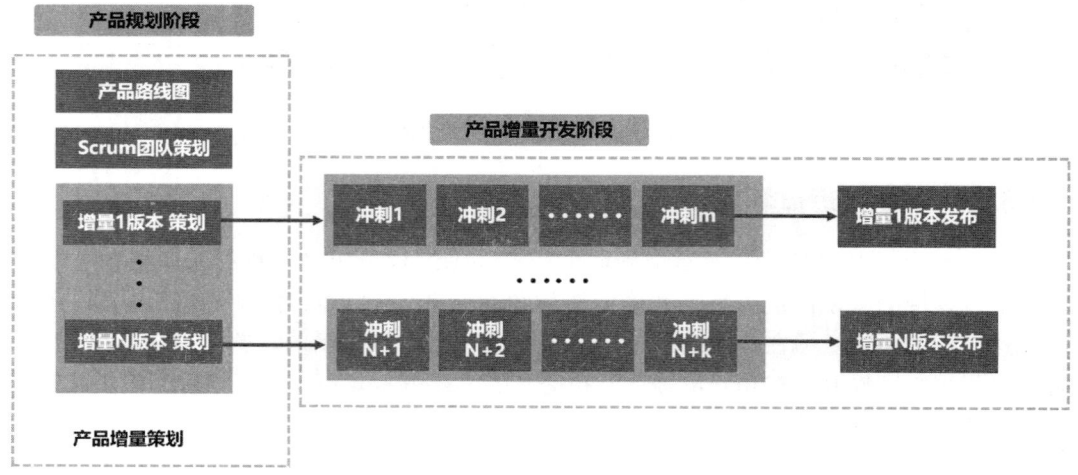

图 4　规模化敏捷结构示意

3.3 DevOps 研发管理平台功能建设

研发管理平台是研发规范、流程和研发服务能力的落脚点。其建设目标在于支撑研发管理体系建设，促进研发过程向敏捷化和持续集成的研发模式转变，提升 IT 运营能力。

安信证券研发管理平台首先通过引入研发过程涉及的各支撑工具，规范需求管理、缺陷变更管理、测试管理和知识管理等方面工作；其次在工具链的基础上建立端到端持续交付流水线过程，提高自动化水平，在整个交付过程中持续进行质量验证；再次通过研发管理门户为研发团队不同角色提供统一协同工作平台，通过技术运营工具平台为技术运营工作提供支持；最后通过度量分析平台持续观测研发交付过程中产生的数据，为优化研发管理体系提供支持。研发管理平台架构如图 5 所示。

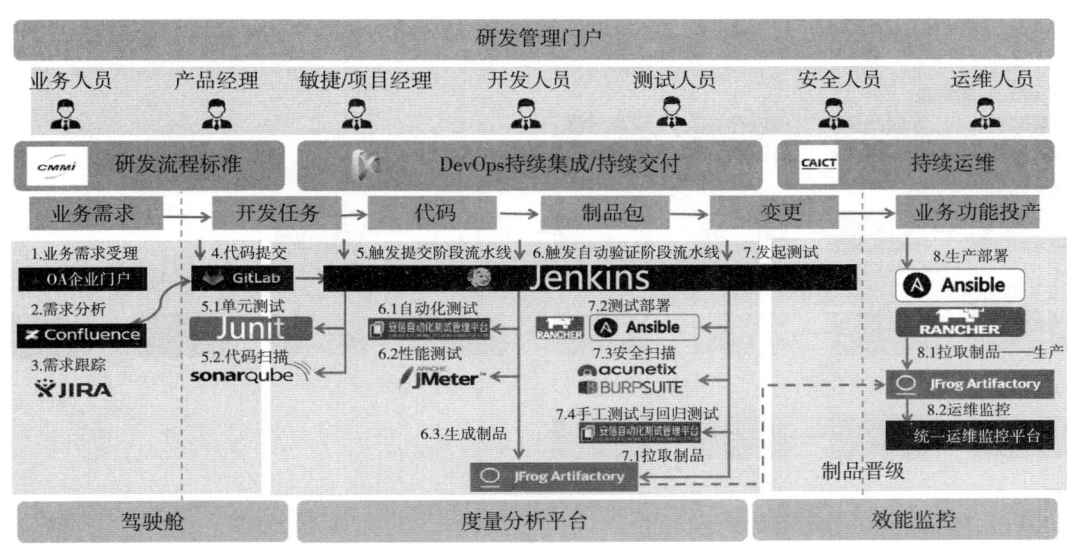

图 5 DevOps 研发管理平台

3.3.1 CICD 工具链

通过开源及商业产品提供需求管理、项目协同、代码管理、制品管理、代码静态扫描、自动化测试、安全检测、自动化部署等基础能力。如采用 GitLab 作为统一版本控制系统，Artifactory 作为制品库实现单一可信数据源（见图 6）。

3.3.2 流水线

基于 Jenkins2.0 Pipeline 实现流水线过程，通过 Shared Library 实现流水线功能的集中维护和任务模板在不同项目组之间的复用。基于统一的分支模型定义各阶段流水线；实现每次变更都触发完整流水线过程，并进行自动化测试和安全测试，对流水线过程中的关键质量检查点建立质量门禁并将结果精准反馈，如图 7 所示。

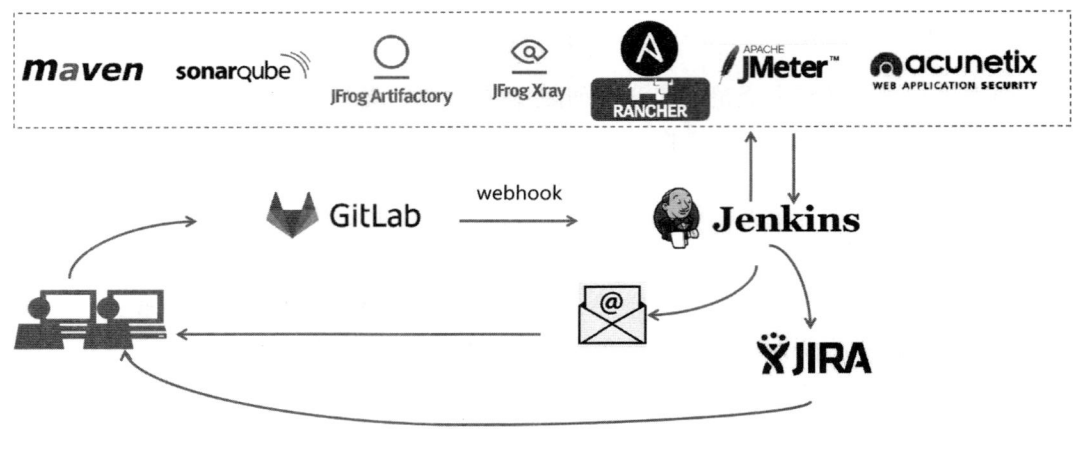

图 6 CICD 工具链

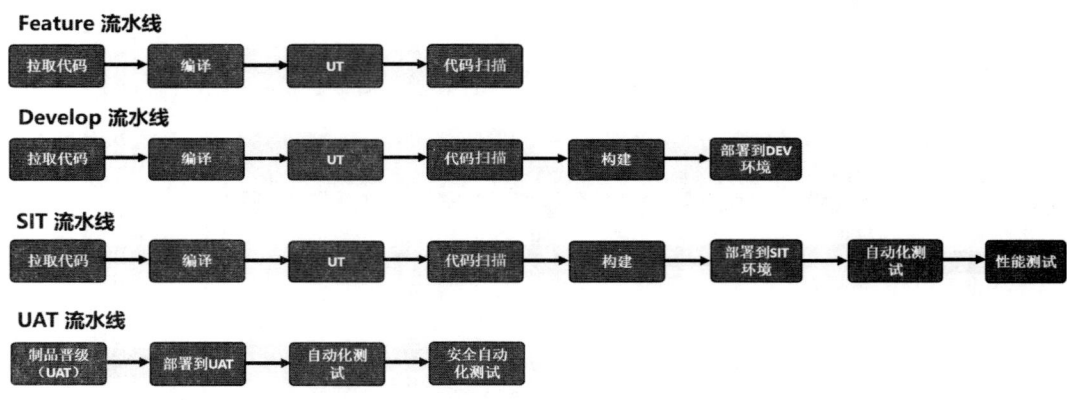

图 7 流水线过程

3.3.3 研发管理门户

在工具链和流水线的基础上，进一步通过自研研发管理门户整合工具能力提供统一的工作平台门户，如图 8 所示。统一提供研发交付流程管理，适配研发管理规范与流程，实现研发交付过程的规范化、自动化和可视化；提供流水线的可视化编排能力和通用的任务模板，通过界面配置流水线执行过程（见图 9），降低流水线使用的门槛；提供面向研发人员的自助服务，减少资源申请等待的时间，降低和缩短交付流程中跨部门对接的沟通成本和等待时间。

3.3.4 度量平台

度量平台通过对接 CICD 各工具平台，采集研发流程各阶段的数据，将数据转化为各个研发域的度量指标。提供迭代、周、天等多个维度的数据分析，并生成对应的度量指标的报告。通过线性图、柱形图、饼图等多种形式，直观地展示项目的各个指标

图 8 研发管理门户交付流程

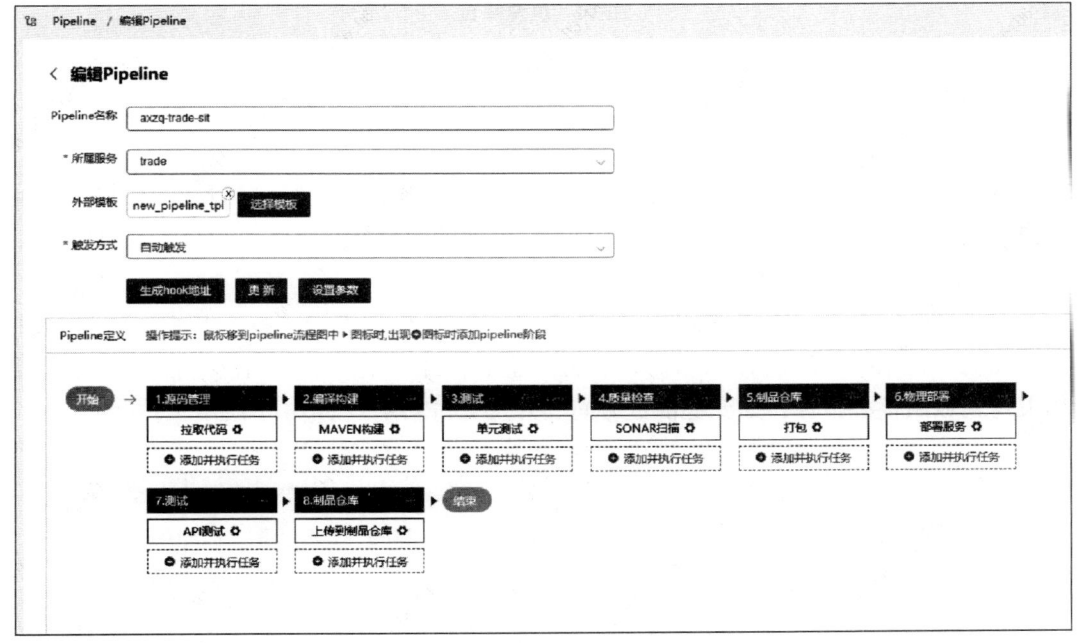

图 9 研发管理门户流水线配置

的趋势或比例，有效地反馈项目的状况。提供软件交付过程方方面面的数据展示，对团队内的所有人可视，如图 10 所示。

3.4 度量及持续改进机制

只有对 IT 研发进行度量，才能发现过程中的问题，并不断改善和优化，达到管理

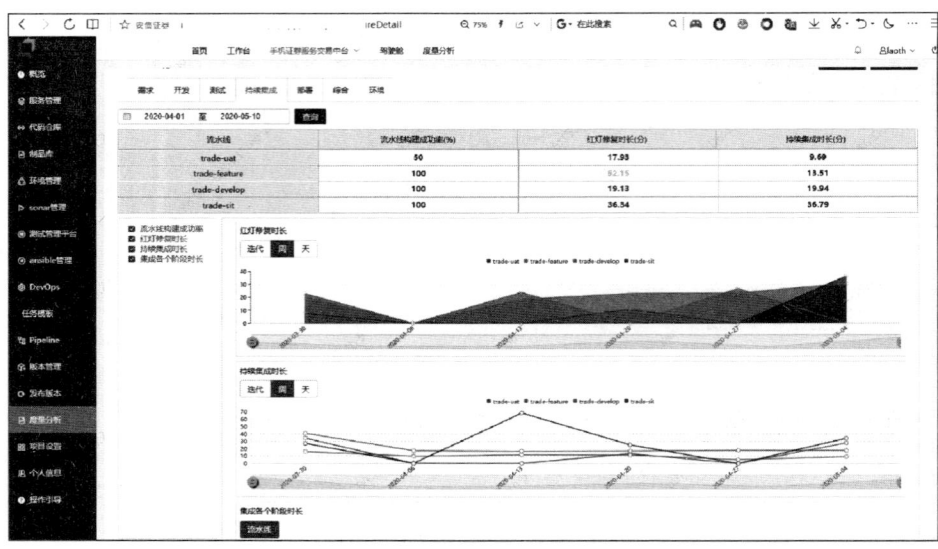

图 10 度量平台

的目的。IT 研发度量体系有效的关键核心在于度量体系的设计,其中度量指标的设计是关键问题。

3.4.1 度量平台指标体系设计和运营思路

度量平台的设计和运营核心在于 IT 研发的管理机制。我们以度量指标体系结合 DMAIC 改进过程作为 IT 研发的管理机制,在合适阶段辅之以 EPG 和 QA 组织的支持,实施持续改进的管理。

经过对研发全流程的梳理,度量指标分为过程指标和综合指标,其中过程指标对应研发流程各个阶段的核心指标,如单测覆盖率、自动化测试比例;综合指标则包括相关跨领域的核心指标,如变更前置时间、开发交付周期,如图 11 所示。

优先级	需求阶段	开发阶段	测试阶段	持续集成阶段	部署阶段	综合阶段
1	平均需求交付周期	单测覆盖率	自动化测试案例成功率	流水线构建成功率	自动化部署成功率	平均开发交付周期
2	需求吞吐量	合并请求通过率	测试金字塔比例	红灯修复时长	部署时长	开发时长
3	计划完成率	缺陷库存	自动化测试误报率	持续集成时长		平均变更前置时间
4	需求颗粒度	千行bug率	自动化测试执行时长	集成各个阶段时长		开发时间占比
5	迭代需求数量	代码提交频率	测试效率			
6	迭代子任务数量	圈复杂度	缺陷创建时间分布			
7		代码重复率	自动化率			

图 11 研发度量指标体系

DMAIC 改进过程包括定义（Define）、度量（Measure）、分析（Analyze）、改进（Improve）、控制（Control）（重复前面4个环节，持续跟踪，保持活跃的持续改进氛围）5个要素。

3.4.2 阈值管理

阈值管理功能是针对核心指标进行预警或者告警。其难点在于设定适合研发团队的阈值，太高不符合团队实际，太低缺乏督促改进的管理意义。不同团队在不同阶段的阈值应有所区分，以实际情况设定。同时，我们还设定了动态阈值机制，根据团队历史数据取平均数和中位数实现动态阈值。

3.4.3 度量报告订阅

度量平台研发过程涉及多个阶段，每个阶段又涉及多个核心度量指标，订阅管理可以让不同职能的人员只关注自己最关心的指标，通过系统定期推送进行重点跟进和持续改进。

3.4.4 数据驾驶舱

工程师关注细节，项目经理和团队负责人关注过程，老板关注结果，因此度量数据是需要做分层的。安信证券从直观性、全面性、方便性角度考虑整合研发高维的重点指标，区分管理者的层级、权限和关注点，形象标示企业运行的关键指标分析结果，有效展示研发数据，为管理层提供决策支持，如图12所示。

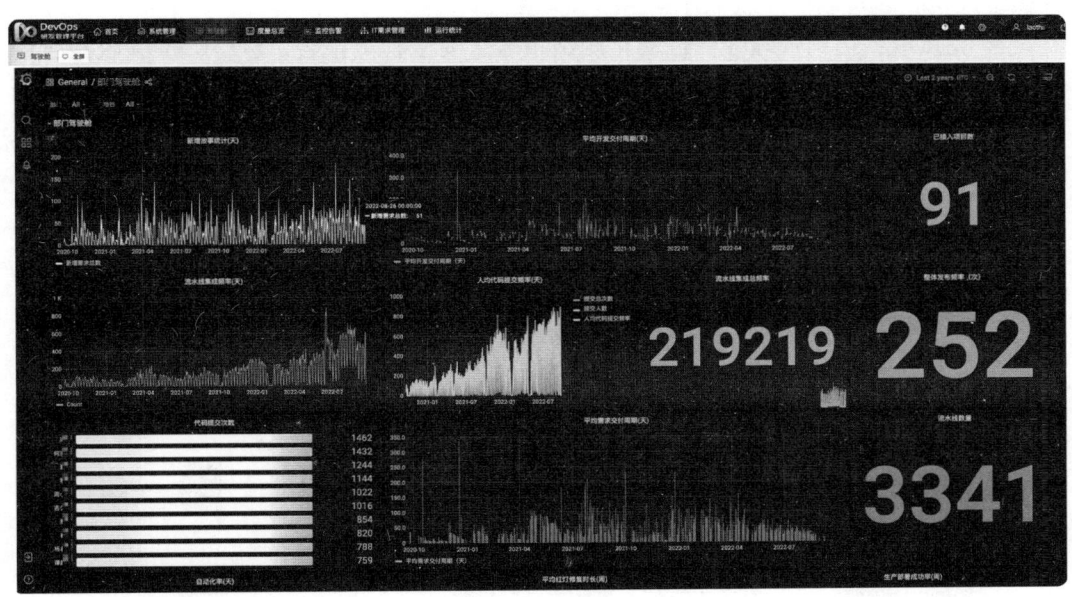

图 12　驾驶舱度量示例

4. 关键或创新点展示

4.1 基于成熟度模型建立实践要求

我们围绕 DevOps 研发能力成熟度模型的定义和阶段划分，结合证券行业和安信证券自身业务特点与研发现状来定义对应的研发实践标准，为研发管理体系建设和实践落地提供清晰、具体、可执行的指引，引导组织的研发管理体系由点及面地铺开落地。对应软件交付过程的不同阶段，内部实践标准分为配置管理、持续集成、测试管理、部署与发布管理、技术运营、度量与反馈 6 个领域，每个领域内定义了相应的工程实践。

每个实践对应初始级、管理级、亮点级 3 个级别，定义了不同的要求和内容。以下介绍部分关键实践标准具体内容。

4.1.1 配置管理——制品管理

- 初始级：自行管理发布包和依赖组件获取来源。
- 管理级：使用部门统一制品库管理构建产物，遵循版本命名规范、制品存储路径规范；DEV、SIT、UAT、PRD 环境部署统一从制品库获取发布包；开发过程中所有依赖组件统一通过制品库获取。
- 亮点级：达到管理级；自动化测试报告、安全检测报告、SIT/UAT 验收报告统一在制品库中管理；通过制品晋级方式实现制品在 SIT、UAT、RELEASE 仓库的流转而不是重新构建。

相关实践如图 13 所示。

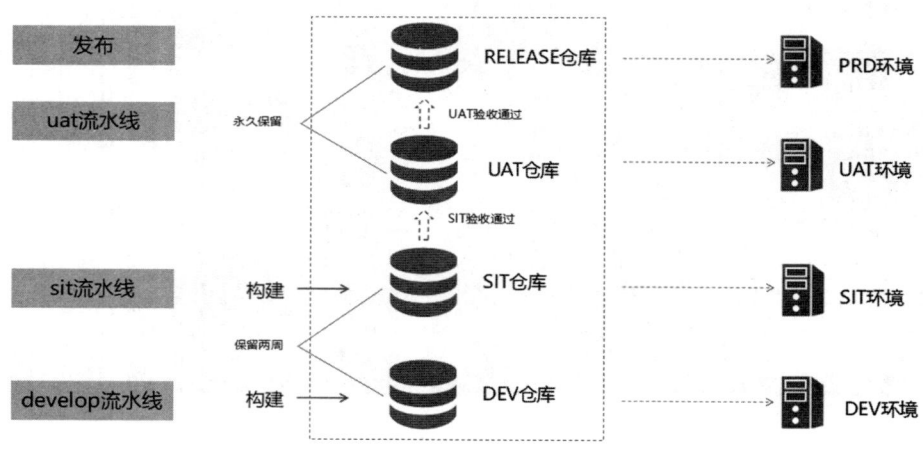

图 13　制品管理

4.1.2 持续集成——代码静态扫描
- 初始级:每个版本发版前集中进行代码扫描及问题处理。
- 管理级:开启代码静态扫描功能,每次流水线执行触发代码静态扫描;确定团队静待代码扫描质量,对代码异常、漏洞、缺陷数量、重复度进行检查。
- 亮点级:达到管理级;新增代码异味、漏洞、缺陷数量为 0,严重程度以上问题为 0;代码重复度较低;对于代码扫描的问题,在每个迭代中记录并跟进处理;技术债务呈下降趋势或保持在较低水平。

4.1.3 测试管理——API 自动化测试
- 初始级:自行管理自动化测试用例的维护和执行。
- 管理级:通过测试管理平台管理 API 自动化测试用例,每次流水线触发 API 自动化测试用例执行。开启 API 自动化测试门禁检查通过率。
- 亮点级:达到管理级。单元测试、API 自动化测试、UI 自动化测试用例数量符合测试分层策略规范要求;API 自动化测试通过率门禁设置为 90% 以上。

相关实践如图 14 所示。

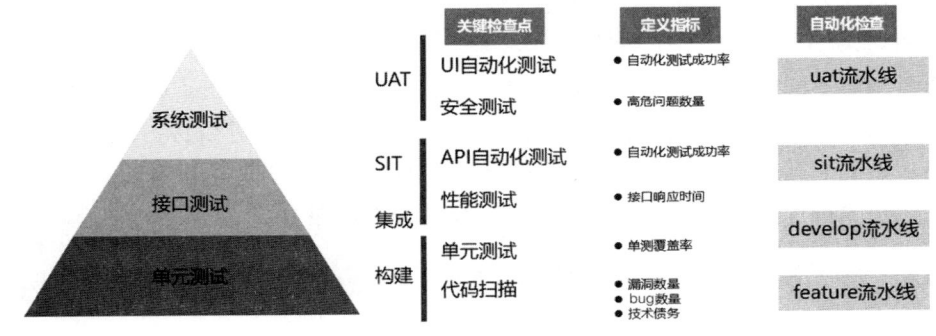

图 14 自动化测试

4.1.4 部署与发布管理——部署方式
- 初始级:手工部署 DEV、SIT、UAT、PRD 环境。
- 管理级:使用 Ansible Playbook 自动化部署虚拟机环境。部署脚本在部门 GitLab 中统一管理,所有部署脚本的修改由运维角色进行审核。使用发布平台部署容器云环境,通过流水线自动化部署过程。
- 亮点级:达到管理级;通过自动化方式部署所有环境;在部署完成后有自动化验证过程。

相关实践如图 15 所示。

4.1.5 度量与反馈——反馈改进
- 初始级:度量数据不完备。
- 管理级:接入完整度量数据;团队通过周报、月报等方式持续关注度量指标并针对告警项进行分析和改进。

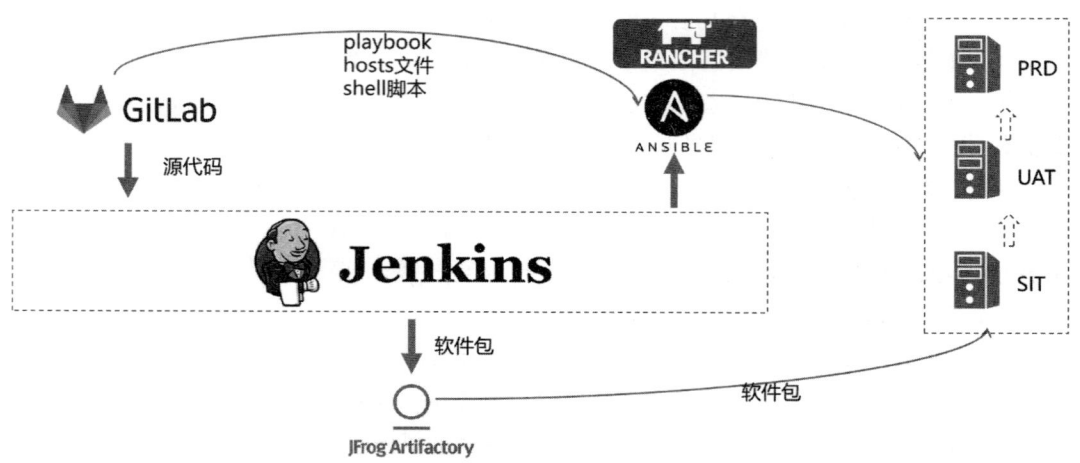

图 15　自动化部署

- 亮点级：达到管理级；团队通过度量数据持续完善工程实践；对度量指标告警项纳入版本计划中处理，并对改进解决过程进行回顾；度量数据呈优化趋势或保持在良好区间。

通过制定不同成熟度的实践标准，研发管理体系建设、DevOps 实践落地过程能够帮助研发团队更好地了解自身的工程能力现状，从而确定改进目标，找到提升路径；避免在从点到面铺开的过程中出现"一刀切"的情况，让不同业务场景、不同研发规模的团队在改进过程中找准自己的节奏，持续提升工程能力。

4.2　基于研发交付双流模型的实践

与证券业务的特点和结构相对应，其 IT 研发交付与互联网交付模式有着很大差别。监管从严以及"零容忍"的态度也对相关产品和服务的业务系统提出更高要求，安全合规的基因需要从 IT 研发的过程便开始植入。为了兼顾高效率、高质量和安全合规的行业诉求，我们针对需求交付过程中的标准阶段和重点保障节点梳理出适合业务和公司规范的软件需求交付流程，针对开发过程中的工程最佳实践和常规流水任务梳理出对应的工程任务流程，并结合软件需求交付流和工程任务流，抽象出对应的交付流水线和工程任务流水线，并通过安信证券研发管理平台实现基于双流模型的交付协作，如图 16 所示。敏捷研发团队可以基于研发流程驱动的方式，将研发管理流程过程中的关键阶段和重点保障节点如系统集成测试、业务验收测试、合规及安全验证等阶段与研发交付过程有机结合，实现业务需求交付全过程协作线上化和工程自动化。这样就将组织内部冰冷生硬的研发规范融入线上的研发交付，使相关规范变为研发团队切实执行的流程和行为习惯，有效规避研发团队临时补材料或者随意跳过审查节点等管理风险，有效地提升组织级研发交付的效率和质量，同时保障标准化和安全合规等规范性要求。

图16 安信证券研发交付双流模型实现

4.3 运营推广和落地实践

当前证券行业数字化转型势在必行，安信证券持续不断打造和完善研发管理体系，努力夯实数字化转型的技术底座，以快速响应能力和出色的服务能力，应对行业快速发展带来的压力，在数字化转型过程中占据有利的市场位置。研发管理体系的搭建为IT研发赋能业务提供了能力的基础，而整个组织级的研发能力能否有效地应用，需要定义能力标准模型，明确所需的能力要求和指标。为此，安信证券在打造和完善研发管理体系时，配套对应的组织级推广和落地策略，解决研发管理体系建设"最后一公里"的问题。

首先，在体系建设的时候，引入了行业DevOps能力标准和CMMI能力模型，结合敏捷开发的理念，设计符合安信证券自身实际的DevOps能力成熟度模型以及研发各过程域流程体系，指导研发流程制定发布和落地，指导研发平台的能力完善和补齐。

其次，配合行业相关的认证体系，开展了DevOps持续交付三级认证和CMMI三级认证。这是安信证券构建敏捷研发管理体系的关键里程碑。研发团队在此过程中得到充分的锻炼，相关研发流程制度、研发能力成熟度模型、信息系统等也得到进一步完善，为安信证券的敏捷研发管理体系的全面推广奠定了坚实基础。

最后，结合研发团队的成熟度，按批次有节奏开展研发管理实践的整体推广运营，成立DevOps工程能力小组、EPG小组，指定各团队工程能力接口人，基于研发管理体系，开展研发流程、平台、工程实践、度量持续改进的深入改造，在组织内开展以卓越工程实践为代表的"亮点工程""应用上云""研发端到端交付能力提升"等工程活动，对标内部DevOps能力成熟度模型和相关研发标准，以高成熟度、高标准的研发能力对齐作为路径指引，通过内外部激励的机制，实现研发管理能力的不断提升。

5. 收益、总结及下一步规划

5.1 收益

本文中的 DevOps 能力成熟度模型、研发管理流程、研发管理平台已在安信证券 IT 团队中得到落地。作为落地抓手的研发管理平台已成为每一个安信 IT 人员每天使用最多的工具平台，平台当前具备支持 Java、C++、iOS、Android、H5 工程的流水线能力，实现系统研发过程的 CICD 自动化流水线，已经覆盖95%的研发系统，流水线日均执行超过1200次。通过将原来分散的工具链深度集成和封装到研发门户，研发人员可以在一个研发门户中完成整个业务需求管理、代码管理、制品管理、测试、部署和发布的全流程。提测、部署和环境申请效率得到极大提升，提测从原来动辄数天的节奏缩短为按天和小时计算，环境申请时长由天级缩短为小时级，部署时长则由小时级缩短为分钟级。此外，结合 DevOps 能力成熟度模型以及研发团队的长期研发度量数据，实现基于度量指标阈值的自动监控，主动发现问题和告警，并在 Jira 中生成具体的改进任务，统一跟踪，形成监控、告警和改进的自动化闭环，减少人工分析和操作，降低管理惰性，监控频率从每双周集中监控提升为每日监控。通过在研发过程的 CICD 自动化流水线中融入质量门禁，开发阶段质量问题的反馈时长从原来的 5 天降为 1 天，反馈效率提升 4 倍。测试阶段质量问题的反馈时长从 2 天降为 1 天，效率提升 1 倍。增加单元测试门禁，测试端增加 API 测试、UI 测试门禁。保证新增代码单元测试覆盖率达到76%+，API 和 UI 测试通过率达 90%+。通过在工程流水线中增加安全风险控制能力，实现在开发阶段提前发现并修复安全漏洞，安全检测耗时从天级降低到小时级。反馈速度从按天反馈提高到按小时反馈，漏洞修复成本降低一半以上。通过对整个研发过程的改进，实现从业务端到 IT 发布端的完整串联，整体业务需求交付效率提升100%。相关项目改进效果如图17 所示。

5.2 总结

基于本文研究的研发管理体系实施和落地，安信证券持续进行体系化的改造和推广，持续开展流程优化，工具平台、技术实践落地以及持续改进机制的运营。在研发管理体系实施和落地过程中，安信证券不断对标行业优秀标准和最佳实践，其间通过了组织级 CMMI 的三级认证，其中 3 个项目组通过中国信通院 DevOps 持续交付三级认证，1 个项目通过中国信通院 DevOps 技术运营二级认证，以 DevOps 研发管理平台、容器云以及服务化等为核心的技术平台项目荣获 2020 年金融科技发展奖三等奖，为安信证券的数字化转型打下坚实的技术底座，并为业务提供端到端的敏捷研发交付能力。

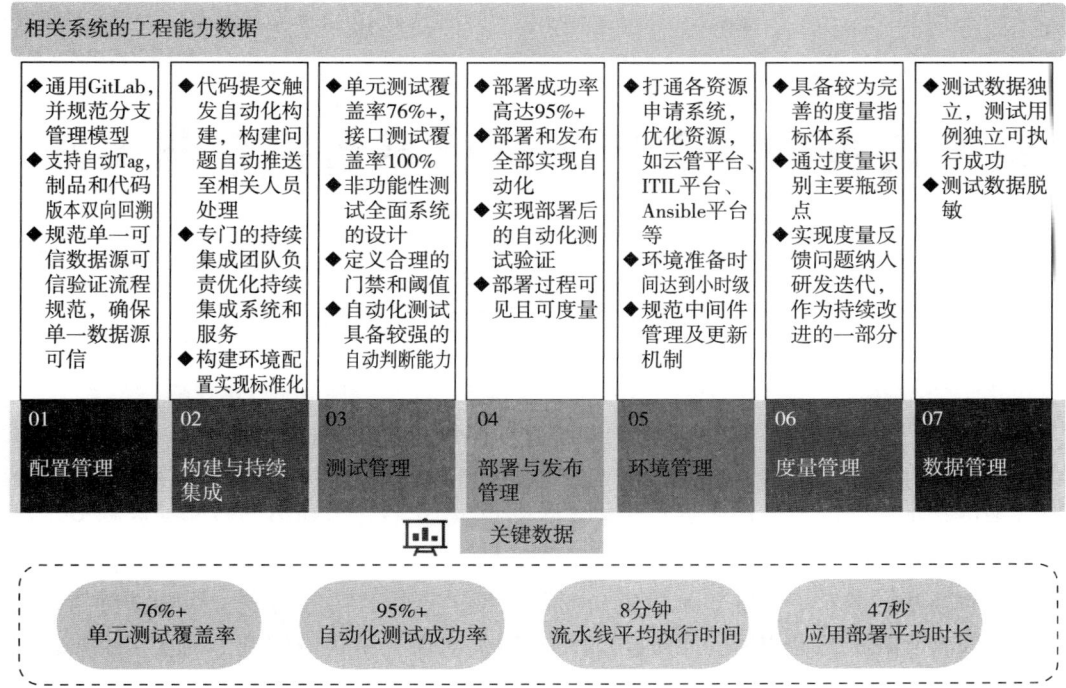

图 17　相关项目改进效果

5.3　下一步规划

对研发效能的追求是永无止境的，研发管理体系是随着系统的建设、研发团队的发展而持续迭代的。安信证券基于研发运营一体化模型进行的研发管理体系建设的实践在完成了从 0 到 1 的探索和建设后，在接下来的持续完善过程中，将坚持以研发团队为中心，通过流程驱动、工程实践驱动以及数据驱动等方式不断完善研发规范流程、研发管理平台和研发效能度量体系，并通过不断细化、完善的内部工程标准和成熟度模型为研发团队的改进提供更好的指导和支持。在数字化背景和转型诉求之下，"敏捷"的内涵将持续扩展并焕发新活力，其侧重点将从 IT 内部的融合协作，进一步往前延伸并往后拓展。往前延伸到业务侧，真正实现以客户价值为驱动；往后拓展到运营侧，形成业务、研发、运营的完整闭环，实现公司组织的敏捷化和智能化。

在规范流程方面，进一步细分适用场景并调整相应的规范与流程，减少部分"一刀切"的情况；在研发管理平台方面，进一步深入不同研发场景，深度绑定和跟进种子团队，深刻理解研发团队痛点和诉求，以解决实际问题为目标，把平台功能做精做深；在研发效能度量方面，持续完善度量指标体系的合理性，重点关注将指标与管理目标深度联系，持续管理和迭代指标，从对指标进行观测和分析进一步延伸到对研发活动进行更深度的场景洞察和评价模型探索。研发交付能力和相关服务支持需要持续迭代，为业务的高效率、高质量交付提供支撑，为研发团队带来更好的体验。

东方证券研发运行一体化平台探索与实践

樊 建 赵 泽

东方证券股份有限公司

近年来,随着证券行业数字化转型的深入,为了快速响应业务需求,敏捷开发已在证券行业进行了大量实践,技术模式改变的同时也对证券行业传统的科技项目研发与管理模式带来了巨大挑战。为此,东方证券基于 DevOps 方法论及自身实际情况,建设了研发运行一体化平台,制定了需求接受→设计规划→版本任务→生产交付的规范研发流程体系,纳管了研发各阶段生命周期数据,打造了持续集成、持续交付的自动化流水线,实现了 IT 各岗位工作的自动化流转,增强了团队协作能力,从而快速提升了需求交付效率及研发质量。

1. 背景及意义

为了推动业务创新,从而提供更高质量的金融服务,证券行业正在进行大规模的数字化转型。随着客户服务的线上化发展,各种个性化和定制化的需求都在推动产品研发的快速迭代。为此,证券行业纷纷引入敏捷开发模式解决个性化需求响应速度慢的难题,但敏捷开发提高研发迭代速度的同时也带来了新的挑战。

(1)研发管理标准。历史应用维护更新与新建项目并存,供应商模式与自研模式并进,不同项目开发方式与技术栈差异巨大,导致产品交付缺乏统一尺度的衡量标准,给交付质量和团队效率的提升带来极大困难。

(2)基础设施建设。IT 部门自身整体规划和基础设施配套建设并未全面跟上技术的革新,滞后于团队需求,导致各团队自行建设工具链,重复建设并互相隔离,缺乏统一基础平台,从而使规范无法落地。

(3)岗位协同手段。在《证券基金经营机构信息技术管理办法》等合规风控要求下,岗位职责、办公地点、工作环境等各方面的隔离极易产生信息孤岛。研发和运维身处不同的职能部门的情况下如何对齐目标?网络环境复杂且互不联通的情况下研发人员如何了解服务的生产运行状况?各地机房和分公司的数据在异地的情况下如何进行中心化管理?

为解决以上痛点,东方证券以 DevOps 作为方法论基础,依据其三步工作法——

"以建立全局观和将工作可视化作为前提,实现从开发到运维工作的快速价值流动,实现问题报告后的快速反馈机制",打破原有的组织考核壁垒,实现团队间协作与沟通,将IT交付和运维服务团队统一起来,围绕业务价值目标及业务交付范围加强沟通,通过频繁、快速的迭代交付和反馈,达到加快交付速度和提高交付质量的目的。

2. 整体方案

2.1 整体架构

软件开发生命周期涉及多个阶段和多个岗位,使用不同的工具,既有信息同步的协作需要,也有权限隔离的执行要求。研发运行一体化平台整体架构如图1所示,以三层架构设计为原则分离工具、功能与操作,既可以明晰角色权限边界,也可以灵活增减功能,更换底层工具。

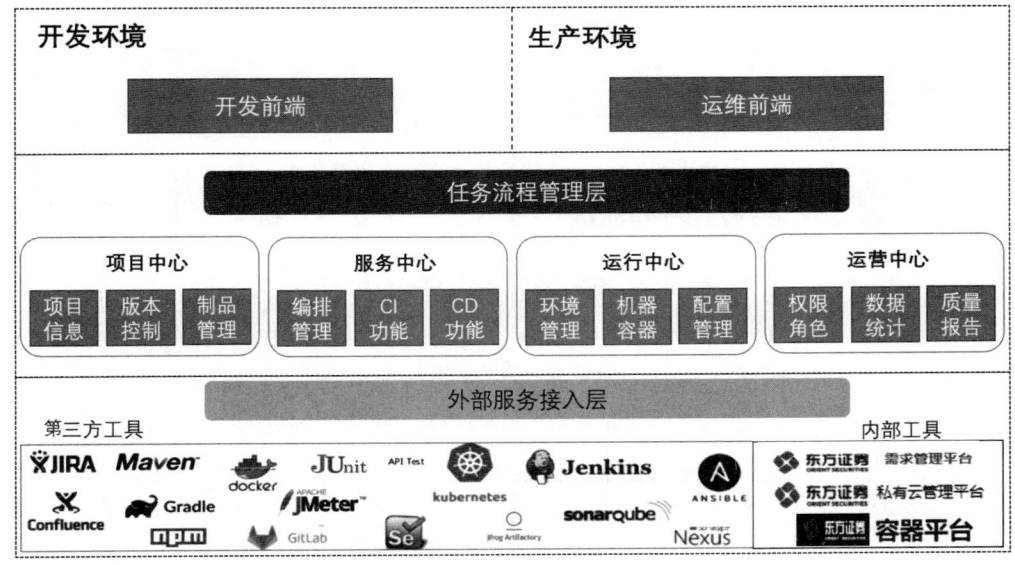

图1 研发运行一体化平台整体架构

交互层提供了权限与环境相互隔离的研发门户与运维门户。其中,除运维人员外的其他角色通过研发门户提供的流水线功能完成开发、测试、审批等工作。运维门户提供生产环境的各项操作功能,由运维人员单独使用,不同角色间以工单形式进行任务流转。

中台层设置不同功能中心管理模块,以流水线形式组合自动化功能模块,并通过任务流程管理层供交互层调用。项目中心管理项目中的元数据,如应用服务、团队人员、版本计划、制品状态等信息,对数据整合并保障跨环境同步;服务中心提供平台自动化功能,以流水线满足不同岗位工具需求;运行中心负责不同环境中机器、容器、中间件、实例部署的管理；运营中心负责生产发布的质量记录，平台使用的数据统计和平台人员、权限设置等。

资源层通过建设统一工具链，并纳管其他第三方和内部工具，以接口形式进行封装，屏蔽同类服务的差异，形成服务接入层，供中台层调用，从而实现工具的快速接入和替换。

2.2 业务架构

东方证券研发运行一体化平台纳管从需求发起到生产部署的整个流程，如图2所示，其主要业务功能如下。

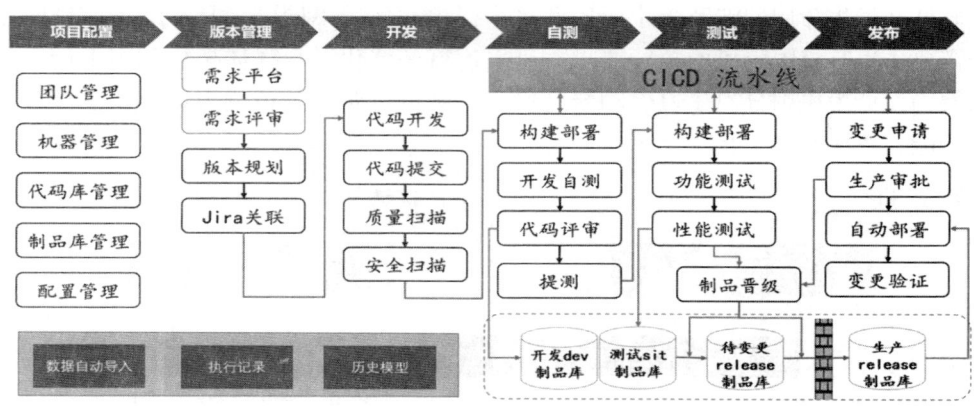

图 2 研发运行一体化业务架构

（1）项目配置。DevOps 平台以项目组作为逻辑上承接需求的最小单位。项目组具有从开发至上线所需的完备资源，为技术人员提供一站式的工具支撑，纳管任务目标、团队成员、职责分工、代码库、制品库、配置中心、自动化流水线、开发/生产环境的机器资源等。

（2）版本管理。版本代表一组待上线的需求，如图3所示。项目组成员依据版本对齐目标，该项目上线流程中各岗位产出的过程信息，无论是研发代码、质量数据，还是构建制品、测试报告，都会按版本规则由平台统一存储。

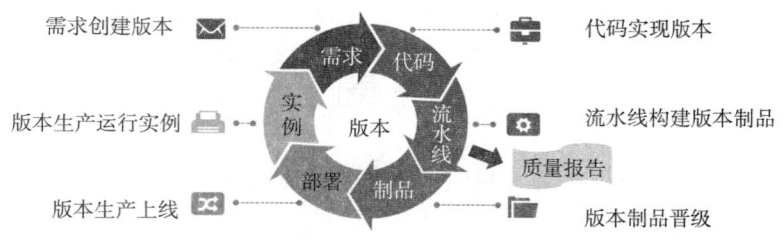

图 3 版本变更流程

（3）开发。研发人员完成提交后会触发代码质量扫描和安全扫描。通过流水线执行自动化构建和部署工作，在组内代码评审和功能自测通过后，通过提测单发起提测。

（4）测试。测试人员执行提测单并进行构建、制品存储和部署测试的流程。测试通过后将制品晋级至待变更制品库，并通知项目经理发起变更申请。

（5）发布。变更审批通过后，制品由待变更制品库晋级至生产变更制品库。运维人员根据变更单信息核对版本号，执行流水线进行生产发布。

3. 功能创新

在技术功能上，平台一方面为项目经理及开发、测试、运维各岗位提供全套自动化工具，实现从开发环境到生产变更部署的全流程自动化，需求开发结束后可在几分钟内自动化完成生产环境部署；另一方面遵守开发与运维的环境、操作隔离及合规审批的规定，提供了开发端和生产运维端两个互相隔离的工作台，通过工单审批流将任务传递。以下进行具体功能介绍。

3.1 研发端

研发端由产品、开发、测试等岗位使用，平台提供需求划分、版本建立、测试自动化部署、审批等功能，完成生产变更前所有工作。研发端登录界面见图4。

图4 研发登录端

3.1.1 需求管理

产品经理使用需求管理功能实现从业务需求到实际研发任务的转化，并起到追踪需求状态的作用。如图5所示，某项目根据业务需求建立了产品版本，业务分析师将该需求拆成两个任务分配给团队，项目经理根据各自的任务组织其项目版本开发和协调产品版本上线计划。需求方根据各项目版本状态变化可以追踪交付进度，多团队协作时能从该功能同步相关信息。

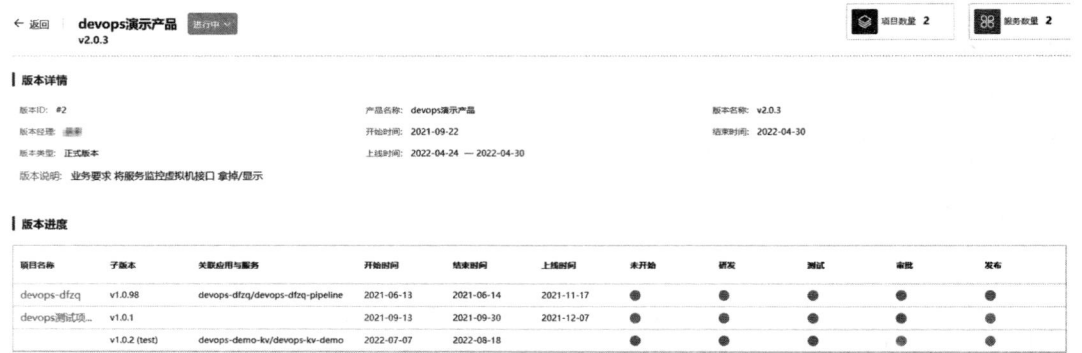

图 5　需求管理

3.1.2　版本管理

项目经理使用版本管理功能进行团队内部开发任务跟踪。一个版本对应该团队的一次开发和变更任务。如图 6 所示，项目经理会将 jira 任务分配给开发人员，并将条目拖入该版本追踪开发进度。在开发结束后通过"提测单"或"变更单"推动版本状态改变，直至该版本所有内容完成上线。

图 6　版本管理

3.1.3　开发流水线

实际研发及交付工作中需要使用众多的软件工具，平台以流水线的形式将不同软件提供的功能串连，提供一键构建、扫描、部署等研发必备功能。平台在流水线灵活装配方面作诸多改进，既能自动编排又能批量执行的流水线为技术人员提高整体工作效率带来很大便利。

> 流水线编排

流水线编排能力使项目可以根据不同要求添加其所需模块，并对步骤进行自由组合（见图7）。根据需要可以将多个服务按依赖顺序，在一条流水线中搭建同时执行串行、并行、混合的多种CI/CD任务，支持项目的不同要求。

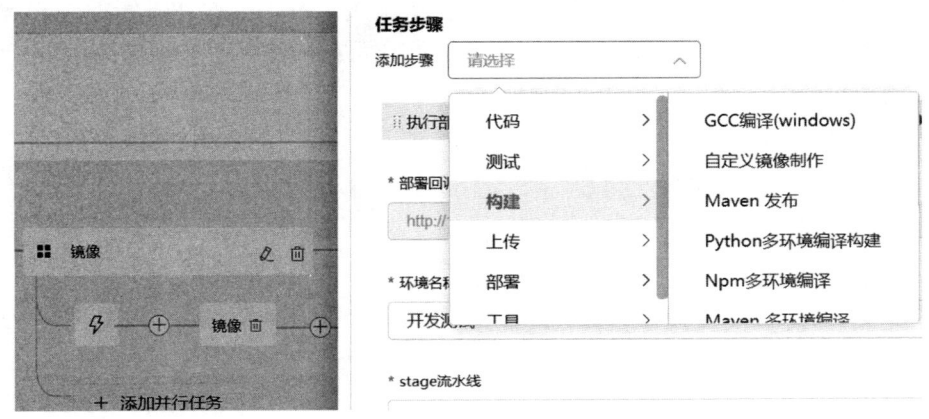

图7　流水线编排

除单流水线精细化定制的能力以外，对需要批量执行任务的项目提供进一步的扩展搭建功能，即在服务流水线的基础上继续组合，搭建多服务处理的应用级流水线（见图8）。

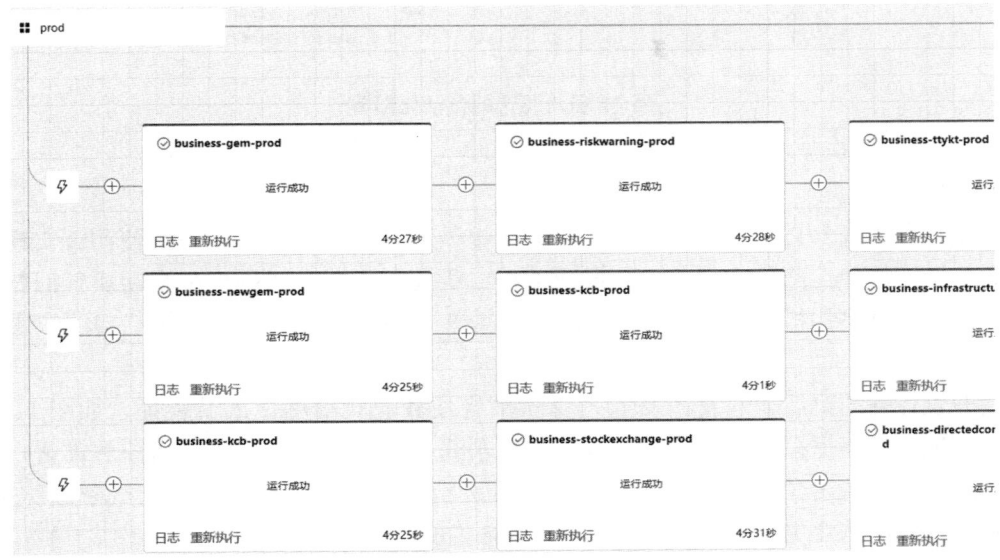

图8　应用级流水线

➢ 自动化部署

平台将常用部署步骤模块化，在服务搭建部署脚本时可根据类型自由组合（见图9）。用户通过简单勾选所需步骤和修改步骤参数可以快速生成所需脚本，并使用3.2.1部分所述部署单元选择部署集群，同时可选择灰度、串并行等不同发布策略。

部署执行过程由平台同步输出日志，运维、研发人员可随时观察部署状态去分析、解决问题。平台提供丰富的自动化功能以减少运维人工操作，比如健康检查步骤通过端口和接口调用来完成基本的验证工作，环境检查可以对新机器的部署环境进行检查和软件安装等。

图9　模块可选的自动化部署

3.1.4　测试管理

➢ 自动化测试

依托东方证券自动化测试平台，流水线提供多种测试模块供项目组使用，实现了代码提交→构建→部署→测试的全自动过程。研发人员提交代码后可自动执行回归测试或选择测试案例执行测试计划（见图10），极大地提升了研发效率和产品质量。

➢ 提测单

开发任务结束后，开发人员通过提测单将任务流转给测试人员验证。如图11所示，测试人员根据提测单中的信息，执行流水线一键完成测试环境的搭建和部署。完成测试的制品和测试报告会由测试制品库晋级至预发布制品库，至此测试阶段结束。项目经理发起的变更单审批通过后，测试验证过的产品被推送至生产制品库。

3.1.5　制品管理与晋级

交付过程中产生的制品包、镜像、配置文件、测试报告、依赖包等作为各岗位的

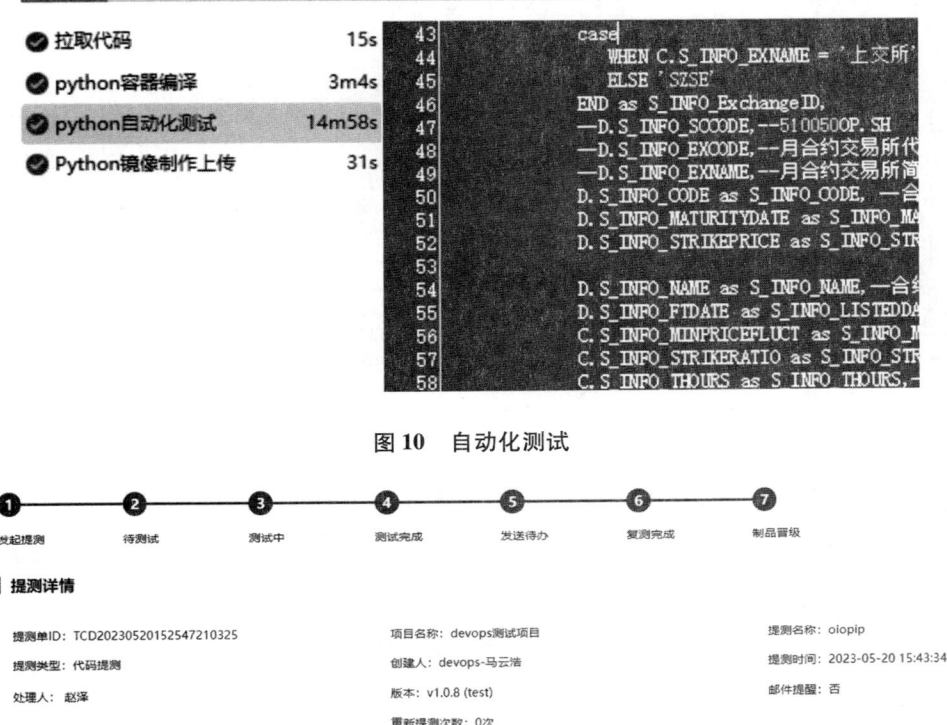

图 10　自动化测试

图 11　提测单

产出物需要进行验证、审批与记录保存。如图 12 所示，东方证券研发运行一体化平台使用制品库作为唯一信息源，并为各项目提供开发、测试、预发布、生产发布四个制品库，通过制品晋级制度分岗位管理。制品通过流程控制，由开发制品库向生产发布制品库一步步晋级，在交接节点进行自动的安全检查。最终审批通过后制品传至生产发布制品库节点并永久保存。

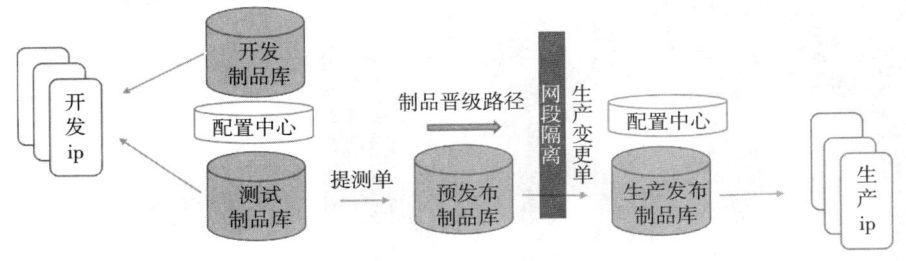

图 12　制品晋级

统一信息源多节点分布模式如图 13 所示，对制品进行全流程管理，在保证合规、安全的前提下极大地提升了生产上线的自动化水平，杜绝了以往不规范操作可能产生的风险。此外，该模式具有可扩展性，以往因为距离、网络隔离原因无法统一管理的外地机房部署数据，可以按此模式接入后由总部中心管理。

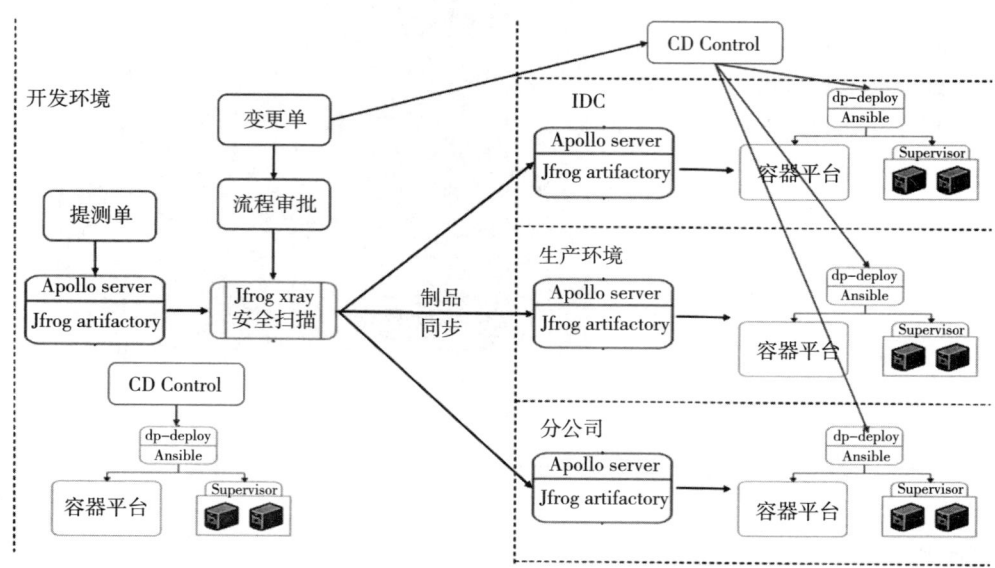

图13 生产环境多节点分布

3.2 运维端

运维端为运行人员专用，提供生产自动化部署、运维监控、操作工具。当开发任务结束，上线变更审批通过后，运维人员通过运维端完成生产部署。运维登录端界面见图14。

图14 运维登录端

3.2.1 配置与机器管理

平台提供多环境多集群的机器和配置管理。将机器归属于服务后，根据该服务不同环境的配置文件，使用部署单元概念将机器与配置组合管理。提供跨应用公共配置与服务私有配置管理、文件形式与热变更 K–V 形式等多种特性功能，满足各项目组技术要求。部署单元见图 15。

图 15　部署单元

3.2.2 实例管理

实例管理功能（见图 16）提供在各环境下对服务实例的查看和操作，查看功能包括实例状态与日志，使开发人员能够在问题发生时快速针对错误信息进行有效修复，运维人员可以进行启动、停止、重启、备份、回滚等操作而无须远程登录机器。

图 16　实例操作

备份和回滚对生产部署的安全性有很大帮助。平台提供自动、手动，部分备份、全备份等不同备份机制供用户选择。当遇到部署失败时，运维人员可以根据情况快速回滚至稳定状态。

3.2.3 生产变更

项目经理通过变更单将流水线和制品关联提交审批，审批通过后运维人员会在生产环境操作台收到任务单（见图17）。

图17 变更任务单

运维人员进入任务单对提交信息进行校验，确认版本、机器、制品等信息。检查无误后使用变更单中的流水线一键部署，出现部署失败情况可按照3.2.2部分所述回滚至变更前的状态。

部署操作完成后需确认服务执行正常、各项指标监控正常，反馈上线成功结果通知研发人员与需求发起人进行验收（见图18）。

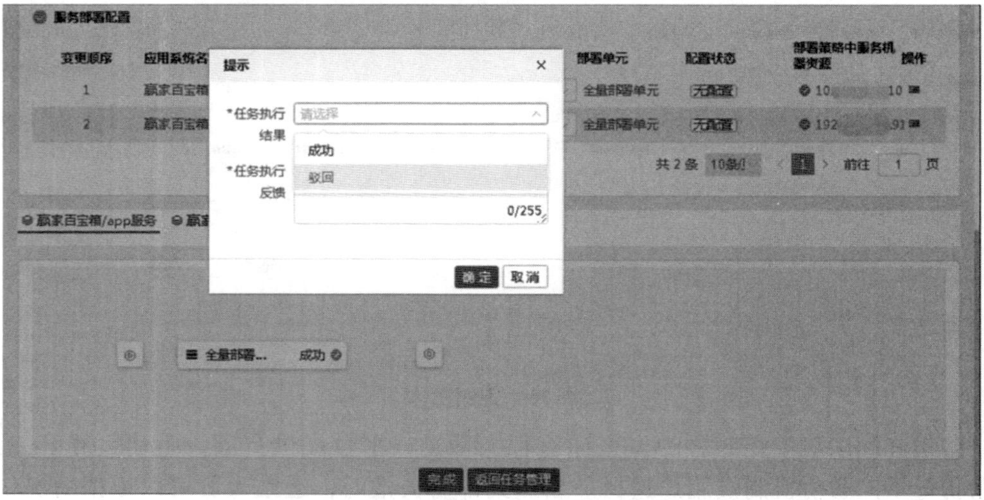

图18 执行反馈

4. 实践总结

4.1 实践成果

研发运行一体化平台不仅是自动化工具平台，更是推行 IT 标准化研发的事实标准。在交付的过程中各岗位的任务和交付物都经由该平台流转，天然具有将规范制度落地的优势。当前东方证券交付流程已将研发、测试、审批、生产部署整体打通，将公司制度落实于平台执行中。

东方证券内部大力推广研发标准及研发运行一体化平台的使用，如图 19 所示，当前共接入各类项目 59 个、服务 611 个、流水线 1505 个，流水线执行 4 万余次，生产发布 399 次，开发部署 3 万余次，将从代码编译、测试到生产发布的整体流程时间从小时级降低到分钟级，实践成果明显。

图 19 运营数据

4.2 总结

本文探讨了 IT 数字化管理的关键技术，并详细介绍了研发运行一体化平台在东方证券的建设成果与实践经验。东方证券制定企业架构转型目标战略，旨在通过架构转型为公司科技工作的长远发展打下坚实基础。作为企业架构转型的核心组成部分，研发运行一体化项目的建设，是公司提高金融科技核心竞争力的重要突破。研发运行一体化已经应用于东方证券业务中台（财富中心、交易中心、账户中心、产品中心等）、东方赢家 App、证投业务管理系统、投资者服务平台、统一营运平台、固收债券业务扩展系统等数十个核心项目，完成研发工具链的统一纳管与升级，制定了需求接受→设计规划→版本任务→生产交付的规范研发流程体系，并通过平台落地研发标准规范执行，保障并加速研发整体生命周期，大幅提高交付效率与交付质量，随着平台生态的不断优化和发展，未来将在内部全面推广，服务于更多产品线和用户，为公司数字化转型作出更多贡献。

参考文献

吉恩·金，等. DevOps 实践指南［M］. 刘征，等，译. 北京：中国邮电出版社，2018：7.

国金证券基于云原生技术的 DevOps 工程实践

李 晨　陈智豪

国金证券股份有限公司

在证券业金融科技的创新过程中，计算基础架构的根基以及应用开发与运营的方式都已经发生了翻天覆地的变化。基础架构、平台软件、分布式应用、容器和云原生技术架构，以及适应快速迭代式应用开发的文化和流程等正在迅速整合，形成一种新型的 IT 管理方法，并为企业发展所依赖的关键传统型 IT 架构提供有益补充。

国金证券股份有限公司（以下简称国金证券）研发效能部 DevOps 团队通过对云原生架构与 DevOps 相关理论和技术的研究分析，设计并实现了一套适合国金证券的研发效能平台体系，通过这套平台体系实现了从需求拆分到编码发布环节的降本增效。DevOps 是一套创新且有效的文化和思想，云原生是目前虚拟化和社区文化都很有深度的技术方向，我们分别借鉴了它们的持续集成、持续发布、弹性伸缩等关键思想和技术手段，并结合研发过程中遇到的实际情况，解决了研发、测试、运维等角色沟通协作中遇到的一系列问题，实现了产品多环境交付、集成可追溯、测试自动化、运维智能化、流程规范化以及高并发服务快速扩容等功能。这套平台体系的使用实践结果表明，运用 DevOps 和云原生的相关理论与技术能够在市场快速变化的过程中实现产品的快速迭代，减少产品试错的时间成本和技术人力成本，为公司业务发展提供技术保障。

1. 背景及意义

全球云计算技术发展历经 20 年，历经虚拟化时代、传统云计算时代，演变为如今的云原生技术时代。云中的资源可以随时获取，按需使用，理论上可无线扩展，这种特性被称为像使用水电一样使用 IT 基础设施。云原生架构师基于云原生技术的一组架构原则和设计模式的集合，将云应用中的非业务的技术组件部分进行最大化剥离，从而让云原生设施接管应用中原有的大量非功能特性，使业务不再有非功能性业务中断困扰的同时具备轻量、敏捷、高度自动化的特点。云原生架构的典型技术代表是容器技术与 Kubernetes 编排调度技术，在证券行业的数字化转型过程中，两者也成为云原生时代下的 PaaS 平台计算机架构的根基。

DevOps 起源于 2007 年，是一组过程、方法与系统的统称，用于促进开发、技术运营和质量保障部门之间的沟通、协作与整合。它是一种重视软件开发人员和 IT 运维技术人员之间沟通合作的文化，通过自动化软件交付和架构变更的流程，使构建、测试、发布软件能够更加快捷、频繁和可靠。它的出现是由于软件行业日益清晰地认识到：为了按时交付软件产品和服务，开发和运维必须紧密合作。DevOps 优势明显，能够对各种修改需求作出快速反应，能够实现灵活的安全部署与编排，能够建立完善的协作和沟通渠道，能够快速地识别出代码中的错误或漏洞，开发团队聚焦关键问题，不必过度专注于各项安全功能。

DevOps 关键技术发展经历了三代。第一代基于物理机/独立虚机技术的时代，缺点较多，如资源环境的搭建与应用部署过程割裂开来，创建系统资源环境效率低、风险高，系统变更需静态配置结合人工协调；应用软件交付的周期长、迭代慢，且手工配置，自动化率低，不能可视化交付，不能以"环境+系统"为单位交付。第二代基于 IaaS 技术的时代，优势明显，可一键自动化，从创建环境到部署安装应用组件的整个过程一键创建和部署，资源和应用同时交付，扩缩容后服务自动注册；集群感知能力强，IaaS 资源可编程接口实现集群感知，自动协调控制、动态配置，可提高开发测试和交付的效率。第一代和第二代可定义为传统 DevOps 时代。第三代基于容器技术的时代，容器技术的轻量级和迁移便捷性体现得淋漓尽致，实现应用跨云迁移性、迁移后环境一致性，迁移部署速度快，一次打包、到处运行；轻量级交付能力强，快速弹性伸缩，提高资源利用率。第三代可定义为云化 DevOps 时代。

国金证券当前处于大部分第一代和小部分第二代 DevOps 时代，大量的独立虚机，未能全部实现 IaaS 一键自动化，软件开发流水线功能单一，交付流程不规范，交付过程中故障反应不及时，交付过程中度量数据获取困难，资源利用率低下，使科技团队在实际产品交付过程中在工具流程上耗费大量精力，不能专注于解决业务问题。所以，为了提高自动化规模与规范流程，降低时间成本与人力、物力成本，提升资源利用率，我们开始探索实现基于第三代 DevOps 技术的研发能效平台体系。

2. 国金证券 DevOps 体系整体方案介绍

国金证券整体 DevOps 工具平台体系从流程角度主要分为需求/缺陷管理、持续集成、制品管理、持续部署、测试管理五大部分，整体的架构如图 1 所示。

从工具平台角度来看，国金证券 DevOps 体系分为持续集成（CI）、持续部署（CD）、持续监控（CM）、流程管理和基础设施五大平台（见图 2）。

其中，持续集成包括 GitLab 与 GitLab CI、SonarQube、Ansible 等关键技术；持续部署包括配置管理、数据库管理、部署管理、环境管理以及自动化测试管理；持续监控包括系统级监控 Zabbix、服务级监控 Prometheus、日志收集 ELK 以及全链路追踪 Skywalking；流程管理主要包括通用审批流程、Jira 任务流程、Confluence 分享、统一身份

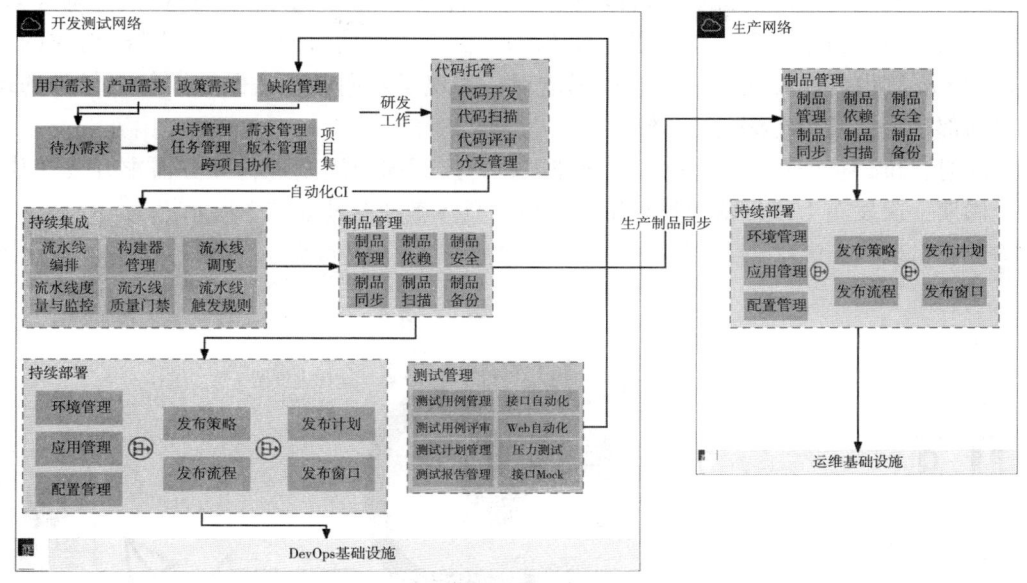

图 1 DevOps 整体架构

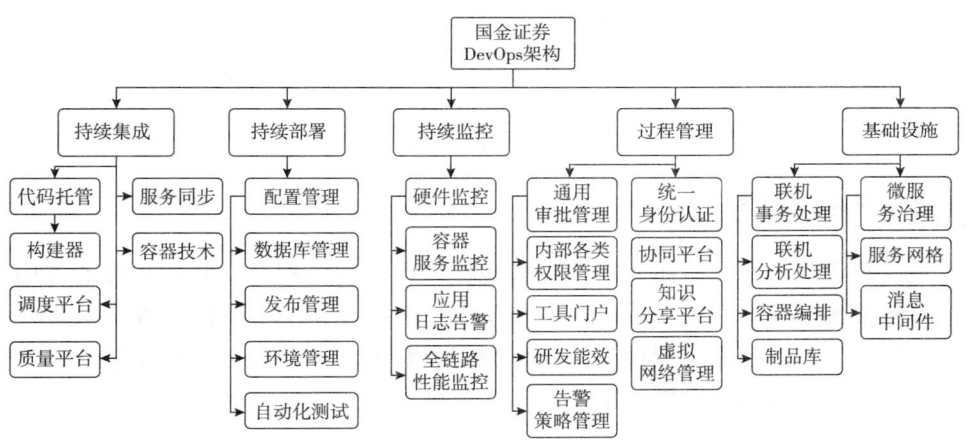

图 2 国金证券研发运营体系

认证体系管理以及工具平台门户；基础设施包括 OLTP 数据库管理、OLAP 数据库管理、容器编排 Kubernetes、镜像仓库 Harbor、服务网格以及消息中间件管理。

3. 国金证券 DevOps 体系主要技术介绍

3.1 项目管理平台 Jira 的应用

目前国金证券项目管理使用 Jira，通过 Jira 进行从需求、开发、测试到上线的全流程追踪，同时也为需求的价值分析以及研发流程各个环节中的瓶颈分析提供基础数据。我们目前将 Jira 和 GitLab 整体打通，在 GitLab 提交代码的时候会关联到 Jira 对应的任务，在 Jira 侧也可以看到每一次的代码改动，实现了双向联动，保证了每个任务的每个改动都是透明及可追溯的。

同时，Jira 通过敏捷看板的方式管理项目，按照固定周期进行业务需求开发迭代，每个周期一次发布上线，落地执行敏捷思想，具体敏捷落地如图 3 所示。

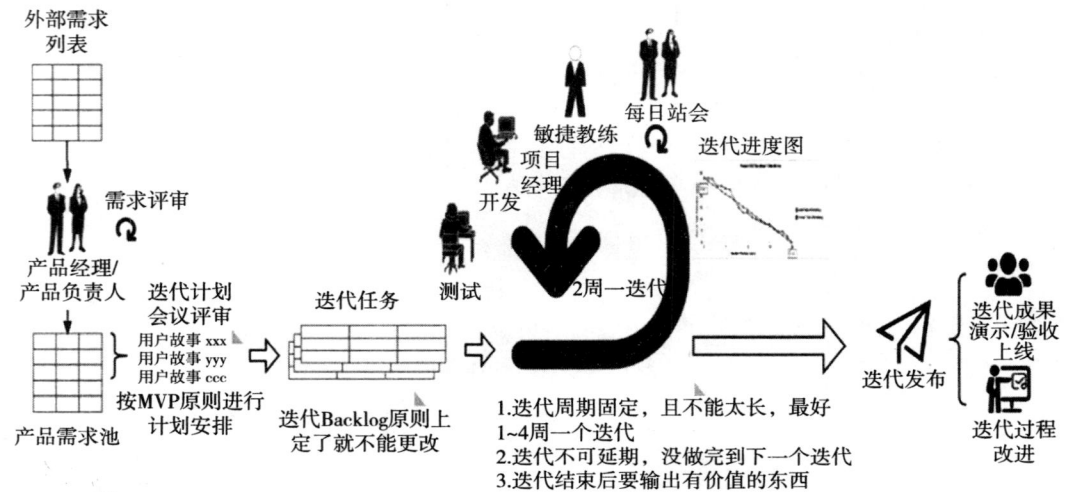

图 3　敏捷落地

3.2　代码分支管理

代码的科学安全管理对团队的开发和协作以及规范流程具有特别重要的作用，目前国金证券全面采用 Git 及 GitLab 作为代码管理工具。同时，我们采用单一长期主干多临时分支发布上线的分支管理模型，此模型能很好地支持多项目并行发布及灵活支持发布窗口变更，具体的分支模型见图 4。

3.3　制品库管理

制品的管理是在整体的 DevOps 过程中非常重要的一部分，每天大量的 CI 流水线产出的大量二进制制品都需要根据项目服务及版本进行合理存储，后续 CD 的待发布制品也都是统一从制品库拉取，所以一个统一的制品库就显得十分必要。国金证券采用 Jfrog Artifactory 作为统一制品仓库，管理着后端 Java 二进制包、前端 npm 包、容器 Docker 镜像等，其中开发测试阶段的制品产物如果通过测试会晋级到生产的制品库。同时制品库也管理了大量的前后端的二方包，基于不同账号之间的权限管理，具体模型见图 5。

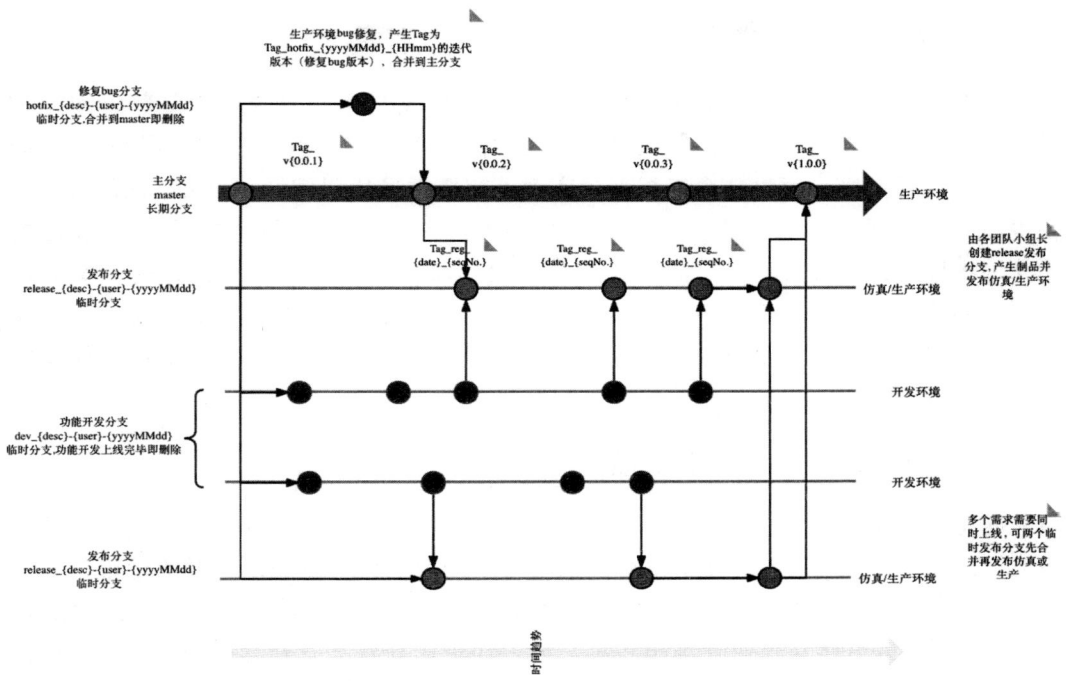

图 4　分支模型

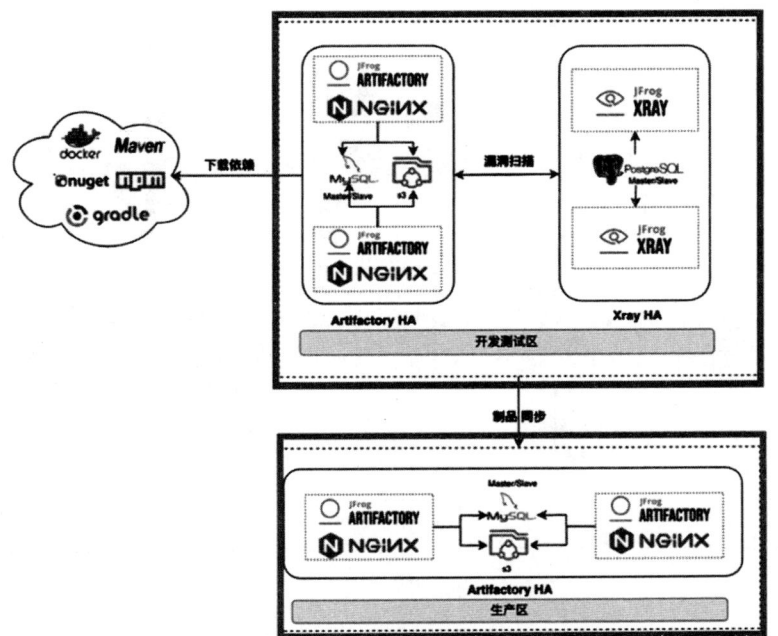

图 5　制品库架构

3.4 静态代码扫描

对于开发人员来说，提前发现代码中的问题以及观测代码的单测覆盖率和注释覆盖率是很有必要的，可以前置风险，提前解决很多问题。国金证券采用 SonarQube 平台进行代码扫描，通过这个工具平台实现了扫描常见代码问题（比如空指针异常、资源释放类问题、多线程问题等），以及单测覆盖率统计、代码重复度统计、注释覆盖率等指标统计；并且设计了国金证券的质量门禁，并集成流水线，只有流水线通过对应的质量门禁才会进行下一步的构建打包发布等操作。质量门禁主要对增量代码进行卡点检查，同时结合全量扫描督促开发人员改进存量问题，不将技术债遗留到以后。

3.5 开源组件安全漏洞扫描

近几年开源技术快速发展，在云计算、移动互联网、大数据等领域逐渐成为技术主流。开源一方面可以突破技术壁垒，推动技术创新；另一方面不可避免地带来知识产权、信息安全等一系列问题。国金证券通过将开源组件安全漏洞治理与流水线结合，将风险前置，并且建立企业开源黑名单，尽力让企业开发不受开源风险影响。具体就是在流水线中加入悬镜 Oss 平台进行制品和代码的双重扫描，及时识别高风险开源组件漏洞及合规风险，识别处置后通过 Jira 流程及时处理，将风险降到最低。具体流程见图 6。

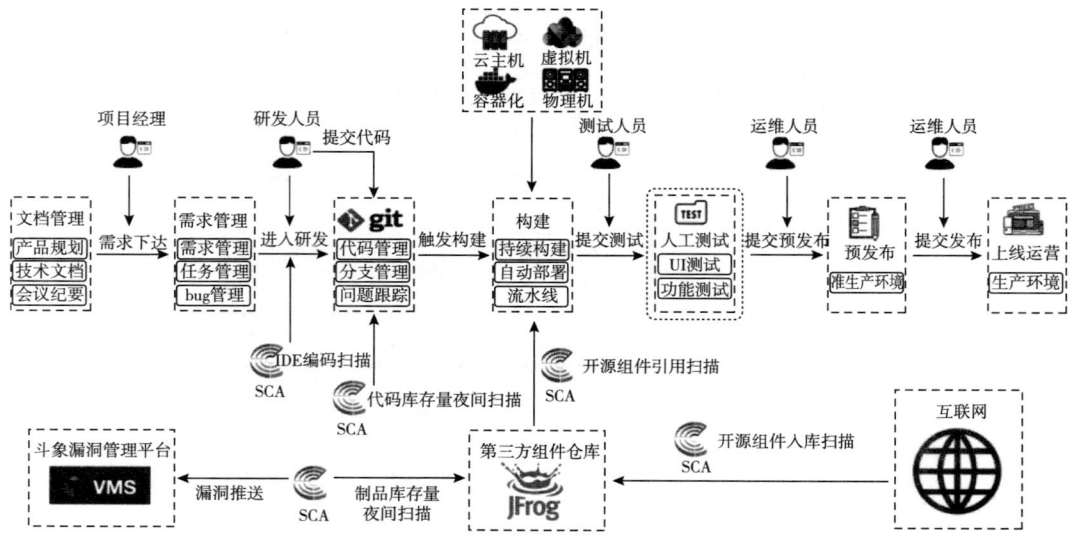

图 6 开源组件扫描

3.6 自动化监控及指标统计

在整体的 CI/CD 过程中，出现问题和故障是比较常见的事情，所以及时的监控就显得尤为重要。国金证券通过集成企业微信通知功能直接将 CI/CD 环节各个部门的问题及时反馈到对应的问题群里，群里的人员收到问题可以第一时间处理，同时增加了自动重试机制，重试三次还是存在同样问题即发送告警信息。

效能指标能够体现研发过程的实施情况，客观的效能数据可以对研发过程改进起到指导效果，如果这部分缺失就很难做到持续反馈和持续改进。国金证券使用 ELK 进行指标收集，在 CI/CD 的各个环节显式地进行指标埋点，通过 logstash 消费埋点数据全部传入 ES，再通过 Kibana 图形化展示，同时可以根据时间动态调整展示范围，主要的指标有流水线成功失败率、流水线执行总次数、流水线各个环节失败率、流水线执行平均时间、发布成功失败率、发布执行平均时间等。

3.7 配置管理

国金证券目前通过 Apollo 对不同环境的系统参数及应用配置进行管理，同时这些配置也被 GitLab 进行版本管理。整体流程为开发人员在 GitLab 上修改对应环境的配置文件，触发流水线之后将改动点同步到 Apollo 配置中心，由分布式的配置中心 Apollo 实时推送到应用端。这种模式适用于微服务的配置管理场景，实现了开发、测试、生产多环境的配置管理，为 CI/CD 的平滑交付提供了有力的技术保障。

3.8 国金证券 CI/CD 流水线整体设计

国金证券 CI/CD 平台体系功能主要包括静态代码扫描、开源组件扫描、开发环境 CI/CD、测试环境 CI/CD、生产环境 CI、制品晋级、构建器管理等，主要流转逻辑见图 7。

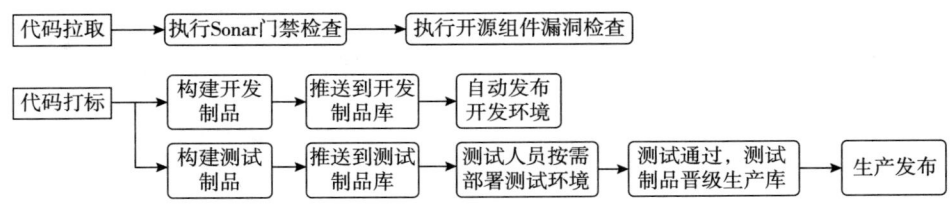

图 7 流水线逻辑

由图 7 可知，目前国金证券 CI/CD 体系主要涉及三个环境的流转和两个条件的触发。

在三个环境的流转中，开发环境主要是按需构建、自动集成和自动部署，通过对提交代码进行 tag，流水线会自动执行构建，构建过程中执行一系列检查操作，最终部署开发环境，同时收集指标；测试环境的 CI 也需要对提交代码进行 tag，此 tag

区别于开发的 tag,构建的结果也会放进对应的测试制品库,同时测试环境的 CD 部分交由测试人员按需选择对应需要测试的版本进行发布,在发布平台中选择测试库中对应的版本即可进行发布,测试通过的版本测试会上传测试报告,同时制品会晋级到生产制品库;生产制品库最终由运维人员根据对应的发布清单进行生产发布,通过 Jira 进行生产发布的流程化管理,保证每次提测和发布上线都有严格的流程把控。

在两个触发中,每当代码推到中央仓库 GitLab 的时候会触发校验流水线,主要进行静态代码扫描和开源组件安全漏洞扫描,在 tag 时会触发构建发布流水线,根据不同的 tag 类型触发不同的构建发布流水线,开发 tag 会触发构建校验及发布开发环境,测试 tag 会触发构建及上传制品到测试库。

目前国金证券的流水线可以处理的应用服务包括容器化的镜像包、Java 和 C++ 的编译后的二进制包及前端的 npm 包,同时还包括 iOS 以及安卓的中间制品包。

CI 当中的关键亮点就是国金证券实现了构建器 GitLab Runner 在容器中运行,按需启动构建器,弹性伸缩扩容,各个构建器之间隔离,极大地提升了构建能力的并发性,降低了资源的浪费,具体如图 8 所示。

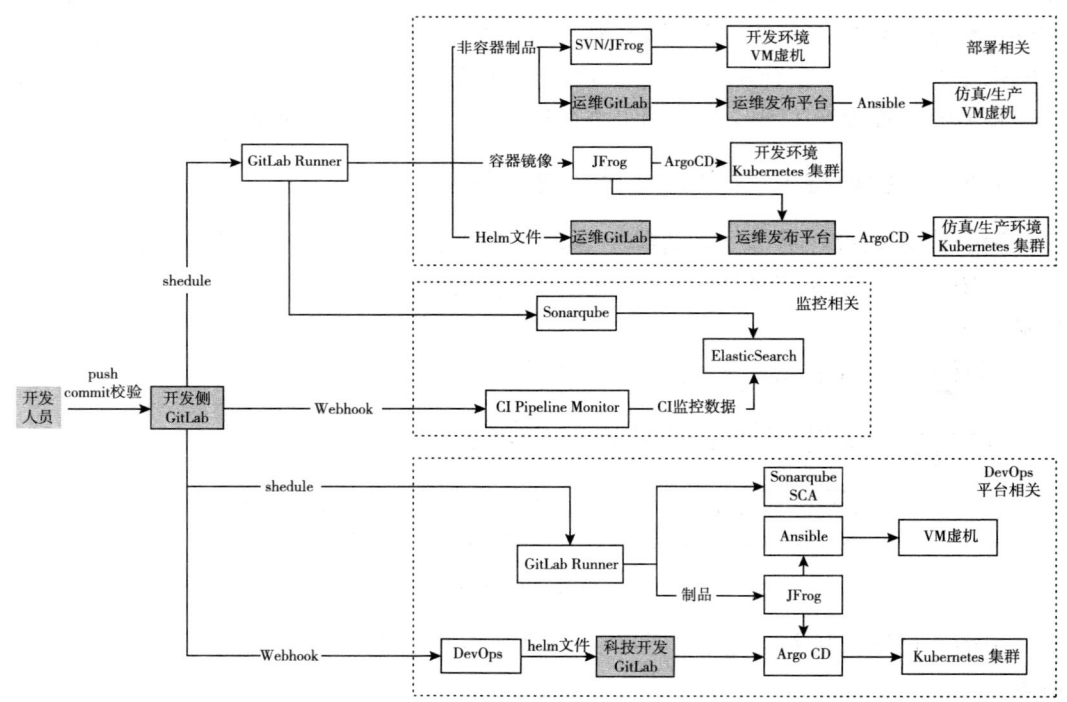

图 8　构建器架构

4. 国金证券 DevOps 体系关键点展示

目前国金证券 DevOps 平台体系已经覆盖科技开发中心全部业务，接入代码库 600 多个，支持容器化及非容器化应用，以及前后端和移动端项目，2022 年总共执行流水线 86000 多次。

4.1 敏捷看板模式的项目管理

敏捷看板见图 9。

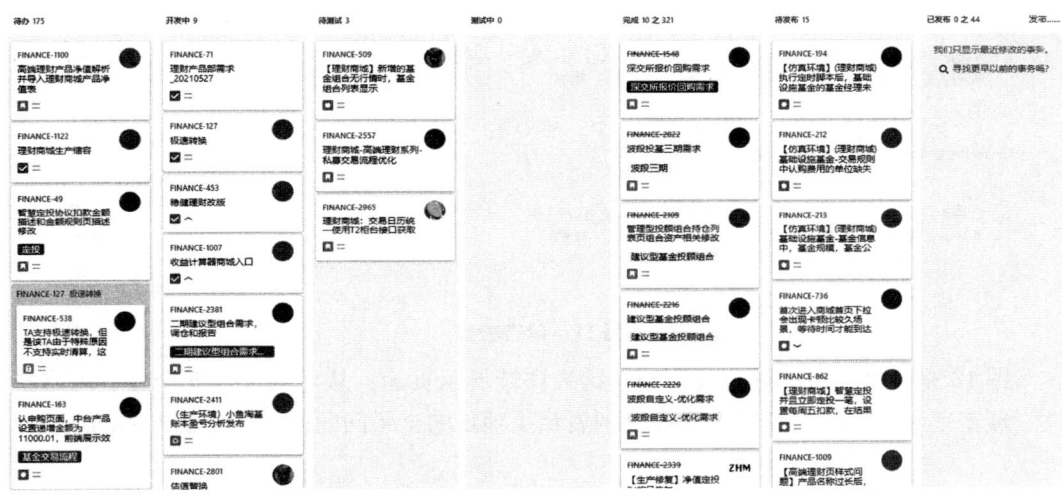

图 9　敏捷看板

4.2 GitLab CI 流水线情况

开发环境非容器化应用的自动化发布 CI，一共有 6 个阶段，分别是 Sonar 门禁检查、构建、开源安全扫描、上传制品库、发布、指标收集。

容器化应用的自动化发布 CI，与非容器化应用阶段类似，只有构建和上传制品库阶段略有区别。

流水线示例见图 10。

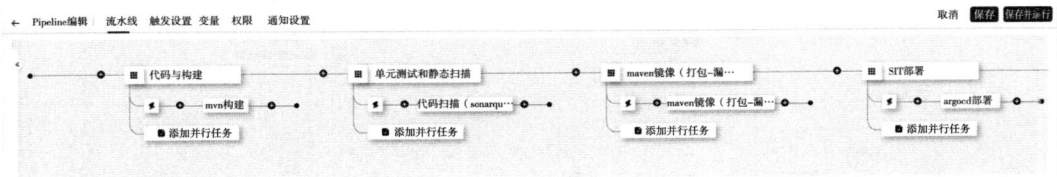

图 10　流水线示例

4.3 静态代码检查情况

图 11 是静态代码检查质量门禁的通过情况，正常即表示该项目上一次的变更通过质量门禁。

图 11　静态检查

图 12 是一个项目的静态代码扫描结果详情展示页面，从可靠性、安全性、可维护性、覆盖率和代码重复度五个维度分别展示了项目的全量问题以及增量引入的问题数。

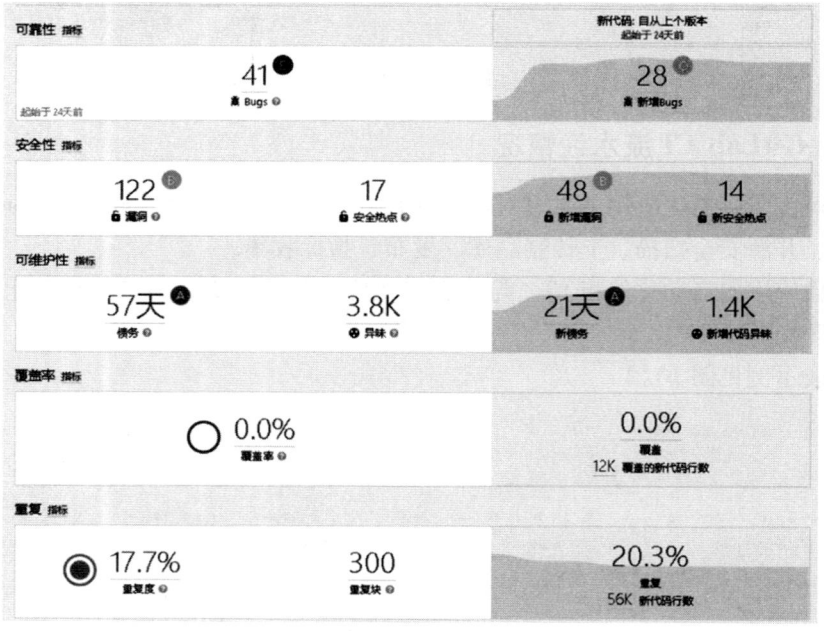

图 12　质量情况

4.4 开源组件漏洞扫描情况

作为安全扫描的一环，开源组件漏洞扫描是必不可少的。图 13 展示了开源组件漏洞扫描发现的详细信息页。

图 13　漏洞扫描

4.5 制品库管理情况

国金证券通过 Jfrog 统一管理所有制品，图 14 展示了统一管理制品的方式。

仓库名	归属环境类型	制品类型	节点类型	公共文件库	创建时间	操作
yjb-generic-uat-local	SIT,UAT,DEV	Generic	artifactory	否	2022-11-15 12:10:50	
yjb-npm-uat-local	SIT,UAT,DEV	Npm	artifactory	否	2022-10-30 16:31:38	
yjb-mvn-uat-local	SIT,UAT,DEV	Maven	artifactory	否	2022-10-20 18:30:34	
yjb-docker-uat-local	SIT,UAT,DEV	Docker	artifactory	否	2022-10-20 17:51:38	
yjb-npm-dev-local	SIT,UAT,DEV	Npm	artifactory	否	2022-09-26 18:11:39	
yjb-generic-dev-lcal	SIT,UAT,DEV	Generic	artifactory	否	2022-09-22 10:49:27	
yjb-generic-prod-local	SIT,UAT,DEV	Generic	artifactory	否	2022-09-22 10:49:27	
yjb-generic-test-local	SIT,UAT,DEV	Generic	artifactory	否	2022-09-22 10:49:27	
yjb-docker-dev-local	SIT,UAT,DEV	Docker	artifactory	否	2022-09-22 10:49:27	
yjb-docker-prod-local	SIT,UAT,DEV	Docker	artifactory	否	2022-09-22 10:49:27	
yjb-docker-test-local	SIT,UAT,DEV	Docker	artifactory	否	2022-09-22 10:49:27	
yjb-npm-prod-local	SIT,UAT,DEV	Npm	artifactory	否	2022-09-22 10:49:26	

图 14　制品管理

国金证券根据不同技术类型及业务类型分开对应的 repo 大仓库，根据不同使用场景（二方包/发布包）进一步划分小仓库，通过虚拟仓库概念逻辑组合以满足各种使用场景。

4.6 指标统计情况

图 15 展示了国金证券流水线整体的指标收集展示情况，通过指标实时展示及时地反映 DevOps 体系整体的运行情况。

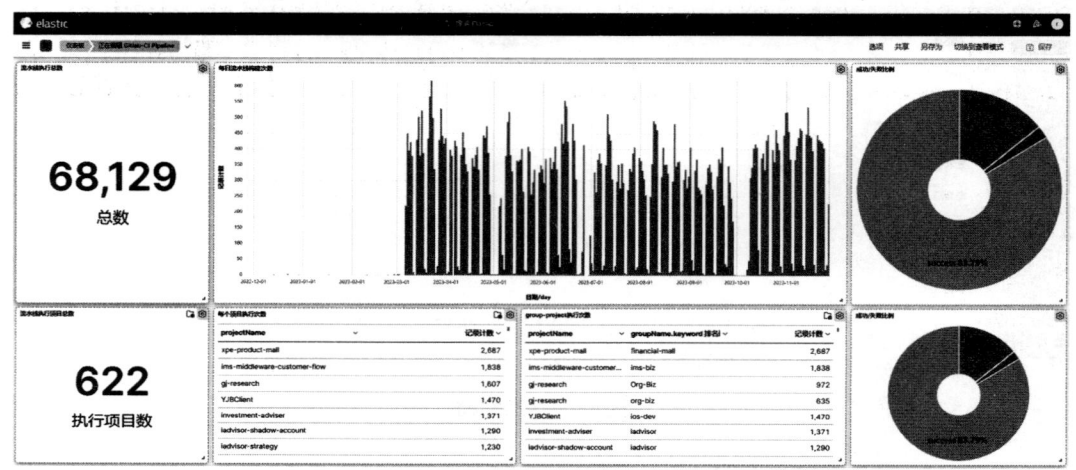

图 15　指标监控

5. 总结与规划

5.1 总结

国金证券研发效能团队基于 DevOps 思想和云原生技术构建的平台体系自全面铺开使用以来，累计执行了 8 万多次流水线，规范了各个业务团队的研发过程，统一了整体的研发工具使用，已经成为公司业务研发过程中核心的平台体系。2022 年的流水线执行情况见图 16。

建设这一套平台体系给国金证券整体的研发过程带来了很多价值，主要体现在以下三个方面。

（1）规范化和统一化整体研发过程，实现安全可回溯的流程管理机制：通过确定 GitLab CI 流水线、Jfrog 制品库及 Jira 等工具相关的使用方式，将规范化的流程落地到统一的工具平台，所有的操作及变更点都有系统留痕，完全做到了问题可回溯，大大减少了人工误操作。

（2）提升开发效率，简化操作步骤：通过标准化的流水线配置，简化了以往开发

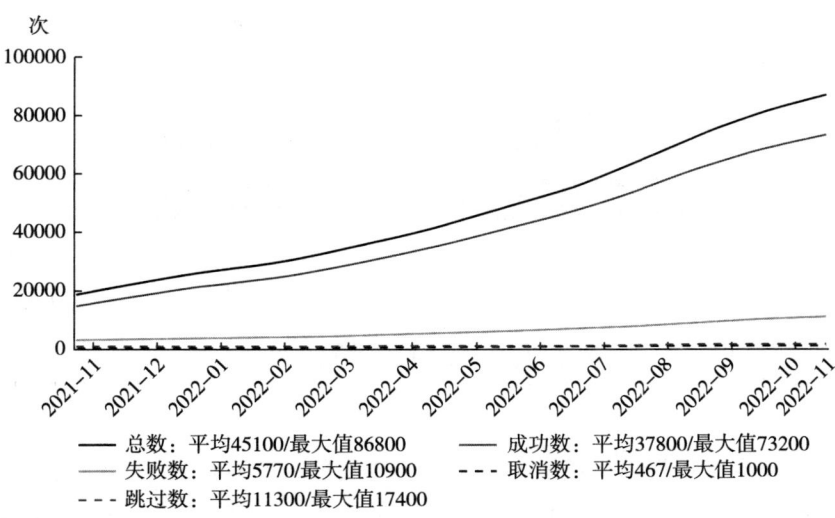

图 16　流水线累计执行情况

人员的分支管理和代码提交及构建方式，开发人员只需要按照简单的三种规则创建分支、push 代码及打 tag，就可以由流水线处理所有问题。这让开发人员更能聚焦业务开发，极大地提升了业务开发效率，同时流水线的自动化程度也缩短了等待时间，开发环境和测试环境的发布基本上稳定保持在 5 分钟以内。

（3）提升产出质量，提前发现和处理风险：通过静态代码扫描和开源组件安全漏洞扫描，以及质量门禁的应用，及早地识别代码问题和可能导致生产事故的问题，提早发现可能引发安全问题的漏洞和引发法律合规问题的组件。

5.2　后续规划

国金证券目前的这套体系平台仍有一些可以优化的地方，目前各个平台都是分别发挥作用，没有做到集成统一的平台。当前我们已经在进行统一平台的建设，未来将会上线集成需求管理、流水线管理、发布管理等功能的统一 DevOps 平台。

参考文献

吉恩·金，等．DevOps 实践指南［M］．刘征，等，译．北京：人民邮电出版社，2018．

一站式云原生研运平台在国信证券的探索与实践

李明军 邓启翔 陈培新

国信证券股份有限公司

近年来，证券市场规模日益增大，业务快速发展，这对证券 IT 技术提出了更高的要求。传统的 SOA、微服务等架构已无法支撑业务的快速创新，因此我们寻找一种"既快又稳"的技术架构，实现业务 IT 需求的快速响应，最终我们将目光投向了云原生的无服务器（Serverless）技术。国信证券根据金融证券行业的特点落地实践 Serverless，同时融合已有 DevOps 技术体系建设了悟空一站式云原生研运平台，为行业应用 Serverless 提供了相关经验。

1. 平台建设背景

随着新一代信息技术成熟度的提升，科技与金融业务的融合不断深化，国家"十四五"规划、深圳"十四五"规划、行业科技发展规划均高度重视金融科技发展。证券行业客户体验要求不断提升，对快速交付能力提出更高要求，而快速交付能力的实现，主要受制于金融科技的自主掌控程度，自主研发已成为金融科技战略实施的主要选择。

国信证券作为国有大型证券公司，始终践行增强核心关键技术的自主研发和自主掌控水平的理念，积极拥抱新技术的发展。国信证券在云原生方面有多年的实践经验，如构建了云原生微服务框架 Zebra，建成了蜂鸟容器云平台。Serverless 是云原生技术发展的更高阶段，可以使开发者更聚焦业务逻辑，而减少对基础设施的关注，降本增效。国信证券对 Serverless 的落地实践具备一定的基础。

2. Serverless 技术概述

Serverless 是指构建和运行不需要服务器管理的应用程序的概念。它描述了一种更细粒度的部署模型，应用程序捆绑一个或多个函数，上载到平台，然后执行、缩放和计费，以响应当前所需的确切需求。Serverless 计算并不意味着我们不再使用服务器来托管和运行代码，也不意味着不再需要运维工程师。它指的是 Serverless 计算的消费者不再需要花费时间和资源来进行服务器配置、维护、更新、扩展和容量规划。所有这些任务和功能都由平台处理，并完全从开发人员和 IT 运维团队中抽象出来。因此，开发人员专注于编写应用程序的业务逻辑，运维工程师能够将重点更多地放到关键业务任务上。

依托 Serverless 架构，云上研发方式正在发生根本性的改变。从过去的集中式研发、分布式研发，到云上的组装式研发，实现了软件研发的服务化、模块化、可编排、可组装。无论是 2 万用户还是 2000 万用户体量，基于 Serverless 构建的 IT 架构都可以自适应伸缩，峰值秒级自动扩容、峰谷自动缩容。

业界各类调查表明，Serverless 在被越来越多的公司采用。Gartner 在 2020 年的一份报告中预测：到 2025 年将会有一半全球企业采用 Serverless。CNCF 在其 2021 年度报告中指出：容器和 Kubernetes 的事实地位已经巩固，随着技术的发展，容器和 Kubernetes 将慢慢转向"幕后"工作，与过去相比，企业似乎更密集地使用 Serverless 和托管服务，开发者也不一定需要了解底层容器技术，39% 的受访者正在使用 Serverless 技术。

当前云原生技术的先行者——主流公有云计算公司都已提供了 Serverless 服务，如 AWS Lambda、Azure Function、华为云 FunctionGraph、阿里云 Function Compute 和腾讯云 SCF 等。在 2022 年的云栖大会上，阿里云智能总裁表示"阿里云将坚定推进其核心产品全面 Serverless 化，帮助客户更好地实现敏捷创新"。国内很多互联网公司已经使用 Serverless 技术，如腾讯、阿里、美团、新浪、高德等。

由于证券行业的特殊性，很多应用都不能在公有云上作部署，相关公有云 Serverless 服务自然也不能使用。在券商内部如何构建平台？Serverless 有哪些应用场景？Serverless 对 IT 的降本增效究竟有多大帮助？各个券商都有类似的问题。

3. 平台介绍

3.1 平台概述

悟空一站式云原生研运平台是一站式 Serverless 研发和运行平台，开发者使用平台编写或上传对应的业务逻辑代码并触发部署，平台即可弹性地、安全可靠地运行代码，开发者无须关注底层容器等基础设施。平台支持研发的快速迭代、快速部署。同时，平台提供在线测试、日志查询、性能指标监控等功能，帮助开发者定位运行过程中的相关问题。

研发主流程如图 1 所示，开发者在平台上使用模板生成框架代码或者上传代码，然后在 WebIDE 上编写对应业务逻辑，点击部署，随后在平台页面上执行在线测试，平台根据请求动态扩缩容应用实例。在实例运行过程中，平台持续采集对应的日志、指标信息并集成到平台页面中，供开发者定位问题。

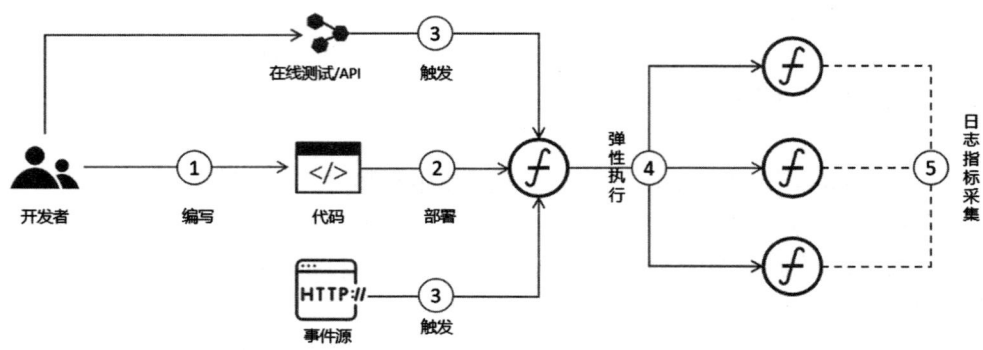

图 1　研发主流程

3.2　平台特点

当前大部分公有云 Serverless 平台提供的是一个应用运行平台（Ops），与研发测试（Dev）方面的结合相对较少。其函数有两类部署方式：一类是用户选择指定可用区手工上传或者在线编写代码，然后手工进行部署，适用于个人用户或者小微企业；另一类是结合 Serverless Framework 对接指定公有云厂商作自动部署。在环境类型方面，无明显的开发、测试、SIT、UAT、预发、生产环境类型划分。

与大部分公有云的 Serverless 不同，悟空一站式云原生研运平台提供的是一个一站式的研发和运行平台，融合对接国信证券已有的 Simba DevOps 系统，涵盖了从函数开发到上线的整个生命周期，用户大部分操作都在平台界面上完成，无须手工执行命令，无须跳转到周边各个系统（见图 2）。

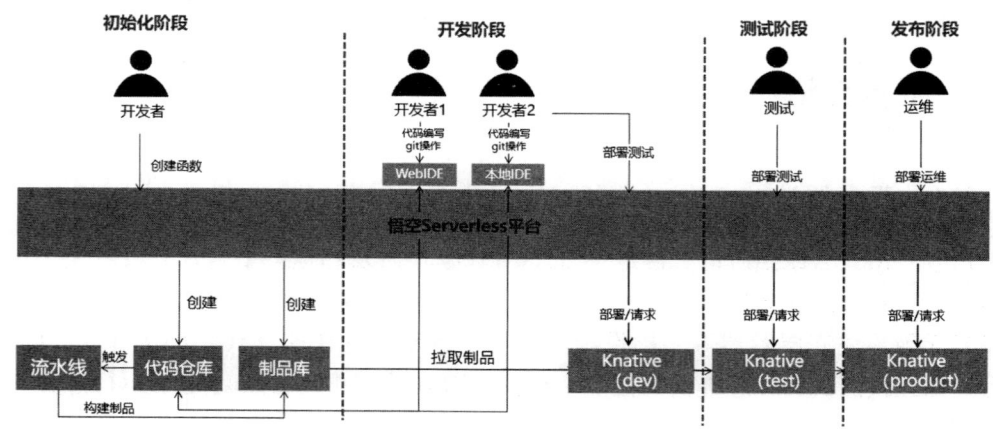

图 2　函数研运生命周期

3.3 平台架构

悟空一站式云原生研运平台架构如图 3 所示，主要由三大部分组成：Serverless 控制台、Serverless 运行态和基础组件。

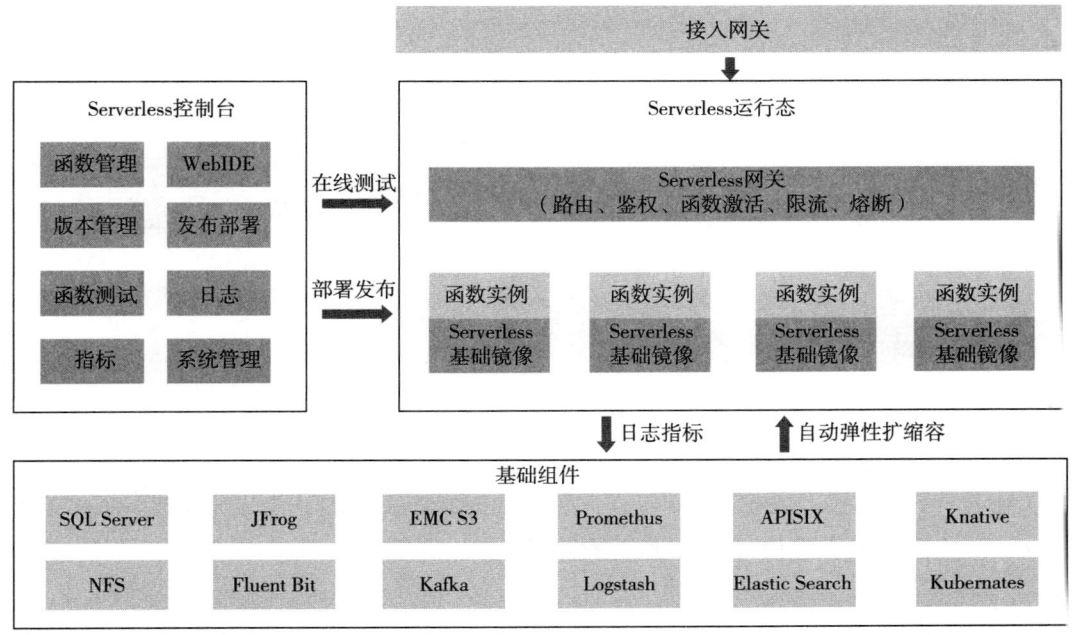

图 3　悟空一站式云原生研运平台架构

悟空一站式云原生研运平台基于开源的 Knative 构建，使用 Knative 的 Serving 组件作为请求驱动计算底层。对开发者完全屏蔽了 Knative，开发者仅需在平台上作相关可视化动作（WebIDE 编写函数代码、点击部署按钮）便可完成 Serverless 程序的开发及部署。

4. 平台功能

平台分开发态与运行态两大部分：开发态涵盖函数开发全过程，如初始化、代码协同、配置模板、自测等内容；运行态涵盖函数的部署、运行监控等。

4.1 开发态

4.1.1 函数初始化

平台对函数有一定的规范要求，函数初始化时需指定运行时（语言）、git 仓库信息、函数代码模板等（见图 4）。补充必要信息后，悟空一站式云原生研运平台会在

DevOps 的代码平台中自动创建对应项目并根据代码模板自动生成代码脚手架。

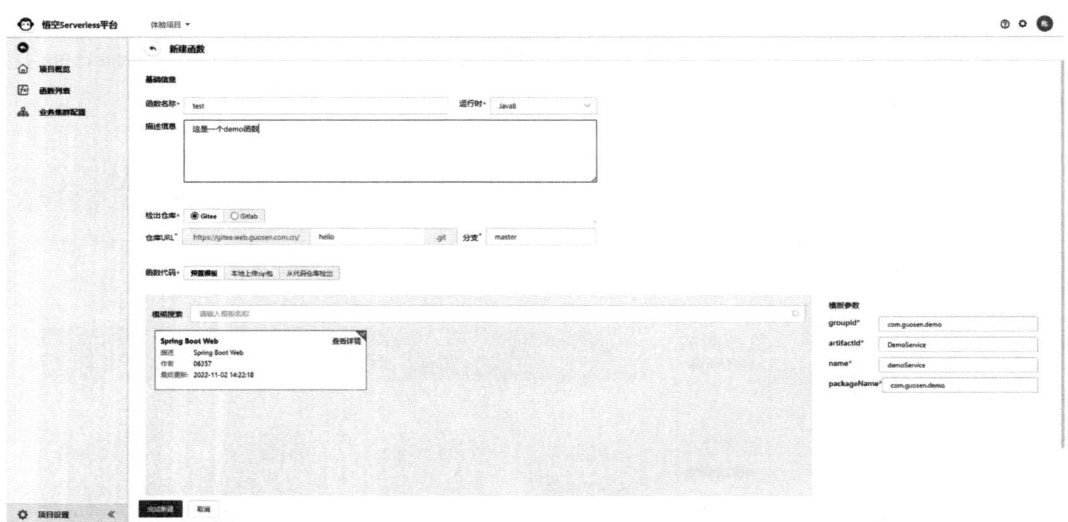

图 4　函数初始化

4.1.2　函数开发

函数代码统一保存在 DevOps 代码仓库中，开发者可以克隆代码到本地开发或者使用平台提供的 WebIDE（见图 5）做在线开发。

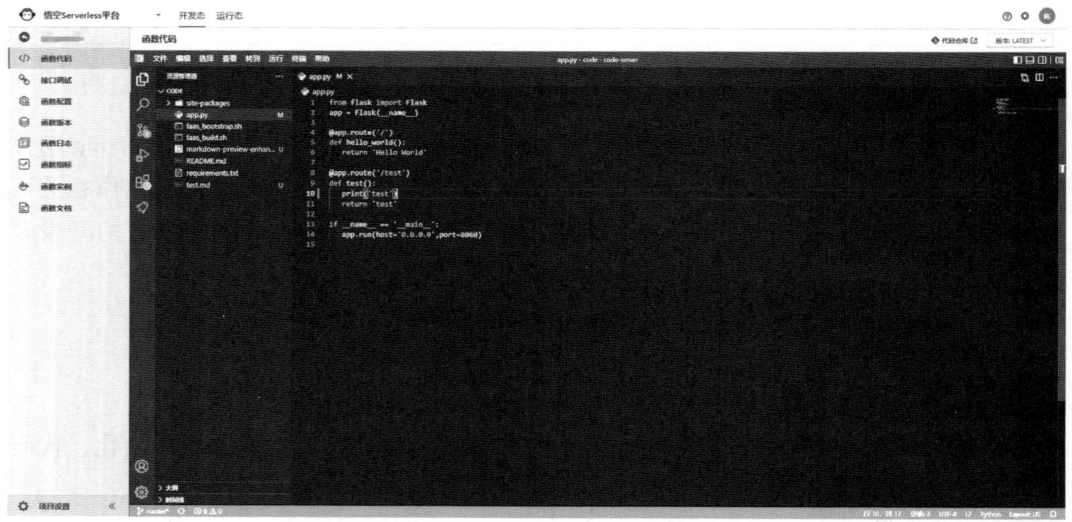

图 5　WebIDE

平台为函数的每个开发者都分配了单独的 WebIDE，不同开发者使用 WebIDE 开发不会有冲突。WebIDE 前端运行在浏览器上，其为开发者提供了一致的开发环境，只要开发者能访问平台所在的网络，即可在任何设备上做编码工作。WebIDE 基于开源的 codeserver 研发，code－server 是一个允许开发人员使用浏览器访问运行 VS Code 的远程开发环境。其基于当前流行的编辑器 VS Code 研发，大部分开发人员无上手学习成本，同时支持 VS Code 插件市场，提供丰富的插件，研发人员可根据项目自助定制 WebIDE。

4.1.3 函数轻量化测试

平台提供了测试入口（见图 6），开发者点击 WebIDE 中的部署后，可以直接在同一个网页上作接口测试，无须切换到本地接口测试工具作验证，提高了效率。

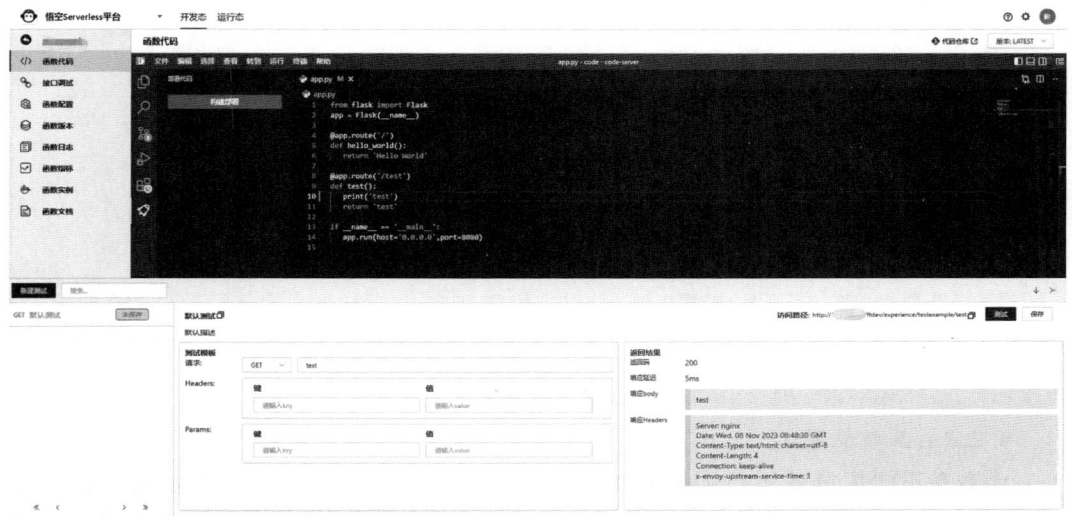

图 6　轻量化测试工具

该测试功能可类比为一个轻量化 Web 版的 Postman，支持多个测试请求模板，请求支持常见的 GET/POST/PUT/DELETE HTTP 方法，请求响应支持展示返回码、响应延迟、响应 Body、响应 Headers 这几种响应信息。

4.1.4 函数版本

函数代码提交到代码仓库后会自动触发流水线构建出对应的版本（见图 7）存放到制品库。平台集成了 DevOps 平台制品库，开发者可在平台上直接对函数制品版本进行查询、推送晋级等操作。

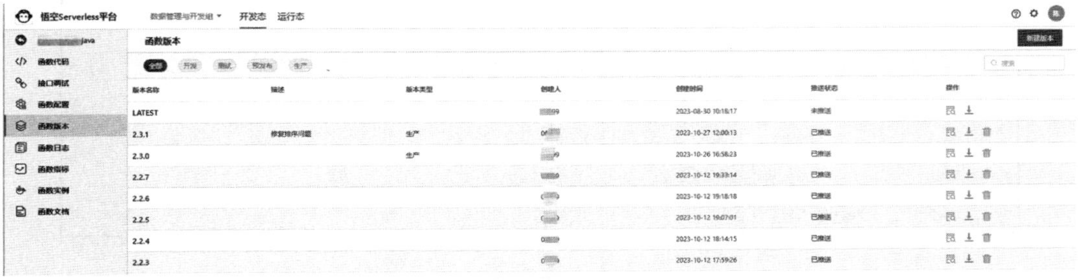

图 7　函数版本

4.2 运行态

4.2.1 函数概览

函数概览提供了函数运行状态的概要信息（见图8），包含函数运行指标、函数部署次数、函数部署集群信息等，让用户对函数的运行状态有大致的了解。

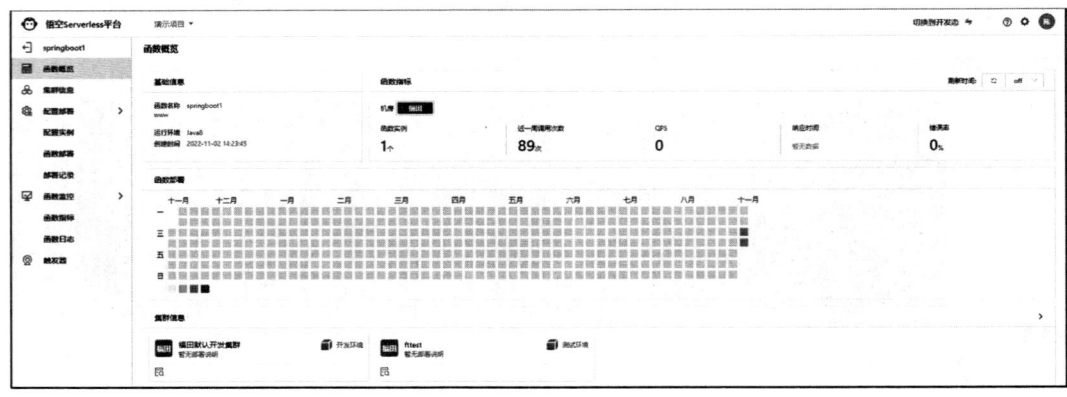

图8 函数概览

4.2.2 函数配置

函数在不同集群的运行需要有不同的配置，平台提供了配置模板及实例化功能（见图9），配置模板从开发、测试一直晋级到生产。开发、测试、运维可在对应环境中根据配置模板作实例化。

图9 函数配置

4.2.3 函数部署

平台提供函数的可视化部署界面（见图10），用户选择待部署的版本及部署集群即可作部署。

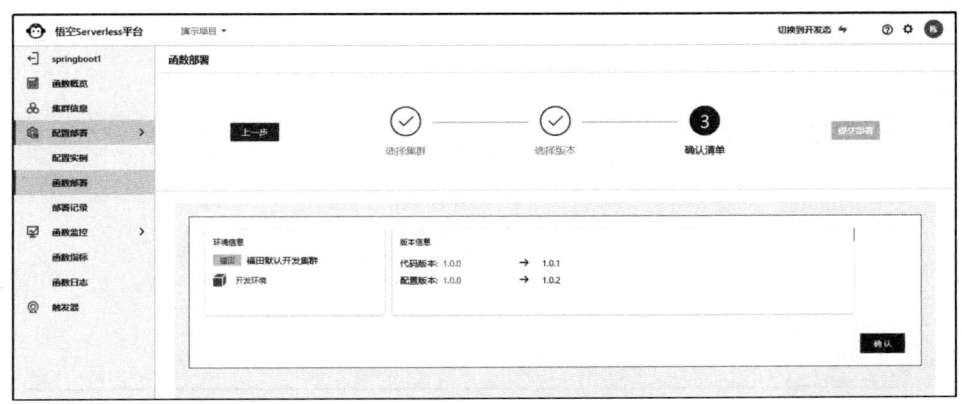

图10　函数部署

4.2.4 指标日志

平台提供函数指标（见图11）和日志（见图12）信息帮助用户掌握函数运行状况和定位问题，支持根据机房、集群、请求路径等作搜索聚合分析。

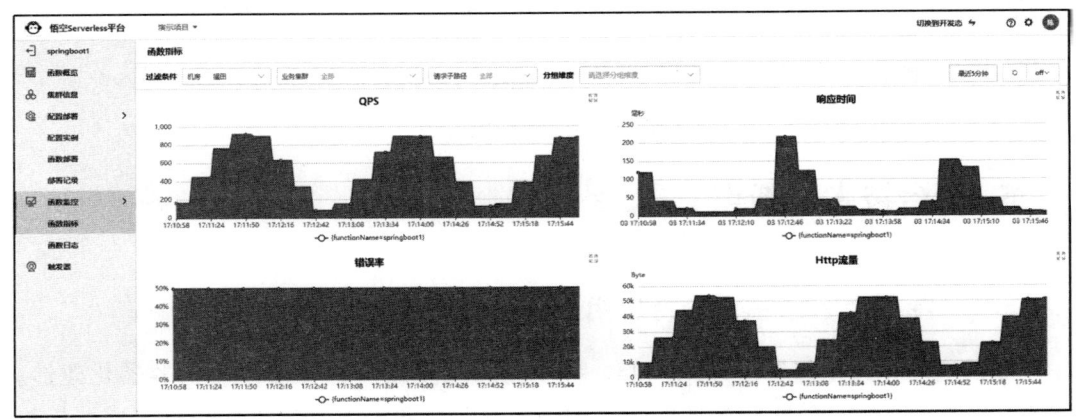

图11　函数指标

4.2.5 触发器

平台提供定时触发器功能（见图13）。用户编写函数来处理定时任务，定时器会在指定时间自动触发函数执行，支持手工触发、启用、禁用、查看定时任务历史等。

图 12　函数日志

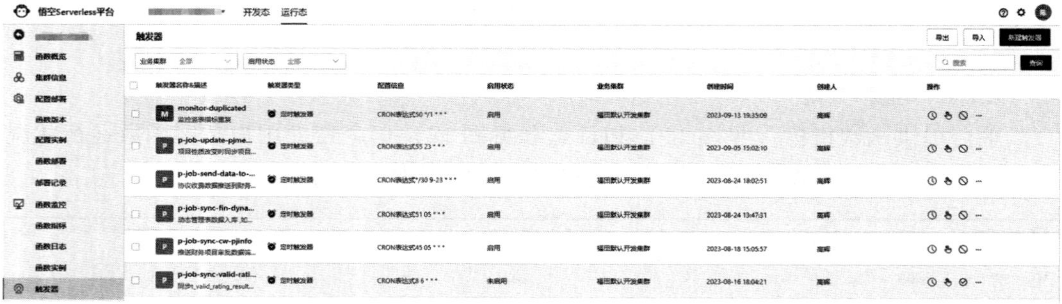

图 13　函数定时触发器

5. 平台技术创新点

5.1　降低上云门槛，支持应用更快上云

当前应用容器化部署已深入人心，各个公司或多或少都在做应用的容器化改造。容器化在解决环境一致性、弹性伸缩等问题的同时也对研发提出了更高的要求，相关人员需要学习掌握容器（docker/podman）、容器编排系统（Kubernetes）、helm 等相关技术。平台基于 Serverless 技术的设计可以有效地屏蔽研发人员对底层基础设施的关注，使开发者能够专注于代码的开发，由平台自动管理容器和做弹性伸缩，在不新增学习成本的情况下，让开发者享受到云原生技术带来的便利。

5.2　按需弹性伸缩，支持零实例，降低资源消耗

使用传统的物理机、虚拟机作部署时，在无业务请求的情况下，应用仍然会占用

对应的资源，且一般不会做缩容动作；在应用容器化部署后，可使用 Kubernetes 的 POD 水平自动伸缩（Horizontal Pod Autoscaler，HPA）对应用作弹性伸缩，但是即使应用在确定的一段时间内无须处理请求，特别是对低频应用，HPA 也最多将实例缩容到 1。平台基于 Serverless 技术，根据应用相关指标，在应用无请求一段时间后，可自动将应用实例缩容到零，真正做到自动按需伸缩资源，减少相关资源消耗。

5.3 研发与运行环境易构建，上手难度低

在国信证券内部，有部分业务部门的工作人员也掌握了一定的编程知识，通过编写代码辅助日常工作或决策，而且越来越多的非技术人员希望学习编程。这里存在两个痛点：

（1）有些编程入门较早的业务部门同事研发的一些小工具只能在本地机器运行，没有服务器资源运行程序供他人复用。

（2）初入编程学习的人员在搭建开发环境时存在重复性工作且容易出错。

平台通过 Serverless 技术可完美解决上述两个痛点，在平台上编写代码之后便可直接作部署，新建一个函数之后平台便可分配对应的 WebIDE，解决了研发环境搭建的问题，不仅助力研发人员极速研发，甚至业务人员也能上手研发简易软件。

6. 平台应用成果及场景

平台建成后在国信证券内部广泛应用。应用场景总结起来有如下几类。

（1）敏捷化应用：国信金太阳 App 相关功能研发，例如运营活动项目，这类项目存在需求变化快、上线要求快、代码维护周期短三大特点。采用 Serverless 之后，加速云原生落地，加速上线速度，并可根据访问量动态扩缩容，活动下线后直接删除对应 Serverless 函数即可，实现硬件资源快速回收，并减少废弃代码风险。

（2）多语言应用系统：例如在量化应用场景中，常规的量化应用程序底层是采用 C++ 进行编程，上层算法却经常采用 Python \ R \ Matlab 等，导致研发人员研发环境构建相对较为复杂，环境难以维护。悟空一站式云原生研运平台提供模板化秒级研发环境生成功能，且各类环境与用户都做到相互隔离和高可用，极大地减少了开发人员对多语言构建的学习和操作成本。

（3）BFF（Back－end For Front－end）/API 编排：BFF 指的是前端与后端的中间层，例如国信金太阳 App 是前端，交易柜台是后端，App 与柜台间的编排服务即为 BFF，因此前端应用能否快速创新，重点在于 BFF 层。目前国信证券内部有大量的后台 API，采用 Java 这类强类型语言无法从根本上实现快速上线、快速验证，平台引入 Nodejs 脚本语言作为 BFF 层构建语言，展现出极致的研发效率与 API 编排能力，支撑应用的快速验证与创新。

（4）静态网站托管：通过平台托管国信证券内部各类静态网站，如 Zebra 微服务

首页等，减少机器申请的等待时间，一键部署，实现快速上线。

（5）非 IT 人员快速编程：编程能力逐渐成为一个通用能力，悟空一站式云原生研运平台极简的云端研发环境构建、极速的上线部署能力，为非 IT 人员提供研发全生命周期的开箱即用平台，无须再关注环境、网络、硬件资源等，极大地降低了编程门槛。

7. 风险点与防范

Serverless 技术是下一代云原生新兴技术，当前在证券行业尚未全面普及，还需要针对证券行业特有的业务场景进行大量的探索与验证。就目前来说，证券运行安全是头等大事，从国信证券内部应用场景来看，有以下三个风险点。

（1）Serverless 零实例技术。当请求进来后往往需要几百毫秒甚至更长时间去拉起一个服务实例，这样的时间消耗对证券系统来说是不可容忍的。

（2）Serverless 函数化的结构会比微服务复杂的治理体系更加复杂，对服务的运维提出更高要求。

（3）Serverless 运行平台故障导致函数不可用时，如何快速恢复。

针对上述风险点，国信证券内部设计了相应的措施，以保障线上运行的稳定。以下是具体的防范措施：

（1）对于核心关键系统上 Serverless，目前暂时要求相同机房至少保留 2 个以上实例，避免流量进来时启动过慢导致的系统异常。后续我们也将继续探索新技术新方案：第一，借助大数据分析能力，预测流量，提前进行预热，避免冷启动问题；第二，进行下一代 Webassembly 技术的研究，将 Serverless 实例启动缩短至毫秒级。

（2）对平台进行多机房、多集群部署，避免单点问题，提升整个平台的可靠性。

（3）对于老系统迁移至平台，采用灰度发布方案，新老系统共存一段时间，待新系统平稳后，将老系统下线。

（4）引入全链路跟踪、Promethues 指标监控、ELK 大数据等技术，实现运行可视化，并对碎片化函数的运行进行全面"体检"，让运行故障无所遁形。

通过上述措施，我们较好地解决了 Serverless 应用推广的风险点，保障了运行安全。

8. 后续展望

平台采用自研加开源整合的方式实现，核心技术自主研发，不和任何厂商独有的技术绑定，相关技术方案后续可对外开源，为行业金融科技的应用提供有价值的借鉴。

未来平台将继续在国信证券内部推广，支撑更多的系统及业务，践行国信证券信息技术"数字化、智慧化、敏捷化、生态化"的战略方针，助力国信证券"十四五"规划的顺利实现。

中信建投证券 DevOps 在研发过程中的探索和实践

孟晋津　王　洋　吴　刚

中信建投证券股份有限公司

证券行业转型升级步伐的加速，对研发效能体系提出了更多的要求。业务多元化、线上需求激增、跨平台协作、不同的开发环境配置等问题凸显，制约企业内部协作，阻碍开发效率提升。

在数字化转型过程中，为提升对研发过程的深入管控能力，提升研发过程透明程度，方便溯源和解决研发过程中出现的关键问题，中信建投证券通过对券商行业研发项目的探索和实践，建立研运一体化平台，统一开发、测试、运维人员代码管理、需求管理、开发过程管理、环境管理、测试管理、发布管理等工具平台。

在项目接入 DevOps 过程中，业务方、项目人员、开发人员基于数据的度量分析，对整个过程持续改进优化，效能团队通过 DevOps 持续集成平台，以大客户经理服务模式，通过访谈、辅导、实施、反馈一体化服务帮助项目团队方便接入 DevOps。

1. 背景及意义

中信建投证券信息技术部 2019 年末确定了"数字升级计划"作为 2020 年的工作重点，把 DevOps 平台建设列为核心工作。DevOps 平台建设旨在提升信息技术敏捷交付能力，灵活响应业务变化。在整个项目建设过程中，信息技术部完成平台服务整体规划、平台落地、服务工具集成定制化开发、度量指标和度量平台开发工作；针对研发业务过程，制定技术规范、标准、最佳实践；承担 DevOps 推广和培训等工作。

2. 整体方案介绍

建设需求管理、代码托管、持续集成、测试管理、部署发布、制品管理、度量统计等工具链的 DevOps 研发运维一体化平台，建立 DevOps 流程体系，提升业务与技术的协作效率和研发数字化水平，打造敏捷交付体系，持续提高快速交付能力。

2.1 DevOps 规划

中信建投证券通过一年的工具建设和完善，目前平台整体支持协同场景、开发场景、测试场景、部署及运维场景（见图 1），通过流水线实现自动化的持续交付。平台工具链见图 2。

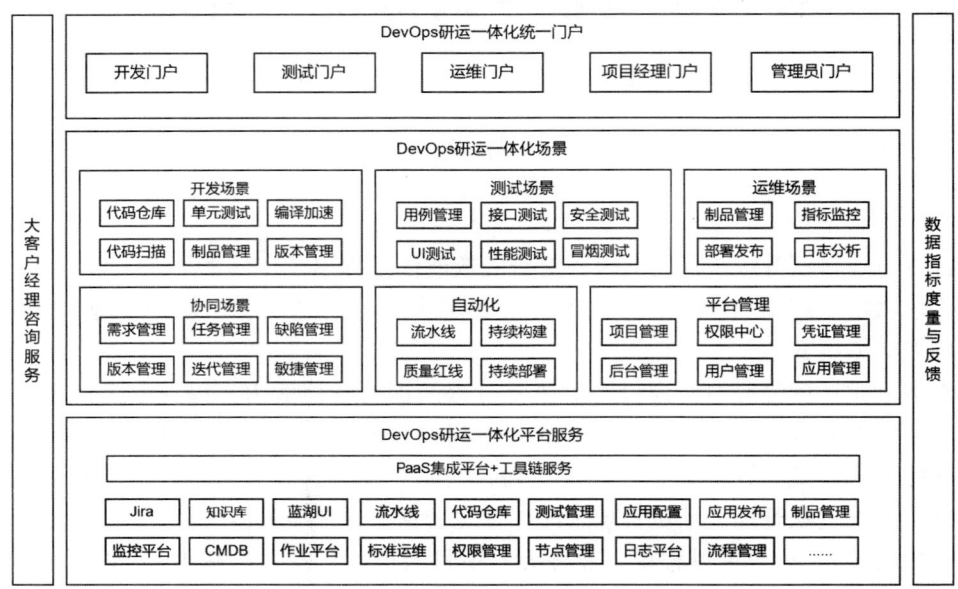

图 1 DevOps 研运一体化全景图

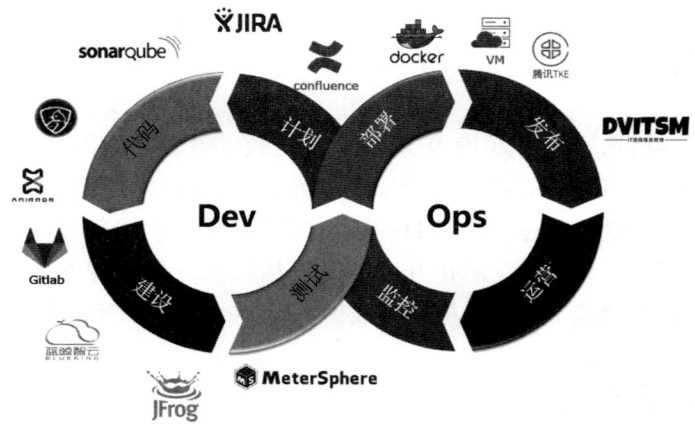

图 2 DevOps 研运一体化工具链图示

2.2 相关细节

在实践过程中，结合公司实际情况，从技术架构、研发效能、服务治理等角度入手，建设基础支撑平台，提升团队敏捷研发能力。

3. 主要技术介绍

3.1 平台总览

中信建投证券 DevOps 提供可视化的流程编排引擎和多种常用服务的集成，通过流水线、步骤、任务三级模板，实现多语言、多工具、多任务、跨平台的编译构建，使流水线具备可视化、可定制的自动化流程编排能力。支持稳态与敏态双模研发管理体系，借助强大的自定义流程引擎，可视化需求—研发—测试—运维全过程，实现从需求到部署的全流程闭环管理。

3.2 技术介绍

中信建投证券 DevOps 是基于蓝鲸平台的一些原子平台（持续集成平台、作业平台、配置平台、管控平台等）以及通用一级 SaaS 服务（节点管理、标准运维、日志平台、监控平台、故障自愈等）打造的持续集成、持续交付的 SaaS 服务。

中信建投证券借助蓝鲸 DevOps 平台及对接各种工具，支撑软件研发从需求到发布的全生命周期各个阶段（见图 3），打通了持续交付、持续集成的数据链路。

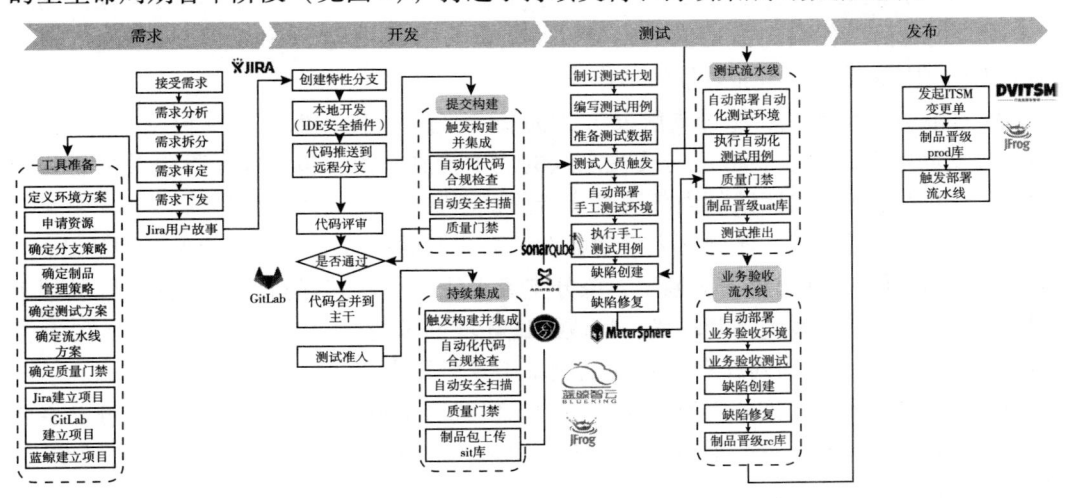

图 3 从需求到发布全流程

3.2.1 CI/CD 流水线设计

蓝鲸 DevOps 平台 CI/CD 过程涉及代码拉取、静态代码扫描、代码安全扫描、单元测试、接口测试、质量门禁、编译打包、上传制品、制品晋级、发布部署等多个关键环节。

鉴于每个项目组不同的工作流，我们提供依据 gitflow 工作流制定的流水线模板，项目组可根据自身实际情况利用模板进行个性化定制。

图 4 展示的基于 gitflow 工作流制定的流水线基础模板，触发方式支持 gitlab 事件触发（push、merge）、webhook 触发、手动触发及定时任务四种。现对各个流水线作简单说明。

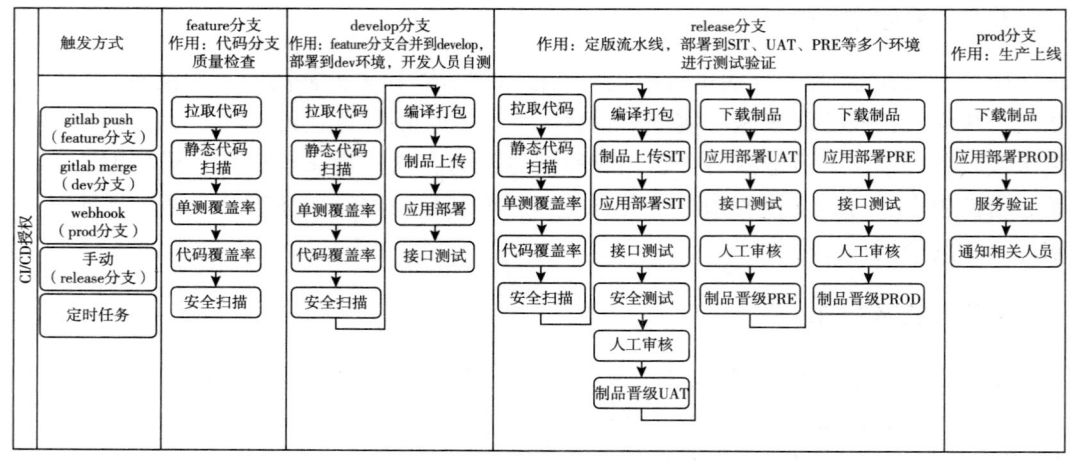

图 4　基于 gitflow 工作流流水线模板

feature 分支流水线：该分支触发方式为 git push 事件，主要是用于做分支代码的质量检测，包含静态代码扫描、单测质量以及安全扫描等功能，团队可以根据部门或者内部制定的质量要求，添加质量门禁作为卡点。

develop 分支流水线：该分支触发方式为 git merge 事件，当 feature 分支合并到 develop 分支后触发，除了 feature 分支流水线的质量检测，同时包含编译打包及部署到开发环境，主要用于开发团队的内部测试或者测试团队的提前干预测试。

release 分支流水线：该分支为手动触发，当我们确定版本上线功能点，即从 develop 分支拉出 release 分支后手动触发。该分支流水线会一次编译打包，并将包晋级到不同环境仓库，同时部署到多套环境，集成测试环境（SIT）、用户测试环境（UAT）、预生产环境（PRE），同时对接各种自动化测试工具以及安全测试验证工具。

prod 分支流水线：该分支流水线为手动触发或者 webhook 触发。webhook 触发主要是关联发布单的审批状态；手动触发为应急发布的一种措施，但严格限制手动触发人。该分支流水线主要功能是从生产库拉出对应的上线版本包，然后进行部署。

3.2.2　蓝鲸 DevOps 平台和各个工具之间的数据打通

蓝鲸 DevOps 平台对接第三方工具，借助 CI/CD 流水线将收集的数据以 K‑V 键值对的形式绑定在最终生成的制品上。现对数据流转（见图 5）作一个简单说明。

GitLab 每一次 commit 都会强制校验绑定 Jira 上的问题号，这里的问题可能是需求、缺陷及自发优化等不同类型。

蓝鲸 DevOps 平台在 CI 过程拉取代码的时候会提取本次 commit 中关联的 Jira 问题

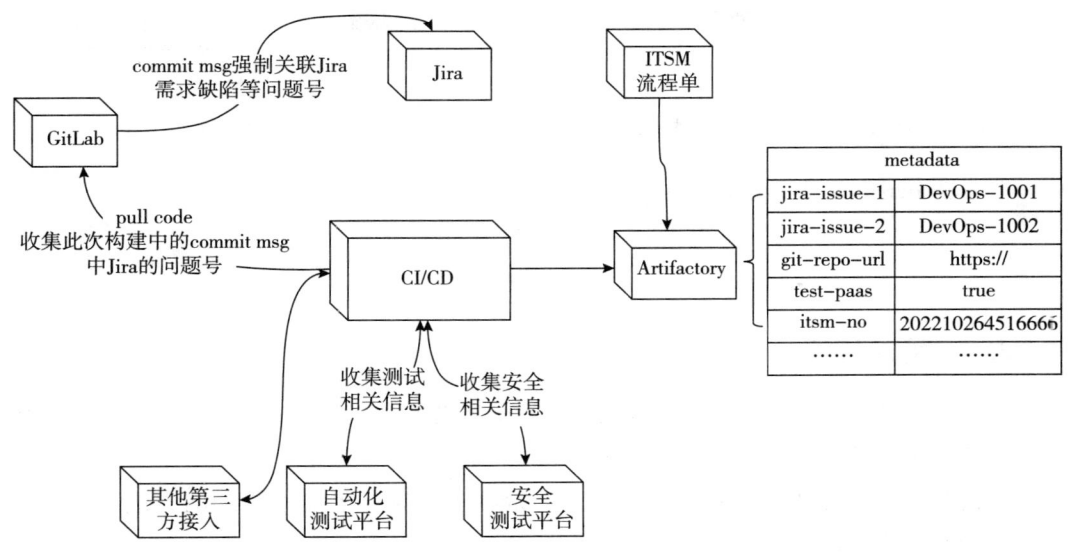

图 5 蓝鲸 DevOps 平台和工具之间的数据流转

号,如有接入其他第三方工具、自动化测试平台、安全测试平台等,会一并收集一些结果数据,并将收集的 K-V 数据(即制品库中的元数据)以及最终生成的制品一并推送到制品库。

在生产上线工单的过程中调用相关接口,将工单信息推送至制品库,完成工单信息和制品的绑定。

3.3 配置管理

GitLab 使现代源代码管理变得容易。它不仅包含分支、代码审查和代码托管,还可以和 Jira 联动实现问题跟踪,和流水线平台打通实现持续集成。合并请求是高频集成和良好代码质量实践的启动板。

GitLab 的仓库目录结构分别与公司组织架构、业务组及部门主数据台账打通。一级目录为公司组织架构,二级目录为各个部门下的业务组,三级目录与部门主数据台账相匹配,各个权限下放到三级目录。代码库 Owner 角色为主数据台账中的开发负责人,每个二级目录 Owner 角色是业务组负责人,并且所有的代码库可见性均为"私密",保证遵守安全性方面的最小化权限规则,对于历史存在的内部权限的仓库也统一进行变更。GitLab 登录通过公司 CAS 进行统一认证,通过邮箱后缀区分正式员工和外协人员,外协人员不允许在自有空间内创建代码仓库。

对于提交信息也有统一的 custom_hooks,通过正则匹配对提交信息进行强制校验,不符合规则的提交信息会被拒绝提交,提交规范如图 6 所示。另外,GitLab 分别在客户端和服务器都提供了校验 hooks,以保证校验有效性。

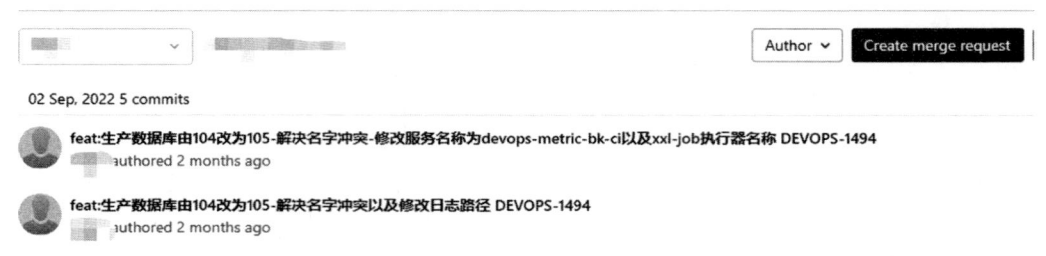

图 6　代码提交规范

3.4　需求协同

通过打通业务需求审批系统和 DevOps 平台需求管理系统 Jira，保证了业务需求从提出到交付的全流程可跟踪。

通过建立业务需求、用户故事、任务三级模型，统一了需求管理的方法，解决单一系统需求管理和跨系统需求协调管理的问题。

通过将角色和动作组合起来，定义流程节点，可以解决需求流程的统一和个性化要求。

充分利用 Jira 脚本插件功能，实现任务自动创建、流程自动流转，降低交付团队使用工具的成本，提升了需求流程流转的准确性。通过版本管理、用户故事管理、代码管理、制品管理一体化保证了交付过程的双向可追溯。

3.5　测试管理

中信建投证券基于 MeterSphere 持续测试平台，打造出一个集测试管理、自动化测试用例开发功能于一体，同时连通 Jira、蓝鲸流水线的全流程贯通的自动化测试体系，为高质量版本的持续交付提供了强有力的保证。在平台上，测试管理人员可以对测试计划、用例的执行情况进行跟踪，且可以通过脑图的形式，直观展示用例的层级关系；而测试逻辑与数据的分离，极大地减少了被测系统的改变对测试用例的冲击，同时提升测试用例的复用性；图表、文字结合的报告形式，保证对测试结果的概况和细节都能做到全面掌控。

如图 7 所示，通过与 Jira 的对接，测试人员可直接查看相应的测试需求，同时针对失败的测试用例直接创建相应的缺陷，保证测试的全流程可视。而与蓝鲸流水线的贯通，保证了自动化测试与代码提交、版本发布等流程的紧密结合，真正做到了变更可测、发布可测、定时可测的全流程可测。同时借助 Kubernetes 对自动化测试工具的封装，平台接口调用及制品库对用例的中转，保证了测试、生产等不同环境的全网络可测。

3.6　制品管理

制品管理采用 Jfrog Artifactory 高可用集群（HA）保障服务能力，支持 generic、mvn、gradle、npm、pypi、golang、docker 等不同类型的制品、管理不同类型的二方包

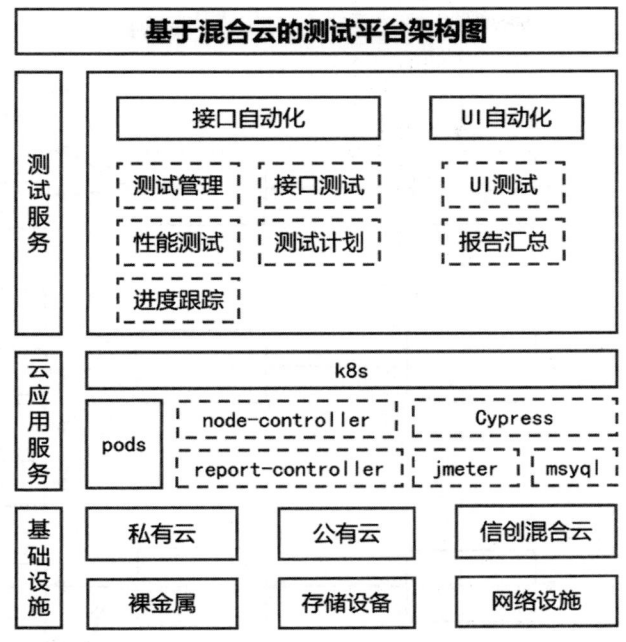

图 7　自动化测试平台设计

和三方包，支持对第三方组件进行安全扫描和开源许可扫描及漏洞分析，支撑不同环境下不同成熟度的制品晋级、同步、关联元数据信息，对接 ITSM 流程管理平台和流水线管理制品流转，灵活进行仓库、相对路径、人员的权限管理（见图 8）。

制品库集成 LDAP、SMTP 等工具提供鉴权和提醒服务，可提供 jfrog xray 插件给开发人员的 IDEA 进行第三方组件安全漏洞分析，从而暴露安全风险。流水线侧集成制品管理功能，在整合制品上传分发的同时，通过元数据管理制品信息，通过 ITSM 流程管理关联制品并晋级到生产环境，对容器云平台和虚机进行镜像与制品的分发，Xray 实时扫描制品，并同步官方漏洞库支持自定义漏洞标记，对不符合准入标准的组件进行阻断。

3.7　度量改进

度量系统以项目为单位，努力提升项目的客户价值，降低项目成本，从而实现提升组织效能和组织价值的业务目标。度量系统通过可视化的工具，帮助组织级、项目级、员工级管理过程指标。度量系统用于分析现状，发现改进方向，制定改进目标，并对比最终的度量系统与期望效果，判断过程指标改进是否有效。

系统建设过程中，数据处理与数据分析分开，将各个过程域的基础数据统一清洗存储，在基础数据之上根据具体业务需求实现度量指标。度量平台架构如图 9 所示。将数据与展示分开，利用成熟产品进行度量指标的展示，大大降低指标开发工作量，提升响应效率。

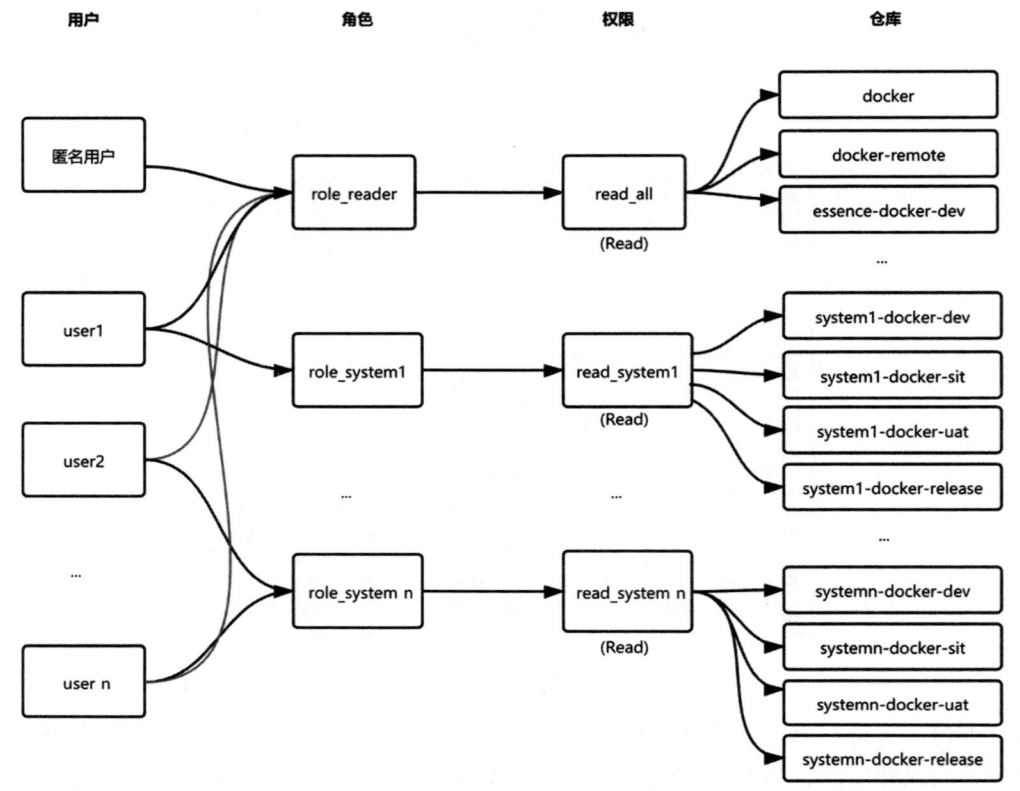

图 8 权限管理模型

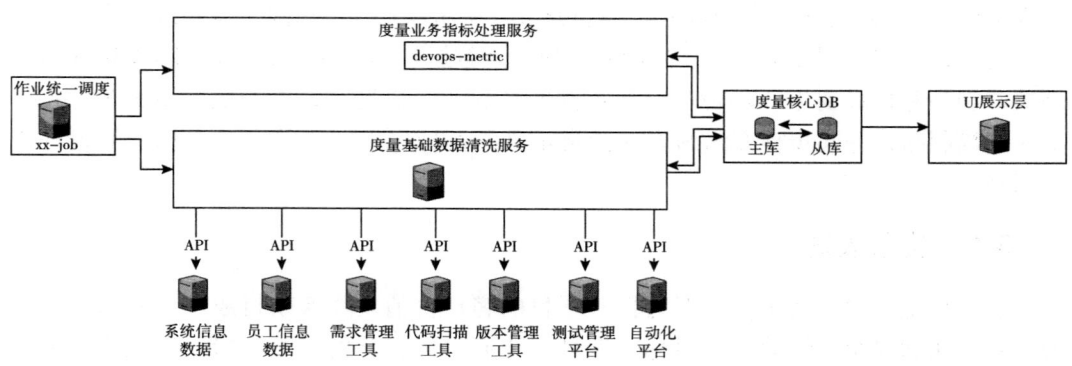

图 9 度量平台架构

在制定业务指标时遵循由业务目标出发，避免一味追求指标数量，将指标聚焦在团队改进方面的原则。业务指标可以包括版本交付效率、版本变更情况（见图10）、版本用户故事数（见图11）、用户故事交付各阶段时间分布（见图12）、缺陷关闭各阶段时间分布（见图13）等。

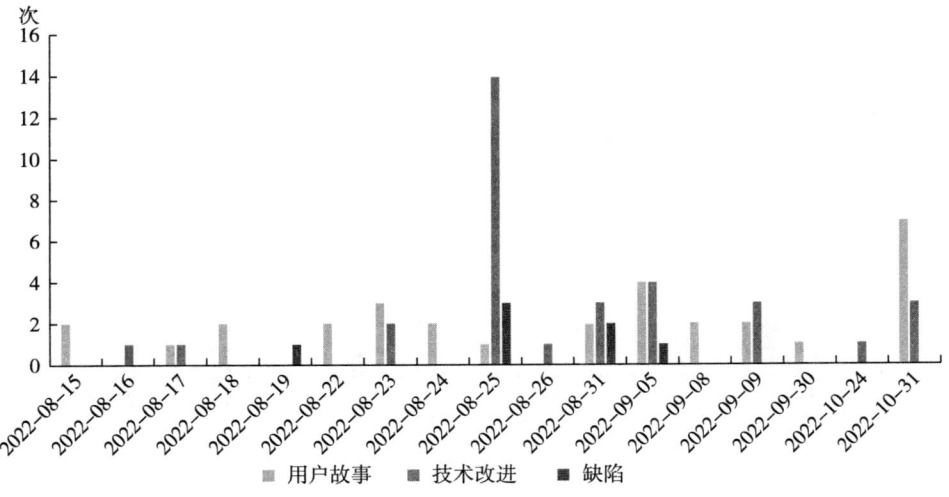

图 10　版本变更次数

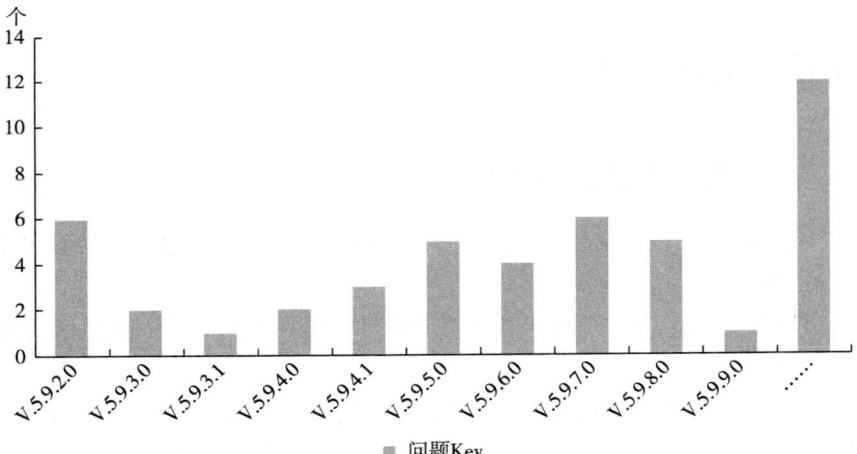

图 11　版本用户故事数

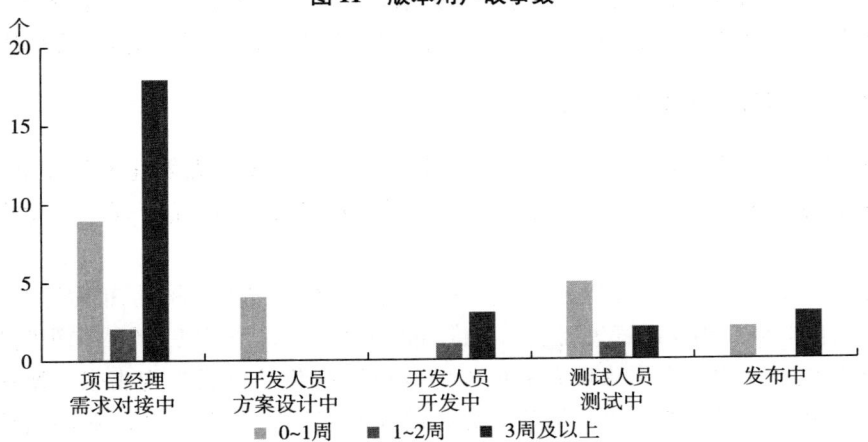

图 12　用户故事交付各阶段时间分布

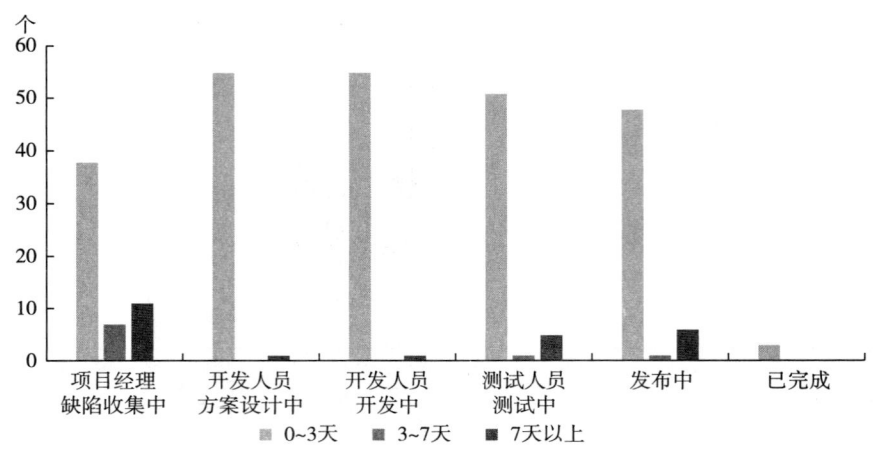

图 13　缺陷关闭各阶段时间分布

4. 关键或创新点展示

4.1　技术、数据管理全面融合

平台集成主数据管理，实现系统、人员、开发工具一站式管理，具有灵活方便对接其他工具服务能力。

平台与 ITSM 全面融合，符合行业合规要求和标准，通过 ITSM 过程完成从 DEV 到 OPS 的管理要求。

技术管理对开发过程中各个领域、过程、工具进行了系统性梳理和规范制定，通过自动化工具检测，解决规范、标准落地问题，实现技术管理闭环。

打通主数据和各工具链服务之间所属关系，工具资产化，工具作为资源分配，做到一键配置、一键映射，解决账号、权限、配置和各工具链之间的繁复配置问题。

4.2　DevOps 标准化建设

需求协同一体化，对交付过程中的事务、进度通过统一规划任务类型和工作流，最大限度地保证了组织级工作模式的一致性。与版本管理、制品管理一体化贯穿整个产品周期。

开发过程知识化，建立知识分享协同平台。规划符合组织架构的知识空间、项目空间、个人空间。满足组织级管理要求，项目团队成员间知识分享以及个人知识储备要求。

持续集成自动化，将团队现有的研发流程以可视化的方式呈现出来，快速完成编译—构建—测试—发布的流水线搭建。完善的流水线插件开发体系，支持团队定制化开发，赋能团队搭建更加灵活高效的流水线。

流程过程服务化，以流程为导向，对 IT 系统的研发实施和运营进行有效管理。系统变更发布流程对接制品库以及流水线，将发布单、制品包以及系统变更发布流水线之间的关联关系打通，规范内部发布流程。

制品管理可信化，从开发到运维的全链条统一管理，制品设置准入、准出规则和漏洞、协议扫描等可信管理。

度量指标可视化，自建度量系统，以度量发现问题、促进改进为原则，组织级严格评审度量指标的业务意义，避免度量指标成为考核指标，从而导致数据的失真。度量系统采集 DevOps 平台各个工具的数据，统一清洗存储。

4.3 DevOps 软实力建设

DevOps 平台想在公司发挥价值，需要各个团队的真实使用。由于每个团队在使用 DevOps 平台之前都已经积累了相对成熟的开发管理办法，在进行转型迁移时面临资源的投入和成本的增加，因此，针对这种情况，DevOps 团队建立客户经理负责人，由 DevOps 团队成员和项目团队结对，帮助项目团队制订接入方案，帮助项目团队协调解决接入过程中遇到的问题，降低项目团队接入成本，提升 DevOps 平台实际使用率。

为了提升部门的 DevOps 文化氛围，加强各项目团队之间的交流分享，DevOps 团队开展了一系列专题培训，宣传介绍 DevOps 平台工具。组织最佳实践团队进行沙龙分享，以现身说法的方式提升其他项目团队对 DevOps 平台的感受。其他项目团队也从最佳实践的分享中获得经验，改善自身的交付情况。

5. 最佳实践总结

DevOps 平台建设的初期就确立了帮助项目团队"提升交付效率、提升交付质量、提升交付价值"的愿景。围绕愿景，DevOps 团队和项目团队一起探索交付的最佳实践，并取得一定的成果。

5.1 针对提升交付效率

为了交付效率的提升，DevOps 团队和项目团队主要在两个方面进行探索实践。

（1）工具支撑团队更好地工作。Jira 的看板更好地帮助产品人员管理用户故事的交付管理；IDE 集成了 Jira、Git、Sonar 插件帮助开发人员本地使用 Jira、Git 和 Sonar，减少了开发人员的工作量；接口自动化测试工具，降低测试人员手工执行用例的工作量，提升测试人员的测试效率；流水线帮助开发、测试、运维人员减少了安全扫描、部署及测试的工作量，提升团队的交付效率（见图 14）。

（2）管理改进提升团队交付效率。DevOps 工具平台为项目团队提供了管理线上化的支撑，初期要提升项目团队的交付效率，更有效的方法是改进团队的管理方法。针对团队交付计划不明确以及需求频繁变更的问题，DevOps 团队和项目团队一起，制定

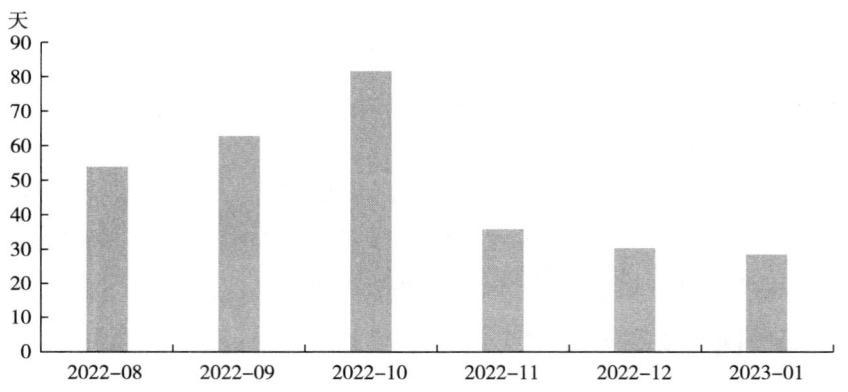

图 14 故事交付时长趋势

需求的准入协议以及严格的交付冲刺计划。没有通过需求准入协议的需求不会被纳入交付冲刺计划。优先保证交付冲刺计划的执行，控制中途插入需求的情况。如果计划发生变更，需根据项目团队成员的工作量，重新调整计划内容，避免只增不减的情况发生，保证交付计划能够按时交付。

5.2 针对提升交付质量

为了提升交付质量，测试流水线配置了 Sonar 扫描、代码白盒安全扫描以及 Xray 第三方组件的安全扫描，保证了提交代码的无质量问题、无安全漏洞问题以及依赖的第三方组件无安全问题。研发过程集成质量门禁如图 15 所示。

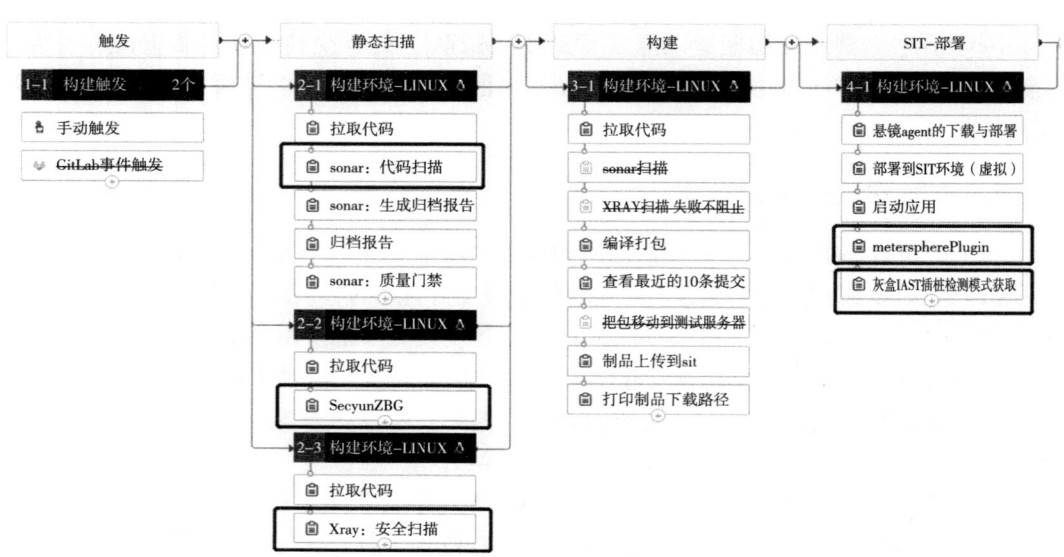

图 15 研发过程集成质量门禁

测试流水线配置了接口自动化测试,保证了提交的制品能通过自动化的接口测试验证,减少了测试人员手工验证的工作量。配置了灰盒的质量检测,在进行自动化测试和手工测试的同时,也会生成灰盒质量检测报告,保证了交付的质量。

5.3 针对提升交付价值

首先需要定义交付价值。目前尝试在需求支撑的流量及需求支撑的业务规模等场景上进行探索,帮助业务及项目团队提升交付价值。

6. 收益、总结及下一步规划

6.1 收益

DevOps 平台通过"记录一切,分析一切,衡量一切,改进一切",贯穿开发过程直至交付。提供多层级、多视角、全流程、一站式的驾驶舱视图与整体度量,可以从整体部门经营下钻到具体 IT 项目研发数据,做到全 IT 生产环节透明化、流程化,为部门经营决策及组织研发管理者提供过程改进的决策依据。关键指标收益见图 16。

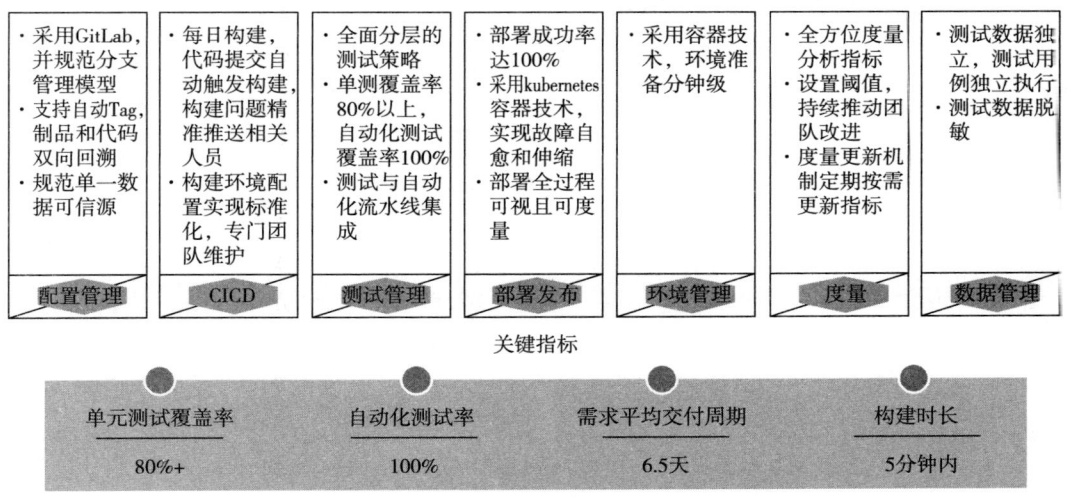

图 16 关键指标收益

6.2 总结

DevOps 建设所带来的收获远远不止于此。中信建投证券作为传统金融机构,DevOps 标准评估工作完善了从传统 IT 到分布式、云原生等金融科技转型的技术支撑平台,推动了研发模式向敏捷模式转型,增强了自主研发和自主掌控能力,提升了业务响应的灵活性,支持公司业务快速创新。

6.3 下一步规划

DevOps 平台在信息化的基础上,以支持、服务公司的业务活动和业务管理为目的,通过记录、分析、衡量、改进等信息技术处理手段,实现数据驱动、智能化的系统自动执行、可衡量的过程管理。借助工具,提升自动化研发能力,降低开发门槛,帮助研发、测试、运维阶段提升交付能力。

参考文献

[1] 陈琦. 分布式协同软件测试平台研究 [J]. 电子技术与软件工程,2021 (1): 30 – 31.

[2] 官元军,徐尚蕾. 软件测试度量方法研究与应用 [J]. 金融科技时代,2020 (11).

[3] 王红蕾. 基于 DevOps 的轻量级持续交付方案 [J]. 计算机系统应用,2020,29 (9): 87 – 94.

[4] 樊添,刘正新,杨楠. 测试平台统一化建设的研究 [J]. 证券期货业测试技术与质量管理,2022,3 (26): 26 – 29.

第四部分
技术运营管理

技术运营管理是企业数字化转型中关键的一环,它的作用在于加强对企业数字化系统的管理和控制,保证数字化运营的顺畅推进。随着企业数字化程度的不断提高,技术运营管理也在不断地升级和完善。它涵盖了 IT 服务管理、信息安全和风险管理、运营模式创新等内容。通过科学的技术运营管理手段,证券企业可以更好地应对市场的变化和挑战,实现数字化转型战略的顺利落地。

本部分汇编了研发运营一体化技术运营管理部分优秀实践案例,案例企业高瞻远瞩,结合时下热门的互联网技术,积极探索研究智能化运营的多样性。其中,上证所信息网络有限公司和富国基金运用人工智能(AI)研发出智能运营平台,构建智能化运维场景。中泰证券开展了混沌工程试点应用,主动引入故障,打造更具弹性的系统,提升系统稳定性。国泰君安以大数据与算法为基础,实现数据采集、处理、分析、展示统一的智能运维应用体系。华泰证券使用低代码、RPA 等技术手段,建立运维流程体系并整合多种运维工具,有效提升技术支持服务的效率。中欧基金和光大证券通过对系统可观测性理论的研究,运用技术手段达到了对传统技术运营优化的目的。案例企业通过多技术运营手段的探索,降低运维风险、提升 IT 服务质量,完成运行保障线下服务线上化、线上流程标准化、标准流程自助化和自动化的目标,最终实现服务可度量、可优化的持续进化。

技术运营管理已经成为企业数字化转型的重要前提。只有坚持数字化转型和技术运营管理相互融合、相互促进,才能更有效地应对市场变化和挑战,更好地服务客户,提升企业核心竞争力,实现全面升级和跨越式发展。

上证所信息公司智能运营体系的规划与建设

刘 洁　裘 岱　张晓军　王 波　谌 鹏

上证所信息网络有限公司

新技术的不断应用，特别是人工智能技术的不断发展，加速了数字化时代的演进过程，也加速了金融行业的数字化转型。在数字化转型过程中，智能运维（AIOps）有望落地，进一步提升运维能力，并成为当前探索和实践的方向。

上证所信息网络有限公司（以下简称信息公司）在交易所数字化转型过程中，通过 AIOps 的解决方案，打造了一个覆盖从基础设施到业务系统的 IT 智能运营体系，统一纳管运营数据资源以实现数据资产标准化，实现了高频场景的批量处理以满足自动化的要求，构建运营类数据采集、计算和存储的数据一体化框架，实现异常检测、告警收敛智能化，建立起适用于当下金融科技发展模式的数字化产品运营体系和治理结构。

1. 背景及意义

信息公司以"创造卓越、为证券市场提供一流信息服务"为宗旨，肩负着打造信息产业链和提供市场基础设施的重任。目前公司负责运营 Level-2 商业行情、上证云、上交所官网及 App、上证路演中心等多个产品，上证云是其中运营规模最大的一个产品。

1.1　上证云简介

上证云是面向证券公司、基金公司、监管机构、核心机构等推出的云计算服务。它严格遵循国家相关部门监管政策，依托全国 20 个数据中心节点，通过先进的混合云架构以及行业场景导向的产品设计、完善的用户服务体系及丰富的安全运营管理经验，打造云链网一体化基础设施，为金融机构提供技术领先、稳定可靠、安全合规的云计算服务。其发展历程见图 1。

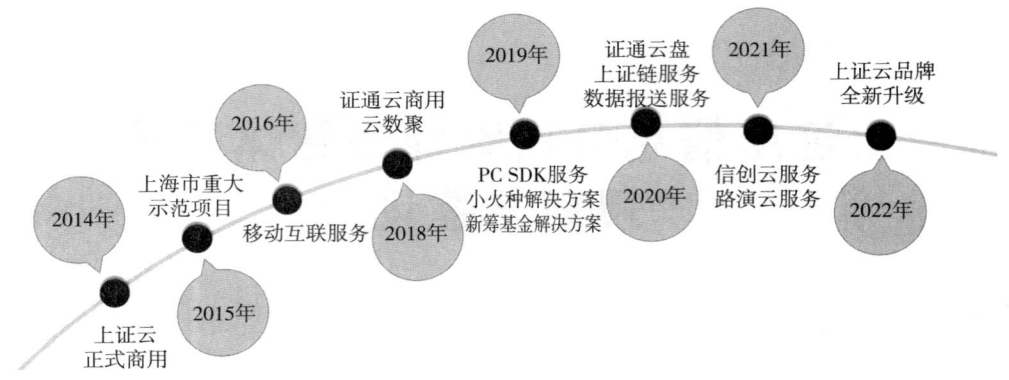

图1　上证云发展历程

1.2　挑战与难题

随着公司业务的发展，IT运维团队面临越来越多的挑战，主要体现在：

（1）从技术系统的规模来看，有22个技术系统、100多个子系统、600多个模块。

（2）从基础设施的规模来看，有20个机房、6000多台主机、800多台网络设备。

（3）全年发生的上线发布、版本升级和配置变更的台次超过4万次。

（4）面对监管压力、市场舆论和投资者投诉，零容忍的安全运行压力。

这样的运维规模和监管压力带来了一些急需解决的难题，比如：

（1）如何尽早地从用户或者业务角度发现故障，在基础监控的基础上，加强业务运行监控。

（2）如何更快地定位故障问题，出现故障后，更快地确定这个故障是网络问题，还是系统问题，抑或是中间件、应用的问题。

（3）如何更好地管理硬件资源，准确无误地摸清家底，有效地对分配的资源进行回收、再利用，或者进行替换。

（4）如何更快地交付资源和应用，满足SLA承诺，达到用户的期望。

1.3　智能运维（AIOps）

2016年，Gartner首次提出了智能运维概念。Gartner在《〈企业级AIOps实施建议〉白皮书》（*Market Guide for AIOps Platforms*）中对AIOps作出了如下定义：AIOps平台是结合大数据、人工智能或机器学习功能的软件系统，对数字化转型过程中IT系统不断产生的数据量、数据类型进行采集和分析，用于优化和部分取代广泛应用的现有IT运维流程和事务，包括可用性和性能监控、事件关联和分析、IT服务管理以及运维自动化。

从Gartner的定义来看，智能运维是传统运维体系和大数据、人工智能技术相结合的产物。AIOps将人工智能应用于运维领域，基于已有的运维数据，通过机器学习的方式进一步解决自动化运维没办法解决的问题。如果要确保业务的可用性、敏捷性，必须以 IT 环境的全量数据汇聚能力为基础，整合每个单独系统所提供的数据服务能力，降低多个系统的运维复杂程度。

AIOps 围绕质量保障、成本管理和效率提升的基本运维场景，逐步构建智能化运维场景。在质量保障方面，细分为异常检测、故障诊断、故障预测、故障自愈等基本场景；在成本管理方面，细分为资源优化、容量规划、性能优化等基本场景；在效率提升方面，细分为智能预测、智能变更、智能问答、智能决策等基本场景（见图2）。

图 2　典型的智能化场景

借鉴 AIOps 的理念，为了应对公司运营的挑战和难点，信息公司提出从以下 4 个方面进行能力的提升。

（1）提升变更效率和质量。通过自动化发布平台，提升自动化发布能力、应急回滚能力、机器灰度能力。

（2）增强异常监测和告警。推动基础设施层、应用层、业务层监控能力的建设，推动集中监测展示能力的建设。

（3）增强应急事件的处理。结合事件，及时更新应急预案，并定期进行演练；提高应急操作能力，提升应急操作效率。

（4）提升故障的根因定位。结合应用 CMDB 中配置信息，确定应用的拓扑关系，落定 AIOps 应用场景，形成智能化根因分析能力。

2. 智能运营体系的整体规划

"规划先行、谋定后动"，2018 年，信息公司启动了智能运营体系的建设规划，按照标准化、自动化、一体化和智能化的建设路线逐步实施，先从传统运维向技术运营转型，最终实现智能运营（见图3）。

依托 AIOps 的相关理念，结合当前金融科技中最前沿的大数据、人工智能、容器化技术、分布式消息队列、微服务架构等相关技术，并结合证券行业的特点和信息公司的现状，信息公司设计了智能运营体系的整体架构（见图4）。使用 CMDB 统一纳管运营数据资源以实现数据资产标准化，实现了高频场景的批量处理以满足自动化的要求，构建运营类数据采集、计算和存储的数据一体化框架，并通过 AI 大脑实现异常检测、告警收敛智能化场景，实现集成监控告警、运维流程、可视化大屏等功能的一体化运营门户。

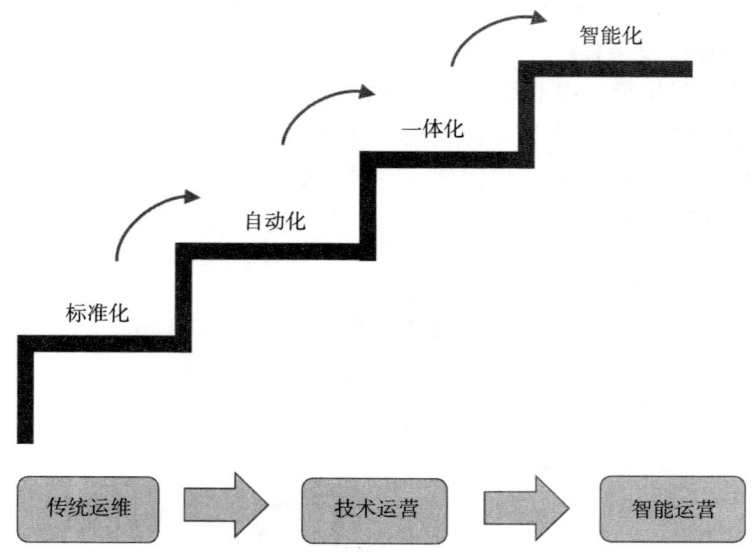

图 3 智能运营体系的规划

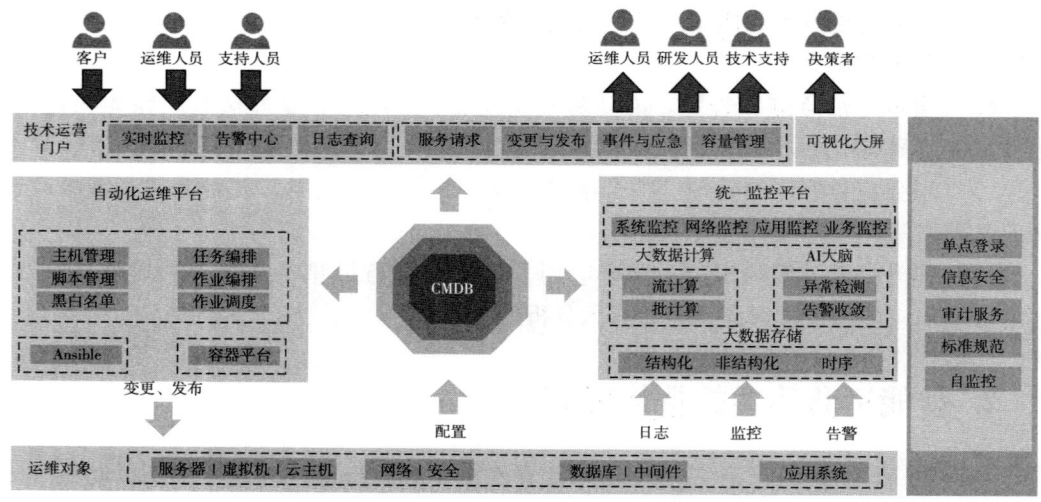

图 4 智能运营体系的整体架构

3. 相关的建设方案

3.1 标准化

标准化是自动化的基础,全方位建立标准化,有助于快速实现场景的自动化,尽可能少地处理各种个性化的情景，降低自动化难度。

在智能运营体系的架构中，标准化主要围绕两部分进行建设：一部分是制定和发布了一系列的标准和规范，比如监控告警规范、日志规范、部署规范等；另一部分是配置管理，明确规定了 CMDB 作为唯一权威的配置数据源，将运维的配置信息按照标准的模型存入 CMDB。

配置管理是 IT 服务管理的核心流程，具有重要意义，能够提升整体运维/运营的效率。CMDB 是配置管理的主要支撑工具，用于存储和管理配置数据，为各项运维工作提供准确、一致、规范的配置数据，是实现 IT 基础设施"对象数字化"的基础，也是支撑 IT 服务流程和运维活动"行为数字化"的前置条件。

在 CMDB 的整个建设过程中，始终以消费场景驱动，为 IT 服务流程、IT 运维管理的工作提供支持。从技术需求和管理需求方面挖掘与收集价值场景，进一步分析各类场景所需的数据，结合各类场景针对数据的使用条件和依赖关系，形成模型设计的核心四要素，即模型对象、模型分组、模型属性及模型关联，并使用人工流程和自动采集的方式，作为提升配置数据质量的保障手段。CMDB 数据场景见图 5。

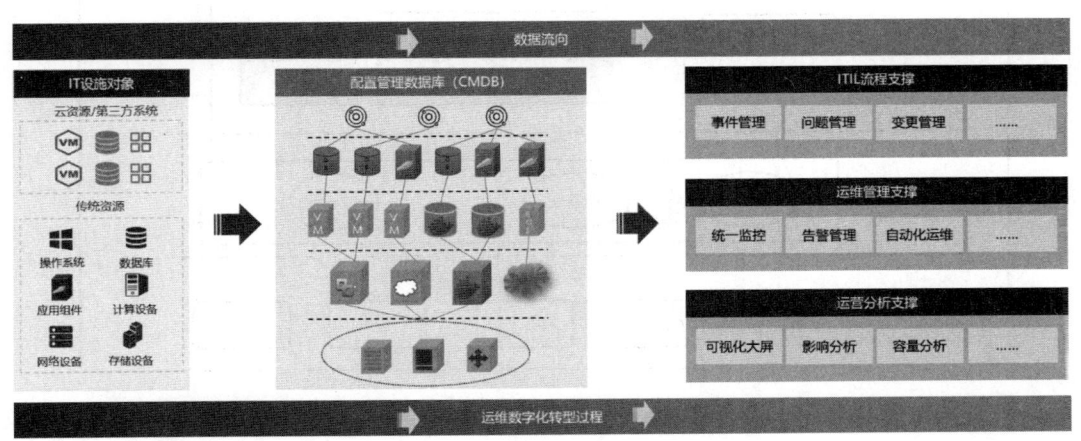

图 5　CMDB 数据场景

3.2　自动化

自动化的目标是指将日常操作频率高且具备通用性的人工操作流程，通过建设自动化运维平台的方式实现自动化和界面化，提升变更效率的同时，有效降低人为风险和人力成本。自动化运维过程中，还将数据标准化的工作纳入自动化范畴，配置数据的变更主要依靠自动化触发，少量人工变更的部分依靠流程的强执行力保证。

信息公司基于开源工具 Ansible，自主研发了一套界面友好、操作简单、功能丰富、易扩展、易于脚本编制和生成的运维操作平台（见图 6），能够满足现有技术系统的运维需求。通过自动化运维平台，网络运维、系统运维、应用运维等角色可以在其权限下完成日常运维工作中对应的具体操作，如应用运维人员完成应用部署或版本升级工作，系统管理人员完成主机的磁盘清理工作，网络管理人员完成 NAT 映射或开关白名单工作。

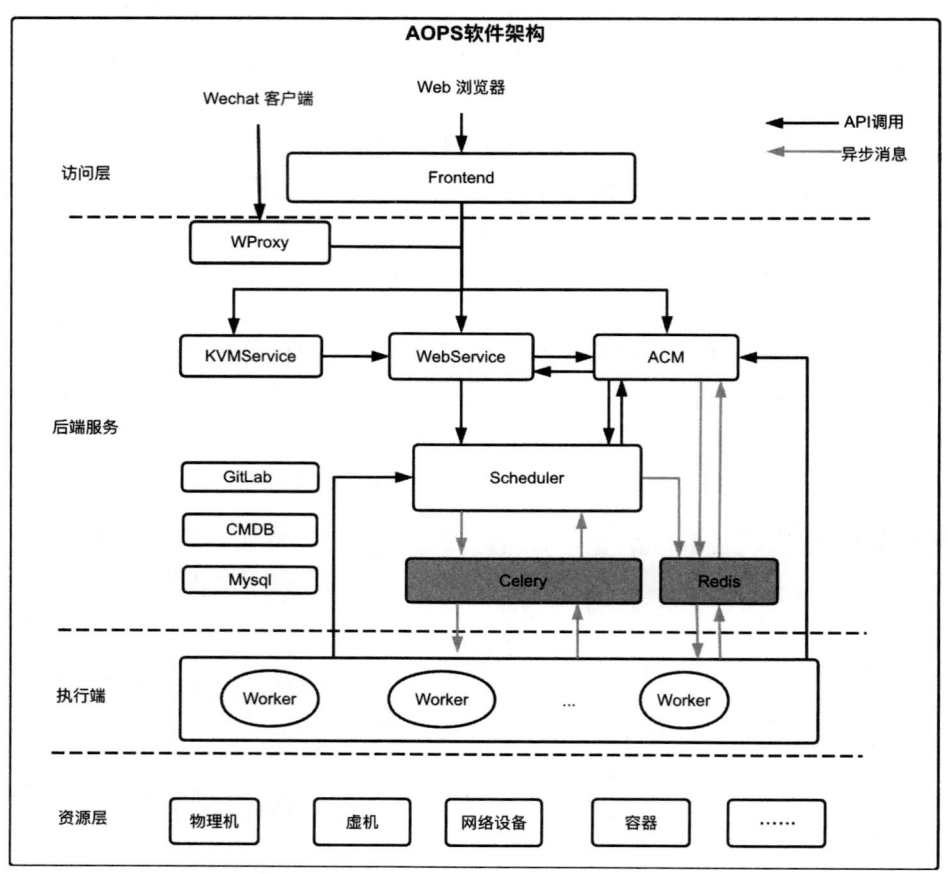

图 6 自动化运维平台架构

从图 7 可知，运维人员在使用自动化运维的过程中主要包含三个环节，分别是任务创建、作业编排、作业执行。其中，任务创建是自动化运维平台中的一个原子操作，既可以是一个 shell 命令，也可以是一个脚本，具有幂等性，任务创建完成后，就形成一个任务池。运维人员根据操作场景选择任务，用可视化的方式进行编排，形成一个场景作业，实现自动发布、一键回滚的功能。

3.3 一体化

一体化分为数据和服务的一体化。数据一体化，是指将运维过程中产生的散落在各地方的数据，如日志、指标、告警等，都统一地归集在一起，进行关联分析和统一查询。

从图 8 中可以看出，首先，要建设一套支持多种异构数据源的采集和接收层，支

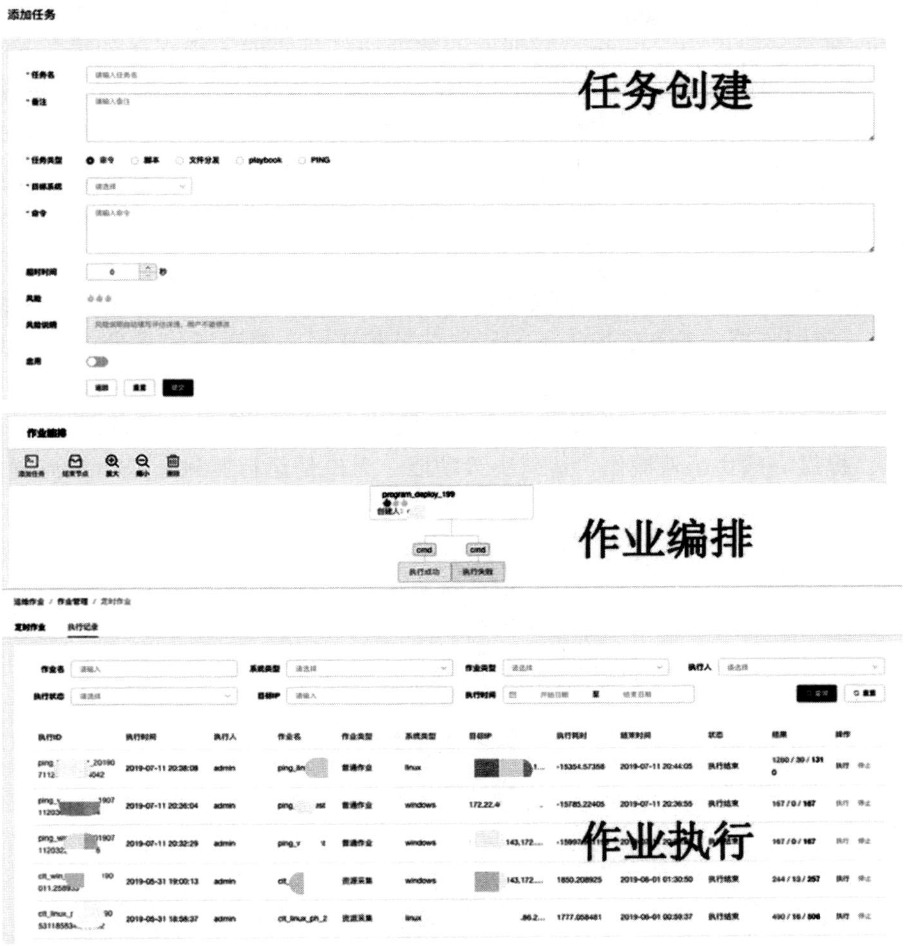

上证所信息公司智能运营体系的规划与建设 187

图 7 自动化运维操作流程

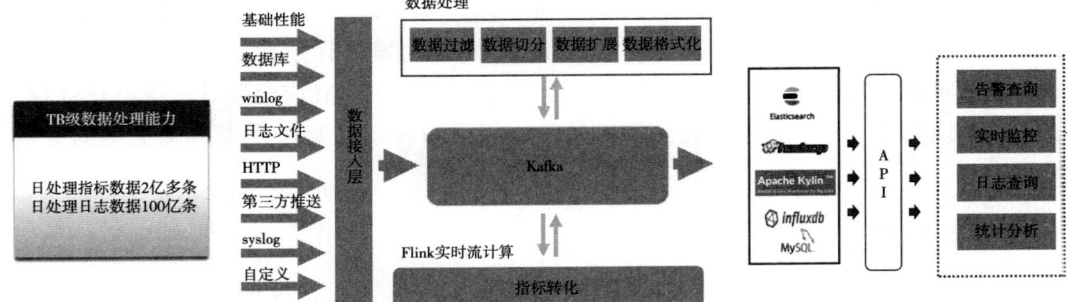

图 8 数据一体化计算框架

持文件、数据库、syslog、snmp、tcp/udp 等多种协议。在实践过程中，日志类数据使用 filebeats 采集，协议类、syslog、数据库的数据通过自研的采集程序采集。采集过来的数据，经过自身的 Kafka 进行流转，然后使用 Flink 对数据进行数据切分、数据过滤、数据扩展、数据格式化等 ETL 处理，并对数据进行复杂的聚合计算。其次，根据不同的数据格式，将数据存入不同的存储组件，文本类数据存入 es，指标类数据存入时序数据库，统计类数据通过 kylin 存入 hbase。最后，通过统一的 API，查询不同的数据满足应用场景。

通过数据一体化计算框架，信息公司逐步完善了网络监控、系统监控、链路监控、拨测监控、应用监控、业务监控等不同层次的监控工具，覆盖了信息公司 70% 以上的业务系统。

服务一体化，是指建设面向研发、运维、服务支持、决策者的运营门户"iTOP 运营平台"，提供一站式运营操作、运营决策功能，无论是运行监测还是运维流程，都能在一个入口完成（见图 9）。

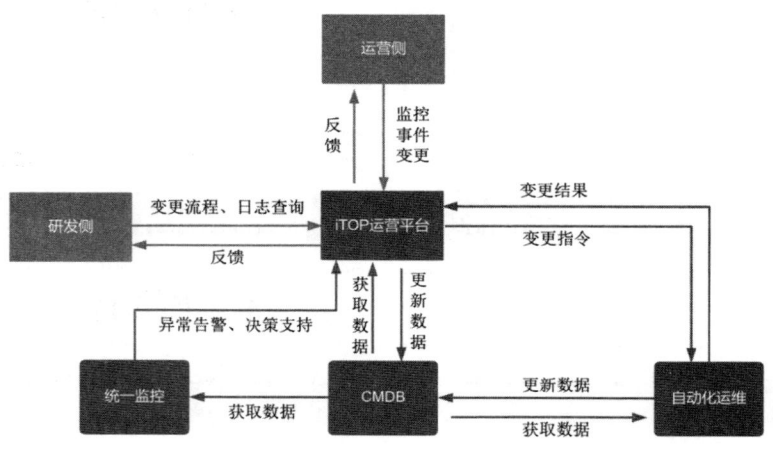

图 9　服务一体化

iTOP 运营平台实现了告警与事件、服务请求、发布计划、变更实施之间的串联和关联，有利于形成告警→事件→变更的闭环，更好地对发布计划和变更操作进行管理，减少变更对业务的影响。iTOP 运营平台，还实现了应急预案和应急演练的线上化管理，能够直观地统计应急预案的新鲜度和准确度，以及方便统计每个季度应急演练的完成情况。

3.4　智能化

智能化，是指在数据一体化的基础上，利用采集过来的历史数据，采用统计学方法或者人工智能的算法，针对痛点，实现智能化的场景落地。这里介绍两种智能化场景。

痛点一：运维人员每天面对的告警数量太多，少的时候上万条，多的时候一百多万条,无法通过人工的方式来处理这种数量级别的告警。

这时候需要一些方法来对告警进行收敛和抑制。告警收敛的方法主要有三种:

(1) 基于时间的收敛。在某一段时间内的告警都收敛到一个告警中,在告警内容中体现出现的告警次数。

(2) 基于类型的收敛。在某一段时间内,相同类型的告警都收敛到一个告警中,在告警内容中体现告警信息。

(3) 基于根因的收敛。通过告警的关联依赖关系,都收敛到根本原因的告警中,在告警内容中体现其他告警。

如图 10 所示,信息公司采用基于类型的收敛方法。这个算法里最核心的内容是,先根据告警内容抽取出告警模板,利用类型将告警分类,再进行模板匹配,判断告警是否属于同一类型。通常,收到一个原始告警,经过三个步骤——分词、快速匹配和 LCS 匹配,来判断是否出现过这类告警。如果出现过,就将这个告警收敛到之前的同类告警,以此来减少告警的数量;如果没有出现过,则立即产生一条新的告警。告警压缩率统计结果如图 11 所示。

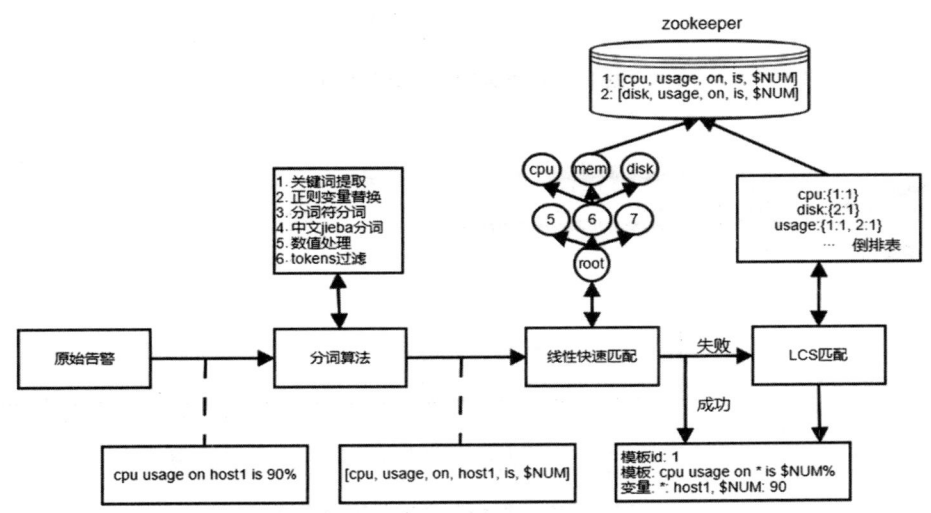

图 10　告警收敛算法示意

痛点二:传统的日志检测,一般采用关键字或者正则提取的方式来判断应用的异常,随着技术系统规模的不断扩大,很难再通过这样的方式为所有的系统进行配置。

因此,需要通过合适的算法,识别不同日志的发生规律,分析日志中的异常,如新增、偶发、突增、突降、无日志等。

如图 12 所示,实时检测模块会对日志进行模式提取,然后与存量的日志模板进行匹配。如果未匹配到,则判定出现了一种新的模板,产生一条"日志新增"的告警,并后续进行告警通知;如果匹配到了相应模板,将该模板出现次数转化为指标进行检测,如果出现突增、突降等情况,产生一条对应的告警(见图 13),并后续进行告警通知。

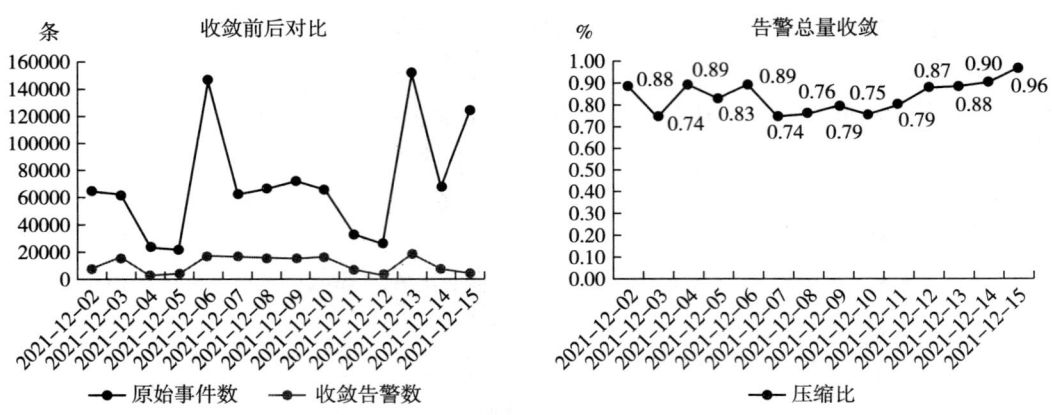

图11 告警压缩率统计结果

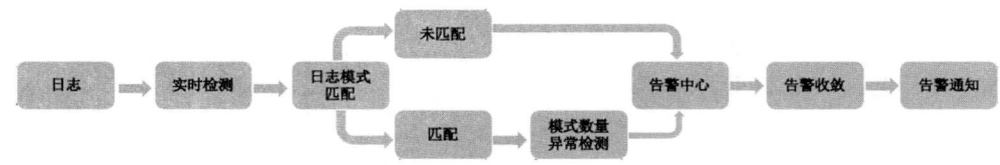

图12 日志异常检测算法示意

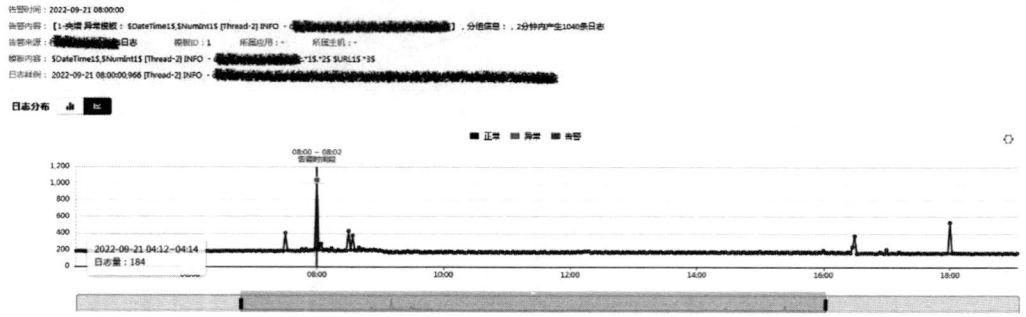

图13 日志"突增"异常的展示案例

4. 总结及展望

智能运营体系自上线以来，逐步覆盖公司22个技术系统的操作变更、运行监测，有效提高了IT运维效能，提升了安全运行能力，通过不断挖掘运营数据，也提升了业务价值，逐渐成为研发、运营协作的一站式运营平台。

4.1 提高发布效率，缩短业务中断时间

原有的手工变更操作方式，超过80%已经转变为自动化变更的方式，自动化变更

操作逐步覆盖应用运维、系统运维和安全运维,使变更效率提高 3～5 倍,千台次的变更最快可分钟级完成,有效缩短了变更中断时间。

4.2　提升监测能力,缩短异常发现时间

智能运营体系覆盖了基础设施、服务器、中间件、应用和业务的多维度监控,落地了基于算法的指标检测、日志检测,提升了发现异常的能力,通过对同类告警的收敛,避免了有价值的告警被淹没在告警"风暴"中,缩短了一线人员发现异常的时间。全年没有影响业务连续性的事件发生,为证券市场参与者提供了安全可靠的服务。

下一步,信息公司将持续围绕智能运营体系的规划,勇于摸索、敢于创新,结合 AIOps 技术,进一步提升智能化的运营场景,解决传统运维无法解决的问题。未来,智能运营体系会探索智能化扩缩容、指标和容量预测、异常预警、根因定位、故障定位等高阶的智能化场景。

参考文献

［1］ Gartner. Market Guide for AIOps Platforms ［EB/OL］.［2018 – 11 – 12］. www. gartner. com/en/documents/3892967.

［2］ 高效运维社区,AIOps 标准工作组.《企业级 AIOps 实施建议》白皮书》［EB/OL］.［2018 – 04 – 13］. www. docin. com/p – 247176540. html.

建立以混沌工程为中心的系统稳定性保障体系

——中泰证券理财业务混沌工程实践

何 波　张永启　向元武

中泰证券股份有限公司

1. 背景分析

随着金融行业的高速发展，业务需求不断激增、产品迭代速度越来越快，导致金融行业内的系统规模变得越来越大，传统的单体架构模式已无法满足金融行业当前业务的发展需求，分布式微服务架构正在越来越多地被应用到金融行业。同时，因为金融行业涉及大量的资金交易，系统会涵盖多数据中心、多活、灾备、容器、虚拟机等众多复杂的基础设施，系统间的交互尤为复杂，分布式架构技术的应用，增加了基础设施复杂交互的难度，使系统的运行增加了更多不确定性。

现有的稳定性保障措施侧重点在于防范已知范围内系统缺陷的引入，对于需要特定外界扰动才能触发的故障缺乏识别和修复的手段，只能在系统故障发生时对故障进行被动响应，导致故障应对的进度和成本不可控。混沌工程通过主动向系统注入可能引发故障的扰动来探究系统对扰动的承受能力，很好地弥补了稳定性保障措施中的短板。这种实证的验证方法显然可以打造更具弹性的系统，同时让我们更透彻地掌握系统运行时的各种行为规律，能够在不断打造更具弹性系统的同时，树立运行高可用分布式系统的信心。

基于此，中泰证券开展了混沌工程试点应用，优先选取了业务需求多的理财业务系统作为试点，以系统层、应用层、基础设施层为入口，针对性注入业务级、架构级故障，成功发现了超时时间过长、节点亚健康等问题，使公司系统稳定性和金融科技水平得到显著提升。

2. 建设方法

基于"分步实施、分级提升"的推广原则，公司按照"先试点再推广、先重点再全面"的方式逐步推进混沌工程落地。中泰证券理财业务系统是由零售业务能力体系、金融产品体系、综合金融服务体系三大体系构成的互联网金融理财业务系统，用于满足客户日益增长的投融资需求。理财系统平台架构分为互联网接入层、业务服务层、基础服务层、基础设施层，业务服务层包括公募筛选、私募筛选、账户开通、基金交易、资产持仓、资金管理、风险管理、运营管理等业务。系统架构采用 Spring Cloud 微服务框架，并结合缓存、分部署存储、搜索引擎、消息队列等高性能、低成本的分布式中间件以及数据采集、实时数据计算、日志中心等提供的基础服务构建而成。

作为公司重要的业务系统，理财业务系统需满足金融级高可用要求，实现了高可用 SLA 保障以及多区域多中心的高可用支持。为了进一步完善系统稳定性保障体系，中泰证券决定基于混沌工程的思想对理财业务系统的稳定性进行探索实践。

现阶段我们制订了在理财业务线展开混沌工程实验的建设方案，具体方案如下。

2.1 混沌工程仿真环境的建设方案

首先需要进行理财系统仿真环境的搭建，仿真环境参照生产环境部署架构进行1:1建设。仿真环境的架构见图1。

图 1 理财仿真架构

2.2 混沌工程可观测体系的建设与观测指标整理

可观测体系的建设基于混沌仿真环境，并与混沌平台集成。覆盖整个华为云、办公网的混合云仿真环境，从上到下对业务应用、基础服务、基础设施即 SaaS、PaaS、IaaS 实施观测。可观测平台主要组件包括 Prometheus、Skywalking 等。通过 Prometheus

与 Skywalking 的 agent 进行数据采集，收集服务器基础资源可观测指标数据、数据库集群可观测指标数据、Kafka 集群可观测指标数据、应用服务可观测指标数据等。

（1）业务应用：主要包括服务可用性可观测（服务、端口是否存在，是否假死）及业务应用性能可观测（应用处理能力，比如交易量、成功率、失败率、响应率、耗时）。

（2）基础服务：包括各种中间件、Docker 容器、云原生平台的性能指标。

（3）基础设施：可观测基础资源的性能情况，如 CPU（CPU 使用率、CPU 各核使用率、CPU 负载）、内存（应用内存、整体内存等）、磁盘 IO（读写速率、IOPS、平均等待延时、平均服务延时等）、网络 IO（流量、包量、错包、丢包）、连接（各种状态的 TCP 连接数等）等。

2.3 混沌工程平台的建设方案

混沌工程平台总体上分为五层，分别是上层业务、平台模块、任务调度、底层能力、基础设施。最下层是公司部署的基础设施，包括容器、虚拟机、物理机和其他非标准服务器。最终，混沌工程故障注入介质将会在这些基础设施上实施各类故障。

平台应主要包含环境管理、应用管理、探针管理、演练计划、演练可观测、风险场景库、演练报告等功能。混沌工程平台能力指标体系具体如图 2 所示。

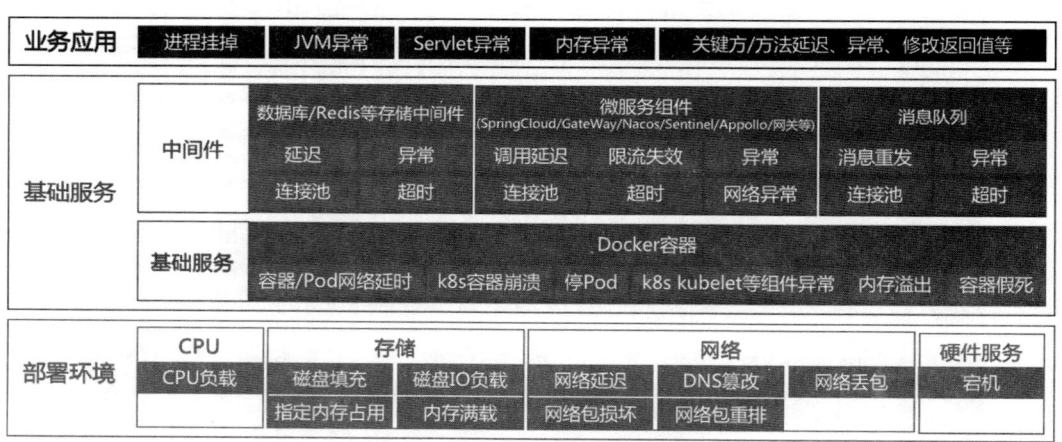

图 2 能力指标体系

（1）环境管理。支持安装在虚拟机、物理机或云服务器上；支持集群模式部署，包括虚拟机集群、容器集群；支持的云原生部署：云服务器可以跨云、内部多云等方式；支持服务器类型：arm/x86 服务器架构；支持操作系统：Linux。

（2）应用管理。支持集成 Nacos、Zookeeper 注册中心，实现自动感知应用；支持端口匹配：根据配置的应用端口，自动匹配出探针感知的实例，也支持人工配置 IP 和端口号。

（3）探针管理。在被测集群或者机器上安装探针，用于接收混沌工程平台服务端发送的命令来进行故障注入。

（4）演练计划。内置演练流程为故障注入→持续时间→注入恢复，通过节点的自定义配置来组织演练计划，可以新增、编辑、删除节点；支持串行和并行场景编排；支持流程复用；每个节点支持重试、跳过、终止。

（5）演练可观测。可以与第三方可观测工具集成，实现演练指标可观测。

（6）风险场景库。支持自定义配置场景库分类，例如基础资源场景库、流量过载场景库等；支持设置具体的专家场景，包括基本信息、配置参数、配置流程、观测指标。

（7）演练报告。支持自定义配置演练报告，包括演练时间、演练类型、应用、实例等筛选。

2.4　混沌工程实验标准化及自动化

对项目演练过程的通用步骤抽象，实现特定场景演练过程的标准化，有利于积累规范化的演练场景及故障处理流程，赋能其他业务快速进行实验，减少演练成本，同时通过混沌工程的自动化覆盖更多的实验集。

3. 实践体系及经验

中泰证券通过此次混沌工程体系的实施，建设了一套能够在混合云环境下进行演练的混沌工程体系，实现了对可靠性测试的精细化管理，并在持续改进过程中，以月为周期建立了培训、交流、总结的持续改进机制。

此次实践通过模拟调用延迟、服务不可用、机器资源满载等，查看发生故障的节点或实例是否被自动隔离、下线，流量调度是否正确，预案是否有效，同时观察系统整体的 QPS 或 RT 是否受影响。在此基础上，可以缓慢扩大故障节点范围，验证上游服务限流降级、熔断等是否有效。最终故障节点增加到请求服务超时，估算系统容错红线，衡量系统容错能力；模拟上层资源负载，验证调度系统的有效性；模拟依赖的分布式存储不可用，验证系统的容错能力；模拟调度节点不可用，测试调度任务是否自动迁移到可用节点；模拟主备节点故障，测试主备切换是否正常；对系统注入故障，验证可观测指标是否准确、可观测维度是否完善、告警阈值是否合理、告警是否快速、告警接收人是否正确、通知渠道是否可用等，提升可观测告警的准确性和时效性；开展故障突袭，随机对系统注入故障，考察相关人员对问题的应急能力，以及问题上报、处理流程是否合理，锻炼相关人员定位与解决问题的能力。在培训方面，重点针对故障演练工具的特点和运用方式展开培训；在交流方面，定期组织召开可靠性测试交流会；在总结方面，不断将优秀经验提炼固化到高可用专家库中，并有针对性地优化工具或管理流程，避免问题事件再次发生。

4. 实践总结

混沌工程在互联网金融理财业务系统中落地的同时实现了一些技术上的创新，具体有以下几个方面：

（1）建立了互联网金融业务混沌工程实践体系，赋能互联网金融业务稳定展业：互联网金融业务在券商营收中有着非常重要的作用，混沌工程在互联网金融业务系统的实施，积累了互联网金融业务条线业务系统演练的场景用例与实施演练的工具体系。

（2）完成了混合云多场景下混沌工程工具演练体系建设：目前生产业务系统通常涉及多云环境，此次混沌工程体系的实施，建设了一套能够在混合云环境下进行演练的混沌工程体系。

（3）积累了混沌工程在系统层面、应用层面以及业务层面的演练场景用例：通过演练指标与演练业务场景的编排管理，为混沌工程平台积累了丰富的演练案例，为将来在新业务中实施混沌工程提高了效率、节省了成本。

（4）完善了互联网金融业务关键系统稳定的评估体系：在演练实践过程中，需要评估对应演练指标产生的影响，对关键业务系统的稳定性进行了评估，通过混沌工程演练发现了可能对业务系统产生故障影响的指标。

（5）提升了企业系统稳定评估的全面性：丰富的混沌工程实验场景，支持 IaaS 层、PaaS 层、SaaS 层的故障模拟，为多维度评估应用系统的稳定性提供便利。

同时，依托混沌工程在互联网金融理财业务系统的实践，公司的研发效率、系统稳定性和金融科技水平都得到了显著提升，具体体现如下：

（1）研发效率提升：通过演练平台与仿真环境，实现快速故障注入，时间由 20 分钟缩短到 1 分钟。

（2）系统稳定性提升：打造企业级混沌工程故障演练平台，发现问题时间缩短，缺陷复发率有效降低，为提升生产环境稳定性奠定基石，每年降低生产故障率 20%～30%。

（3）金融科技水平提升：通过混沌工程与仿真搭建，补充公司混沌工程实施体系，积累了混沌工程演练场景与故障解决方案。

未来，中泰证券将遵循混沌工程自动化实验、"最小化爆炸半径"等原则持续研究、打造稳定性模型，不断提升可靠性测试场景的自识别能力与测试效能，为以分布式微服务架构为核心的金融系统稳定性提升保驾护航。

国泰君安数字化智能运维落地实践

俞 枫 曾宏祥 毛梦非 黄 豁 姜婷婷 冯一欣

国泰君安证券股份有限公司

"数字化"这个词在国家"十四五"规划中被多次提及，数字化转型不仅是提升产业生产力和生产效率的一个根本性改革举措，还是企业提升核心竞争力、激活高质量发展动能的关键能力。可以说实现数字化转型已是大势所趋，运维也不例外。实现数字化转型在运维领域至少可以给企业带来四个方面的价值：提升 IT 服务质量、加快业务交付速度、增强 IT 风险保障能力和提升用户体验。

DevOps 技术运营是运营能力建设的一个过程，它以业务为中心，围绕监控、配置、业务连续性、容量与成本和用户体验等七大领域，交付稳定、安全、高效的技术运营服务，支撑企业的持续发展和战略成功。技术运营不仅关注"稳定""安全""可靠"，更关注"体验""效率""效益"。

国泰君安正在进行全面数字化转型，面向客户、业务和管理，重点聚焦"增长、效率、体验、安全"四大维度，进行综合改革，打造公司高质量发展"新引擎"，这与 DevOps 技术运营的理念不谋而合。在这个背景下，作为公司数字化转型的重要环节，国泰君安数据中心坚决贯彻执行全面数字化转型，自主规划智能运维管理体系，通过联合共建的创新方式，借鉴 DevOps 技术运营中的关键思想，积极探索面向金融发展新趋势的一体化智能运维平台建设。

1. 背景及意义

国泰君安全面数字化转型主要围绕技术、数据、流程、组织四个要素开展，既自上而下，以客户为中心，依托组织变革和文化建设，引导业务、技术、管理能力提升，实现经营管理模式创新驱动业务模式革新；又自下而上，以技术赋能为支撑，回归业务的本质进行优化与变革。在信息化时代向数字化时代跨越的进程中，公司领先打造高等级 IT 基础设施，率先开展核心系统自主研发，提前布局金融科技，前瞻布道开放证券生态，积累了深厚的行业经验，一路从行业信息化标杆迈向数字化转型引领者。

第三方交易接入网关系统作为交易中间服务平台，具备交易全流程的身份鉴别可管可控、异常交易可实时阻断的能力。但相较于其他互联网应用类系统，证券期货业缺少匹配的案例参考。IT技术运营作为公司数字化转型的四个要素之一，为了更好地应对未来的新发展、新挑战，也为了高标准、严要求地全面检验数据中心运维管理与建设的阶段成果，并以点带面、查漏补缺，持续增强部门数字化运营能力，以交易中台为入口完整对照DevOps技术运营能力实践，不仅能有效提升系统本身的技术运营能力，而且对于部门整体技术运营管控过程、贯通和完善技术运营管理体系，保障业务稳定，达到行业先进水平，具有重大意义。

2. 平台整体功能规划

国泰君安数字化智能运维平台实现了以大数据与算法为基础、以数据治理为手段、以中台技术架构为支撑，集成现有运维工具链，对多样化数据梳理整合，实现数据采集、处理、分析、展示统一的智能运维应用体系。其整体功能规划如图1所示。

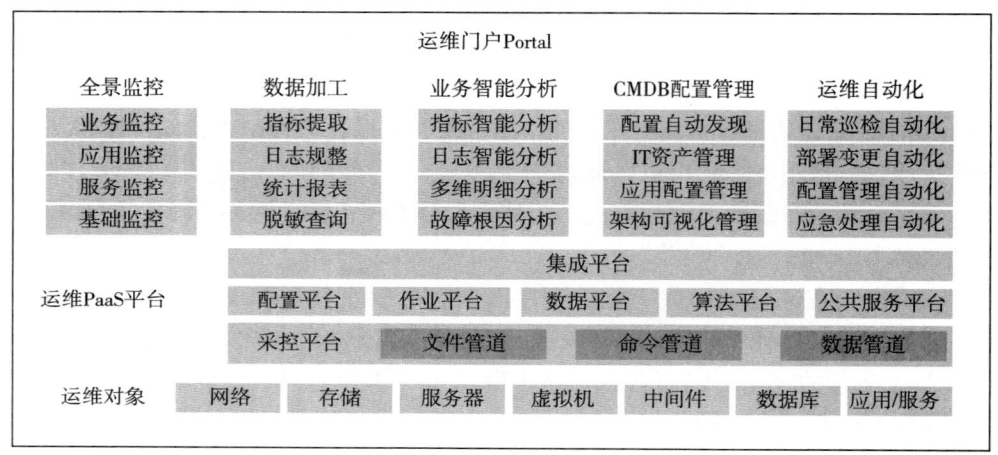

图 1　整体功能规划

平台整体技术架构主要分三层。底层是各个运维对象产生的运维数据，包括服务器、网络、存储和应用等。在基础运维数据之上搭建了各类运维工具平台，如用于数据采集、处理和分析的数据平台，用于各类运维对象配置信息管理的配置平台，用于提供智能运维服务的算法平台等。基于以上运维数据和运维平台，为运维人员提供了统一的运维门户，为相关的运维人员赋能，主要包括多维监控、数据开发和配置管理等。

3. 平台相关能力简介

3.1　智能运维能力

监控作为技术运营能力建设的重中之重，不仅要支持运维人员从监控对系统运行状态有全面了解，及时发现故障，更重要的是在发生故障时能辅助运维人员快速处理故障。基于该背景，数字化智能运维平台从指标、日志和告警等多方面入手，结合日志、指标、告警、CMDB拓扑数据和历史事件等各项数据，在发生告警时，通过算法分析，最终给运维人员提供故障全景视图，包括故障关联的异常指标、异常日志、操作系统状态、根因定位结果、近期变更和历史故障等，第一时间帮助运维人员发现故障、定位原因、进行故障恢复。

日志异常检测能力。面对生产环境系统日志格式多样、错误日志易读性低和告警配置依赖管理员已有经验等诸多问题，传统的日志解析后配置关键字告警已经很难解决，而通过日志的相似性进行聚类，对日志模板的频率变化进行检测，对未匹配日志及频率改变的日志进行告警提示，发现历史新增、时段新增和时段突增等各种异常日志，能很好地辅助运维人员快速定位异常。日常异常检测步骤见图2。图3展示的即为实际检测到的异常日志模式、数量和错误详情，运维人员能比较直接地据此初步判定该异常是否是正常报错。

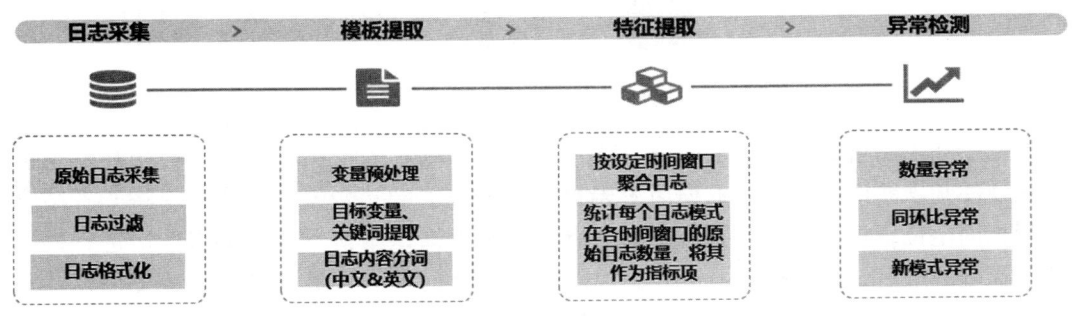

图 2　日常异常检测步骤

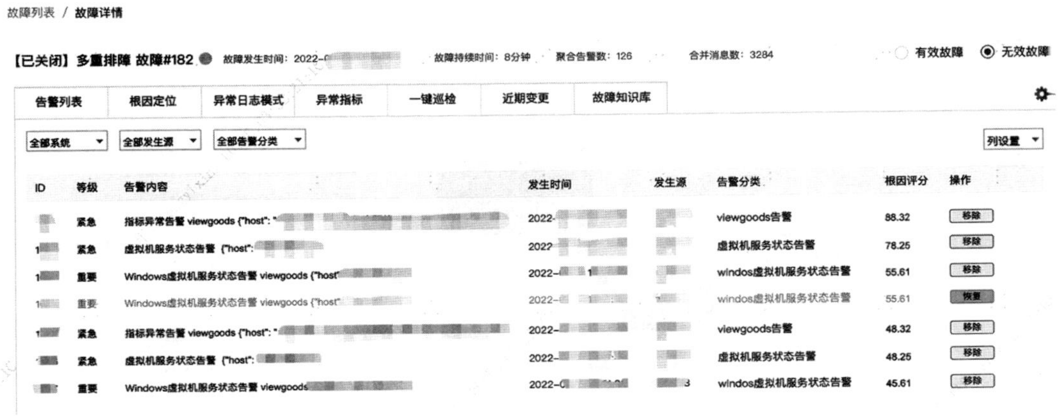

图 3　日常异常检测结果

指标异常检测能力。由于证券行业的业务特性，很多指标呈现明显的波峰波谷分布，传统的固定阈值无法灵活地适应这种不同时段不同阈值的情况，结果造成大量误报漏报，调整起来耗时费力。对业务性能黄金指标数据，如交易量、响应时间、错误数等具备时间间隔固定、有时序规律或周期性特点，并且可反映业务系统健康度的指标数据，进行异常检测，可以有效识别业务指标趋势的反常变化，及早发现问题风险，缩短故障发现与恢复时间。图 4 主要展示了基于指标异常检测，能够智能分析得到指标的上下基带，自适应数据周期变化，且不受数据缺失或中断影响，精准识别真正异常的数据。

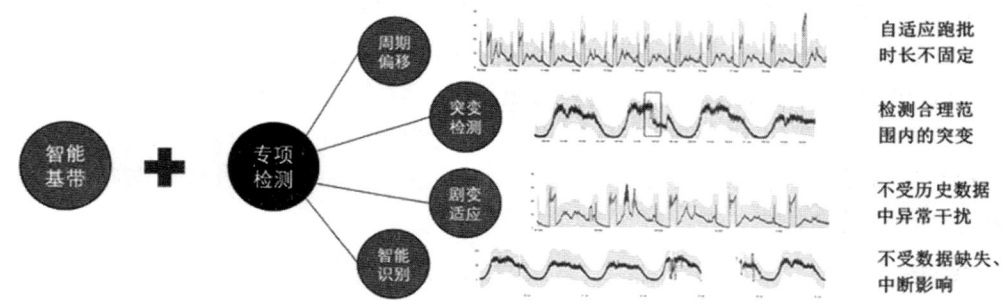

图 4　指标异常检测特点

基于知识图谱的根因定位能力。首先，基于 CMDB 的主机和系统架构拓扑数据构建软硬件知识图谱；其次，根据历史告警和故障数据构建告警知识图谱，将二者结合进行根因定位，根据当前告警信息和已有的软硬件知识图谱及告警知识图谱进行根因评分推理；最后，排序得到最可能的根因链路，辅助运维人员快速定位故障原因，有力地提高了故障的处置效率。图 5 主要展示了生产环境中基于知识图谱的根因定位算

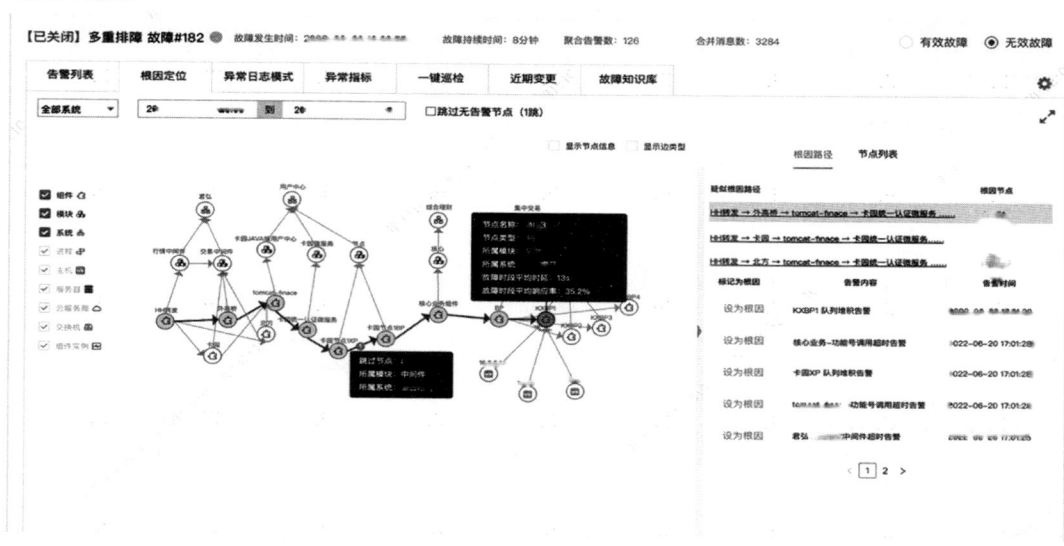

图 5　根因定位场景

法的一个应用场景，在该场景中，通过汇聚分析一条链路上所有发生的告警数据，结合 CMDB 的链路关系，算法能有效识别出可能的根因列表，并反馈给运维人员，提高运维人员人工分析定位的效率。

3.2 数据治理能力

好的智能算法应用离不开数据支撑，尤其是高质量的数据。为了给智能运维提供高质量的数据底座，国泰君安数据中心很早就启动了运维数据治理。由于运维数据治理是一项时间长、见效慢、涉及范围广、参与人数多、投入工作量巨大的工作，因此在推进运维数据治理之前，很有必要做好全面的整体规划（见图6）。

图 6 运维数据治理框架

首先，要明确运维数据治理的目标，目标和愿景有助于在组织内部建立统一的认知，确保运维数据治理真正地服务于组织的价值创造。

其次，运维数据治理不仅需要技术层面的投入，更需要充分调动组织相关资源云协同配合，因此我们在管理层面，从组织保障、制度保障、运营保障、技术保障等方面去统筹协调，比如近几年数据中心各组的年度 KPI 中加入了数据治理的考核项，以此确保数据治理能够得到有效贯彻。在制度和规范方面，也依托公司整体的数据治理办法，制定针对运维数据治理的各项细则和管理办法，以在组织内部形成长效机制，规范各类运维工具平台的建设。

再次，在数据管理域这个实操层面，我们从运维数据架构、运维数据生命周期、运维数据标准、运维数据质量、运维主数据和运维数据模型等方面，逐一开展了或正在开展细化梳理与研究，识别当前存在的问题，根据治理目标制订相应的改进方案，确保每个子领域都能形成统一有效的管控流程、制度或技术手段，最终实现运维数据多维度全方位的质量提升，满足各类运维场景的数据需求。

最后，好的制度和规范都需要落地在各个平台上，我们将梳理确认好的制度和规范等治理需求和改进方案形成平台的治理改进需求，督促各个相应的平台进行整改，确保治理的需求切实落地。目前治理的平台主要集中在CMDB和数据湖。

3.2.1 CMDB数据治理

以往的CMDB建设经常存在数据孤岛、数据应用场景少和推广难等问题，为了避免这些问题，我们主要采用自动发现、流程完善、监控关联、场景驱动这四种手段去保证CMDB的准确性。

一是自动发现、自动采集，相关对象的属性尽量全部通过技术手段实现自动维护，大大降低用户的维护工作量，避免给运维人员带来额外的工作负担。

二是完善各类流程，实现对配置项进行全生命周期的管理。例如，在机器上架、云平台资源申请、应用变更等流程中都集成了CMDB配置项的变更，从而实现全生命周期的闭环管理。

三是关联各项监控数据，包括监控指标、运维日志、告警配置、调用链配置等。在CMDB中，我们可以非常方便地查询到配置项关联的各类监控数据，可以说CMDB充当了运维平台互联互通的桥梁，从而打破了运维数据之间的孤岛。

四是场景驱动。在上层，CMDB支持了容量管理、根因定位、告警降噪等场景，这种方式使CMDB成为源头的活水，真正把数据用好、用准。

经过近几年的持续治理，我们在CMDB建设方面取得了一些成果：目前CMDB的数据准确率达99%、自动发现覆盖率达97%，数据中心日均登录次数达200多次，较旧版CMDB登录次数提升4倍，纳管了24万多个运维对象及属性，对接系统30个，对外提供接口数104个，很好地支撑了数字孪生、根因分析等场景应用。

图7是我们CMDB的整体架构，主要分为三层。最底层是数据获取层，CMDB的

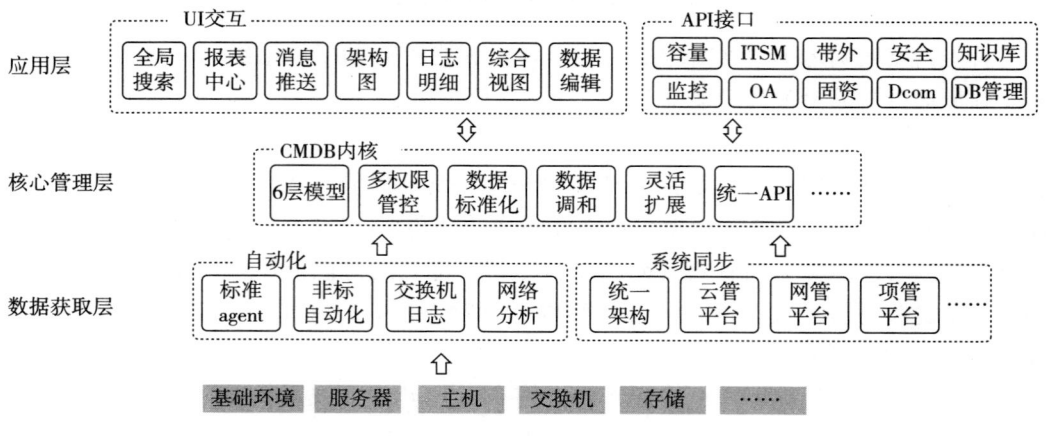

图7 CMDB整体架构

数据获取主要来源于流程、自动发现和系统同步，覆盖了大部分静态运维对象，在这个基础上构建了 CMDB 的核心管理层，通过对各类运维对象建模、建立数据标准、调和同质数据对应的不同平台，结合权限管控，做到对运维对象的全生命周期管控，确保运维对象数据质量满足监控、算法等各类运维场景需求。通过以上管理手段，一方面给用户提供 UI 交互，支持用户在线维护和查看配置对象；另一方面给其他运维工具平台赋能，为其提供从基础设施到应用业务层的层级拓扑数据，最终赋能 AIOPS 应用。

3.2.2 数据湖建设

CMDB 纳管的主要是静态运维对象，这些静态运维对象会产生调用、告警和事件等多种动态运维数据，而这些数据往往分散在多个对应的运维工具平台中。为了更好地为算法提供数据支持，我们在过去运维数据平台的基础上，扩展建设了运维数据湖（见图 8），纳管各类运维数据，并且根据数据的功能属性建立了指标中心、日志中心、告警中心等功能模块。同时支持全域的数据管理，提供数据生命周期管理、数据质量管理、数据资产管理、数据服务等多项核心功能，从而解决数据不好用、不会用、不可取等问题。

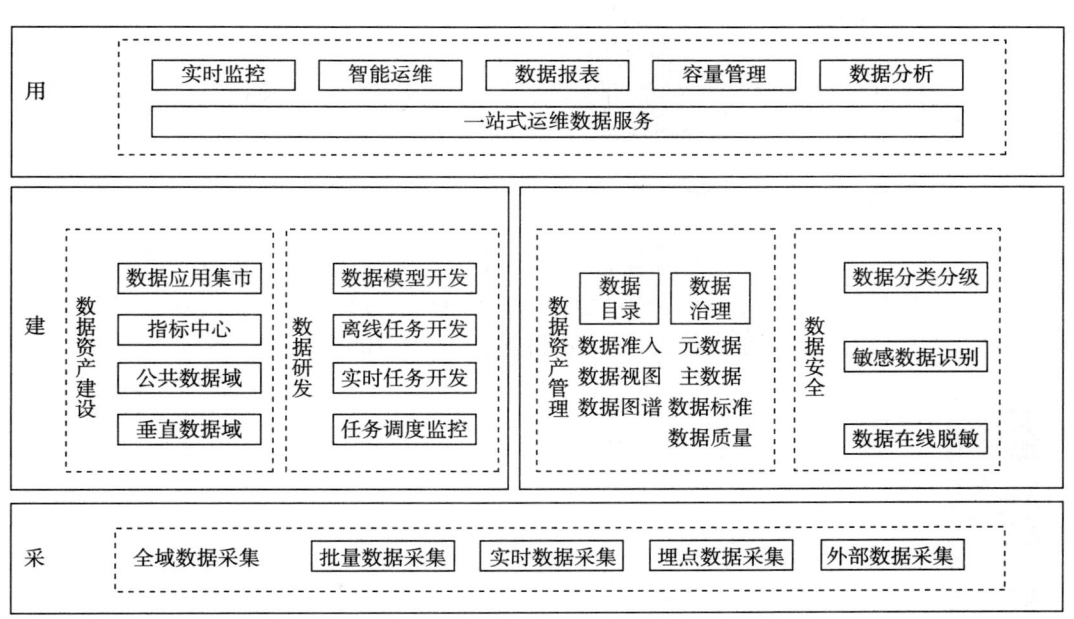

图 8 运维数据湖

在纳管各类运维数据的基础上，我们搭建了数据开发平台，便于运维人员对各类运维数据进行开发，包括日志转指标、指标转指标、离线数据处理等（见图 9）。

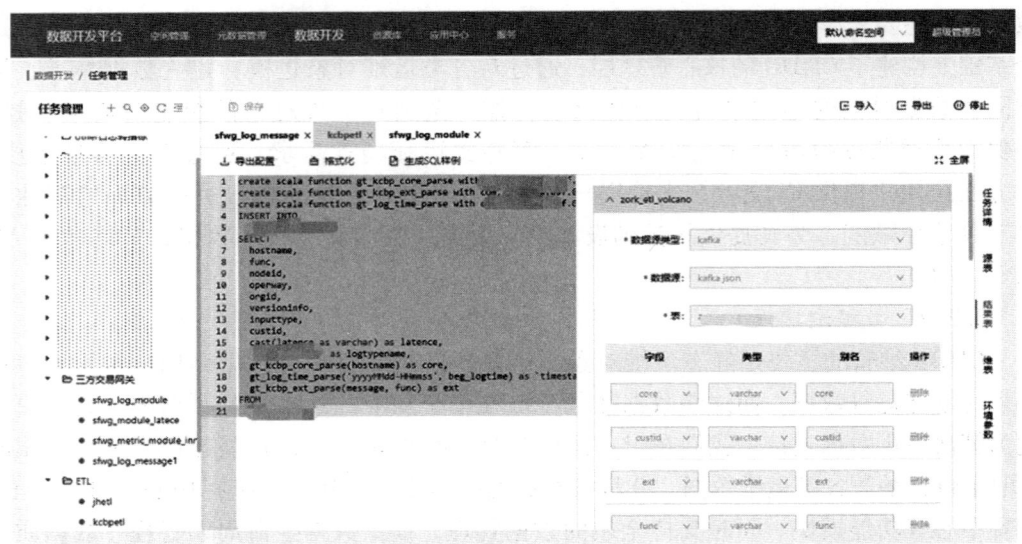

图 9　数据开发平台

4. 重点改进提升

通过对照 DevOps 技术运营的能力实践，我们也发现了在建设过程中存在的不足，并作了重点改进，主要包括成本管理与全链路监控。

4.1 成本管理

随着当前技术运营越来越精细化，容量与成本之间的量化管理也变得越来越重要，国泰君安在对老容量系统进行更新换代时，结合 DevOps 技术运营关于成本管理的理念与实践，从零开始构建了平台级的成本管理能力（见图 10）。

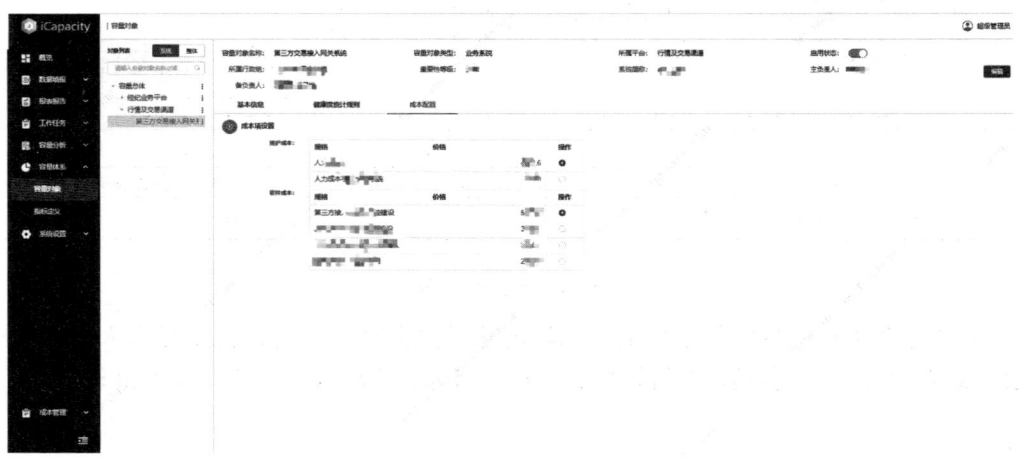

图 10　成本管理

通过对部门日常成本管理流程的仔细梳理，国泰君安提出了"容量对象—成本项规格—成本项—容量指标"的成本管理模型，涵盖基础设施、电力、网络线路、应用软件、系统运维等几大类成本项，支持从系统、模块、组件和主机各个层级查看对应的成本数据，实现成本数据的多维全面管理（见图11）。

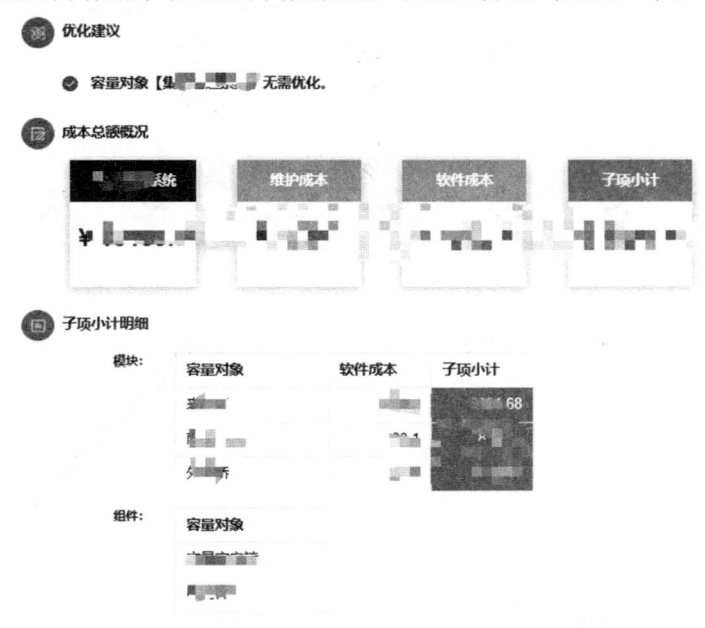

图 11　成本优化建议

4.2　全链路监控

在传统架构下，系统之间是孤立的，当发生复杂故障时，往往需要几个系统的管理员以电话会议的方式排查问题。近年来，随着分布式链路追踪技术的成熟完善，并结合技术运营的监控实践，我们在全链路监控方面作了探索性的实践和建设，希望通过调用链路追踪提供完整的链路还原、链路拓扑、请求统计等功能，可以更好地监控业务状态及健康度，快速实现故障定位，优化业务性能。

目前调用链平台（见图12）提供了服务监控、异常链路追踪、性能分析等功能。具体包括：可以自动发现应用拓扑关系，使用蓝色、黄色、红色进行服务健康度区分；展示每条链路的入口节点，减少排查干扰；根据业务指标对服务进行打分，了解服务、端点真实性能。另外，这些调用链路数据、监控统计数据都是统一建模后，由运维数据湖统一采集、统一计算、统一展示。

根据请求链路，自动发现应用拓扑关系，利用蓝色、黄色、红色进行服务健康度区分。直观发现异常服务与僵死服务，让故障服务无处遁形。基本调用链的故障排查见图13。

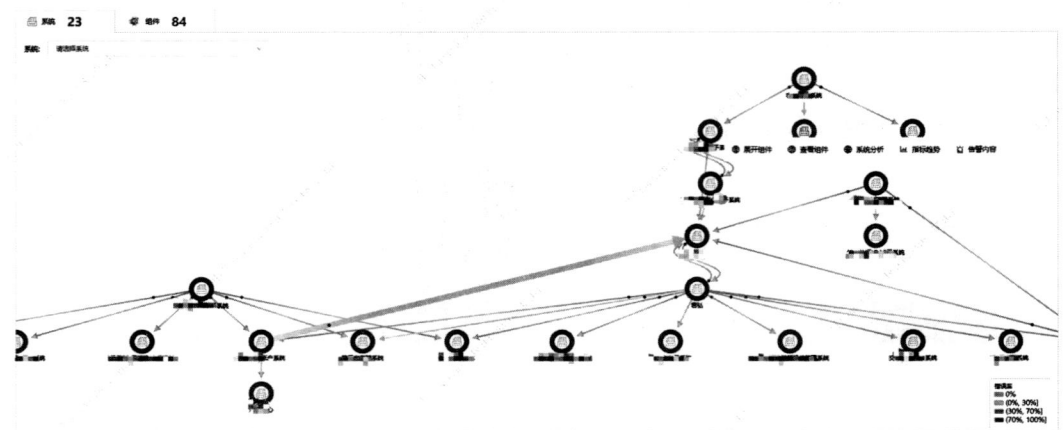

图12 调用链

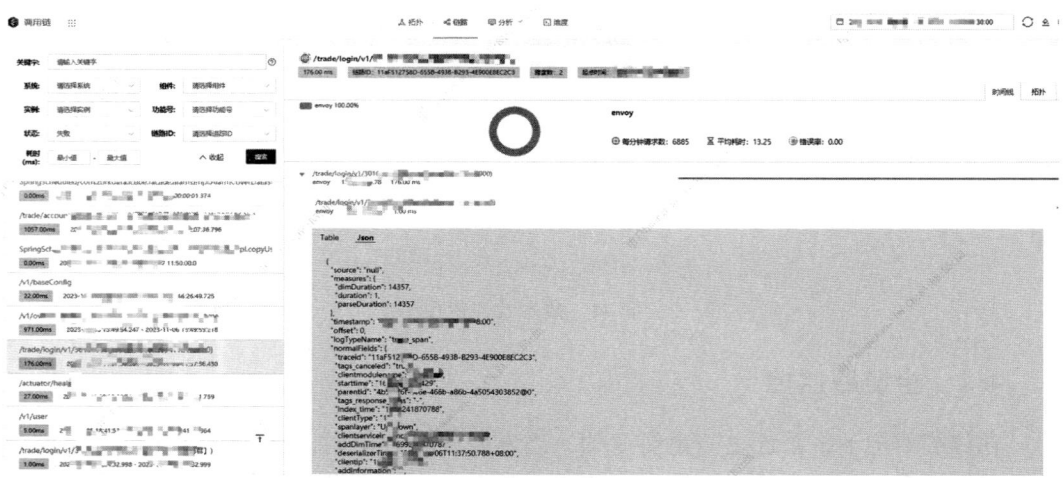

图13 基于调用链的故障排查

多维度过滤，展示每条链路的入口节点，减少排查干扰。清晰看到请求调用链路拓扑，直接定位问题节点。

5. 后续规划

数字化智能运维能力的建设无法一蹴而就，后续我们将继续借鉴 DevOps 技术运营的管理思路与方法，结合实际场景，不断研发新功能，有序提升关键能力域，持续完善国泰君安数字化智能运维平台建设，支撑集团数字化战略快速落地，主要包括以下四点。

一是统一数据底座：通过数据治理持续完善优化平台通、流程通和数据通能力建设，持续挖掘运维数据价值，为智能运维提供基础有力的数据支撑。

二是自研智能算法：通过产学研结合持续提高自研算法的能力并提高算法的准确性，持续提升智能运维能力，为运维人员发现和处理故障提供有力的工具支撑。

三是挖掘应用场景：通过不断挖掘运维应用场景，持续完善成本管理、体验管理等能力建设，补足短板，提升 IT 技术运营价值。

四是整合安全运营：通过优化整合技术运营和安全运营两大领域，结合数据与智能两大能力，为公司数字化转型保驾护航。

华泰证券运维技术服务台建设及运营实践

腾灵灵　邱　朋　王正宇

华泰证券股份有限公司

1. 项目背景

国内证券市场飞速发展、新业务层出不穷、系统愈加庞杂，如何提供稳定、连续、高效的 IT 服务是证券行业科技人员共同关心的话题。

华泰证券通过研究和学习 ITIL 运维管理体系设计开发了华泰运维技术服务台，使用低代码、RPA 等技术手段，建立运维流程体系并整合多种运维工具，有效提升技术支持服务的效率、降低运维风险、提升 IT 服务质量，完成运行保障线下服务线上化、线上流程标准化、标准流程自助化和自动化的目标，最终实现服务可度量、可优化的持续进化。

2. 整体方案

运维技术服务台以低代码平台技术为底座，结合 RPA 等自动化技术，结合告警、巡检、技术支持、IT 服务等日常工作场景，通过整合运行保障各能力平台，编排面向场景的工作流程，对内向 SRE 提供标准化运维工作流程，提升告警闭环、巡检辅助、技术协作的效率，对外封装标准化、线上化、自动化的业务运营支撑和技术支持服务，向各方赋能（见图 1）。

统一服务台在业务架构上分为五层。系统对接层通过统一接口及 RPA 技术集成应用保障各平台、数智中台及智能客服平台等外系统，建设服务目录管理、流程表单、调度管理等基础能力。业务应用层依据业务场景，形成技术支持、服务目录、运维作业的标准能力，统一展现整合低代码平台的实施能力，可实现小时级实施后向业务部门、技术部门提供定制化服务（见图 2）。横向基于服务流程数据进行计算分析，不断输出优化建议，助力流程自我更新，提升服务质量。

图 1 华泰证券运维技术服务台的定位

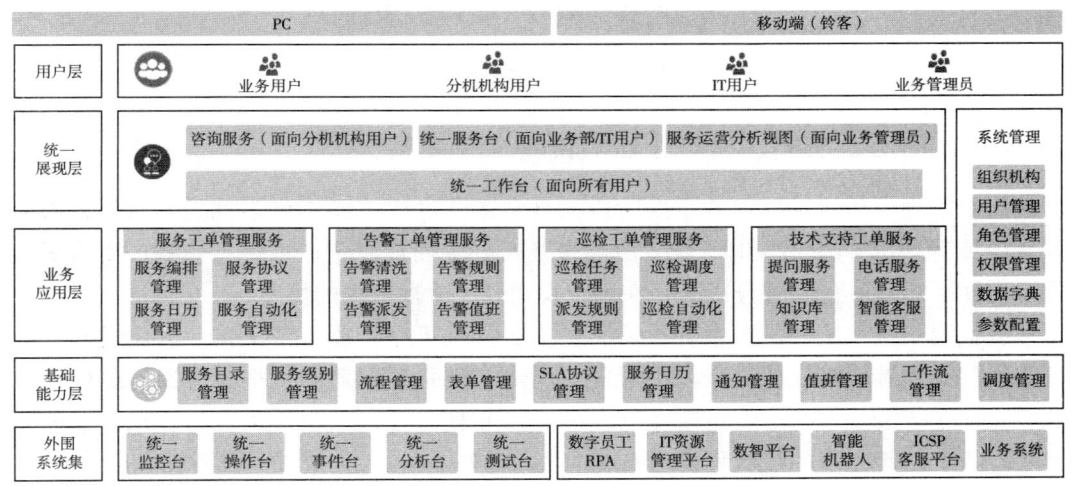

图 2 华泰证券运维技术服务台业务架构

2.1 清晰、高效、持续改进的服务支持

SRE 对外提供各种运维协作服务的同时遇到了很多挑战，如无法清晰界定服务边

界导致沟通成本高、人工提供服务无跟踪保障机制、交付效率及质量无法得到保障；缺少统一的服务管理，难以实施量化评估，进而难以持续改进服务支持质量。

为改善服务支持现状，通过在运维服务台上建立协作流程，并约定服务规范制度，清晰了服务边界，降低了沟通成本；通过建立SLA保障机制实现持续跟踪催办，并整合RPA和其他自动化能力替代烦琐重复的日常工作，为用户提供高效服务；建立服务评价模型，通过数据运营持续改进服务流程，促进服务水平的提升（见图3）。

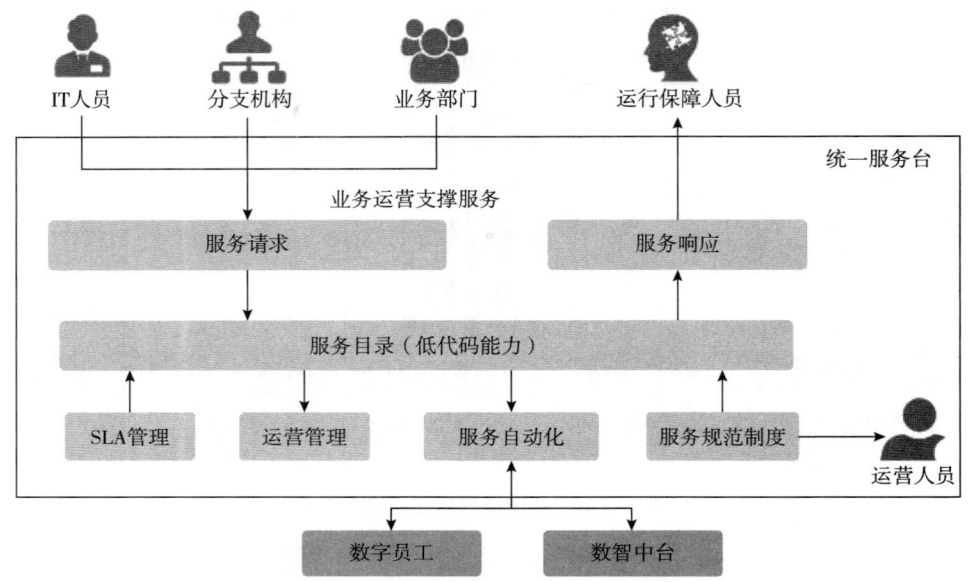

图3 服务支持业务架构

2.2 简洁、协同、闭环管理的告警工单体系

告警管理作为运维过程的重要阶段，日常运营过程中面临许多挑战，如告警未通知到位或者SRE响应不及时，导致故障未及时处置而产生生产事件；告警产生后无人跟踪保障，难以实施告警分析，存在系统稳定性风险被忽视的情况。

我们通过接入统一监控台告警信息，依照多级策略生成告警工单，进而通知一线值班及二线运维人员；通过流程化管理，构建多级联动的 7×24 小时告警值班保障体系，完成了告警通知必达的目标（见图4）。工单闭环实现告警根因分类、风险及故障初步分析。告警工单的全流程管理实现了告警通知、处理、分析的一站式闭环。

2.3 全面、自动、场景化的巡检体系

证券行业的开市系统巡检尤其重要，巡检的结果关系到开市后行情、交易等核心业务是否可以正常运行。我们在日常的巡检中也遇到过各种挑战和困难，如各应用的巡检项散落在各种监控和自动化任务平台导致巡检费时费力，手工巡检任务比例高以

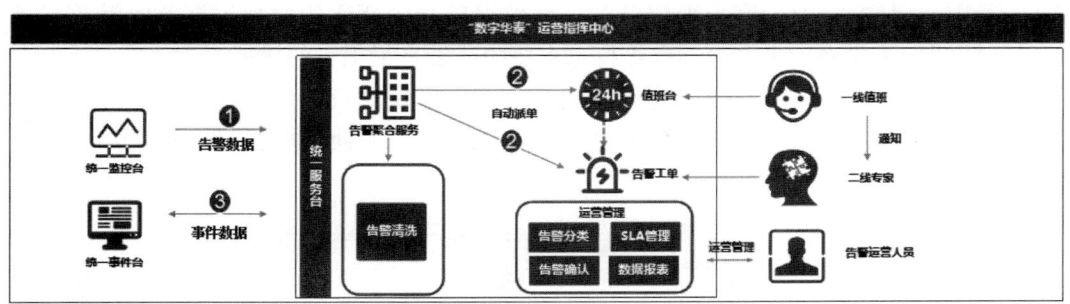

图 4 告警协同处置业务架构

及主岗轮休、备岗轮换带来的巡检质量问题等。此外,从全局角度缺乏整体业务就绪状态的总览视图也导致无法快速统览运行态势。

为此,我们通过建设服务台巡检体系,整合汇聚监控、日志及自动化作业平台巡检数据,实现统一入口全面的自动化巡检,并将巡检清单和结果推送至系统运维人员,当巡检出现问题时联动一线值班人员和二线运维人员及时处置问题,避免影响市场正常开盘(见图 5)。同时对巡检任务进行面向业务的场景化聚合,上报巡检结果至指挥中心,为指挥中心开展早盘保障提供数据支撑。

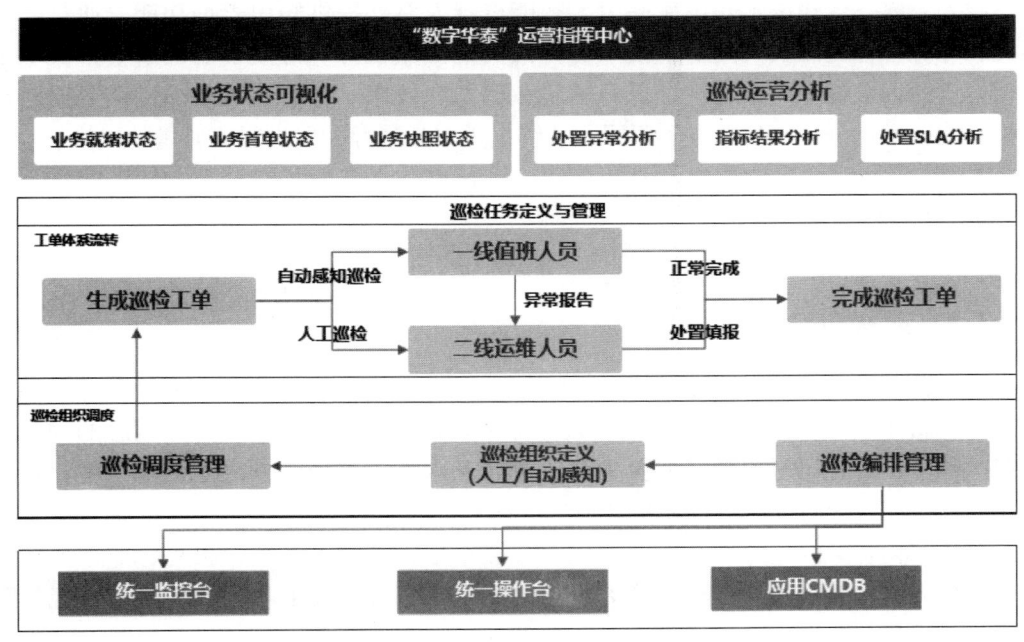

图 5 巡检协同处置业务架构

2.4 快速、智能、多渠道的技术支持

随着华泰证券渠道业务发展,IT 部门面临各种技术问题咨询和提问在数量和种类

上快速增长。证券行业的客户渠道分散、对效率极其敏感，如何利用有效的资源和良好的运营管理手段来满足客户诉求给技术支持团队带来了很大的挑战。

服务台通过将原技术支持的论坛模式改为工单模块进行保障，通过工单流转实现了对诉求快速响应，建立 SLA 逾期提醒机制，确保问题解决的时效性，提升用户满意度（见图6）。

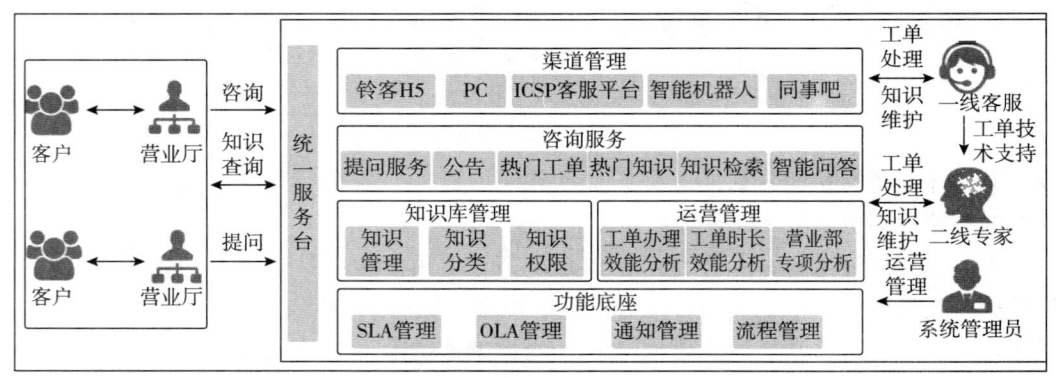

图 6　技术支持业务架构

此外，服务台建设了知识库并引入智能机器人对外提供知识查询功能，通过高效工具和分流管理机制大大缓解了技术支持人员的工作压力。对接智能客服平台实现了多种渠道的诉求统一扎口处理，提升了服务范围和效率。对于团队内部提供数据运营分析功能，通过分析定位堵点和原因，持续改进服务流程，促进服务质量的提升。

3. 主要技术

3.1　超级自动化

超级自动化是机器人流程自动化（RPA）、流程挖掘、智能业务流程管理等多种技术能力与软件工具的组合（见图7），是智能流程自动化、集成自动化等概念的进一步延伸，可以帮助公司追求更高的业务效率和服务水平，挖掘业务痛点，科学优化现有工作流程，高效执行任务进程而推动项目落地。

在数字化转型的过程中，企业可能存在多个层面的孤岛：数据孤岛、应用孤岛和业务孤岛。这些孤立的、与其他系统断连的数据或平台形成了各种业务场景实现的阻碍。为了满足企业生产运营过程中的各种外部需求和内部要求，超级自动化可以串联各种数据、平台和业务价值流，打破孤岛的封锁，给组织赋予新的活力。

华泰证券技术服务台利用超级自动化的智能流程自动化、集成自动化等技术能力，对已有的 200 多个服务项进行了重新梳理与整合，集成了金证自动化、恒生业务流程、智能监控能力等，形成了体系化的运营服务能力，为业务连续性提供保障。

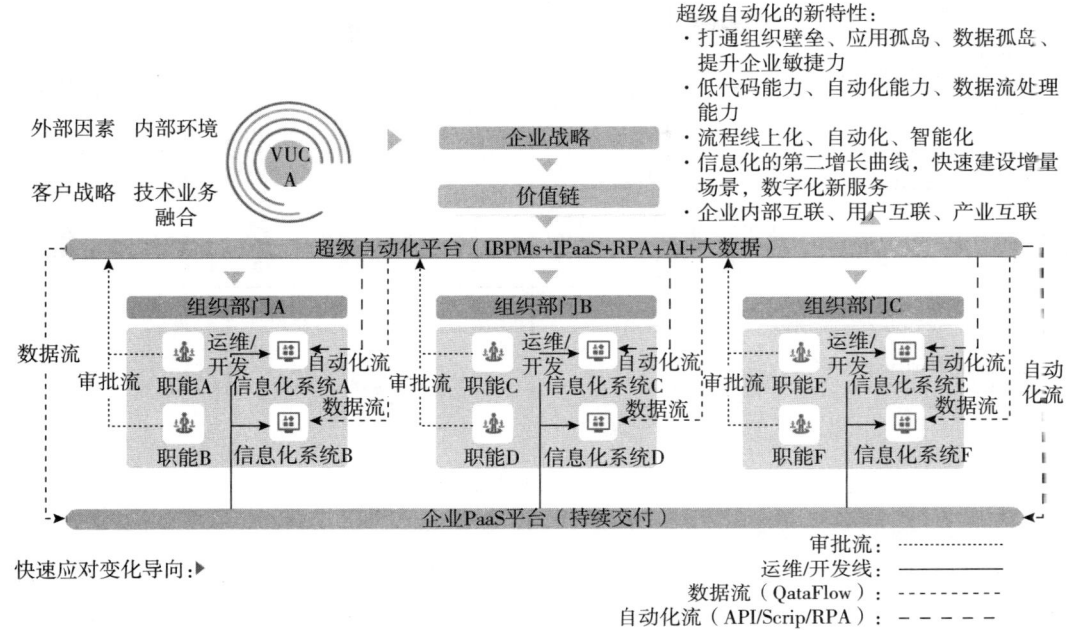

图 7　超级自动化流程

华泰证券技术服务台应用智能化工作流，主要分为以下三个维度。

（1）超级自动化技术 RPA 能力上结合科技计算能力，如 OCR、NLP、ML、知识图谱等。

（2）基于流程编排技术的持续改进，把流程过程数据进行关联汇聚，并洞察流程可改进的方向，给出优化建议，帮助价值流持续精进。

（3）基于工作流客户使用体验的优化，引入聊天机器人和知识库技术，帮助客户完成自助式服务处理和知识查询的智能客服场景应用。

3.2　低代码编排技术

低代码是一种可视化的应用开发方法，用较少的代码、组件化的模块来快速搭建流程或应用场景，实现业务能力。对于华泰证券而言，日常工作中会有监管协查、融资融券的账户查询、机构特采等实际的业务场景诉求。以下两种低代码能力可以快速搭建业务场景。

3.2.1　低代码流程编排

低代码流程编排（见图 8）包含通过拖拉拽的方式即可自由编排各种流程节点，并进行属性设置及表单设计的低代码编排。

面对业务部门的服务需求时，分支机构、经纪和渠道业务每天有重复性的线下业务数据查询需求，这些需求通常占用了系统管理员很多日常工作时间。我们通过使用低代码流程编排，可以以分钟级进行数据自助化查询，把线下流程线上化，打通和连接 IT 数据与业务数据的孤岛，提升整体业务诉求的满足率，提高服务的响应速度，减少人工工作时长，极大地提高了服务满意度。

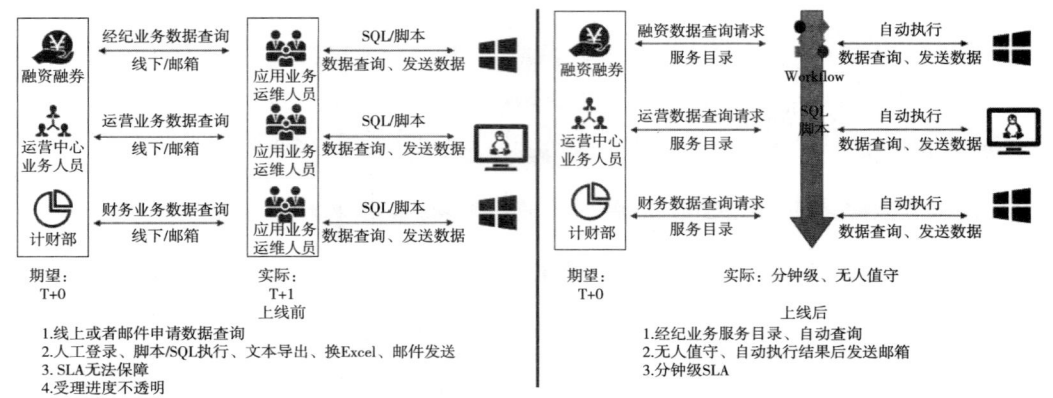

图 8　低代码流程编排对比

3.2.2　低代码数据编排

众所周知，数据和流程是密不可分的，流程线上化之后，自然会产生很多运行过程中的数据，这些数据可以用于改善流程运行状况，提升整体运营能力。

低代码数据编排，就是解决运营过程中的大量数据统计与分析问题，通过流程化的数据采集、数据清洗、数据建模和数据分析，对已有的服务流程过程数据进行批量的采集与梳理，从而发现运营过程中的问题和系统的薄弱项，并给出相关的改进建议。

通过华泰证券技术服务台，我们可以利用低代码数据编排能力，把生产环境中产生的大量告警信息，同步到分析平台上进行批量处理，从而避免影响生产环境的日常运行；通过高效的同步与数据流程处理，快速分析出监控指标的异常内容，自动派发工单给相关系统负责人进行风险管理与事态管理。

对于业务服务目录中的融资融券的账户查询类服务，运营人员每天要上报给上级监管部门大量的账户查询结果信息，而且每次提取的业务数据量巨大，通过低代码的数据查询能力与数据组装，我们可以精确地查找到匹配的信息并整合成目标文件，发送给相关需求方，从繁杂的信息收集、信息梳理和信息汇总工作中脱离出来，找到高效完成业务工作的便捷途径（见图9）。

华泰证券技术服务台中的服务项内容，会根据实际需要，根据运营的维度，使用开箱即用的图表组件和行业最佳实践的运营分析模型与指标进行过程分析，对于服务运营的需求输入、审批过程、执行效能、结果反馈多个维度进行可视化的展现。

对于管理者视图的指标项：服务成本－工单数量/用时；效能改进－解决率/响应率/符合率。

对于运营者视图的指标项：服务成本－工单数量/用时；效能改进－解决率/响应率/符合率/自动化率。

对于运维人员的个人工作指标项：工单总量；已完成/未完成工单量；逾期数量；解决率/响应率/符合率；处理时长总量；平均处理时长；工单数量分布；工单数量前十

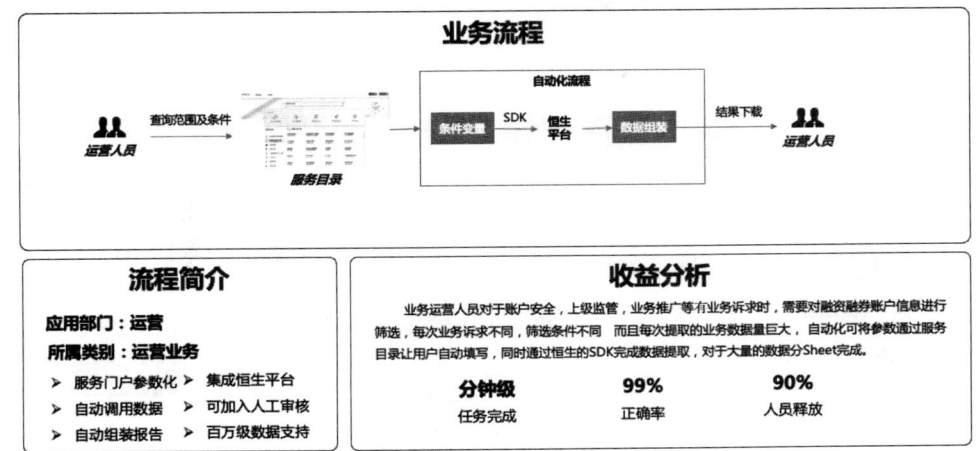

图 9 低代码数据编排

位；工单处理用时前十位；等等。

以上对于不同服务角色的指标项都可以通过可视化的手段进行直观的展示，每个流程角色都可以快速地看到符合工作需要的趋势与信息，从而更合理地判断自己的工作优化步骤与内容，达到逐步改善、持续优化的目的。

4. 关键创新点

4.1 工具平台的整合

华泰证券技术服务台是构成华泰证券技术运营服务管理体系的重要平台，IT 服务管理能力关系到服务管理层面的多种实践能力：服务请求、事件管理、监控与事态管理、问题管理、需求管理、服务台管理、服务级别管理与变更管理等。要在统一的运维体系中关联相关其他平台，并把关联平台之间的数据与应用进行串联，这就需要"iBPMS + iPaaS"的解决方案。

华泰证券技术服务台就是采用了这种融合调度的平台级集成能力，形成了一套可以与其他平台打通数据和应用共享的能力，通过平台的能力组合与互补，提供给业务需求最直接、最快速的服务响应能力。

如图 10 所示，当系统出现故障时，相关的分支机构会通过服务请求的方式发送事件单给服务台，服务台会根据服务目录的设置形成对应的事件工单给值班部门，值班部门会比对由系统自动生成的告警工单与巡检工单内容，快速作出应急响应的动作，进行事件修复。所有的事件内容都会被完整记录，并通过统一操作台完成业务自动修复的工作，操作台会调用如金证自动化能力来完成操作任务，并反馈结果记录到工单内容中留痕。

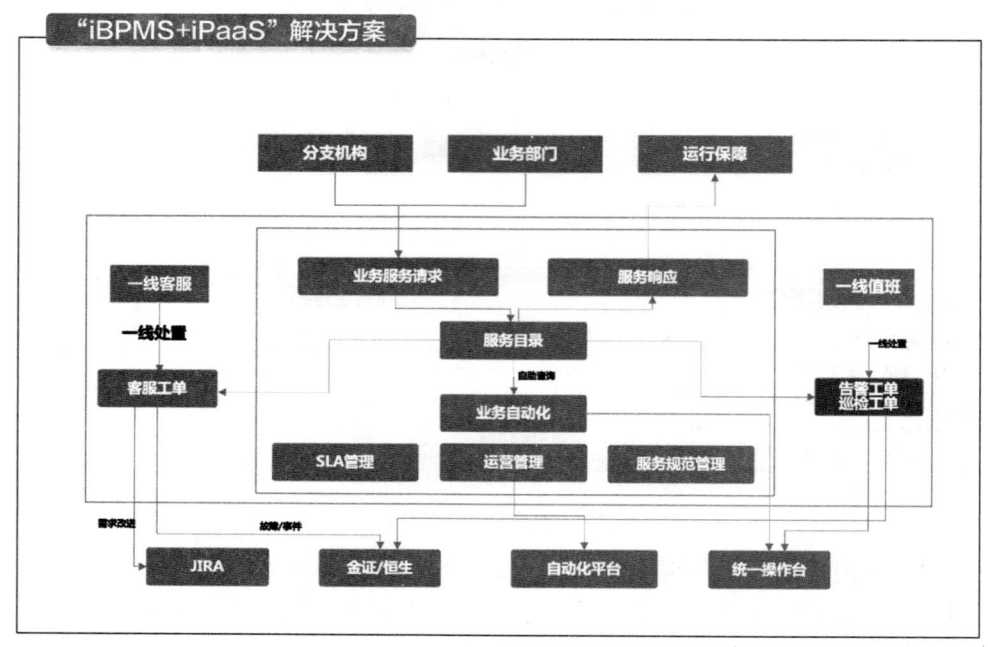

图 10 能力整合方案

4.2 价值链的网络化

在工作流治理下的"价值链"开始向"价值网络"转变，以适应复杂多样和快速变化的市场要求。价值网络可以使企业更加灵活、动态、自组织式地生产和提供服务，通过与合作伙伴和客户的协作实现价值共创。价值网络中的各种服务能力虽然是有限的，但不同的组合可以建立千变万化的业务流程与平台。

以告警的运营为例，告警是系统监控的产出物，系统的完整性与可用性保障工作有可能由多个部门协作完成，当告警触发时，可能告知多个部门进行同时响应，这就需要系统本身以及关联系统的管理员都对系统相关内容有联动反应。完善告警闭环机制是服务安全稳定的重要保障。

作为告警的补充，巡检机制同样是价值链网络化的重要体现。巡检是使用多种手段，对多层级的资源目标进行多指标的业务盘查。当前华泰证券已经有1239个巡检任务，已纳管系统达100个，同时自动化巡检覆盖率为35%。良好的巡检机制可以确保业务在运行前、运行中和运行后都保持良好的可用性水平。

4.3 协同能力的深度整合

工作流平台中"应用/数据编排模块"是打通应用孤岛和数据孤岛的关键模块，主要分为应用层和数据层。应用层主要通过 API、脚本、RPA 等方式进行连接和执行自动化任务。数据层可帮助企业多渠道业务进行数据采集、清洗，打通多系统间的数据交互；根据客户需求提供动态数据建模能力,从而满足客户自定义数据运用场景的需求。华泰证券技术服务台,将技术问题咨询类服务形成了一套服务目录体系,通过服务流程中工单的流转来满足客户对于咨询类问题的解答需求。咨询类工单的总体关单率达到了93%,一线客服的拦截率因为知识库能力的提升,达到了52%,单项营业部的满意率达到了92%的高位水平。后期如果建成数据查询类的自助化服务目录,则能加快提高一线拦截率的水平。

5. 收益及总结

5.1 收益

项目实现了数字化服务目录25个、数字化服务流程126个,业务自动化的比率从3.6%提升至36.8%,统一服务台彻底实现了服务需求和服务提供的端到端全链路跟踪与记录。通过流程线上化和标准化的落地,运营保障部门可以快速响应用户的各种业务需求,统一服务入口,通过流程流转的方式,提高了整体的服务能力。

另外,平台与后端工具链的集成,完成了系统与系统之间的互通,极大地提高了平台与工具的集成度,从而提高了服务履行的速度,间接提升了用户满意度。分支机构服务满意度从63.4%提升至87.5%。

通过流程标准化与自动化执行的部署,运营保障部门可以提供标准化、可追溯的IT服务体验。业务流程自动化调用的次数达到了6000多次。自动化技术节省人力时间30000多个小时。工单总数超过30万条。

华泰证券技术服务台通过低代码和无代码技术对接第三方平台20多个,包括金证自动化、恒生交易平台、数字员工RPA、统一监控台、OA审批系统、企业内部IM工具等,节省系统整合的人力开发时间100多人/天。

5.2 总结

组织变革下,会出来越来越多的融合团队,而融合团队需要融合工具的支撑,华泰证券技术服务台是一个很好的支撑。

华泰证券技术服务台和超级自动化的理念在上述案例里得到印证与实践,以服务目录作为服务和价值输出的媒介,通过低代码、自动化、iPaaS等技术对人员、信息化系统、数据进行混合编排,快速交付服务与价值,并通过流程挖掘分析和精进,对服务对象提供智能客服的自助式服务,提升用户体验。

当组织面临不确定性和新需求时,使用华泰证券技术服务平台可以快速构建新的业务流程,为服务赋能。

随着组织数字化转型的不断深入,衔接组织越来越多,整合信息化系统越来越多,华泰证券技术服务平台价值也会越来越大,因为组合的可能变多了,增量价值的场景也随之变多。

富国基金基于人工智能和应用图谱的智能运营平台

李 强　孙 琪　吉维维　姚 琦

富国基金管理有限公司

未来几年，金融业将延续稳定的增长，金融行业的内部信息技术格局将继续调整和转型。在"互联网 +"及"金融科技创新"等新模式的推动下，业内同行纷纷开启金融科技业务的数字化转型。在这一数字化转型进程中，信息技术架构从原有的相对固化专用的架构模式，转变为更加开放、安全、云化的架构模式。无论是底层基础IT资源，还是上层应用服务，已经显现出更加"海量"和"多变"等特征。这些新特征对传统的信息科技运维模式带来了巨大的挑战。为了有效适应新形态业务科技，从信息科技团队的运维管理体系，到支撑信息科技团队日常运维和安全保障工作的技术平台体系，都必须作出适应性的升级和改造。

在数字化转型过程中，为应对传统运维模式面临的挑战，持续提升风险监测能力和运维保障水平，有效解决基础设施、网络安全、应用监控、业务监控各自独立，管理过于分散等问题，富国基金根据自身的整体战略目标和信息技术发展规划，在广泛汲取国内外同业成功经验的同时，结合富国基金的资源现况，启动和实施了智能运维项目。

1. 背景及意义

智能运维是利用大数据及机器学习算法解决运维过程中已知问题和潜在问题的一种技术解决方案，使用分析理论和机器学习等方法自动发现问题、实时对问题作出反应。在效率、范围、成本、周期等方面采用智能分析、预警、决策等手段，实现自动分析关联事件、故障及异常的智能运维工作，更加适用于目前数字化转型下银行、基金等行业的IT运维体系。

2. 整体方案介绍

2.1 整体方案

项目建设了运维数据统一管控平台，统一治理运维及运维数据。采用时序转换技术，对各个监控系统的运维数据和应用系统相关日志进行标准化时序处理，实现统一的数字化指标库；时序数据自动化、批量化异常检测，从运维数据特征反向调试算法，实现更加准确的异常判断；引入交易日历功能，训练数据更加符合基金行业特点；服务不依赖业务流程关系、不依赖强关联关系，在大大降低对资源数据中台依赖的同时，为资源数据中台的精细化管理提供 AI 能力和自动化支撑；指标自训练、算法自优选；指标数据实时按用户个性化分发，实现数据共享和移动化运维。

为了使 IT 资产覆盖精准，形成应用图谱，项目建设了新一代资源数据中台，通过持续的场景规划、数据模型再造、智能化数据生产，打磨出一套符合公司未来信息科技运维管理模式的平台和配套治理体系。中台于 2021 年正式上线，切实提升了公司的科技运维和运行保障水平，实现了对云管、容器、监控、流程、安全、变更风险评估、智能降噪等各领域场景的有效驱动，数据自动化率超过 90%，数据准确率超过 99%，总体建设效果显著。

此外，智能运维平台从业务需求出发，通过 AI 算法赋能，深度融合业务场景，多维度定制业务运维/运营场景，提升了富国基金对业务性能、业务健康度、业务风险等多方面的监控能力，增强了面向业务的多场景、多维度运维能力，更精准地解决了面向业务的运维/运营工作痛点，推动运维/运营工作的智能化和精准化，对于提升基金行业在数字化转型过程中探索金融科技与业务融合发展具有积极意义。

2.2 整体架构

系统主要是以 CMDB、AIOPS 作为整体，统一设计一体化解决方案（见图 1）。应

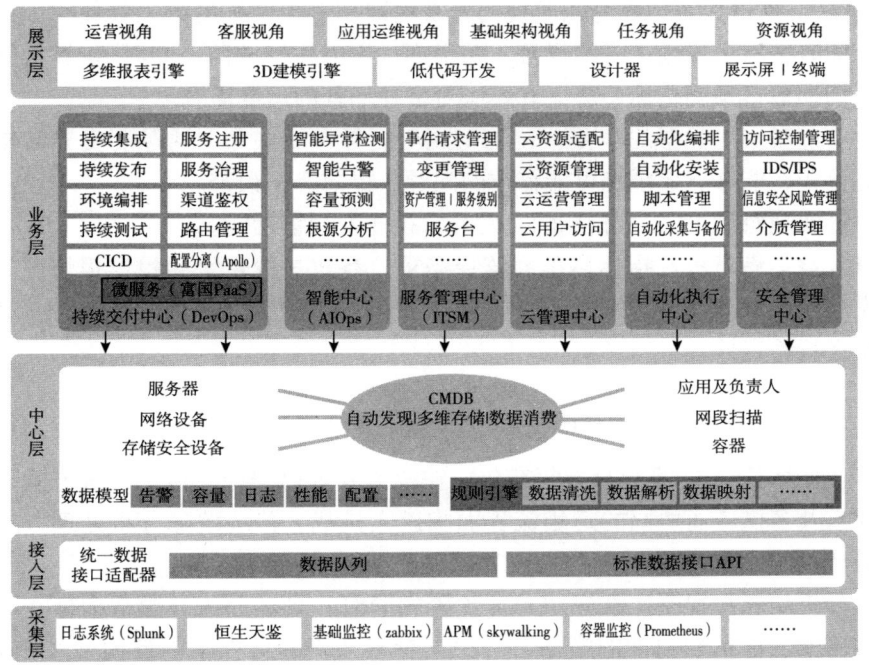

图 1　整体架构

用关系资源增强 AIOPS 告警压缩率，AIOPS 根据日志、调用信息反哺 CMDB 关系资源采集率。

3. 主要技术特点

3.1 统一管控

项目构建了运维数据统一管控平台，统一收集、维护、存储、转发 IT 系统产生的运维数据。平台对结构化、半结构化及非结构化数据进行解析并规范数据格式，同时对元数据进行管理，有效将运维数据的时空属性保留，包含数据产生的时间戳、相关应用系统、相关负责人等信息。平台具备数据预处理功能，从多种运维数据中提取出时序化指标，为上层 AI 场景化应用提供运维数据支撑。

3.2 海量指标异常检测

随着富国基金业务量增长、运维工具的逐渐完善，以及运维数据的维度和容量大幅增加，使用传统人工分析或基于规则的自动化运维方式已无法满足运维需求，急需建设基于人工智能算法的满足海量运维数据实时分析检测需求的智能运维工具。

异常检测应用使用历史数据通过 AI 算法进行训练，得出数据趋势模型，利用趋势实时预测得出指标的未来趋势，以该预测数据作为基准，对未来真实数据进行异常检测（见图2）。通过人工智能算法实现的异常检测相对于传统运维工具使用固定阈值告警方式，能有效减少运维工具的误报、漏报率，实时发现故障；同时 AI 算法能基于交易日历、周期数据预测指标趋势，有效应对多种场景的运维需求。

平台通过对历史数据的学习，自动生成历史异常模式库，通过历史异常模式与实时数据的分析，能够有效预测可能存在的问题，提前发出预警。

项目已实现每秒 12 万个指标的并发异常检测及预警功能。

场景收益：满足海量指标多维度监控需求，有效减少告警漏报误报情况。提前预警功能实现从被动运维到主动运维的转变，能提前预防故障发生，减少故障发生率，提升系统运行稳定性。

3.3 根因分析

随着业务增长及 IT 系统日益复杂化，在故障处理过程中，传统运维方式下运维人员技能要求及多供应商协同的运维流程面临巨大挑战。传统故障分析处理方式已无法满足日益严苛的业务连续性需求。

根因分析功能在智能运维应用异常预警的同时，自动分析与异常指标在时空关系及预测偏离度上存在相似性的指标，并根据专家知识和历史根因反馈（半监督学习）生成推荐根因列表，为运维人员响应故障提供决策支持。

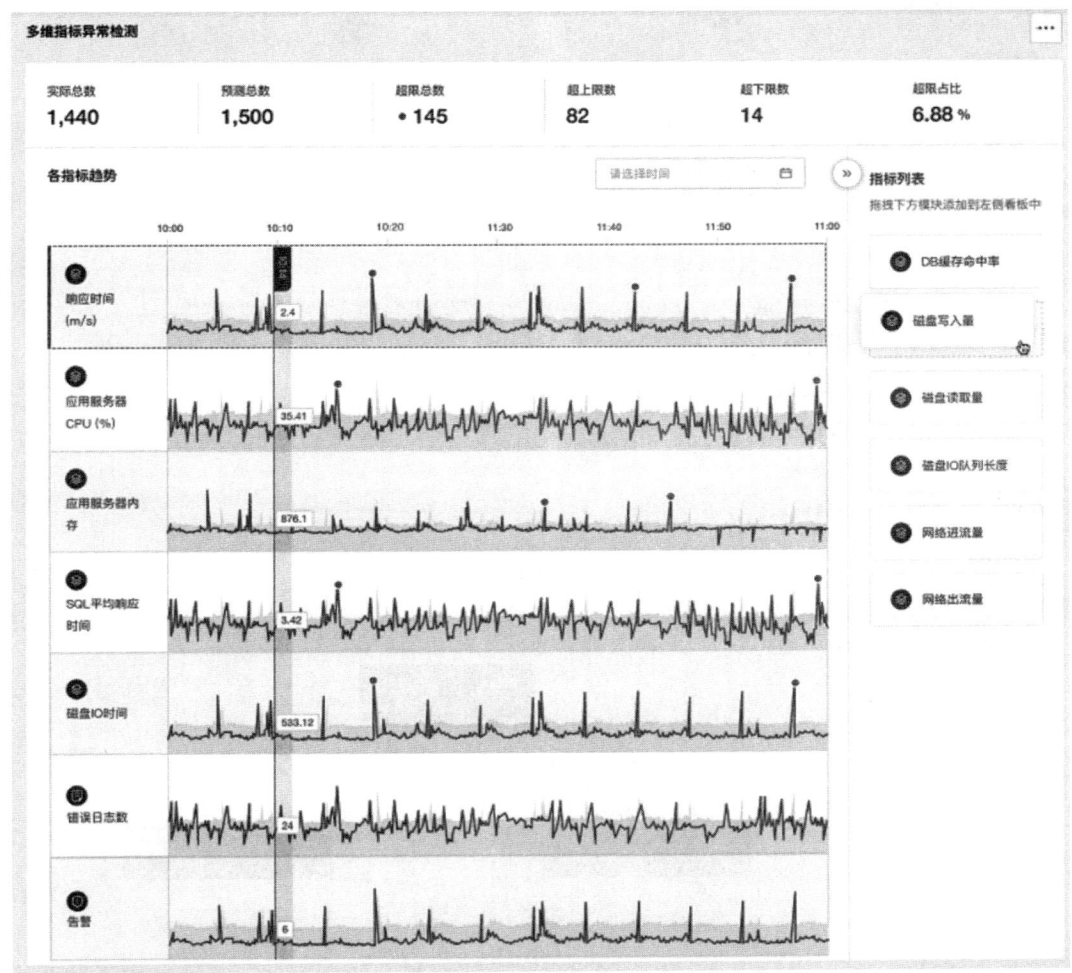

图 2 异常检测

场景收益：基于 AI 算法的根因分析功能，能够基于历史数据及专家知识快速推荐异常或潜在将要发生的异常的根因并提供下一步行动方案，能够有效缩短运维过程中故障恢复时间，优化应急处理流程，并降低运维成本。

3.4 告警压缩

随着应用系统增多及运维工具建设的完善，告警数量及异常日志数据量急剧增长。传统运维工具基于规则的告警存在误报、漏报现象。运维人员疲于应对大量告警及异常日志。

告警压缩功能基于半监督机器学习方法分析自然语义、时空逻辑关系等相关性，对海量的持续冗余消息进行特征提取，使用自研 AI 算法对提取到的特征空间内的数据进行聚合、分类操作，从而进行告警压缩和告警合并，抑制同类重复告警，去除告警噪声（见图 3）。

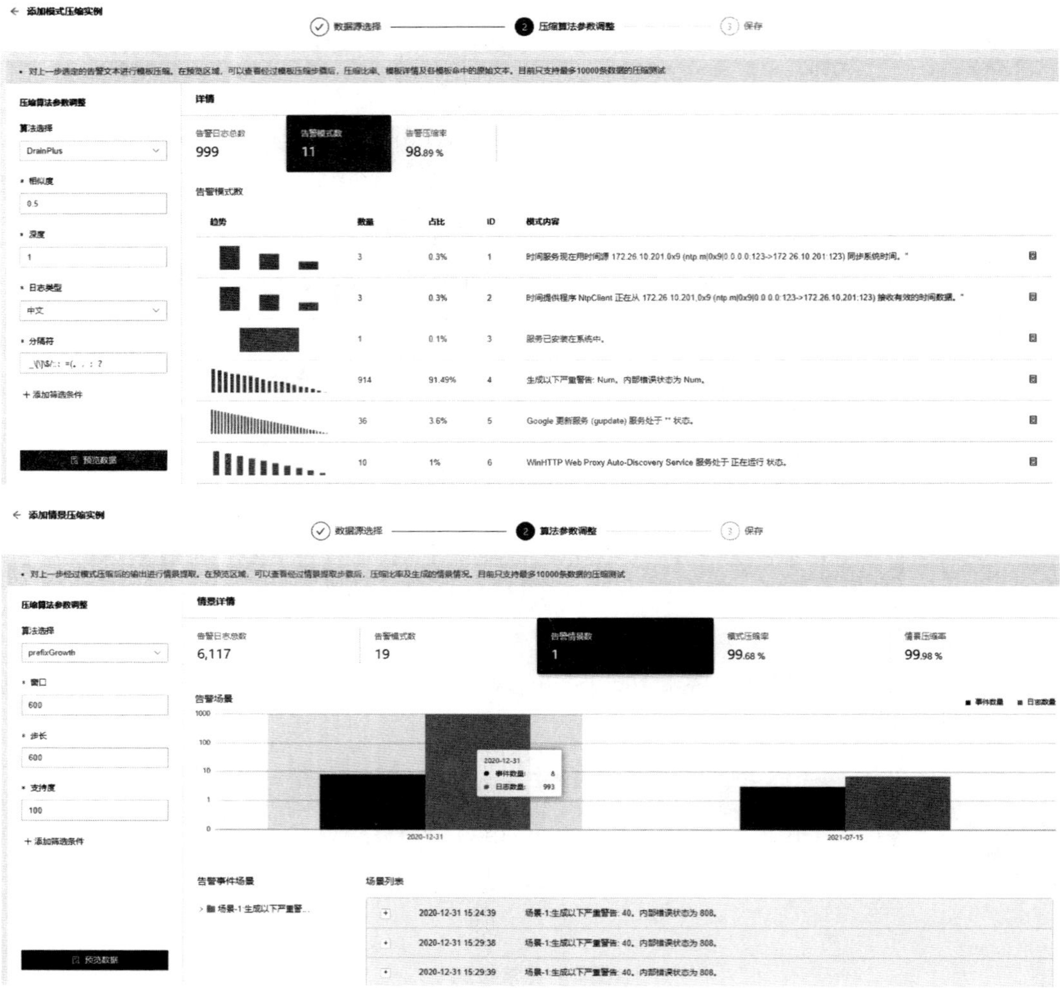

图 3　告警压缩

根据历史告警压缩模式，通过 AI 算法，对多个时空逻辑上存在关联性的告警进行关联，自动生成告警情景模式并根据优先级提取业务相关告警，有效抑制告警风暴。

场景收益：告警压缩功能能够有效降低重复告警和单一故障导致的告警风暴对运维工作造成的影响，根据压缩后的告警内容，可快速定位故障影响范围，快速响应，优化故障处理流程，有效缩短故障处理时间。

3.5　资源数据中台

资源数据中台对标国际 IT 管理最佳实践标准 ITIL 4 设计和研发，在产品理念、功能设计上完全符合 ISO 20000 国际标准。富国基金旨在建立适应公司新型混合云信息技术环境的智能化管理平台,并通过这样一个"简单直观、自由扩展、高度自动化、面向消费"的智能管理平台彻底盘活公司信息科技团队的信息科技数据资产。公司信息科技团队能够切实将 CMDB 资源数据中台"用起来",最大限度地挖掘和享受信息科技数据资产的潜在价值,使其成为驱动公司 IT 与业务协同发展的引擎。

新一代 CMDB 资源数据中台(见图 4)在公司 IT 体系中定位为资源数据中台,从资源数据管理者和供应者角色出发,提供有实际价值的数据消费场景,加速资源数据转化为价值的过程。平台在总体技术上包括以下四个方面。

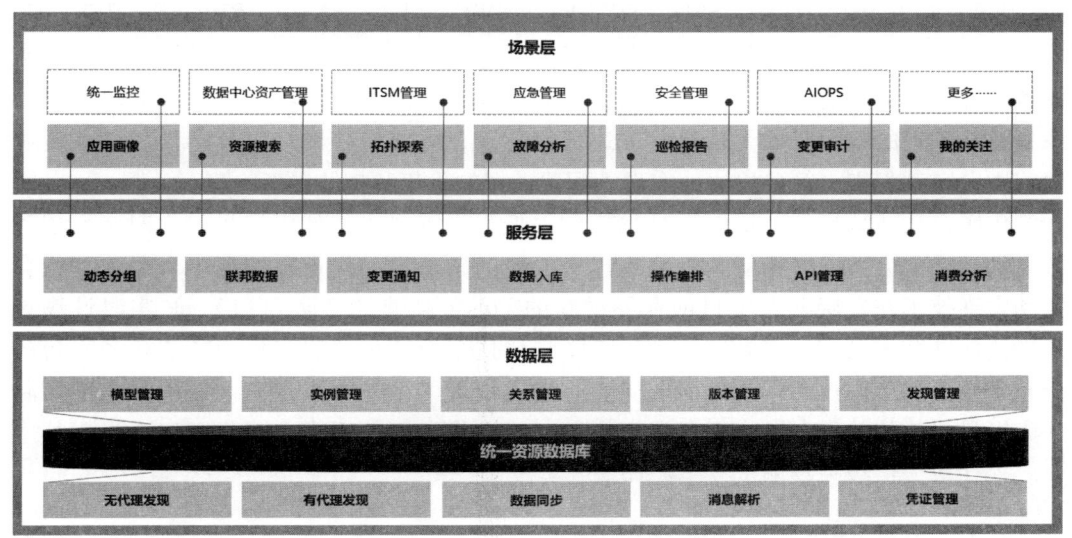

图 4 资源数据中台

(1) 自动发现。最大限度地采用自动化发现技术,全面替代组织内部依赖手工发现、记录和维护的传统模式。

(2) 开放建模。自由定义的数据模型,统一收纳并关联海量、多来源、多格式的资源、配置、告警、变更及日志等数据。

(3) 面向消费的服务组合。立足资源数据,通过套装服务向周边各类第三方平台场景供给数据。跟踪数据消费指标,持续优化供给质量。

(4) 驱动消费。构建消费场景。从 IT 日常运营、故障监控、风险分析、安全审计等各类日常工作中挖掘对资源数据的需求,形成实用、高频消费的场景。

4. 关键或创新点展示

4.1 技术创新点一:无代理极速自动发现

目前,业界资源数据自动采集方案多数基于 Agent 代理实现。这种方案实现相对简单,但也存在一定弊端。一是由于需要预先安装 Agent 代理,在主机上线前增加了安装 Agent 代理的工作步骤,在部署 Agent 代理过程中也容易出现不同操作系统版本和 Agent 代理之间兼容性问题;二是 Agent 代理运行时会占用一部分系统资源,对原主机上部署的应用系统或基础软件服务存在潜在影响。因此,在本次项目中,公司新一代资源数据中台全面采用无代理(Agentless)方式完成各类软硬件资源的配置数据采集。

为实现对各类技术资源数据采集的全面覆盖,新一代资源数据中台创新性地研发了基于无代理的组合发现技术,整合 TCP、UDP、IP、IGMP、EGP、RPC、GGP、Socket、Modbus、ICMP、HTTP、SSH、TELNET、JDBC、JMX、SNMP、SMI – S、RESTFUL 等多种网络协议,实现对测试和生产环境中网络设备、安全设备、服务器设备、存储设备、虚拟机、容器、中间件、数据库、应用服务、配置文件等海量资源的数据自动采集。被管理的资源对象无须提前安装任何代理,只要进入网络,就会被新一代资源数据中台自动识别,简单快捷地实现了配置数据的采集和持续更新。

传统自动技术另外一个短板是扫描效率低,当需要采集的资源量较大时,发现和数据处理效率会大幅度降低。为解决这个关键问题,新一代资源数据中台无代理组合自动发现技术在底层融合了目前业界最新的 Pulsar 高速消息队列和 Flink 实时计算技术。这两项技术已被许多大型金融和互联网科技企业认可并引入作为核心业务平台的分布式计算和存储技术,是目前业界实时流式处理的最佳方案组合。再加上依照实际采集场景优化的并发、异步任务管理机制,新一代资源数据中台无代理组合发现技术可轻松达成分钟级采集测试、生产环境的实效。

4.2 技术创新点二:轻巧联邦

传统的配置管理平台主要依靠和不同的数据源同步数据来完成资源配置数据和运行数据的汇总。这种方式非常笨重,带来的主要问题,一是在已有数据源的基础上,需要完全复制一份全新的数据,这提高了数据中心在磁盘或存储上的投入;二是这些数据需要每日甚至每小时进行同步,占用了大量的网络带宽资源。

新一代资源数据中台突破性地采用了更为轻巧的"数据联邦"技术。平台本身只存储关键的资源对象等相对静态的数据,对于资源对象相关的故障、性能、工单、日志等流水类型数据,按需实时从不同第三方平台数据源中获取。基于"数据联邦"机制,平台只在需要使用某类数据时发起数据请求,即可生成关联数据视图,满足特定消费场景需求的同时,减少了不必要的网络资源开销,避免了在数据存储上的重复投资。

4.3 技术创新点三:应用图谱

测试和生产运维的最终目标,是通过对测试环境和生产环境的高效管理,提升公司关键应用系统的交付和保障能力。因此,所有资源数据的日常管理,皆应从业务流程和应用系统的视角出发,方能更为有的放矢、行之有效。

基于这一管理思路,新一代资源数据中台以应用系统为中心,从应用系统视角聚合和管理各类资源数据,通过应用资源组件关系、应用服务拓扑、故障影响分析、变更风险分析、应用配置文件管理等功能,实现对应用系统的整体画像。同时,平台针对应用相关资源数据自动统计"自动发现占比""数据准确率"等指标,提高对应用系统及其组件资源数据质量的综合治理能力。

在数据生产方面,平台目前支持基于资源数据特征智能归属应用系统。管理员可通过人工标注的方式,在自动归属基础上对软硬件资源从属应用关系进行调整和纠正。下一阶段计划在现有基础上,结合监督式机器学习技术,对应用系统智能归属关系策略模型进行自主训练,以进一步减少人工干预,大幅度减少手工维护工作量。同时,继续强化和丰富应用画像在服务调用关系、故障影响分析、变更风险分析以及 DevOps 等具体功能上的应用。

4.4 技术创新点四:通过算法及日志数据反哺资源数据中台

导入静态资产表或动态资源数据中台至智能运维平台,智能运维平台分析资产之间的空间、逻辑依赖关系,并且持续实时从日志、安全事件、流量分析工具中发现新的资产,通过 AI 分析,补齐资产相关元数据,形成实时动态资产表,实时洞悉资产状态、安全性及可用性。可按需配置生成新增资产报告并发送至系统相关人员邮箱,管理人员确认后,可以通过智能运维平台关联的资源数据中台 API 接口,一键导入新增资产及相关元数据信息。

收益:智能运维平台与资源数据中台联动,解决了传统运维工作中资源数据中台资产难以与生产对齐的痛点,杜绝了运维过程中 IT 资产信息不对称导致的潜在风险,减少了运维工作中 IT 资产信息管理的工作量,可以满足基金行业数字化运维过程中资产数字化管理的需求。

此外,可以通过在监控及日志中发现的业务关联及拓扑关系反哺资源数据中台。具体措施如下:

(1) 业务系统日志分析,识别业务数据、业务模块、软件服务、主机名/IP 之间潜在调用和依赖关系。

(2) 故障和指标相关性分析后,反哺资源数据中台,便于优化 IT 资源供给,调整应用服务及业务流程方向。

(3) 根据故障业务影响分析结果,反向写入资源数据中台,设定关键基础资源的重要程度。

(4) 根据根因推荐结果,反向写入资源数据中台,标识设备或基础资源的"脆弱性"。

(5) 知识库如果纳管资源数据中台,根因推荐可以写入资源数据中台积累解决方案。

4.5 技术创新点五:算法优化 & 训练加速

(1) 针对海量数据的检测,相较于过去必须大样本长时间学习才能有较好效果的情况，我们通过对接 CMDB 应用图谱数据，仅需 7~14 天样本数据训练即达成整体较高准召率。在训练前直接使用 CMDB 应用数据对指标进行分类，省去了算法训练自动聚类的环节，节约了大量时间。

（2）一般的异常检测算法，主要运用通用的周期性、统计性的趋势分析，在周期小波、曲线振幅等特征的识别上，并不能很好地契合金融行业的特征，我们的算法在周期分析上采用一个曲线不同时段，识别其历史重复规律，可能存在多周期并存的情况，比如某些存在月结的系统，一般是按周或按工作日重复发生的历史周期，但在月底当天的曲线是按月重复，我们的算法能够对不同时段自动识别标注其星期几和月底的特征，并在检测预测时根据识别的特征，自动选择不同周期的预测曲线进行适配，得出正确的结果。

5. 收益和总结

5.1 收益

（1）富国基金 IT 资产入库自动化率达 96.1%，降低了人工维护成本。

（2）统一的监控平台打通各平台数据，运维人员可在单一平台上查看，处理告警。

（3）通过 NPM 流量镜像获取准确的应用互访关系，实现变更影响分析，应用架构拓扑展现。

（4）数据关联分析，根据指标的趋同性关联，实现事件事前主动预警、主动告警及事后分析溯源、总结。

（5）满足基金行业数字化转型过程中稳态、敏态双态 IT 运维目标，为企业业务发展保驾护航，降低业务风险，维护金融稳定。

5.2 总结

本项目对接富国基金 200 多套系统，实现公司 2000 余台虚拟机及物理机网络设备、80000 多个监控项的集中监控告警及预警，有效解决了基础设施、网络安全、应用监控、业务监控各自独立和数据孤岛等问题。通过新一代资源数据中台保证被监控资产的全覆盖以及与相关负责人的一一对应，落实到人。通过人工智能算法及海量运维数据训练提升告警有效性、及时性，及时发现业务系统故障。实现日志的异常检测、指标自动聚类、多指标关联分析、企业健康度大屏、告警自愈等智能运维场景。通过应用图谱数据反哺 CMDB 中关系型数据的建立。

项目的上线提升了基金行业风险监测能力和运维保障水平，实现了事前主动预警、事中准确定位、事后分析溯源及总结。项目自 2021 年 9 月在富国基金推广使用以来，透视系统运行情况、保持系统稳态运行，达到国内领先水平。

中欧基金系统可观测性及稳定性建设探索

陈 羲　贾建国

中欧基金管理有限公司

随着近几年数字化转型在行业内的实践,中欧基金的系统架构也从单体架构逐渐发展到分布式架构,传统的监控技术和工具很难跟踪到分布式架构中的完整调用路径和相互依赖关系,给问题排查和根本原因定位增加了难度。Gartner 认为,数字化转型应该以业务为中心,而传统 IT 监控以系统可用为中心,转型中的企业不应仅关注系统可用性指标。在这样的背景下,系统稳定性建设不能再单独以从运维的视角被动地解决故障为目标,而要追随 IT 架构的改变,融入业务视角,具备比原有监控更广泛、更主动的能力。

中欧基金通过对系统可观测性理论的研究,结合公司的目标技术架构,设计了一套日志标准化、数据标签化的低侵入业务—系统全链路可观测性方案,在此基础上建立业务和系统监控指标基线,探索建立系统视角、业务视角的多层立体可观测体系。

1. 背景及意义

系统可观测性概念最早由德国工程师 Peter Bourgon 在 2017 年分布式追踪峰会上提出。文章《指标、链路追踪和日志》(*Metrics*,*Tracing*,*and Logging*)对系统可观测性进行了系统性的阐述。

系统的可观测性是由日志、指标和链路追踪这三大支柱(见图1)构建的,三种形式的转化和组合使用可以产生丰富的可观测数据。对这些数据的可视化呈现既可以帮助系统运维人员进行快速排障,也可以帮助业务人员更好地了解业务运行情况。

日志→指标:对标准化格式的日志进行切分、统计分析可获得指标数据,比如服务的单位时间调用次数、成功数量、失败数量、耗时等。指标既可以是基础指标,也可以是业务指标。指标的聚合和加工又可以得到派生指标,比如由单位时间的成功、失败数量可以进一步计算出成功率指标。

日志→链路追踪:对日志的聚合和转化可以得到追踪数据。对于追踪数据的日志聚合既可以按请求维度的唯一 ID,也可以按业务维度的唯一 ID 进行聚合(比如交易链路的交易号),得到业务链路的完整调用链。

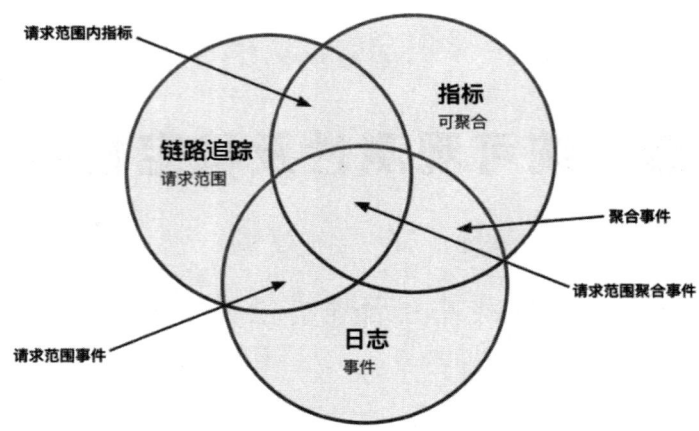

图 1 可观测性三大支柱

传统监控平台缺少业务视角的全景监控,并且业务指标与系统指标之间存在割裂。这导致系统的用户、业务人员和技术人员之间无法形成统一视角。很多故障往往是用户已经反馈,后台技术人员却在用系统监控指标证明系统没有问题,使一些偶发问题隐藏很久才被发现。或者业务已经受到影响,技术人员却迟迟无法确定是哪里导致的问题,故障恢复时长难以得到保证。可观测性建设的关键点在于打破监控孤岛,对监控数据建立关联从而构建出围绕系统和业务的多层监控体系,使这些数据和指标可以真正发挥观测价值。

2. 中欧基金系统可观测性建设整体规划

构建可观测能力的关键在于解决监控数据的统一和关联问题。在传统的监控平台中,由于数据来自多个系统的不同观测工具,监控数据格式不统一,元数据也存在差异。梳理和映射这些元数据的工作复杂、难以维护且不可持续。如何解决这个问题?答案就是标准化。

中国信通院《可观测性技术发展白皮书》指出,可观测平台能力的构建,需要具备统一数据模型、统一数据处理、统一数据分析、数据编排、数据展示的能力。

2.1 统一监控架构

基于可观测性理念,中欧基金规划了统一监控架构(见图2)。整个监控架构采用分层设计,抽象出资源、应用、业务三层监控模型。每层监控模型和指标的定义致力于发现相关领域的故障,同时通过业务标签染色以及和CMDB元数据关联,并通过统一的监控报警平台统一管理各层事件,提升报警的准确性及故障定位的速度。对应用的业务日志进行实时分析,并按多种维度聚合指标数据,如交易量等,提供丰富图表将业务指标变成可视化的业务大盘,以此量化和可视化系统业务运行情况。

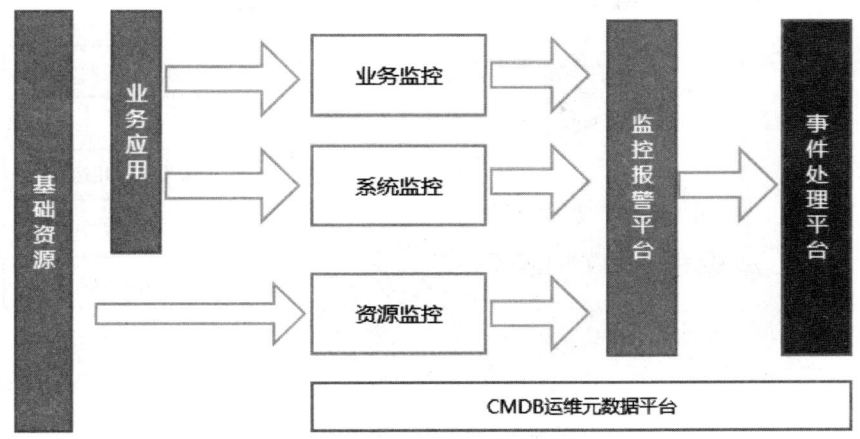

图 2　中欧基金统一监控架构

2.2　统一业务监控的领域模型

业务域：一个完整的业务或产品称为"业务域"，如"研究域""交易域""营销域""办公域"等。

业务场景：业务域中的核心业务用例叫作"业务场景"，如交易域的"创建交易""交易确认"等，业务场景是整个业务监控模型的核心。

业务指标：体现每个业务场景的特有指标，如交易数量、交易成功率、错误码等。

对以往故障进行梳理分析可以发现，常见业务故障都可以通过流量、时延、错误三类指标反映出来，我们称之为黄金指标。

- 流量：业务流量跌零或者出现不正常大幅度上涨下跌，中间件流量如消息中间件提供的服务调用量跌零等，都可能触发重大故障。
- 延时：系统提供的服务或者系统依赖的服务，时延突然大幅度飙升，基本都是系统存在问题的前兆。
- 错误：服务返回错误的总数量，系统提供的服务或者依赖服务的成功率。

监控平台提供标准的"黄金指标"组件，通过单次配置就可以生成一组黄金指标及对应监控图表，简单可复用的指标模型和监控组件使新上线的系统和服务的业务监控覆盖成本降低，业务和系统监控可维护性大大提升。

业务状态监控可采用微服务框架的日志插件在服务层输出包含业务标签的标准格式日志数据，通过解析标准格式日志即可实时提取日志中的监控指标，具有简单易用、自定义能力强、响应速度快、对业务无侵入等特点；提供了完整的业务监控领域模型，帮助系统及业务负责人完成业务监控覆盖。

2.3　建立"业务—应用—资源"全景可观测体系

全景可观测体系分为业务监控、应用监控和资源监控三层（见图3）。

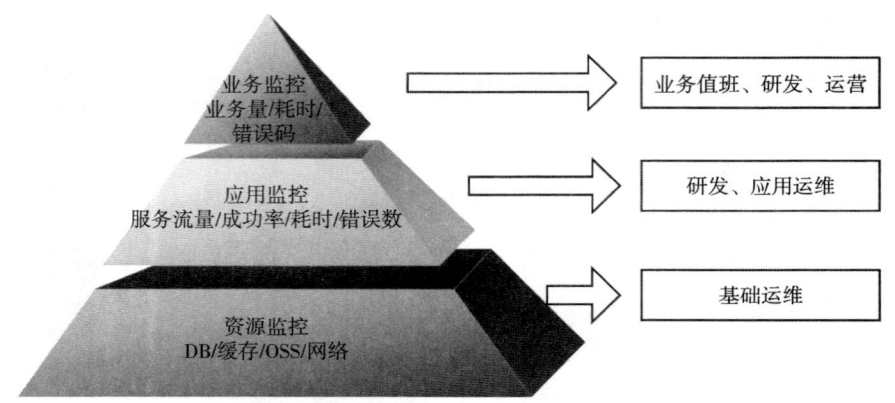

图3 全景可观测体系

业务监控是整个监控体系的顶层，能够反映业务的真实情况，可以与业务结果直接挂钩，能够被不同部门、不同角色的人员所理解。

应用监控提供应用中服务和系统层监控能力，能够直接反映系统运行状态，帮助研发人员全面了解应用中服务和中间件的健康状态，快速定位系统问题。

资源监控提供应用依赖的各类资源（如存储、DB、缓存等）的基本监控，在故障排查中能够为研发和运维人员提供实例级别的明细监控数据，快速确定是应用系统的问题，还是基础资源或者中间件的问题。

通过监控分层，将各层的监控指标和报警规则按重要程度分成严重、警告、普通等多个等级，不同层次、不同级别的监控报警会被分派给不同的角色来处理。比如业务运营只关注核心业务指标和核心业务监控，各业务域的研发人员则接收自己负责业务和应用的报警，基础运维人员负责硬件、网络、数据库等基础设施的监控和报警。这样充分发挥了研发运营一体的优势，各角色通过协作解决了传统模式中运维人员成为故障排查瓶颈的问题。

3. 主要技术介绍

3.1 日志数据模型标准化

中欧基金的标准日志模板是根据中欧基金微服务应用的模块分层架构（见图4）制定的，中欧基金分别针对业务层、内部服务层、依赖聚合层（数据库、中间件、下游服务）的标准日志格式制定了日志模板。对系统的错误日志，对外服务调用日志，内部服务日志，对数据库、缓存等中间件的调用日志制定标准日志格式，便于日志的分析处理和指标及链路聚合。

日志按照类型和用途又分为摘要日志、详细日志。摘要日志包含关键的状态信息和追踪信息，用于指标聚合及业务链路聚合。详细日志用于查看具体环节的详细执行情况。错误日志的输出需要包含时间戳、错误描述、详细错误堆栈信息用于问题排查。

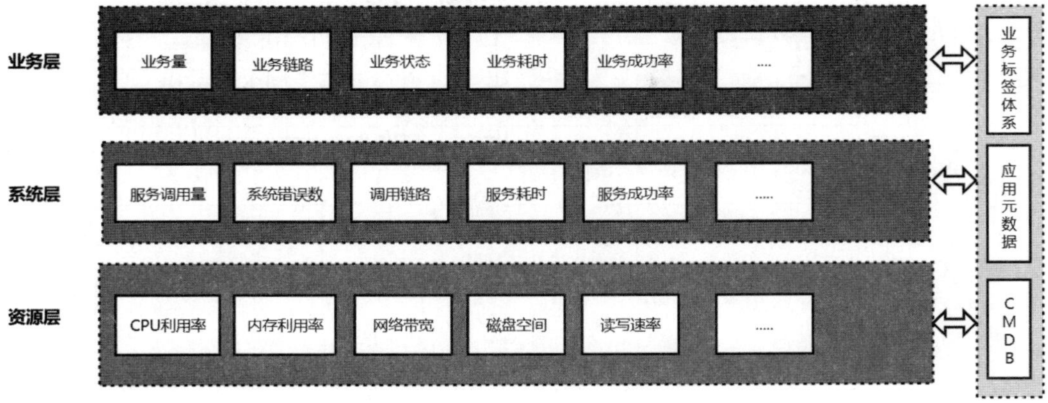

图 4　中欧基金可观测性分层架构

3.2　业务全链路追踪及数据关联

通常我们所说的链路追踪是请求级别的，仅能追踪到一笔请求的调用路径，而业务全链路追踪需要从单笔请求级别的局部链路聚合为业务分场景分阶段的全景链路。通过对链路数据的业务、场景标签染色可以将同一个业务 API 下的单一 TraceID 链路聚合为业务链路，链路的起点是业务的系统入口，链路节点覆盖一笔业务经过的所有节点，并与应用接口、中间件等监控数据关联，使业务和应用关联映射。

通过对链路、日志和指标等可观测数据进行聚合，提供业务多阶段拓扑、业务链路诊断和业务多维监控等能力，实现从业务视角观测整体运行情况和快速故障定位。

4. 关键技术或创新点

4.1　基于切面技术的统一日志埋点

在可观测体系整体架构中，应用系统相对于底层资源层是最贴近业务的，也是最容易直接获取业务运行状态或业务指标的。在系统框架中借助切面技术，开发人员可在系统各层需要进行观测的模块中记录并输出标准日志信息（见图 5），由日志监控平台按照预定的日志模板切分聚合出系统指标、业务指标。

以下以业务摘要日志为例列出了在同一条业务链路上不同系统在逻辑处理的关键节点上遵循的同一格式规范。

当前时间 ‖ TraceID/业务全局唯一 ID ‖ 当前系统/服务名 ‖ 所属业务域 ‖ 业务场景 ‖ 业务状态（成功/失败）‖ 处理耗时 ‖ 错误码

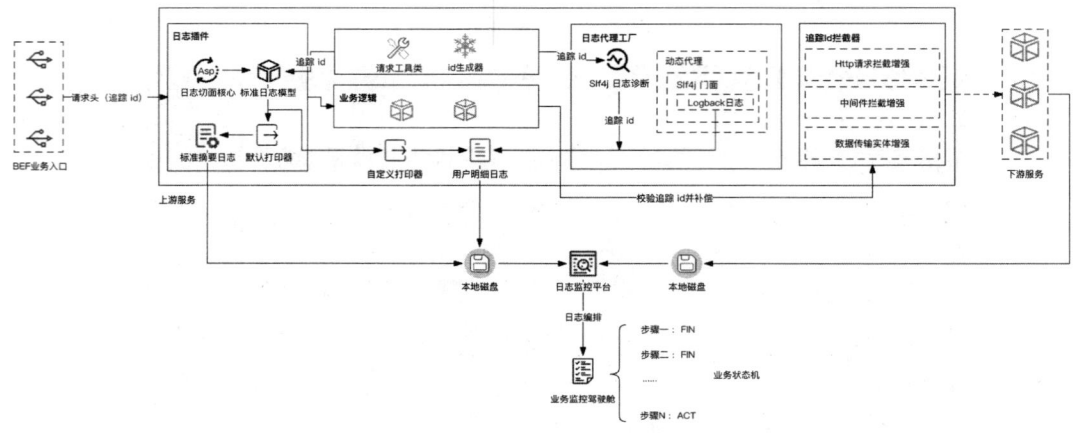

图 5　基于切面的标准日志方案

业务摘要日志打印效果如下：

2022－12－21 03：05：59｜17166780290291466241｜platform｜insight－message｜消费即时消息 Ⅱ 8895ms｜OK｜操作成功

4.2　以业务场景为中心的监控数据标签化

在微服务架构中，一个请求可能会经过若干个服务节点，其所经过的路径，我们称为请求链路/调用链路。通常为了实现链路追踪会把一些服务治理相关的字段（例如TraceID），通过请求头的方式在整个链路中透传。

当我们把有特定业务标签的请求头透传到整个链路，链路中每个服务内的日志框架会针对这个请求头作一些特殊的处理，在标准业务日志中自动添加上业务标识，我们把这种监控数据标签化的实现方式称为链路染色，这个带有特定含义的请求头我们称为染色字段。链路染色的作用域是单个请求的链路，不带染色字段的请求不受影响。通过链路染色的机制把服务治理的粒度细化到请求级别。

在微服务框架中利用切面技术自研日志插件，可以实现以业务场景为中心的监控数据标签化、数据及链路染色，通过无侵入业务染色将请求流量打上业务标签，染出不同场景的业务链路。染色可以分业务场景、分阶段在不同系统服务入口进行，最终将各个阶段的局部链路聚合成业务全链路视图。

5. 建设进展及收获

5.1　建设进展

目前中欧基金已经通过提供工程脚手架工具实现应用技术框架标准化，使用切面技术在框架中实现了服务层及下游依赖层的标准日志。基于此，中欧基金同监控平台厂商评估并通过了系统分层监控平台的技术可行性方案，对应的监控指标和应用监控报警平台正在建设中。

系统可观测性的部分指标如表1所示。

表1 系统可观测性部分指标

指标名称	含义
app – total – qps	总请求数
app – total – fail	总失败数
app – total – rt	总平均响应时间
app – total – slow – qps	总慢请求数
app – success – rate	总成功率
{api} – rt	每个接口响应时间
{api} – qps	每个接口次数
http – status – code	http 状态码分布
service – consumer	上游服务
service – provider	下游服务
service – instance	应用实例信息
{db} – slow – sql – count	每个数据源的慢 SQL 数
{db} – avg – sql – rt	每个数据源的 SQL 平均耗时
{db} – total – sql – count	每个数据源的 SQL 总次数

相应的指标监控大盘设计见图6。

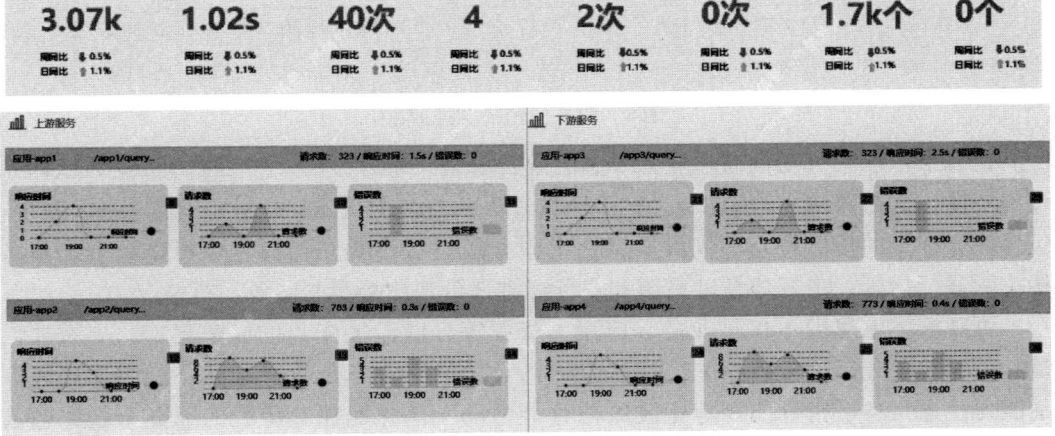

图6 指标监控大盘

标准化业务日志输出示例见图 7。

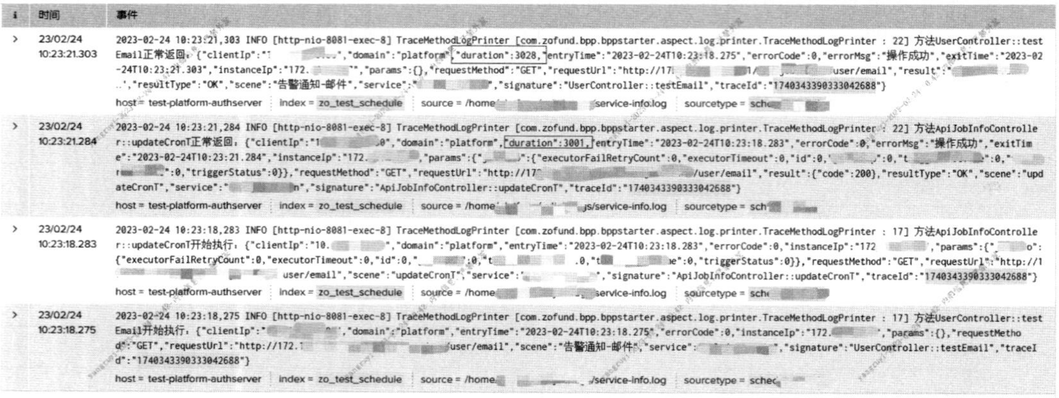

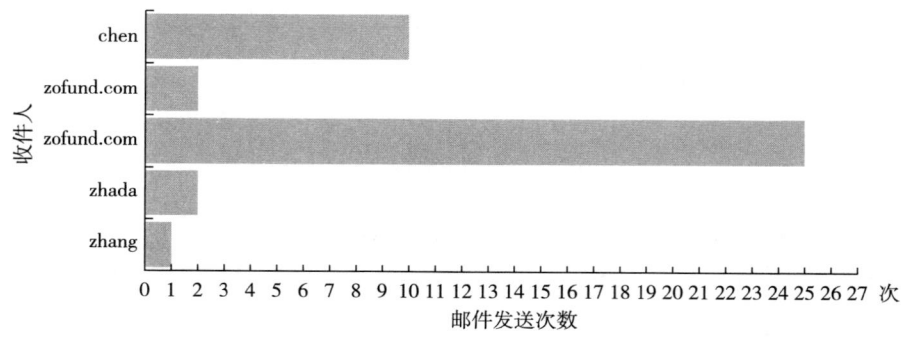

图 7　标准化业务日志输出示例

在以上示例中，我们通过 TraceID 将单个应用内的各阶段的操作过程串联起来，表达出各阶段的方法名、耗时，有助于分析一次请求的性能耗时，图 7 第一、二行两个方法分别耗时 3028 毫秒和 3001 毫秒。

业务视角的监控效果见图 8。

图 8　业务视角的监控效果

在以上示例中，我们通过业务日志的聚合分析，统计了近 24 小时内某业务域内系统成功发出的邮件通知情况，纵坐标是收件人，横坐标是邮件发送次数。可以看出，包含业务标签的标准日志不仅可以聚合出服务运行状态相关指标，也可以聚合出业务相关的运行指标，更好地帮助系统和业务运维人员观测系统的业务运行情况。

可观测体系建设不仅是业务、应用、资源等分层监控能力的简单集成，更重要的是具备通过业务指标分析相关应用状态，以及从应用状态分析资源状态的纵向拓扑联动能力，也是各层指标的智能化健康检查能力的一体化监控。传统的业务全链路监控方案一般采用人工梳理出业务链路的方式定制化开发，由于整个链路中日志格式、元数据的定义不统一，需要做大量的分析和转化工作。这些工作的成果往往是不可复用的，导致不同业务的全链路监控需要重新定制开发，增加了开发成本，并且随着系统版本的升级迭代，原先的业务监控大盘链路和数据可能部分或完全失真。中欧基金的可观测性方案采用标准化日志数据和指标模型的方式，在此基础上结合元数据和业务标签染色技术构建出的上层系统和业务的可观测体系具有实时性高、持续可维护的特点，可以为技术运营赋能业务持续发挥价值。

5.2 下一步规划

系统的稳定性建设，除了需要具有良好可观测性的系统和监控平台，还需要建立配套的技术运营管理体系。这就需要根据各部门各业务域的业务特性制定严格量化的生产问题等级定义。生产问题等级定义直接与业务监控指标关联，明确不同等级对应的指标触发规则。质量控制团队与各业务部门梳理核心业务场景、业务指标和生产问题等级定义。梳理完成的"业务监控"配置和"生产问题等级定义"需要通过评审达成一致，使业务团队与研发团队之间形成统一的监控标准，明确各方职责，降低沟通成本，实现监控结果与业务目标的强关联。

当核心业务指标超出故障定义的范围时，自动触发生产问题通告，将通告信息及时发送给相关团队的技术人员。技术人员通过通告快速查看业务监控数据，通过业务全链路监控的纵向拓扑联动，从业务指标分析关联应用状态，再从应用状态分析资源状态，实现快速故障定位。技术人员根据故障排查的信息，确定故障恢复方案，并通过运维平台执行回滚、切换等操作快速恢复故障。最后由质量控制团队组织生产问题复盘，制定改进措施、完善监控覆盖，实现业务安全生产的正向反馈；通过定期预案梳理及演练持续治理监控体系的有效性，提升应急处理能力。

可观测体系建设的价值除了对生产问题的闭环管理外，还可以根据系统指标基线设计自动化测试用例，将系统可观测性指标基线前移至研发环节，提前发现并解决由系统研发造成的对系统容量、性能、业务处理时长等可观测性指标的影响。

参考文献

［1］构建可观测性的核心能力是什么［EB/OL］. ［2022－07－13］. https：//itcloudbd. com/yunshijiao/6679. html.

［2］Peter Bourgon. Metrics, tracing, and logging［EB/OL］. http：//peter. bourgon. org/blog/2017/02/21/metrics－tracing－and－logging. html，2017.

［3］中国信通院《2022可观测性技术发展白皮书》。

光大证券 DevOps 可观测性管理实践

朱震宇　周宇淇　韩小华　裴旭宝

光大证券股份有限公司

近几年，越来越多的研发团队正在使用新的开发实践——敏捷开发、持续集成、云原生、微服务、容器编排等。因此，如何应对分布式、多语言、异构技术栈下的监控问题，是每一个研发团队需要思考的。

可观测性在云原生概念刚被定义时就被提及，经过这几年的发展和实践，可观测性已经成为云原生时代的重要话题，同时也涌现了很多优秀的产品和实践案例。

光大证券通过对可观测性理论和技术的研究及分析，形成了一套内部有实践意义的方案，通过方案的应用，达到了对传统技术运营的优化目的。

1. 引言

1.1 从数据可视化谈起

人的眼睛是一个高性能的输入处理器，具有很强的模式识别能力，对可视符号的感知速度要比文本快多个数量级。视觉是获取信息的最重要通道，超过 50% 的人脑功能用于视觉的感知，包括解码可视信息、高层次可视信息处理和思考可视符号。数据可视化是指将不可见或难以直接显示的数据转化为可感知的图形、符号、颜色、纹理等，提高数据识别效率，传递有效信息。

从信息加工的角度看，丰富的信息将消耗大量的注意力，精心设计的可视化可以辅助人们将认知行为从感知系统中剥离，提高信息认知的效率。另外，视觉系统的高级处理过程能有意识地集中注意力，图形化符号可以高效地传递信息，将用户的注意力引导到重要的目标上。

从中世纪开始，人们就开始使用包含等值线的地磁图、标示海上主要风向的箭头图和天象图，经过几百年的发展，可视化理念与技术已经广泛应用在地图、科学工程制图、统计表中。从宏观的角度看，可视化包括以下几个功能：信息记录、支持对信息的推理和分析、信息传播与协同。比较具有代表性的是法国人 Charles Joseph Minard，他于 1869 年发布了绘制的 1812—1813 年拿破仑进军莫斯科的历史事件流图，如实地呈现了军队的位置和行军方向，军队汇聚、分散和重聚的时间地点，军队减员的过程，撤退时低温造成的减员等信息。

1.2 传统监控面临的挑战

进入移动互联网时代，大量的移动设备开始接入互联网，带来了海量的用户访问流量。爱立信的全球洞察显示，自 2011 年首期《爱立信移动市场报告》发布以来，移动数据流量增长了近 300 倍。为了满足客户服务越来越高的要求，证券公司的技术架构也出现了不同形态的多样性，容器、消息中间件、多样数据库、微服务风格的使用，使系统中每个请求都有可能跨越了多个服务和机器。在过去，传统监控的关注点更侧重于基础设施的资源情况，一般的做法是根据不同的产品组件，使用不同的监控工具，这样会造成一定的资源浪费，而且使监控的角度比较单一，出现问题时，响应往往是被动的。

可观测性在传统运维监控的基础上，使用了更高维度的监测手段和方法，让开发运维人员从不同维度的数据通过数据关联、可视化的方法，更好地发现监控问题。

1.3 证券行业面临的困难

相比传统行业，券商的整体数字化程度普遍属于较高的水平，证券行业面临的困难也有一定的共性。

（1）随着证券公司业务发展，本身会建设大量必要的 IT 系统。从整体上看，这些系统由外购和自研组成，那么这会带来一个现状，就是各异构系统的监控方法、理念、工具的不统一性，给整体的技术运营叠加了复杂度。

（2）证券公司的核心、关键业务系统在交易时间要承受比平时大得多的压力，为了保证业务的连续性，交易时间对 MTTR 的要求较为严格。

下面笔者从平台建设和案例方面阐述光大证券在可观测性方面的应用实践。

2. 概述

2.1 可观测性

"可观测性"（Observability）一词在 1960 年就已在数学领域被提出，它被用于描述控制系统。而在现代计算机软件领域，可观测性本质上表示这样一种度量能力：具备收集应用执行、内部状态和组件之间通信数据的能力。这样一种能力可以更好地反映当前系统所处的状态。在分布式系统下，可观测性有三大支撑核心概念，分别是指标（Metrics）、追踪链路（Tracing）和日志（Logging）。

2.2 三大支撑核心

2.2.1 指标

指标是可以按时间序列聚合的测量数值，如 P95、CPU 使用率等。此类数值都是汇总而来，因此会缺乏细颗粒度，所以 Prometheus 的 histogram 使用了线性插入法来补充细颗粒度。

2.2.2 追踪链路

追踪链路是请求—响应范围内的路径处理信息。一个常见的分布式系统调用链如下：从客户端发起的请求，首先到达负载均衡器，然后是业务 API 网关、后端 API 服务、服务程序内部的组件/驱动、数据库，最终返回结果。整个过程可以还原为类似图 1 结构。

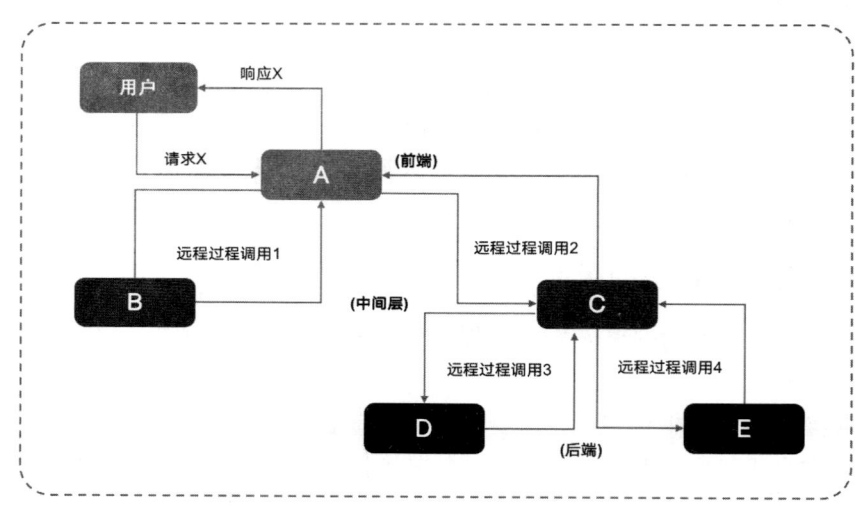

图 1　追踪链路数据结构

追踪链路需要通过不同形式的埋点（Instrument）来实现，可能是额外的工具或者库。如果是多语言异构系统，那还需要考虑框架、协议的不同。

2.2.3 日志

日志用于描述离散不连续的事件。一般以纯文本形式记录在磁盘上，通过滚动的文件输出，是最常见的监控手段。虽然纯文本方便阅读，但是生产的日志往往是非结构化的，需要做一定的清洗才能达到直接可阅读的效果。

2.2.4 三者的结合

指标因为天然是聚合而成的，它的存储空间开销是最低的。相反，日志是趋近于无限增长的，它的存储开销会非常大，而追踪链路处于一个中间值。

任何形式的架构都是一个妥协的结果，当我们在面对不同业务场景下的监控问题时，需要识别出它面对的问题在图 2 中的位置，合理有效地使用这三个体系下的相关技术。

但是，仅仅有这三大核心概念是不够的。在过去单一应用架构时代，传统运维监控方法确实是简单有效的，只需要关注各个分层逻辑（基础设施、应用、前端）数据就已足够。现代应用的复杂度和规模，使这种仅关注各个分层逻辑的方法已经不再适用。只通过单一异常指标，已经很难准确定位出问题的根本触发原因。三大核心概念归纳了监控领域数据的存储、组织模式，如何在实际监控场景下利用这些多维数据设计出高效的观测模型，是我们最终需要追求的目标。

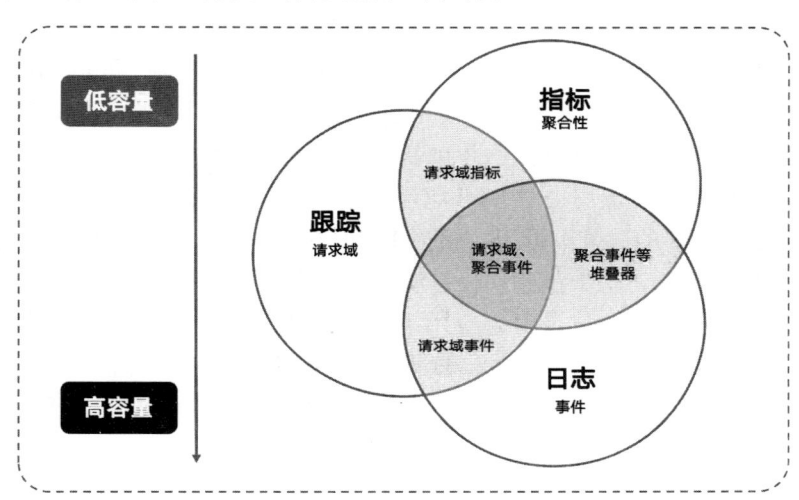

图 2　三者不同维度的结合

2.3　DevOps 中的可观测性

可观测性是 DevOps 中的重要组成部分。DevOps 专注于持续交付和持续集成（CI/CD），依靠反馈来有效调试和诊断系统，而可观测性负责提供这样的反馈。可观测性产生了各种多维数据，使 DevOps 团队能够跨越不同的环境观察发生的事情，以识别和解决问题，保持高效敏捷。

3. 光大证券可观测性能力建设介绍

3.1　技术平台与体系搭建

光大证券基于可观测性的三大核心概念，在 DevOps 体系下做了如下实践。

3.1.1　基于服务发现的指标采集

光大证券的研发技术栈以开源技术为主，目前使用 Consul、Prometheus 搭建了基于服务发现的指标采集体系。现有的微服务发现机制，可以方便大量应用无感知地加入采集体系。以 Java 技术栈来说，目前使用 Springboot 和 micrometer 可以很方便地实现不同类型的 metrics 指标。从实际经验看，常用的应用级指标有 http_server_requests_seconds（histogram）、logback_events_total（counter）、http_server_requests_seconds_max（gauge）。除此之外，还有些典型的自定义业务指标，如待处理队列（gauge）、集中柜台接口调用（histogram）、某业务异常次数（counter）。

传统的运维手段通常使用进程存活来判断应用是否正常，在现代微服务架构里，需要更多维度的数据来识别服务的状态。健康检查是一个微服务需要实现的标准模式，通过健康检查机制，监控系统可以产生告警，负载均衡可以根据服务状态动态地作路由选择。需要特别注意的是，对于健康检查指标 Health-Check，虽然 Springboot 有开箱即用的 Health Check 模块，但是实际使用过程中存在一些误判的情况：假设一个应用实现了一个接口，从数据库获取数据并更新放入 Redis 缓存，Redis 并不完全是整个流程跑通的必要条件，本身应用也对 Redis 不可用的情况做了容错。如果 Redis 服务器出现故障，应用到 Redis 的连接不可用，根据 Health-Check 的机制，整个应用将被判为 DOWN 状态。但实际上，整个业务流程是没有问题的（假设数据库暂时没有瓶颈），结果就是造成了监控的误报，甚至引起应用下线。因此，最佳的实践应该是每一个微服务需要根据自己的业务流程，设计合适的健康监测逻辑（如模拟一次真实的流程），务必保证检测结果达到 100% 准确。逻辑组件示意见图 3。

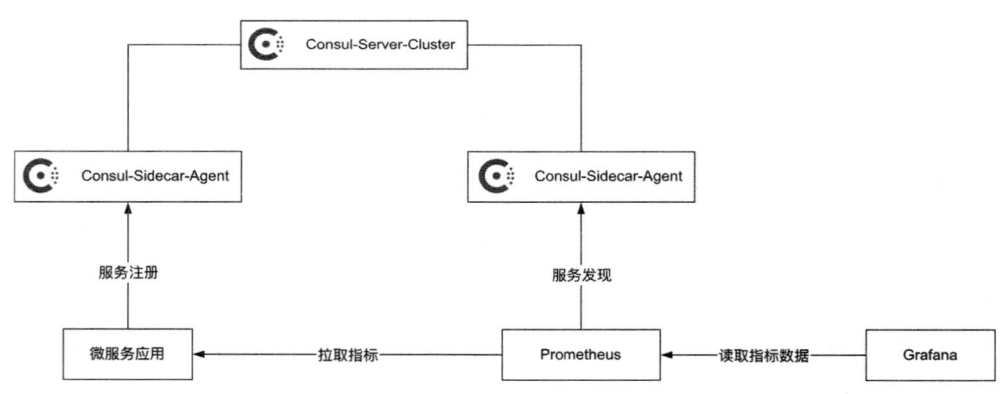

图 3　逻辑组件示意

3.1.2　全链路日志追踪

光大证券做的工作主要体现在两个方面：

一是解决日志的采集、处理、存储问题。基于云原生技术，构建了日志统一采集体系（见图 4），能够很好地支撑大数据量下的日志追踪。

二是对应用侧的改造。

前面提到，日志的存储是趋近于无限增长的，有效的日志输出，可以更好地提高采集分析效率。对应用的要求有：尽量以结构化形式输出，输出的格式尽量做到全局统一；准确地使用日志级别（ERROR，WARN，INFO，DEBUG）；增强日志的关联性。

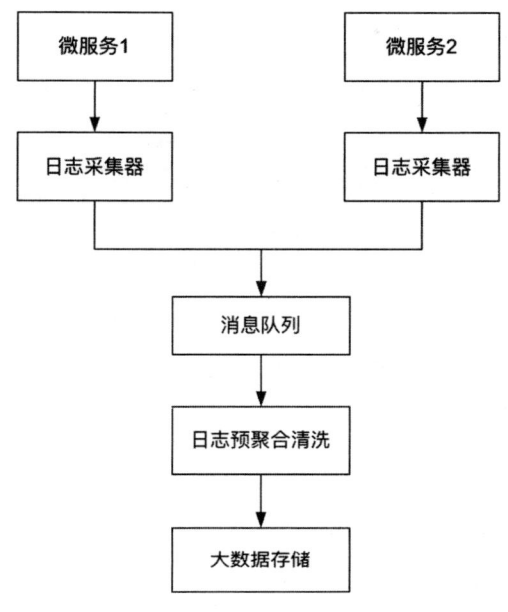

图 4　日志统一采集存储

日志的关联性通过 TraceID 加上业务标准错误码的方式来增强。TraceID 借助日志框架和外部的 APM 工具实现，也可以根据场景需要单独设计 TraceID 数据结构。业务标准错误码是一个全局唯一的字符标识，它为每个分支场景统一了简单的描述语言及标准错误编码。过去，错误码的维护和使用存在一些不足：各业务系统、前中后台均不统一，在跨系统分布式交互场景下，容易产生分歧，不易理解；开发使用不友好，需要在编码工作中，以人工核对的方式拷贝至业务代码中。因此，光大证券开发了内部错误码统一管理平台，首先统一开发规范，以系统的方式建立了错误码知识库，便于各团队之间交流。同时借助 Maven Plugin，开发实现了代码生成工具，提高了面向开发的友好性，使研发人员可以在 IDE 中生成所需的错误码定义代码（见图5）。在编码规范中，要求在日志输出场景中，根据错误码的业务含义，选择对应的错误码打印在日志中。这样在应用的日志输出中不仅包含统一 TraceID，还包含关键的错误码信息，方便上下游之间定位联调（见图6）。

3.1.3　可观测性左移

基于分布式云原生的架构，生产环境存在着各种变数，已经变得越来越复杂，研发与生产环境的差异巨大，这就意味着想要提前预测问题比以前困难得多，分布式环境在本地也难以复现，开发人员不一定了解生产环境所有监控工具的使用。光大证券将可观测性前置作为开发周期的一部分，尤其是在预发布环境中，尽可能早地发现问题（见图7）。

图 5 使用 Maven Plugin 做代码生成

图 6 业务状态码统一管理

3.2 应用架构中实现可观测性——以统一消息推送系统为例

统一消息推送系统是一个重要的基础业务系统，其是集成了多个触达通道（短信、微信、移动 App、企微），提供统一标准接口的消息推送系统。使用统一的标准接口，隐藏了通道对接细节，降低了业务系统对接各消息通道的复杂度。下面以统一消息推送系统为例，说明如何实现系统的可观测性（见图 8）。

消息推送场景需要处理大量的请求和数据，因此它属于典型的 IO 密集型系统，在实现这样一个系统时，需要关注的指标如表 1 所示。

光大证券 DevOps 可观测性管理实践

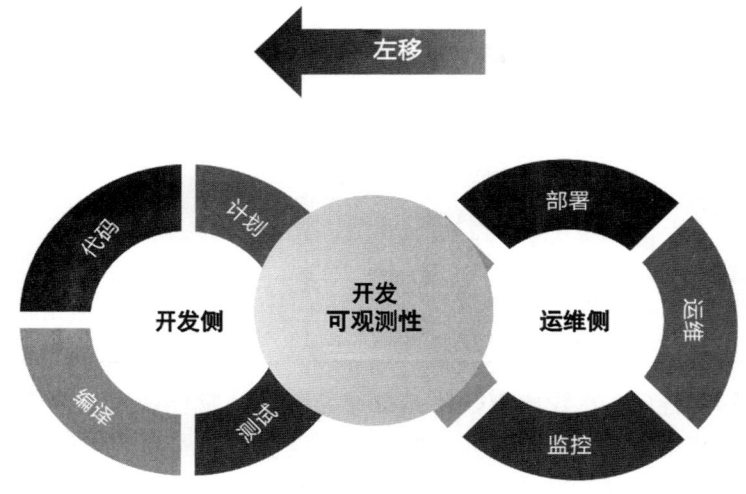

图 7　可观测性在研发活动中左移

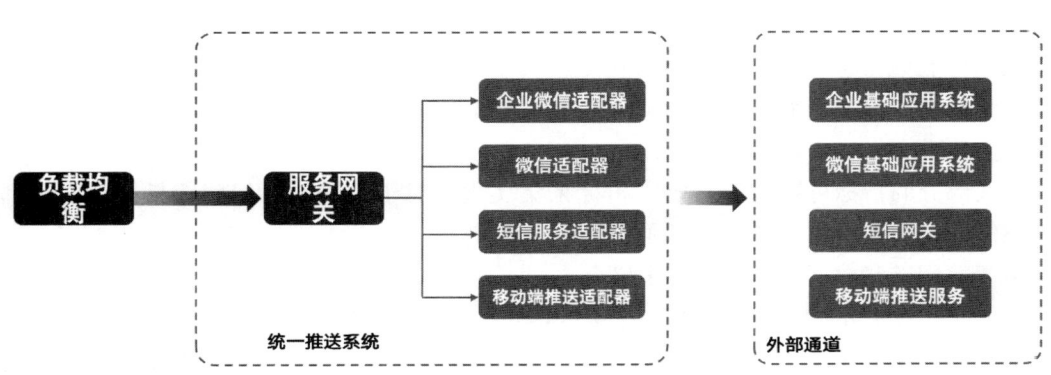

图 8　统一推送系统逻辑架构

表 1　　　　　　　　基础及应用维度的指标定义（部分）

基础设施层 （Infrastructure Layer）	CPU 使用率（Gauge）
	磁盘 IO 速率（Gauge）
	磁盘空间使用率（Gauge）
	内存使用率（Gauge）
	文件句柄数（Gauge）
	网络带宽使用（Histogram）
应用层 （Application Layer）	服务健康度（Gauge）
	JVM 堆内存使用（Gauge）
	业务网关 API 请求数（Histogram）
	Kafka topic 消息堆积数量（Gauge）
	缓存队列待处理数量（Gauge）

续表

应用层 （Application Layer）	MongoDB 请求分布（Summary）
	App 消息/微信/短信请求数量（Counter）
	App 消息推送成功/错误数量（Counter）
	微信推送成功/错误数量（Counter）
	短信推送成功/错误数量（Counter）
	日志警告/错误数量（Counter）
	App 消息/微信/短信的平均处理时间（Histogram）
	领域事件对外发布数量（Counter）

除了常规通用性的基础设施指标和 JVM 指标以外，需要观测的维度还应该包括如下几个：外部入口请求情况，内部各组件之间通信协作，外部依赖调用。外部入口主要是了解上游使用方的使用状态：是否存在不合理调用，东西向流量是否正常，延迟过高是否会引起上游的"雪崩"等。内部组件通信是开发人员更多需要关注的：RPC 调用是否有异常；通过长期的数据观测，还可以评估内部模块划分是否合理，系统处理瓶颈可能会在哪里。外部依赖的观测逻辑是：因为是系统的不可控因素，所以需要通过预设的指标快速缩小问题的范围，通过外部依赖的指标，来决定整个系统的熔断策略。

大部分的指标可以基于自定义指标采集实现，对于某些外部依赖的指标，由于部分系统的封闭性，需要结合额外的数据采集来获得。内部组件通信因为跨节点多，所以考虑使用链路数据结构作进一步聚合。

但是，项目的可观测性建设的逐步推进，也对参与者的能力有了更高的要求，参与者除了需要掌握必备的开发技能外，还需要具备一定的数据洞察分析能力，这是一个不小的挑战。应用观测面板和跨系统多维业务视角观测面板分别见图 9 和图 10。

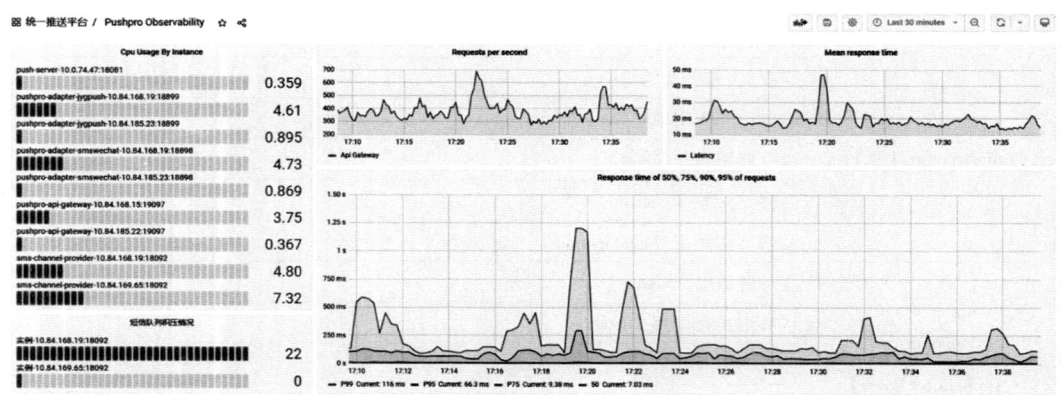

图 9　应用观测面板

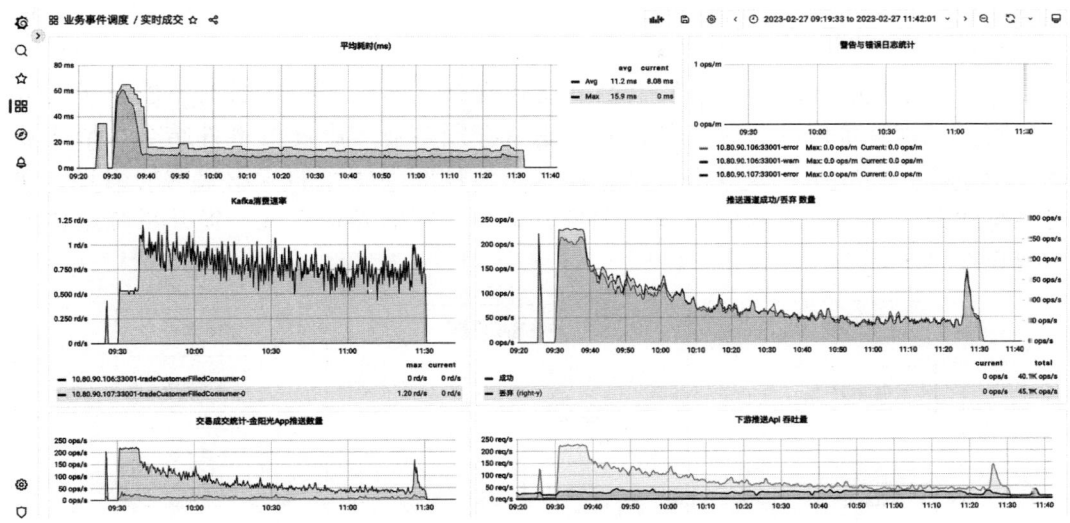

图 10 跨系统多维业务视角观测面板

从系统的实践看，开发测试人员在功能测试、性能测试、预生产环境测试阶段，借助系统原生的可观测能力，可以快速发现异常，由开发原生设计出来的观测指标，还能帮助外部人员更直观地理解系统内部的原理和机制。

本标准方案在光大证券的实践效果较好，主要体现在以下几点：

（1）问题排查响应时间缩短了 20% 以上。问题处理速度更快，提高了系统的稳定性和可靠性。

（2）性能提升。通过各观测指标可以了解系统各个组件的运行情况，分析系统瓶颈和性能问题，进而优化系统架构，缩短了 50% 的整体响应延迟。

（3）覆盖了 7 个系统。该标准方案可以适用于不同类型的业务系统，具有一定的通用性。

（4）通过 40 余个可观测性指标帮助降低了运营复杂度。该标准方案具有很好的可扩展性和可操作性，可以帮助提高运营效率和降低运营成本。

4. 下一步规划及总结

4.1 下一步规划

未来光大证券会将基于可观测性的方法论更多地应用在研发活动中，目前会体现在以下两块。

（1）私有通信协议的链路追踪：目前对于常见的 RPC 通信协议都有成熟的开源或

商业方案,而在某些自研私有协议(基于四层网络)领域,需要自己开发探针实现,实现方案可以基于相关开源框架。

(2)与业务事件结合:本质上是需要在现有不同维度的数据上作进一步的数据洞察,识别有价值的关键事件,并考虑将应用与业务维度的事件结合,形成业务领域事件。形成业务领域事件是建设基于事件驱动体系的应用架构的前提。通过多维业务、观测事件来驱动服务编排,集成不同的异构系统,提升系统整体的响应速度(见图11)。

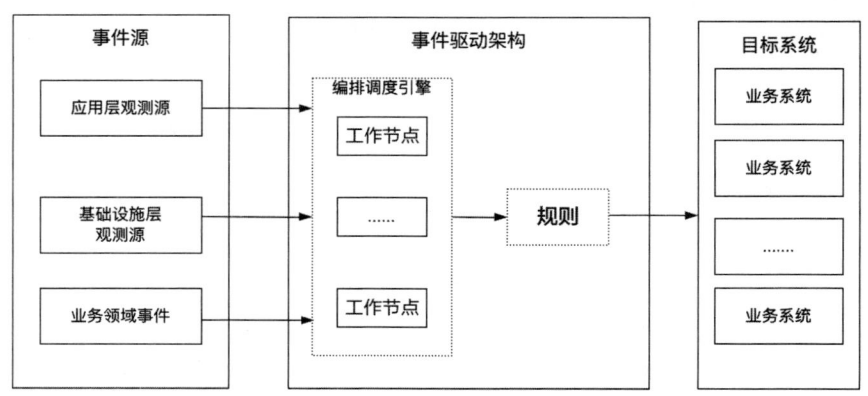

图 11　可观测能力与基于事件驱动的业务架构结合

4.2　总结

本文基于可观测性的理论,通过前人总结归纳的一些实践方法,在研发运营活动中,尝试用一种新的思路来解决现有的技术运营问题。

首先是对于指标、追踪链路、日志三者的组合使用,在每个领域都建设了相关的技术体系,并制定了内部使用规范。在研发活动中,将可观测性活动进行整体左移,要求研发人员在需求及架构评审、功能开发、代码审查等阶段思考并实现可观测能力。其次是在增强传统架构系统的可观测性上,形成了一套适合光大证券的方法论实践。最后,从整体效果看,在可观测性上的投入实践,不仅提升了技术运营的便利性、实时性,还对整个研发交付的生命周期起到了推进作用。

观测的目的不仅仅是聚焦绘制的可视化结果本身,更重要的是通过观测,洞悉系统的运转规律。可观测性的实现不仅需要技术手段,还需要对数据的深入理解和洞察力,从观测到的数据中找到有价值的信息,发现问题的根本原因,通过这种方式不断完善自身的 IT 治理体系。

参考文献

[1] 陈为,等. 数据可视化 [M]. 北京:电子工业出版社,2013:2-44.

［2］Dapper. A Large – Scale Distributed Systems Tracing Infrastructure. ［EB/OL］. ［2022 – 08 – 29］. https：//ai. google/research/pubs/pub36356.

［3］Charity Majors，Liz Fong – Jones，George Miranda. Observability Engineering：Achieving Production Excellence ［M］. O' Reilly Media，Inc. , 2022.

第五部分
合规及质量保障管理

目前，信息和软件系统成为券商开展各项业务的基础，越来越多的券商正在逐年加大信息技术投入金额，用于夯实基础设施以保证信息和软件系统的安全稳定。2021年11月30日，工业和信息化部印发了《"十四五"软件和信息技术服务业发展规划》，这是我国软件产业第五个五年规划。连续多年制定规划，充分体现了信息和软件系统在经济生活中的重要性，证券行业尤其如此。因此，要确保投资者正常交易，资本市场平稳运行，必须提升质量保障能力，强化质量管理，加大技术保障，强化内部控制和合规管理，定期测试，及时消除风险隐患。目前，合规及质量管理面临着合规风险高、产品质量不稳定、技术创新难的痛点，因此以合规为前提的质量保障体系建设成为保障资本市场健康运行的重要前提。

本部分汇编了合规及质量保障管理相关成功实践案例。中泰证券互联网测试团队通过对传统质量体系的经验梳理以及新的质量保障技术的探索研究，分别从流程规范、线下质量、线上质量与质量度量四个方面做了不同程度的落地实践来全方位保障产品质量。东方证券在平台开发、技术创新、应用创新等方面进行了一系列的探索和实践，尤其在模糊测试、精准测试领域进行了探索创新。光大证券从数据驱动型接口自动化、AI技术赋能UI自动化、安全测试左移实现高效交付三个方面介绍了自己的质量保障体系。

这些成功的实践案例进一步说明证券期货业研发运营一体化体系建设中，以合规为前提的质量保障体系建设能够解决许多痛点问题，保障投资者权益，推动行业规范发展，提高服务水平和效率，推动市场创新，促进行业协调发展。

中泰证券云原生体系下的
合规质量保障体系建设

何 波 张永启 陈树冰 于娜娜

中泰证券股份有限公司

当前，随着证券行业数字化转型的推进以及 DevOps 思想的影响深入，构建以微服务、容器、DevOps 和持续集成持续交付为核心的整个研发体系的云原生能力势在必行。那么作为测试团队，为更好地拥抱云原生，建设稳定高效且合规的云原生下的质量保障体系也必不可少。中泰证券互联网测试团队通过对传统质量体系的经验梳理以及对新的质量保障技术的探索研究，分别从流程规范、线下质量、线上质量与质量度量四个方面做了不同程度的落地实践来全方位保障产品质量。

1. 背景及意义

2021 年 10 月在北京金融街论坛上，证监会科技监管局组织相关单位编制的《证券期货业科技发展"十四五"规划》正式发布，该规划紧扣"推进行业数字化转型发展"与"数据让监管更加智慧"两大主题。当前无论是出于证券企业内部的需要还是监管的要求，证券行业数字化转型的要求已经被提到了前所未有的高度。中泰证券也不例外，2015 年中泰证券成立网金及金融科技研发团队，围绕齐富通 App 进行自主研发，通过金融科技的能力为经纪业务发展提高核心竞争力，到目前为止除了服务客户的齐富通 App，还有面向客户的融易汇 PC、赋能员工展业的掌易通 App、综金零售 CRM、机构 CRM 以及集中运营平台等。然而，随着通道业务佣金不断下滑以及互联网红利的减退，传统的经纪业务遇到了瓶颈并开始向财富管理业务转型，各家券商聚焦财富管理业务为客户提供线上和线下相关的服务。

作为金融科技团队，为助力财富管理数字化转型并构建核心业务竞争力，同样需要进行金融科技团队内部的转型。首先是改变资源的组织形式，研发资源从瀑布模式到敏捷迭代，利用精益敏捷的思想去推动金融科技团队的转型，通过敏捷小组的方式高效推进各项业务研发工作的快速交付，使用北极星指标和 OKR 工具去对齐目标的达成。其次是调整系统的技术架构，从传统的架构逐步向云原生架构（见图 1）转型升级，围绕微服务、容器、DevOps 和持续集成持续交付构建整个研发体系的云原生能力。

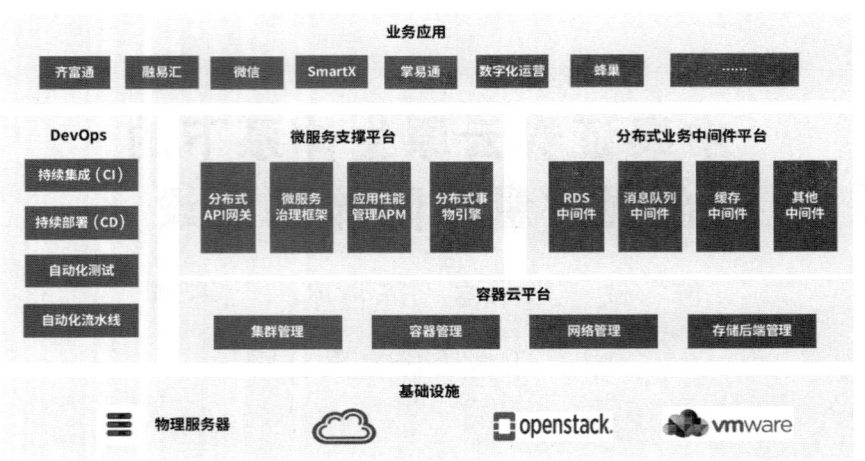

图 1 云原生架构

然而，在研发资源从瀑布模式调整到敏捷迭代，传统的单体架构逐步升级和改造为云原生架构的过程中，产品的质量保障方面出现了一些挑战和危机：

（1）迭代周期加快，测试时间不足；

（2）线上故障增多，交付质量下降；

（3）测试环境管理维护成本高，且无法满足需要；

（4）测试人员长期压力较大，测试团队不稳定。

因此，面对云原生转型过程中的挑战，构建一套完善的质量保障体系变得至关重要。

2. 质量保障从体系规划到能力建设

质量保障体系结合证券行业安全、合规等需求特性，打破大家对质量保障是测试团队的事情的错误认知，建立起全员质量保障意识，推动开发、测试、运维等不同角色人员共同对质量保障负责，通过规范测试流程、定义质量标准、线下质量与线上质量相结合的方式全面保障产品的质量。质量保障体系规划见图2。

2.1 流程规范

（1）DevOps 全流程：依托 DevOps 思想，建立 DevOps 全流程能力体系跟踪产品的需求、开发、测试、发布、运营全生命周期流程状态，实现持续集成与持续交付，提升交付效率和交付质量，具体如图3所示。

（2）开发提测门禁：开发提测时建立提测质量门禁机制，在图4 Pipeline 流水线中，开发侧必须进行静态代码扫描、接口自动化测试、SCA 安全扫描通过后才会提交到测试人员。

中泰证券云原生体系下的合规质量保障体系建设

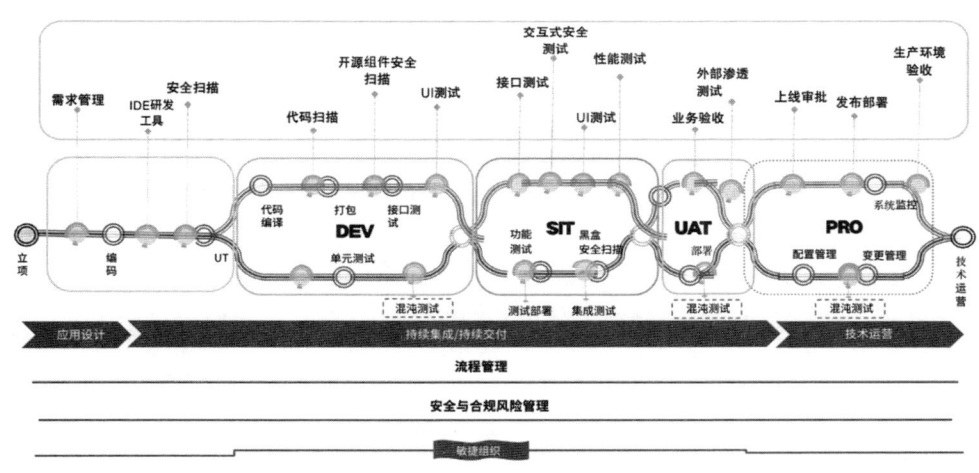

图 2　质量保障体系规划

图 3　DevOps 全流程能力规划

（3）产品发布门禁：建立产品发布门禁机制，产品发布上线前制定常规功能发布和紧急功能发布流程，如图 5 所示，不同发布流程会经过不同角色人员的审批确认，如产品经理、技术合规风控人员、安全人员、运维执行与复核人员、业务验收人员等，产品发布层层把关，所有流程线上留痕。

2.2　线下质量

线下测试环境基于 k8s 实现容器化应用程序的编排管理，支持测试环境的一键部署。测试策略上依据测试金字塔（见图 6）模型分层开展功能测试和自动化测试来构建测试滤网。

测试金字塔中的界面测试除了进行常规的业务功能测试、兼容性测试外，重点挂

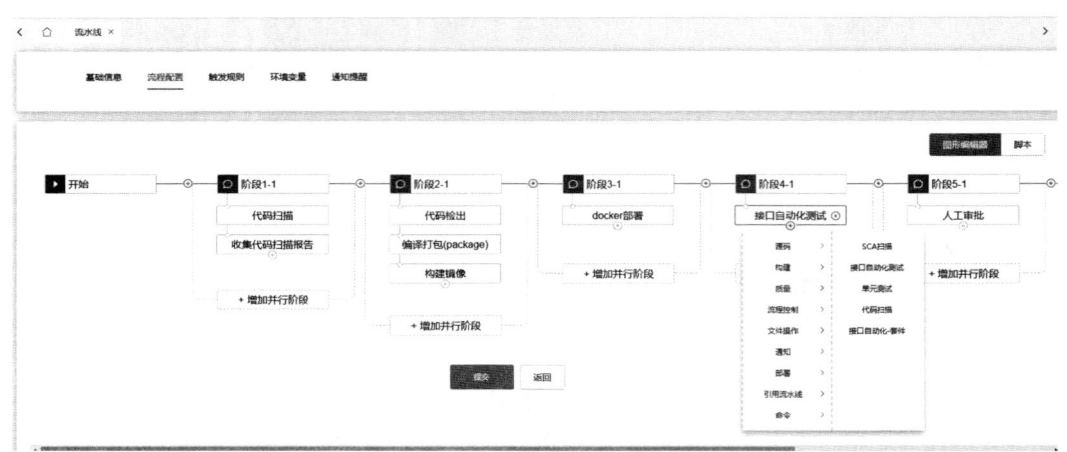

图 4 开发提测流水线

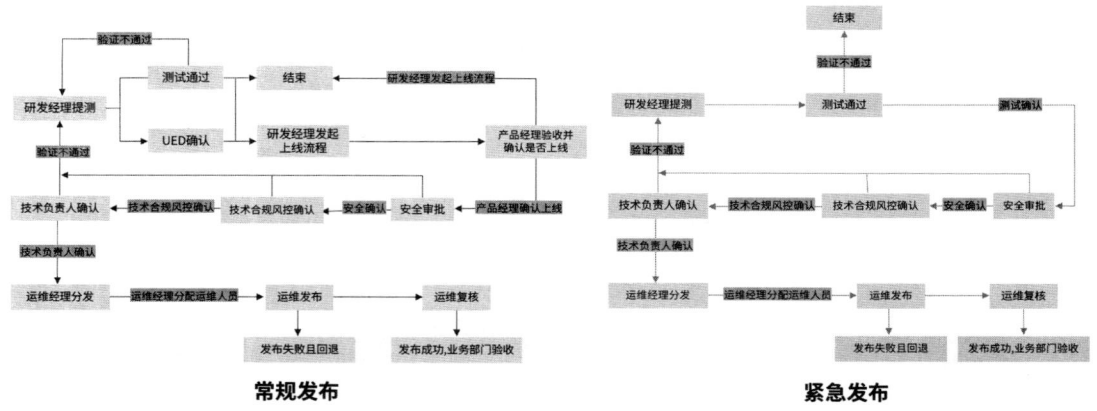

图 5 功能发布

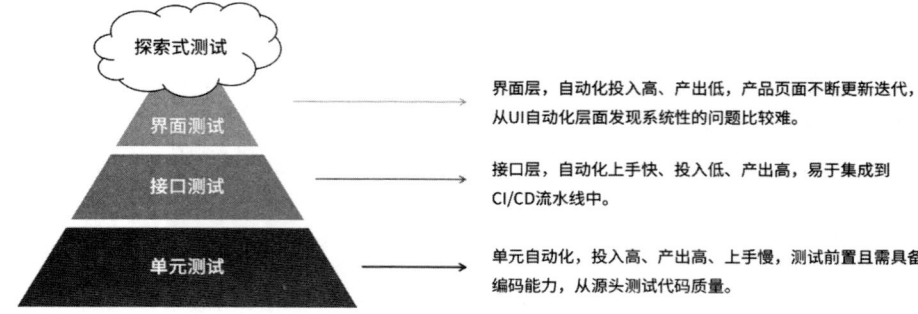

图 6 测试金字塔

进 App 端的 UI 自动化测试（见图 7），通过基于 Appium 的 UI 自动化，快速实现自动化脚本的录制管理、多机并行执行任务调度、执行过程监控与测试报告生成分析等功能。UI 自动化依赖于界面元素的变更，维护成本较高，目前主要覆盖核心交易功能。

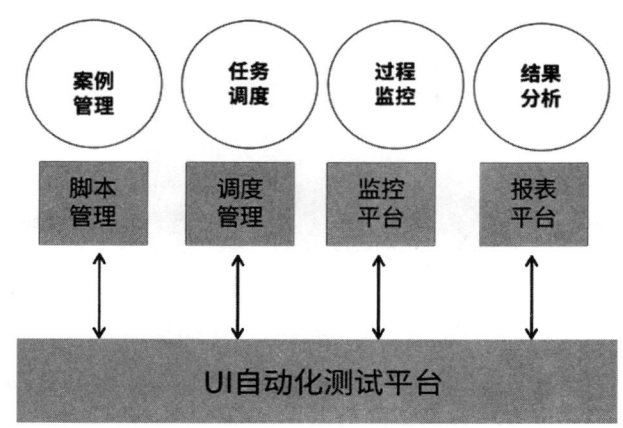

图 7 UI 自动化测试平台

接口层基于接口的设计→研发→管理→测试→发布→监控→下线全生命周期闭环管理的思想建立接口自动化平台（见图 8），支持接口对应的项目管理、多套环境管理、用例与场景管理、报告生成管理等功能。接口自动化实践投入相比 UI 自动化低，产出却很高，目前已无缝衔接到 DevOps 平台中具备持续测试的能力。

图 8 接口自动化平台

为达到接口测试用例一次编写多次复用的目的，我们在接口功能自动化测试基础上作了扩展实现接口的性能测试，性能测试主要集成开源的 jmeter 测试工具与 Prometheus 系统监控，支持集群式发压，具备性能测试场景管理、定时任务设置、压力机状态管理、性能监控及报告分析和管理等功能（见图 9）。

图 9　性能自动化平台

单元测试意在推动测试左移，通过测试驱动开发（TDD）的方式提升开发人员的单元测试覆盖率，从源头提高产品质量。Code Diff 测试（见图 10）中，自动化测试平台集成 GitLab Diff 功能，便于提测版本与基线版本的代码对比，快速定位提测版本的代码影响范围，实现精准化测试。

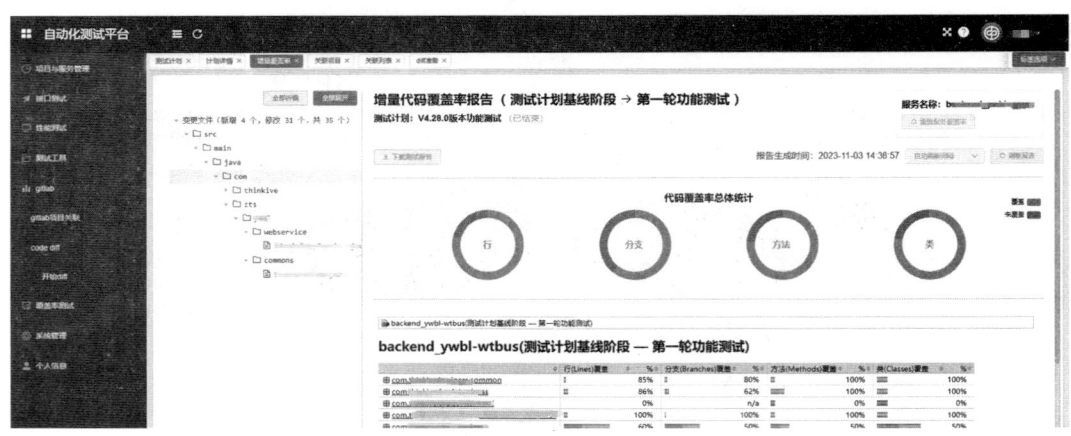

图 10　Code Diff 测试

2.3　线上质量

建立线上质量保障机制，通过线上质量实时监控、风险预警与分析、盘前巡检、线上问题定位、跟踪、复盘等方式推进测试右移。线上服务质量监控见图 11。

图 11　线上服务质量监控

2.4　质量度量

质量保障需要研发、测试和运维共同维护，对于不同角色人员设定不同的质量度量指标（见图 12）。研发指标：提测 bug 率；测试指标：生产 bug 逃逸率；运维指标：各类型故障数量、比例、时长。

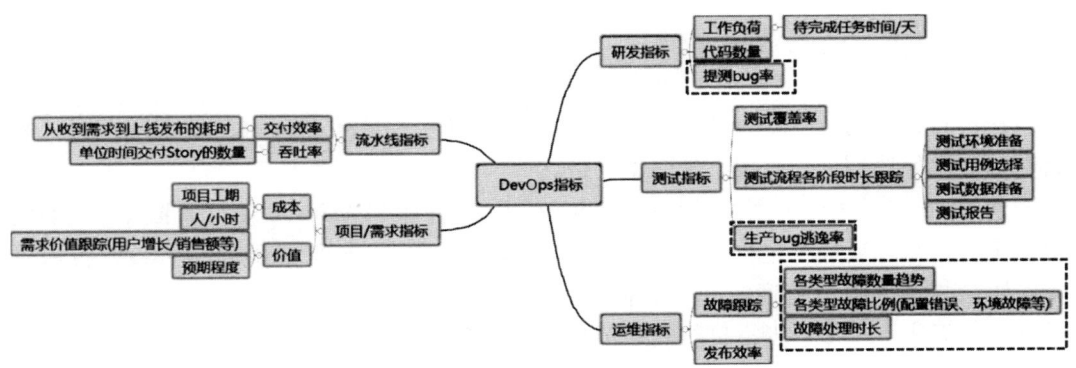

图 12　质量度量指标

3. 质量保障体系中测试平台技术介绍

云原生下的质量保障不再是能单独使用某个测试工具这么简单，我们需要将测试能力作为一种服务输出并集成到 DevOps 中，因此构建可复用、可扩展、可管理、易操作的质量保障平台是自动化测试能稳健运行并可持续发展的关键。

3.1 UI自动化平台

UI层自动化测试平台，面向金融行业高安全性、高性能和高可靠性的要求，支持私有云模式的落地实施。平台整体架构采用Java微服务集群框架，底层对Appium开源测试工具进行封装，服务端主要分为交互平台、执行引擎、接入平台三部分（见图13），各个部分均可以横向扩展，整体架构高效、稳定、可靠。假如测试人员和开发人员使用人数多的话可以将交互平台服务增加，若测试手机数量大的话可以增加部署接入平台的tools服务，若系统调度运行慢的话可以增加执行引擎服务器数量。

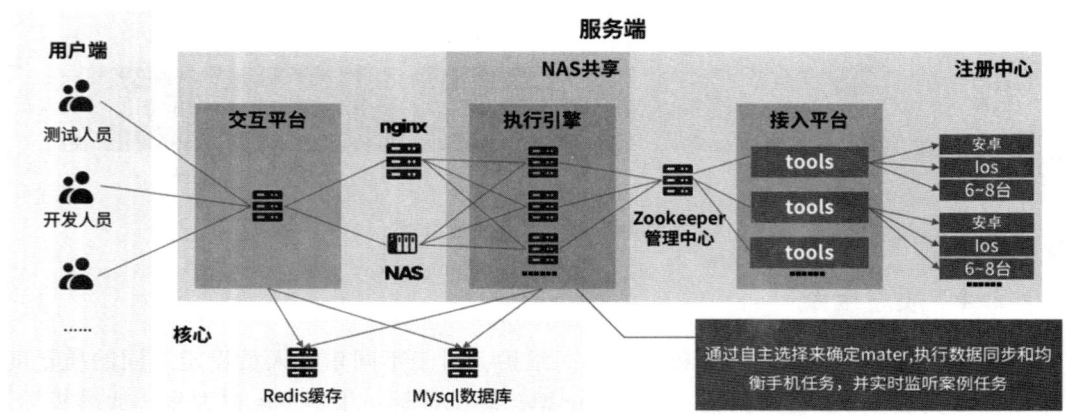

图13　UI自动化平台架构

3.2 接口自动化平台

接口自动化测试平台整体架构采用Python + DRF + HttpRunner + Vue实现，测试平台整体技术架构划分为六层，如图14所示。

前端UI层：主要采用Vue框架、ElementUI组件库和Nginx。为了保证接口自动化测试平台运行环境的稳定性，使用Nginx代理转发动态请求到uWSGI服务器，再通过wsgi协议与Django进行通信。由于python的GIL限制，使用Django原生启动方式——runserver无法实现多进程，只能实现单进程多线程。而uWSGI可以设置成多进程多线程模式启动。Django + uWSGI解决了runserver无法支持高并发的问题。前端UI层实现了测试人员与接口自动化平台交互的前端页面和一个稳定的运行环境。

执行层：为接口自动化提供多种调用方式，如jenkins、DevOps蜂鸟效能平台、日常回归、业务监控调用等。

测试用例与配置层：提供接口测试用例的定义、配置及执行功能，集成HR测试框架。

公共函数层：实现了接口自动化测试平台一整套的核心功能，如数据库读写、平台认证授权、发送邮件和调用测试执行器等。该层依靠Django REST framework及Django的ORM操作，通过编写相应的视图类、路由匹配规则产生出API，实现了上述前后

图 14　接口自动化平台架构

端的交互及后端各个组件之间的调用。

数据管理层：使用 Mysql 数据库，主要负责自动化平台的执行日志、用例数据、测试报告、统计报表的存取。

3.3　性能自动化平台

性能测试平台架构设计与接口自动化测试平台共用（见图15）。压测工具：平台集

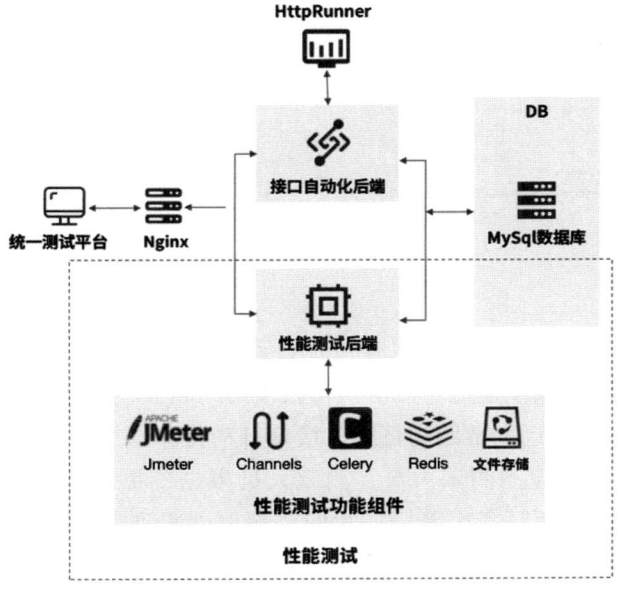

图 15　性能自动化平台架构

成广泛应用的 Jmeter 压测工具，非 GUI 模式执行。Channels：提供实时查看压测运行日志的功能，实现 websocket 消息实时通信。Celery：实现 Django 异步任务处理功能。Redis：一方面是作为 Celery 异步任务处理的消息中间件，另一方面是作为 Channels 的 channel layer，实现消息的传输功能。文件存储：主要保存性能测试脚本、测试参数文件和测试报告等。

4. 关键功能展示

质量保障体系的建设在落地实践中取得了较好的成果。

图 16 是一个完整的研发提测与功能发布流程，各职能化角色都参与到该流程中，开发人员提测、测试人员执行测试、技术经理确认上线发布、产品经理发布前验收、产品及技术负责人确认上线、合规人员确认发布流程、运维人员 A 执行发布、运维人员 B 复核发布、业务部门生产验收。

图 16　提测及发布流程

图 17 为 UI 自动化支持多台手机并行执行测试任务，不同机器间的测试用例互不干扰，解决了测试用例较多情况下测试执行较慢的问题。

图 18 为接口全生命周期链路的打通，接口自动化测试平台可以及时同步接口管理平台上的变更并通知对应的测试人员，测试人员根据变更编写和维护接口测试用例，同时为实现用例的一次编写多次复用，我们将用例同步到接口性能测试平台和监控平台，分别实现接口的性能测试与线上接口的业务监控，最后对于线上废弃使用的接口，我们可以及时跟进并在接口管理平台上作弃用处理。

图 17 UI 自动化测试多机执行

图 18 接口全生命周期管理

接口自动化平台与 DevOps 平台实现无缝对接，研发提测后可以自动触发或者测试人员可以手动一键触发接口自动化测试的执行，并将测试结果以邮件形式自动发送给相关人员，同时支持测试报告与测试执行日志的在线查看（见图 19）。

从图 20 可以看出，从编码、构建到测试的各阶段，分别通过静态代码扫描、软件成分分析、动态应用安全测试、交互式应用安全测试方法建立安全测试工具链。

图 21 为线上质量看板，系统监控总览可以快速看到各业务模块的系统整体运行状况，基础监控大屏与 APM 大屏分别展示服务器基础层与业务应用层的运行状态，一旦线上有问题发生可触发实时告警。

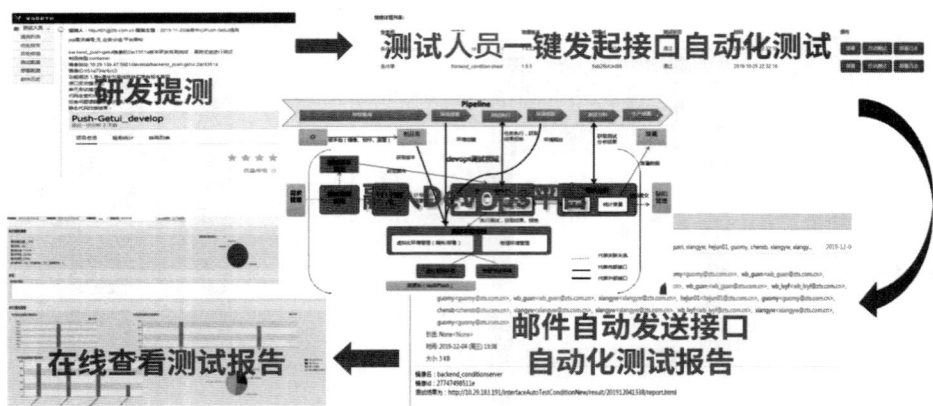

图 19 接口自动化融入 DevOps

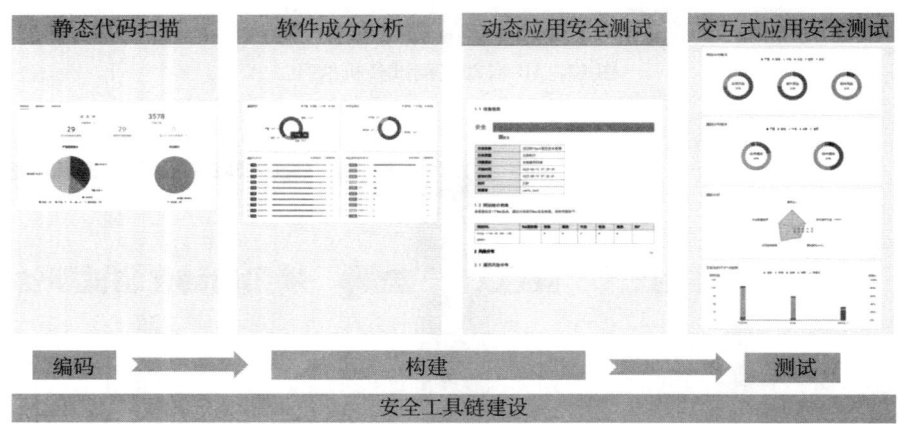

图 20 各阶段安全测试

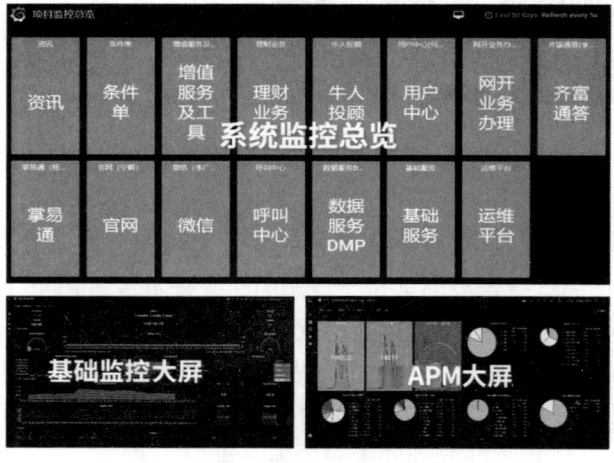

图 21 线上质量看板

5. 总结与下一步规划

5.1 总结

中泰证券云原生体系下的质量保障自实施以来带来如下价值：

（1）规范研发过程，实现合规、安全、可控。根据证券期货行业相关信息技术管理办法，规范了提测质量门禁和上线质量门禁，实现了各环节操作的安全可控及合规。

（2）提升交付效率，缩短交付时间。质量左移缩短了开发人员完成从功能代码编写到生产发布过程的时间消耗，提升了研发交付效率。首先，缩短了开发时间周期，通过静态代码扫描可以在 10～20 分钟内实现对一个应用系统的代码检查，提升了开发人员代码审查的效率。每个迭代的时间缩短 0.5～1 天。其次，缩短了测试时间周期，接口和 UI 全功能回归测试从 2～3 天人工测试降低到 6～8 小时自动化测试。性能测试实现实时性能监控，无须登录每台服务器查看性能，测试报告统一化、可视化，平均每个场景缩短 30 分钟左右。

DevSecOps 的实施将安全测试工具链集成到流水线，使安全嵌入无缝衔接到 CI、CD。其中，DAST 从 3～5 天人工进行，到目前的 30 分钟自助式服务，减少了等待 3～5 天；IAST 通过插桩方式在做自动化及回归的过程中无感地进行安全测试，无额外的安全测试开销。

（3）减少人力资源投入，节省研发成本。在测试能力提升方面，为保障核心业务的上线质量，加强自动化测试能力建设，通过自动化测试大大减少了人力资源投入。2022 年自动化测试累计节省 17 人/年。2022 年 UI 回归次数安卓和 iOS 共 52 次，每次执行用例 2500 多个，按照每人每天可执行 55 条计算，共节省约 9 人/年；接口自动化回归 454 次，81989 条用例，按每人每天 40 接口计算，共节省约 8 人/年。

（4）提升交付质量，减少线上故障。安全左移，可以发现 98% 以上的安全漏洞，大大降低了线上解决安全漏洞的成本及安全风险。为保障核心业务的上线质量，自动化测试用例覆盖核心业务用例 80% 以上，核心业务主要为集中交易、两融、期权、理财、条件单、银证转账等，自动化测试回归后无线上问题反馈。

5.2 下一步规划

质量保障体系建设是一个持续不断探索完善的过程，我们将在现有的质量保障平台基础上不断打磨并融合新的技术如 OCR 识别、自然语言处理、图像识别等，逐步向智能化方向发展。

参考文献

[1] 李岩峰. Web 和 App 软件功能与接口自动化测试平台的设计与实现 [D]. 北

京：北京林业大学，2020.

［2］王娜. 基于 python 的接口自动化测试框架设计［J］. 电脑知识与技术，2020，16（12）：246-248.

［3］郝毅，霍嘉，肖烨，等. 金融行业软件自动化测试实践与思考［J］. 金融电子化，2019（4）：67-69.

［4］何舒. API 接口自动化测试系统设计及实现［D］. 成都：电子科技大学，2018.

［5］桑吉夫·夏尔马. DevOps 实施手册：在多级 IT 企业中使用 DevOps［M］. 万金，译. 北京：清华大学出版社，2018.

东方证券探索构建新型动态质量保障体系

杨忠琪

东方证券股份有限公司

互联网金融的飞速发展极大地推动了传统金融行业（如证券、基金、期货等）的变革，变革推动了业务的发展，同时也使传统金融行业的质量风险边界呈现出扩大化、分散化趋势，导致行业内面临的质量形势更加严峻。在此形势下，我们有必要重新梳理质量体系相关的工作，建立新型质量保障体系，依托新技术与传统质量保障体系相结合的质量保障思想，在平台开发、技术创新、应用创新等方面进行一系列探索和实践，切实保障科技系统的质量，使业务能够顺利开展。

1. 背景及意义

随着金融市场业务更迭加速以及互联网金融快速发展，传统金融机构在给客户提供越来越丰富的业务服务的同时，系统复杂度也越来越高，再加上传统金融机构相关核心交易系统大多采用外购或联合开发的模式，进一步致使相关系统质量风险敞口不断加大。

在 DevOps 理念席卷各行各业 IT 组织的背景下，测试的状态和高速流水线交付似乎变成了一个无法调和的矛盾。如何构建一个可靠的质量保障体系以保证交付质量，就成了整个证券期货业共同的课题。

证券期货行业在国民经济中具有重要地位，承载着国家数字经济转型的重要使命。作为数字经济主要载体的软件，其健壮性、稳定性、安全性将直接影响国家安全和社会经济发展。近年来，由软件缺陷引发的生产事故、黑客攻击，给我们造成了巨大的经济损失和不良的社会影响。为此，各企业投入了大量的人力、物力和财力用于提升软件质量，也取得了一定的成效。但是随着业务需求日趋复杂和软件体系日益庞大，我们也面临几个典型的问题。

当今证券期货业在数字化转型过程中主要有以下矛盾（痛点）。

矛盾1——分布式系统带来的系统复杂性

随着分布式系统规模的增长，特别是分布式交易系统的落地，其复杂性也在急剧增长。分布式系统中的每个节点都是一个服务，错综相连，对于系统进行持续维护的难度大大增加。

矛盾 2——敏与稳的煎熬

当下，随着开发过程中 DevOps、微服务、敏捷开发的广泛使用，软件的迭代和新功能的发布越来越快速。如何在快步前进的同时保持稳健，成了证券期货业面临的新难题。

矛盾 3——小步快跑的困惑

每次变更很小，提高发布频次，是否一定能够降低风险？这个结论在互联网行业似乎得到了论证，但是否适合证券期货行业值得商榷。

软件版本的快速迭代通常发生在软件质量还没有收敛到比较好状态的前期，而且存在不同服务迭代节奏的差异。在这种情况下，哪怕很微小的增量变动都可能产生级联故障，从而对整个系统造成重大事故。对于证券期货行业，我们是否能接受这些事故带来的影响，是一个现实的问题。

矛盾 4——稳定性测试的新难度

各类系统的复杂依赖性，给集成测试、回归测试都带来新的挑战。新版本的发布过程也是保证系统稳定性的重要环节，流水线上的每一个环节都需要进行验证，这给稳定性测试带来新的难度。

矛盾 5——排障追踪的困境

当系统的复杂性达到一定程度，版本更迭的速度又非常快时，很多生产问题要找出背后的根因非常困难。

矛盾 6——第三方依赖的无奈

对于证券期货业来说，尽管越来越多的企业走上了自主或联合研发的道路，建立、扩大技术团队，期待自主掌控核心技术，提供更加稳定可控的系统，以便更快速地响应业务的发展。但由于历史遗留原因，在相当长的时间内，这种对外的依赖很难消除。因此，现阶段如何在满足需求的同时保障系统的质量，就成为一个重要的议题。

2. 探索构建新型的质量保障体系的原则

面对这种现状，证券期货行业该如何去破局呢？

在如何推动业务的快速迭代上，证券期货行业几乎默契地达成了一个共识，即 DevOps 集成一体化（见图 1）的建设。

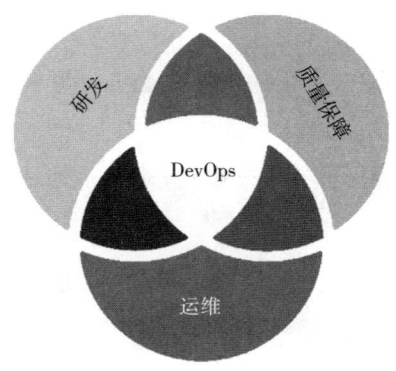

图 1　DevOps 集成一体化

谈到 DevOps，敏捷又是一个绕不开的名词，在这里我们不去探讨敏捷和 DevOps 的异同及实际效果，但没有争议的是，敏捷与 DevOps 的目标是高效交付以适应快速变化的市场环境和业务需求，落地敏捷与 DevOps 最重要的是因地制宜，在研发运维一体化原则的指导下寻找最适合自己的工具和相关实践，并且持续改进。需要特别明确的是，DevOps 本身想解决的是多方参与的复杂社会系统问题，而不是技术问题。

这个持续改进的过程对质量保障工作也提出了更加专业且技术化的要求。同时，各种工具、方法论、标准及白皮书层出不穷，各种测试、质量体系如雨后春笋般涌现，指导各行业作不同的尝试。不可否认的是，相关的尝试起到一定的效果，但更多的局限性带来很多不确定性，因为现阶段所有的质量保障体系尝试都是静态的、正面的、关注结果的。

因此，如何建立一个新型的质量保障体系，就成为一个新的议题。

有专家学者指出，理解复杂系统的唯一方法，就是参与其中，与之互动。

在快速迭代中，谁都无法做到把所有变化背后的考量全部记录下来，探究问题的根源，所以，我们必须在实际的运行环境（测试环境、仿真环境、生成环境）中，通过类似实验交互探索的方式，扩展我们对系统行为的认识，这便是最好的"互动"。

对新型质量保障体系而言，我们的探索也正是在此——把质量行为和各类程序、系统互动起来，在 DevOps 体系下动态地构建我们的新型质量保障体系。

2.1　构建质量门禁

构建新型的质量保障体系，第一步就是明确质量门禁。

什么是质量门禁？质量门禁是指用户在定义的 DevOps 流水线工作流中用于进行自动化看护的质量指标卡点。它的核心就在于度量。

图 2 是一个较为通用的工作流程。

从上面这个立体的工作流程中可以看出，涉及的各个团队都有构建和变更的流程，在变更的过程中，要考虑质量内建。我们把涉及质量的环节再进一步从立体抽象到一个平面，可以看出在持续交付下，质量流程应该是如图 3 所示的一个持续演进的过程。

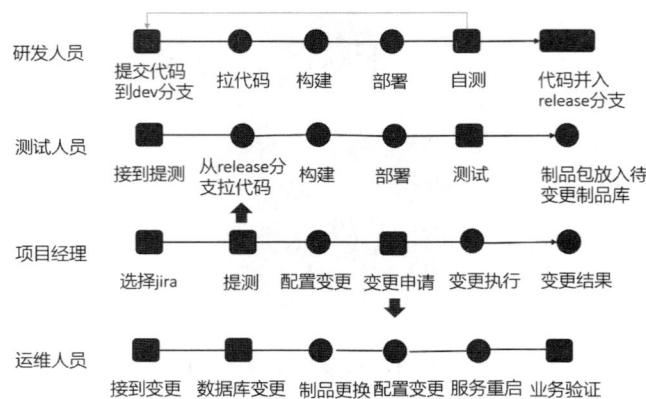

图 2 流水线工作示例

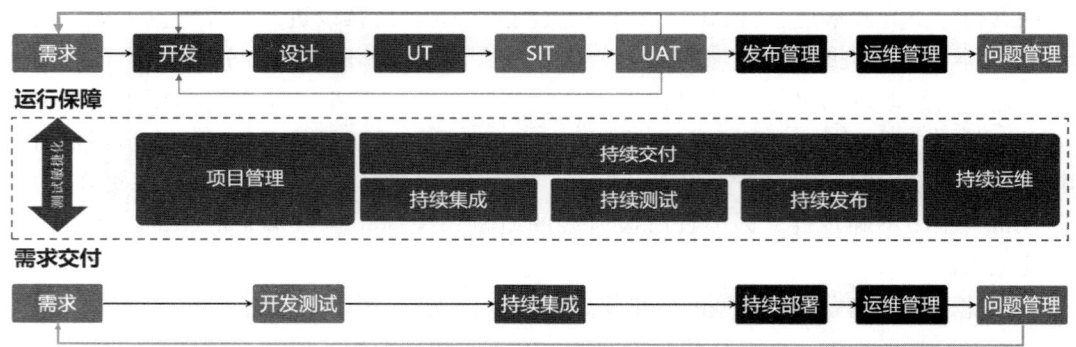

图 3 持续交付下的质量保障体系

明确了这个过程，我们需要在这个过程中明确度量门禁中的度量指标，在 DevOps 体系下，较为通用的度量指标如表 1 所示。

表 1 质量门禁通用度量指标

度量指标	说明
单元测试和代码覆盖率	单元测试毋庸置疑是分层测试的第一层测试，通过代码覆盖率来评价，行覆盖和分支覆盖是比较常用的判定条件
线下缺陷	这里特指系统集成测试过程中代码编译打包后由测试团队提供测试服务阶段，需要特别指出的是，这里并不是希望这个过程的数据越少越好，收集这个数据的重点是为了证明制品过程质量保障是行之有效的
线上缺陷	这个阶段的缺陷有可能是客户发现的，也有可能是业务团队的成员发现的

度量指标	说明
发布失败率	这是指在发布新的变更的时候，无论是人工发布还是流水线自动发布，都希望一次发布成功而不是发现发布失败再修复问题后发布。这里的发布既包含一次全量发布，也包含灰度发布
线下缺陷探测率（DDP）	DDP 是 Defect Detection Percentage 的缩写，这是一个计算指标，计算公式是线下缺陷除以线下缺陷和线上缺陷之和。DDP 越高，说明测试者发现的 bug 数目越多，发布后客户发现的 bug 就越少，实现了越早发现问题解决起来成本越低的改进目标，达到节约总成本的目的
线下缺陷解决率	特指测试工程师发现的缺陷在系统发布变更前被修复的比例，是已经修复的缺陷数量除以总共发现的线下缺陷数量所得的结果。这个比例越接近 1 越好
线下缺陷遗留数	特指经评估延期修复或者不予修复的缺陷，这个数量主要是为了评估上线风险，当然每个团队都希望每个迭代的这个指标是零
平均故障修复时间	特指对缺陷的响应速度，对重大或致命缺陷是否及时修复，包括修复时间、测试时间和恢复正常工作状态所需要的时间
缺陷密度	常用的千行代码缺陷率，计算方法是缺陷数量除以变更代码行数
用例执行完成率	特指测试工程师针对变更范围准备的测试用例的执行情况，通常执行完成率根据变更情况进行改变，如不改变，完成率应达到100%
用例执行通过率	是一个计算指标，由执行通过的测试用例数除以测试用例总数减去废弃掉的测试用例数
执行覆盖率	一般特指 API 测试用例覆盖功能接口的变更数量情况

以上指标只是质量门禁构建的常用指标，并不是必需的指标，具体选取哪些应该从组织的实际情况出发，以适合为主，而不应该照本宣科。

2.2 质量内建的动态赋能

从质量的视角出发，DevOps 也可以称为 DevQualOps（见图 4），质量保障体系的构建是一个持续构建、持续交互的过程，在这个过程中，一直是在动态地交互。

我们可以把 DevQualOps 的持续质量管理简单归纳为 5 个环节：开发环节、验证环节、预发布环节、发布环节、监控环节。持续质量管理实际上就是质量内建，它的核心是赋能——测试的动态赋能，即实现测试职能的左移与右移。

测试职能左移，即开发团队在开发过程中承担单元测试、接口自动化测试等测试职责。开发团队是质量内建的第一道环节，在开发阶段进行单元测试、部分功能测试、冒烟测试等测试。测试职能左移强调质量的管控不是仅依靠测试团队来完成，需要开发团队在构建时就具有质量意识，具备测试质量管控第一道防线

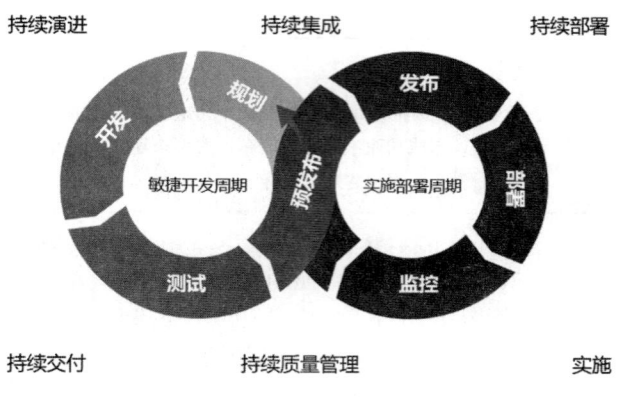

图 4 DevQualOps 能力

的责任感。

测试职能右移，即运维团队前置到测试环节，尽可能早地参与测试活动，如模拟测试、部署验证测试、A/B 测试、在线测试等。测试职能右移强调保持测试、部署的一致性，确保部署上线版本都是已通过测试验证的版本，有利于提前发现和排除故障，提高系统的可靠性。

3. 动态质量保障手段

前面介绍了构建新型质量保障体系的原则，下面就要进入实施阶段。构建动态质量保障体系，对软件测试而言，需要动态的测试技术。

软件测试分为正面测试（positive testing）和负面测试（negative testing），正面测试是一种在预期条件下验证软件功能是否正常的测试，负面测试是向软件发送可能触发缺陷并检查是否存在故障的测试方法。长久以来软件专注于功能测试而忽略了负面测试，导致由软件缺陷引起的安全问题层出不穷。随着信息技术飞速发展，软件规模越来越大，已经成为日常经济生活中重要组成部分，软件的稳定性、安全性直接影响财产及生命安全，因此需要重视软件负面测试。

从技术层面归纳，软件测试有两种主流的技术路线：静态测试和动态测试。静态测试基于软件编码的规范性和知识库，对软件源代码或二进制文件进行分析，从而能够识别和发现软件缺陷问题。它是质量保障体系的一个基石，是软件测试技术发展的先驱，现有的诸多实践都在丰富这一领域。但也需要看到静态测试的局限性。为了更好地适应变化，我们需要让测试行为和软件互动起来，所以引入动态测试技术。

动态测试是在软件运行过程中，通过异常输入查找导致软件崩溃的缺陷。相对于静态测试技术而言，动态测试能更彻底、更有效地检测出内存相关的缺陷，且不依赖于知识库，能够有效地发现软件未知缺陷。由于软件及代码逻辑的复杂性，动态测试对技术经验要求较高，软件测试人员需要付出高昂的代价。

如何选用不同的动态质量保障手段构建动态质量保障体系，是一个需要持续探索的过程。根据东方证券的探索实践，我们应该从不同的环节选用不同的方法，去探索动态的构建（见表2）。

表 2　　　　　　　　　　DevOps 不同环节选用的不同方法

DevOps 环节		方法
开发环节	静态	自动化静态代码扫描
		人工代码审计
	动态	模糊测试
验证环节	静态	形式化数学验证
		业务功能检查（功能测试）
		传统自动化测试
	动态	模糊测试
		精准测试
预发布环节	静态	业务功能检查（功能测试）
		形式化数学验证
	动态	模糊测试
		故障注入（代码层面故障注入）
		混沌测试（系统层面故障注入）
发布环节	静态	软件成分分析（供应链安全）
		人工审计
	动态	渗透测试
		模糊测试
		漏洞扫描
监控环节	静态	安全基线检查
	动态	控制流和数据流分析验证

以东方证券为例，我们已经在开发、验证环节的动态技术方面进行了相应的探索。下面对相关环节的探索技术进行简单的介绍。

3.1　模糊测试

3.1.1　模糊测试技术的演进

模糊测试技术发源于 20 世纪 90 年代，由 Miller 提出。从最早的针对软件进行随机模糊测试到现在基于智能化技术的模糊测试，其整个发展历程经历了如下几个阶段：

随机模糊测试、模板模糊测试、文法模糊测试和智能模糊测试。其发展历程如图 5 所示。

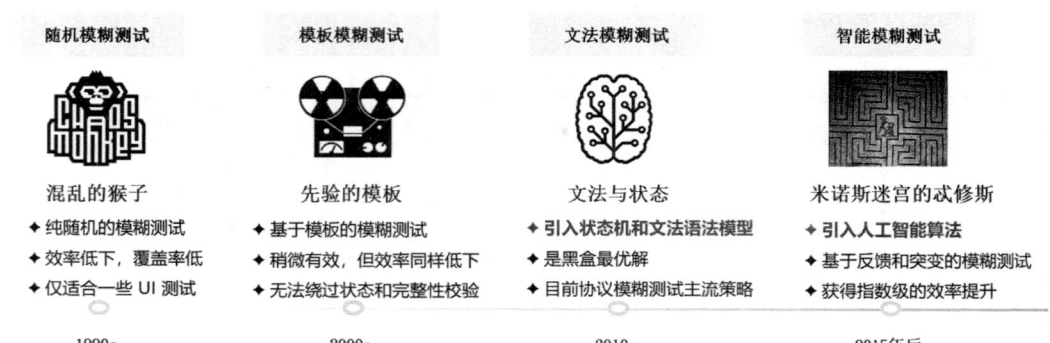

图 5　模糊测试技术发展历程

随机模糊测试。其核心思想是模拟猴子毫无逻辑的敲键盘操作，以此来测试软件的健壮性。测试方法大多采用的是黑盒模糊测试，往往是随机构造测试用例输入到目标程序，通过验证其是否崩溃来达到安全检测的目的。由于这种方法对目标软件内部行为了解较少，其存在较大的盲目性。在实际的缺陷检测中，代码覆盖率也较低。这种方法针对简单的软件产品具有一定的效果，但是随着软件越来越复杂，这种方法逐渐失效。

模板模糊测试。为提升测试效率，20 世纪初以 SPIKE 公司为代表的"先验模板的模糊测试"进行商业化应用。其核心思想是：引进有可能会导致软件异常的输入来创建测试用例，并提升优化模板质量，以提升模糊测试效率。由于大量使用目标软件能够处理的非预期输入，因此它比随机模糊测试效率有所提升。但是因无法通过完整性校验和状态校验，被测目标不解析未通过校验的测试用例，也存在代码覆盖率较低等问题。

文法模糊测试。其核心思想是：引入状态机和文法语法模型，通过生成器自动生成符合语法编码约束的输入。该方法解决了"先验模板的模糊测试"存在的缺陷问题，是目前黑盒测试最有效的测试方法。PEACHTECH、BESTORM、SYNOPSYS 等公司经过多年实践和积累，成功地将其应用于协议、API、UI 模糊测试领域。由于无法深入探测测试目标，它也存在代码覆盖率低，无法检测深层次代码缺陷的问题。

智能模糊测试。2013 年，AFL 的出现标志着基于覆盖率引导的模糊测试成为研究的主流方向，研究者开始进行基于灰盒的模糊测试研究。灰盒测试利用轻量的程序分析技术，记录样本执行过程的执行路径，然后利用遗传算法，以代码覆盖率对测试用例进行筛选和变异，通过遗传算法将大量的最优样本进行保留后进一步变异得到新的样本。其具有较高的效率和实际应用性，得到了研究者的广泛青睐，近年来 AFL 及其改进版的模糊测试工具在大量实际应用中检测出许多缺陷。但其自动化水平不高，测试人员需要具备较高的技能。同时，在实践过程中，其代码覆盖率也没有达到测试人员的预期。

2018年后，随着人工智能技术的发展，以code intelligence、ForAllsecure、安般科技为首的企业成功将人工智能技术与模糊测试相结合，形成了智能模糊测试技术体系。其核心思想在于：在软件运行编译过程中，深入分析软件代码结构；结合测试过程中的反馈信息，自学习、自动优化测试策略和方法，提升代码覆盖率和测试效率。与传统的模糊测试技术相比，智能模糊测试技术测试速度更快、更准确，能够指数级提升软件测试效率；能够在软件开发生命周期的各个阶段实施质量保障措施，支持以敏捷方法和DevOps速度开发安全、可靠的软件；有助于在开发过程早期而不是产品发布后识别软件缺陷，高效实践"质量左移""安全左移"的理念。由于可以覆盖更加复杂的软件场景，智能模糊测试技术已广泛应用于多个领域。

3.1.2 智能模糊测试技术

智能模糊测试是一种动态查找软件未知缺陷的软件负面测试技术，能够帮助测试人员发现传统测试方法或手动审计无法检测到的缺陷，因大量采用人工智能技术，能够有效应对日趋复杂、庞大的软件测试需求。

智能模糊测试系统采用专用的编译器对程序进行插桩，然后通过运行过程中的反馈信息来自动变异用例（通过分析测试用例所经过的执行路径，发现引发新的执行路径的更有价值的输入）以触发程序运行异常，如堆栈溢出、内存释放后再使用、空指针和内存泄露等会引发系统异常的各类缺陷。系统发现问题后会记录错误现场，将缺陷直接定位到代码行，并提供针对此类缺陷通用的影响分析和修复建议。

智能模糊测试系统工作流程如图6所示。

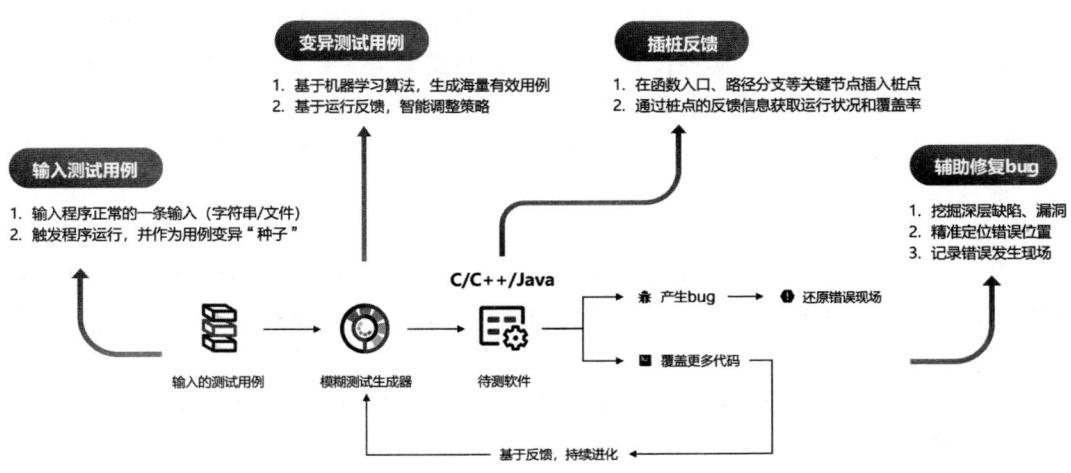

图6 智能模糊测试系统工作流程

（1）在源码编译时，在函数入口、路径分支等关键位置插入桩代码，在后续fuzz的过程中会根据这些桩代码进行路径探索和测试等。其主要作用包括记录代码命中情况、收集条件语句的基本信息、记录执行路径等。

（2）选择输入文件，作为初始测试集（种子用例）加入输入队列。

（3）将队列中的文件按一定的策略进行"变异"。变异策略用于决定对种子文件的什么位置进行变异。如果变异生成的输入文件与原始种子文件相比差别不大，则有可能无法有效覆盖可执行代码；反之，如果变异给种子文件带来的改变过大，则有可能破坏种子文件的语法结构，生成大量的无效输入，从而降低模糊测试的效率。因此，智能模糊测试系统根据预处理阶段或模糊测试循环过程监测到的信息，通过机器学习结果导向，针对性地选择变异位置，使用适当的变异方法对种子文件进行变异，从而有效提高用例变异效率。

（4）收集桩点的反馈信息，基于机器学习，自动调整、优化测试策略和调度策略，以提高代码覆盖率。

（5）如果输入触发了崩溃（crash），代码位置会被记录下来，并基于覆盖率、崩溃触发情况以及桩点反馈信息，通过机器学习，自动优化测试策略。

（6）持续上述过程，不断学习，从而提升覆盖率，尽可能多地触发崩溃。

3.2 精准测试

精准测试建立在业务功能点（测试用例）和业务代码相互关联的基础上，获取功能点的代码执行步骤和覆盖率，进行测试精准覆盖，测试缺陷精准定位。

精准测试通过实时感知代码变动，实现变动智能分析，结合代码冗余计算能力准确定位代码变动范围和变动影响范围，提供深入准确的测试决策分析依据，从而精准确定测试范围。

通过代码调用链与用例之间的双向追溯，实现测试用例智能推荐、自动执行。

通过动态调用链跟踪，实现代码分支与业务数据绑定、跨系统调用链生成等技术，实时掌握业务逻辑处理过程及数据流转。

通过动态调用链数据监控能力，实现测试问题实时定位、快速定位。

通过代码染色能力实现测试过程中代码执行过程可视化展示。

3.2.1 目标

开展实施精准测试，可以强化链路问题定位能力，实现测试用例的快速回归、范围快速圈定、用例变动快速响应，以及回归用例推荐、漏测分析、覆盖率可视化、代码分析等，达到提升功能测试效率的目标。

（1）精准：通过字节码技术，精准记录黑盒测试用例对应的代码逻辑：
➢ 实现测试用例到代码逻辑的精准记录和双向追溯；
➢ 精准的代码级的缺陷定位和崩溃分析；
➢ 精准的测试充分度分析。

（2）可视：实时的程序运行指标图形输出，代码控制流程图、方法调用图。
➢ 关联代码的覆盖率计算可视化；

➢ 测试用例执行的调用关系、代码可视化。

（3）可信：真实记录测试现场的情况，并基于这些可信的数据给出可信的测试结果。

3.2.2 建设方法

实施精准测试的核心思路是正向追溯 + 逆向追溯。

正向追溯指建立从测试用例到代码的关联关系，通过测试覆盖率统计，发现用例设计、执行中的问题。另外，测试覆盖数据可以直接为开发调试提供依据，快速定位并修复缺陷。

逆向追溯指建立从代码调用链路以及代码到测试用例的关联关系，通过调用关系指导新增改动的用例设计和回归用例的选取测试，极大地减少回归测试的盲目性和工作量，达到覆盖率最大化。

其工作流程如图 7 所示。

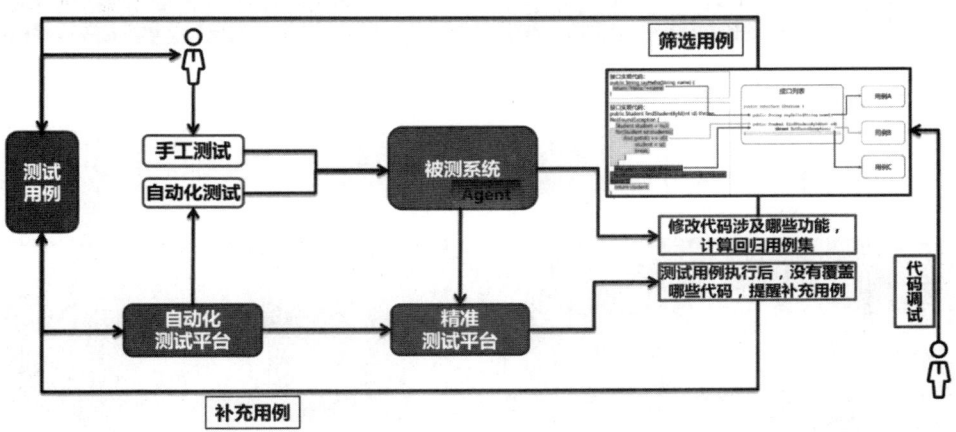

图 7　精准测试工作流程

4. 关键或创新点展示

4.1　模糊测试

为了验证智能模糊测试技术能否达到实际生产应用效果，我们选取了安般科技的智能模糊测试工具分别对不同开发语言的产品进行了实验验证。

4.1.1　C++ 代码测试

以一段 100 行 C++ 代码为测试目标，通过智能模糊测试技术用时 3 分钟完成了动态测试。覆盖率达到 88%，发现各类缺陷总计 21 个，如图 8 所示。

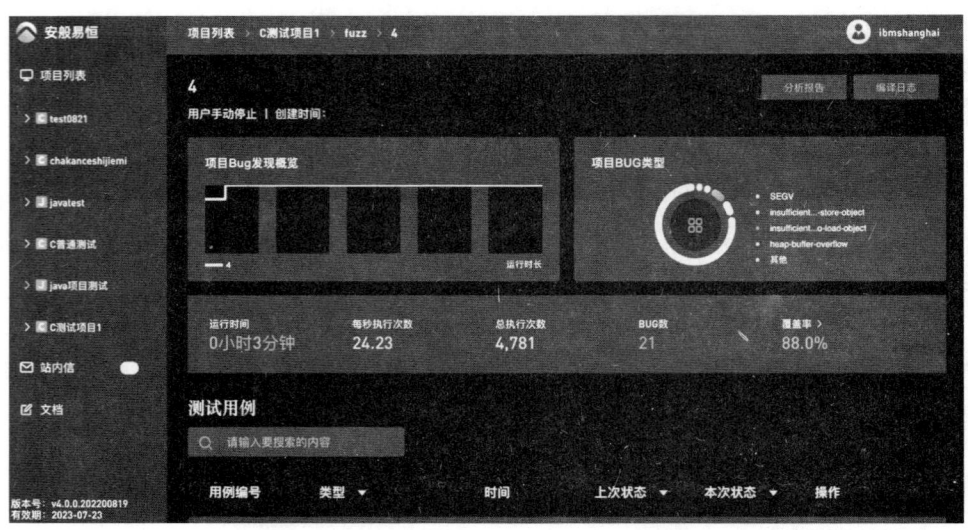

图 8 实验数据

bug 分类统计情况如图 9 所示。

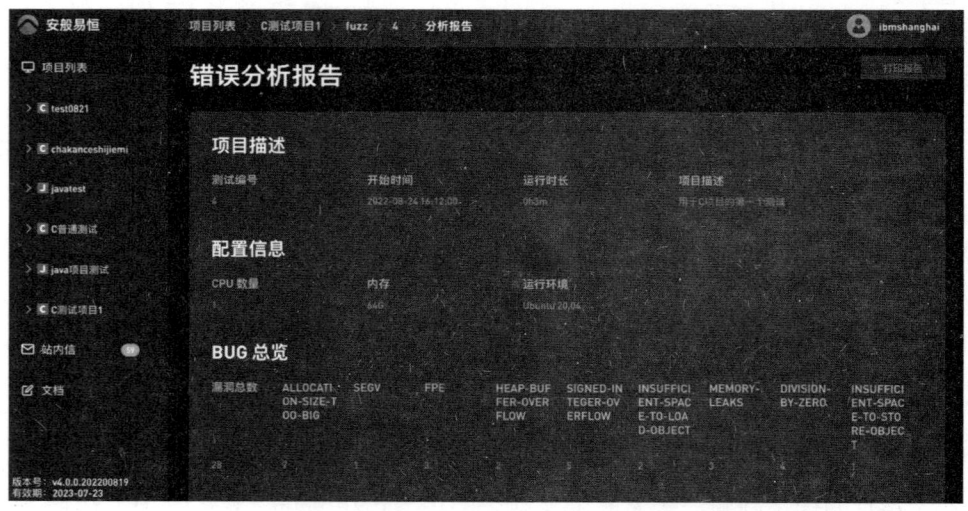

图 9 bug 分类统计

通过 bug 详情描述，定位其所在代码位置，并提供 bug 修复方法、建议和示例（见图 10 和图 11）。

智能模糊测试与人工测试对比如表 3 所示。

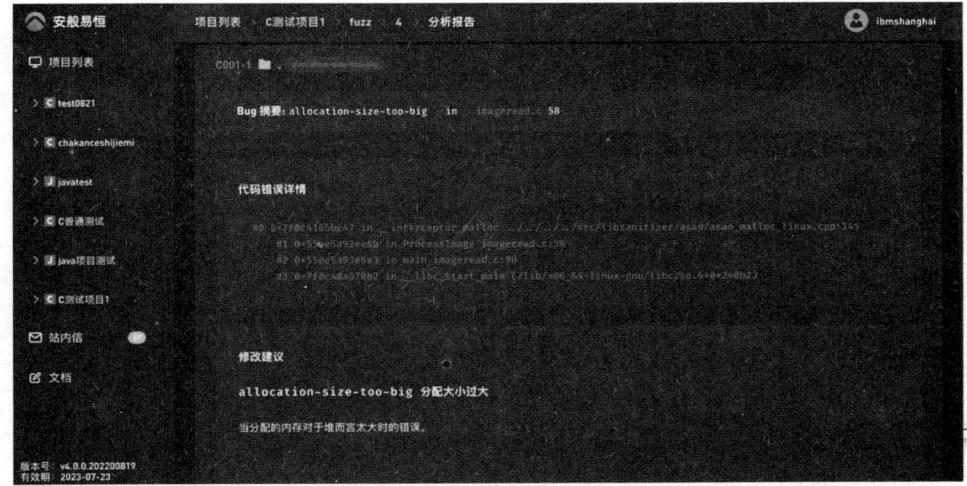

图 10 bug 详情描述

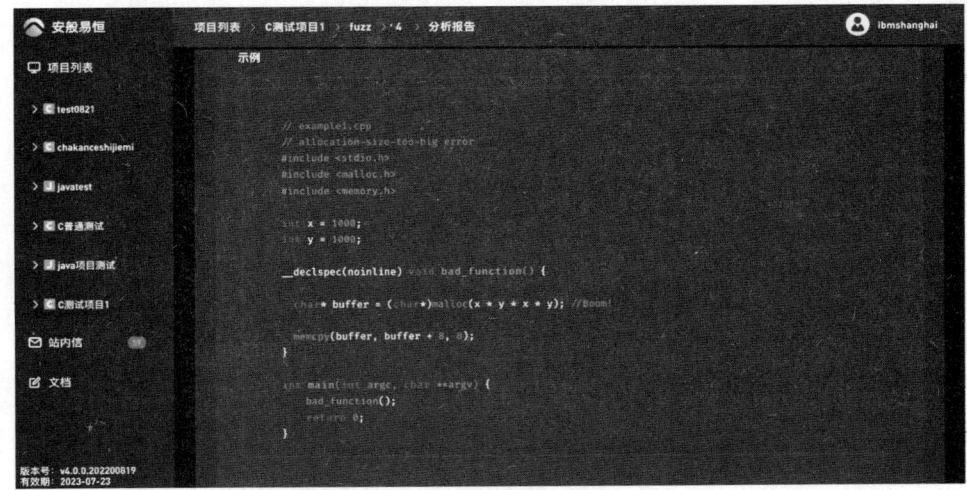

图 11 bug 修复示例

表 3　　　　　　　　　　　智能模糊测试与人工测试对比

维度	人工测试	智能模糊测试
人力	2	1
工时	2 小时	3 分钟
测试用例	20	4781
覆盖率	30%	88%
bug 数量	6	21
bug 类型	数组越界等	堆栈溢出、内存泄漏等

4.1.2 Java 代码测试

测试目标为一个 jar 包文件，通过智能模糊测试技术用时 1 小时完成了动态测试。覆盖率达到 83%，发现各类缺陷总计 4 个，如图 12 所示。

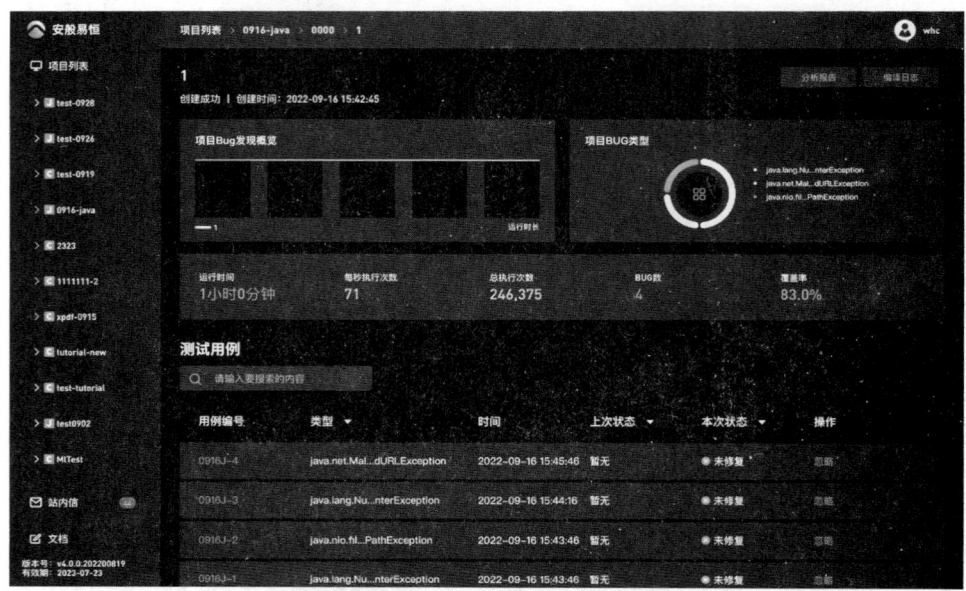

图 12　测试情况总览

测试结果描述了 bug 详情（见图 13），所在代码位置，并提供 bug 修复建议。

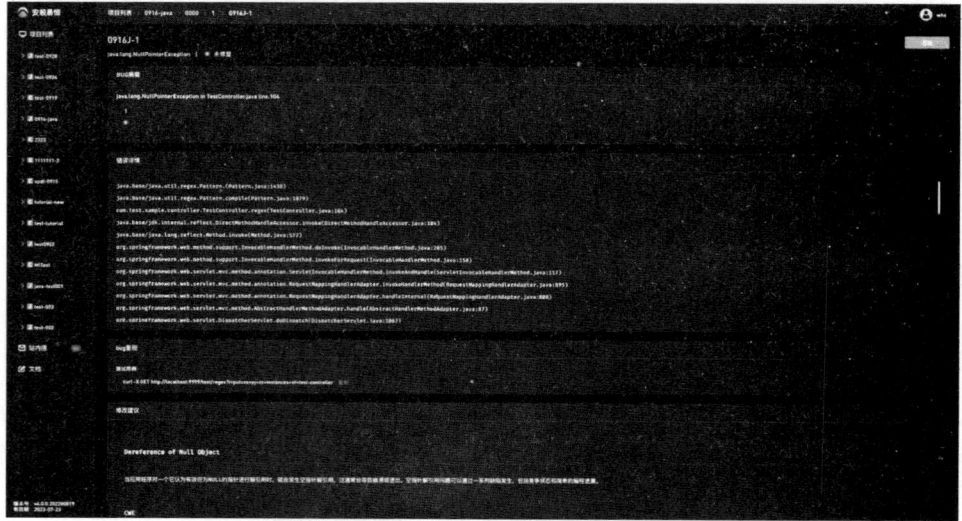

图 13　bug 详情

4.1.3 实验效果总结

综上所述，动态智能模糊测试技术在开发环节的主要优势体现在：

（1）能够大幅提高软件负面测试效率，尤其适合单元测试和接口测试，并能够与 DevOps 整合，缩短软件开发周期，大幅降低成本。

（2）与人工测试相比，智能模糊测试在软件代码测试覆盖率、bug 查准率、bug 查全率方面具有明显的优势。

（3）能够准确有效地识别 C/C++、Java 软件缺陷，包括内存缓冲区错误、堆栈问题、数据验证问题、指针问题、异常/trap 错误、非法/异常内存操作错误、注入类漏洞、文件类漏洞、请求类漏洞、审计类漏洞等。

4.2 精准测试

为了验证精准测试能否通过双向追溯互动地赋能整个测试过程，让测试工作可量化、可视化，我们用精准测试平台对精准测试的代码变更分析、用例推荐、根因定位以及测试覆盖率分析能力进行了实验验证。

4.2.1 代码变更分析

以一个 Java 业务系统为测试目标，在测试工作开始前进行代码变更分析，在选取两个需要比对的版本后，通过精准测试技术用时 5 秒完成了版本差异分析，发现最新的迭代中共有 20 个变更方法、9 个调用链方法被影响，18 个方法缺少测试用例，如图 14 所示。

图 14 实验数据

4.2.2 用例推荐

上一步分析后，在测试人员准备测试用例时，通过精准测试技术用时 10 秒推荐出可以覆盖变更接口的关联测试用例 24 条，如图 15 所示。

图 15 可直接复用的测试用例

推荐出的自动化测试用例，可以通过自动化测试引擎一键批量执行，节约了测试执行的耗时。

对没有测试用例可推荐的 7 个接口也展示出接口信息，如图 16 所示。

图 16 无用例覆盖接口

4.2.3 根因定位

在测试执行过程中，通过精准测试技术实时查看被测应用的处理逻辑、出入参以及耗时等信息，错误的地方直接红色显示，预期结果与实际结果的差异突出展示，通过逐层下探，可以精确到错误的代码行，方便提供给开发人员进行 bug 修复，如图 17 所示。

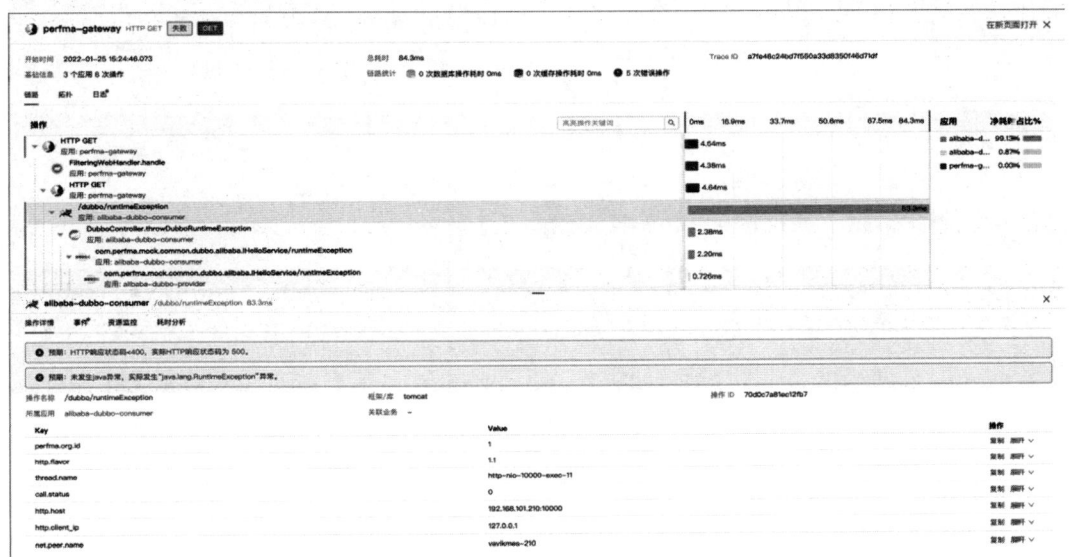

图 17　根因定位代码行

4.2.4　测试覆盖率分析

在测试过程中以及测试结束后，通过精准测试技术可以实时查看测试人员执行的测试用例覆盖被测应用的具体情况，包括全量覆盖率、差异覆盖率，计算维度有方法、分支、行，如图 18 和图 19 所示。

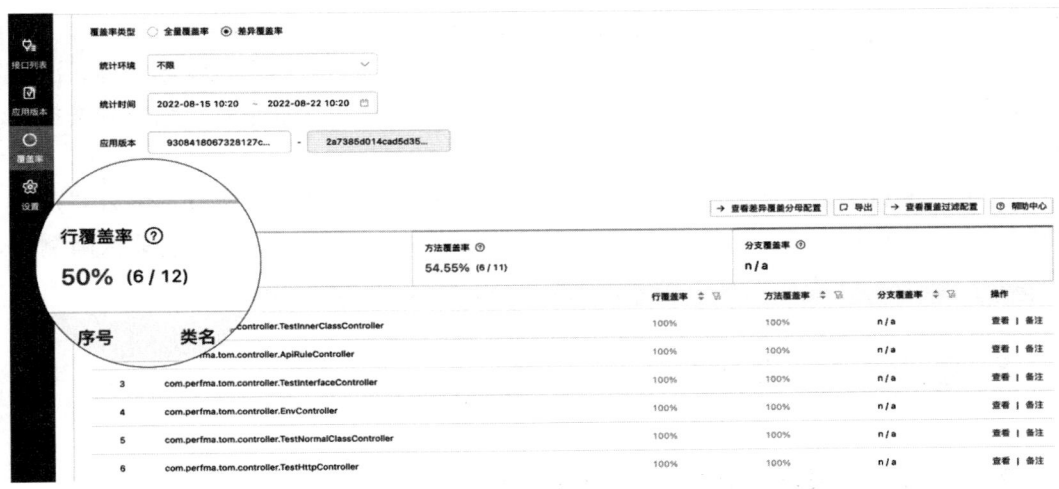

图 18　版本差异覆盖率

图 19　行覆盖率详情

4.2.5　实现效果总结

综上所述，精准测试技术在测试环节的主要优势体现在：

（1）无侵入式的插装模式安全可靠，同时该技术对人员测试水平无要求，简单部署后便可以帮助测试人员实现灰盒甚至白盒测试。

（2）在测试范围评估方面，该技术能够替代传统的经验法，通过技术手段分析出变更接口，极大地降低因为人员业务能力不足分析遗漏场景的问题。

（3）在测试用例准备方面，面对数以万计的测试用例，该技术可以快速帮助测试人员筛选出本次迭代需要测试的用例，同时指导测试人员对测试用例进行查漏补缺，减少测试用例重复编写情况，极大地缩短测试准备时间，提高测试效率。

（4）在测试用例执行方面，通过根因定位帮助测试人员快速定位缺陷问题，测试人员可以将具体错误代码提供给开发人员，降低开发与测试沟通成本，缩短开发排查时间。

（5）在测试结果统计方面，该技术能够量化测试结果，让测试通过不再以"用例执行完成"为指标，而是以"用例覆盖完整"为指标，更科学、更有效地保障测试质量。

5.　总结及下一步规划

5.1　动态质量保障技术潜在应用场景

根据实际分析调研，各类动态技术的应用场景几乎覆盖了整个软件开发周期，因此在建立新型的质量保障体系的过程中，这类动态的测试技术有广泛的应用场景，归纳起来，主要有下列应用场景：

（1）结合证券期货业的特性，有较多外部厂商可利用诸如模糊测试技术对外购型软件进行验收测试，构建初级质量门禁。

（2）对合作研发项目/系统进行准入约束，拓展到供应链相关的约束，完善初级质量门禁。

（3）测试左移，自动进行生产单元测试，提高开发质量。

（4）将质量门禁数字化系统化纳入研发运维一体化的建设，作为交付的必要条件。

（5）测试右移，将动态测试能力赋能到运维方，检查线上系统的稳定性及安全性。

5.2 总结

传统的质量保障体系主要采用的是传统的软件测试方法，仍是以人工为主（写测试用例、测试脚本、分析等）、工具为辅的方式。但是随着软件代码行数爆发式增长，传统的测试方法已经无法达到行业对软件健壮性、稳定性和安全性的要求。因此，新型的动态质量保障体系必然会得到大力的发展，诸如智能模糊测试技术等新型软件测试技术，必然会应用到证券行业的质量保障之中。这种针对目标程序状态高效引导、基于强化学习与多机制协同融合技术的方法，实现了一种可智能规划、精准高效的软件缺陷检测。

当然，我们也要看到，技术手段仅仅是质量保障体系构建的工具，一个健全的质量保障体系本身想解决的是多方参与的复杂社会系统问题，而不是单纯的技术问题。如何高效、高质量地保障证券期货业数字化转型，是一个持续优化、持续改进的过程。我们有理由相信，随着技术手段的发展和质量共建意识的深化，我们的未来是值得期待的。

5.3 下一步规划

通过上面的介绍，我们不难看出，在预发布、发布、监控环节有多种动态技术可以应用，除了模糊测试技术外，混沌工程也是新型的热点能力之一。它和模糊测试的主要区别在于，模糊测试关注的是代码层面的故障，混沌工程更偏向系统层面的实施。混沌工程的应用场景需要进一步学习探索。

参考文献

[1]《开发者软件验证最低标准指南》（NIST. IR. 8397）（*Guidelines on Minimum Standards for Developer Verification of Software*）。

[2]《软件测试技术趋势白皮书（2021年版）》。

[3]《证券期货业软件测试指南　软件安全测试》（JR/T 0191—2020）。

[4]《系统与软件工程 系统与软件质量要求和评价（SQuaRE）》（GB/T 25000.51—2016）。

[5]《C/C++语言源代码漏洞测试规范》（GB/T 34943—2017）。

[6]《Java语言源代码漏洞测试规范》（GB/T 34944—2017）。

[7]《C#语言源代码漏洞测试规范》（GB/T 34946—2017）。

[8] IDCF. 持续测试之下的正确质量度量［EB/OL］. https：//mp.weixin.qq.com/s/F2KHJW8wi90GiMqhnAk3bA.

[9] 集成测试平台框架的设计与微服务的自动化模糊测试［EB/OL］. https：//mp.weixin.qq.com/s/Kndkj407xKw7AOAFoqRerA.

[10] 高效测试技术详解系列（3）：智能模糊测试［EB/OL］. https：//mp.weixin.qq.com/s/zr4BmjXUj2fwPe1SvGnZOA.

[11] 敏捷迭代下的测试新基建［EB/OL］. https：//mp.weixin.qq.com/s/Z8jH8MqsoN5yyYXUUOdxYA.

国金证券测试驱动开发（TDD）质量保障实践

杜铁绳

国金证券股份有限公司

DevOps 已经成为证券行业提升研发效率的重要工程技术方法。软件质量是证券行业软件应用的生命，如何在确保软件应用交付效率的同时确保软件应用的质量，是 DevOps 工作模式下的一个重要话题。

随着 DevOps 工程技术在国金证券股份有限公司财富委科技线（科技产品运营中心、科技产品开发中心、数据策略运营中心）、信息技术部和道富金融科技中心的落地实施，快速集成、快速交付成为现实，引入与 DevOps 工作方式相适应的软件产品质量保障方法和措施，成为一个至关重要的课题。

1. 背景及意义

敏捷软件开发宣言的原则之一是：持续关注卓越的技术和良好的设计可以增强敏捷性。DevOps 工程技术当中如何实现质量内建，确保持续集成、持续部署软件应用质量，需要测试理论、方法和技术同步进行支持。测试驱动开发（Test Driven Development，TDD）就是一种很好地支持敏捷开发和 DevOps 工作方式的理论方法和技术手段（见图1）。

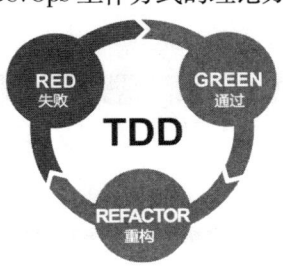

图 1　测试驱动开发模型

测试驱动开发是开发简单、易维护且经过良好测试的代码的一种常见实践。测试驱动开发要求，只有当存在"不通过的测试案例"时，才应该编写"实现代码"。测试驱动开发也是一种通过持续迭代开发软件产品的方法。

国金证券采用了 Scrum、看板、DevOps 等多种方式，各级不同部门不同业务线的业务特征、技术架构选用不同的敏捷和 DevOps 方式。在基于微服务开发的理财团队，前端和后端同时引入了测试驱动开发工作方式。结合自动化代码扫描和持续集成技术，测试驱动开发可以更高效地完成代码功能实现、重构以及代码质量保障。

2. 整体方案介绍

国金证券测试驱动开发工作的实施采用业务线试点、教练带教、成员互学互教、迭代推进模式。实施过程注重效益和成本的平衡，关注团队学习曲线、学习成本和日常工作量的合理分配，在国金敏捷实践社区（Sinolink Agile Community of Practice, SACoP）的框架下充分调动研发团队学习新技术、新工作方式和分享新技术、新工作方式的氛围（见图 2）。

图 2　国金敏捷实践社区（SACoP）

2.1　测试驱动开发实施规划

国金证券在导入实施测试驱动开发时，充分考虑了各部门各开发业务线的团队能力和技术差异，采用稳扎稳打、步步为营的方式，注重教练的充分赋能和保护团队的技术革新积极性（见图 3）。

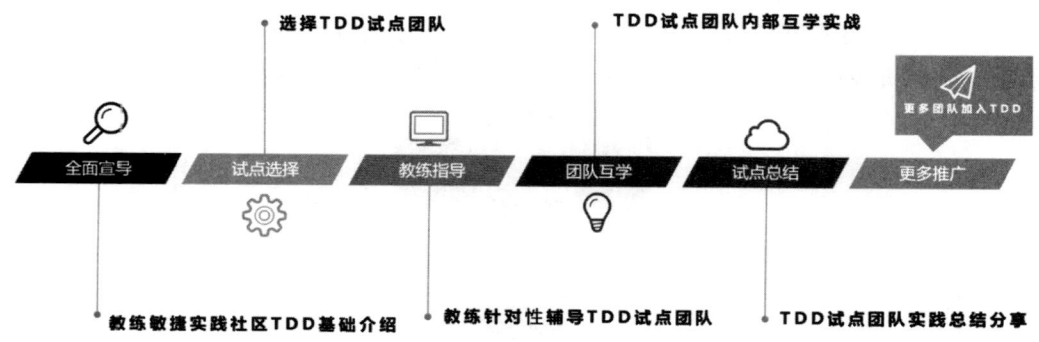

图 3　测试驱动开发导入规划

2.2　测试驱动开发实施细节

在选择试点团队前，国金证券敏捷教练首先在国金敏捷实践社区组织了一系列与敏捷研发、敏捷测试相关的培训活动，例如行为驱动开发（BDD）、可测试性架构设计、测试驱动开发等。经过一系列的铺垫活动，各部门研发和测试团队对敏捷开发与敏捷测试有了初步的认识。

测试驱动开发需要开发团队成员具备具体的能力，具备了这些能力才可能更好、更高效地获得期望的效果，例如测试前移（左移）的思维能力、软件设计能力、业务和技术需求的分析及任务拆分能力、测试用例设计能力、自动化测试开发能力、代码重构和持续改进的能力。

选择合适的试点团队对顺利推广测试驱动开发工作模式具有重要的作用。试点团队的成功有利于帮助研发团队树立自信。经过全面和细致的调研，在选择试点团队时，应选择偏向互联网模式、团队建立时间较短、历史技术债较少、勇于接受新事物的团队。例如，试点团队之一的理财线（深圳），团队成员不仅很快掌握了测试驱动开发的工作模式，而且经过团队内部总结，可以向其他部门团队介绍自己的实践经验和填坑经历。

3. 主要技术介绍

3.1 测试驱动开发工作流程

测试驱动开发是一种工作方法，因此需要有可行的工作流程支持其落地实施。测试驱动开发的工作流程（见图4）如下：

（1）在敏捷团队里，产品负责人（Product Owner，PO）在冲刺前需求梳理会上，讲解下一个冲刺需要实现的产品需求。开发团队评估需求的技术实现难度和工作量。

（2）开发团队针对本轮冲刺需要实现的需求进行轻量架构设计，形成主要代码框架。

（3）开发团队根据初步架构设计把需求拆分成一条至多条任务，并分配给团队成员或由团队成员认领。

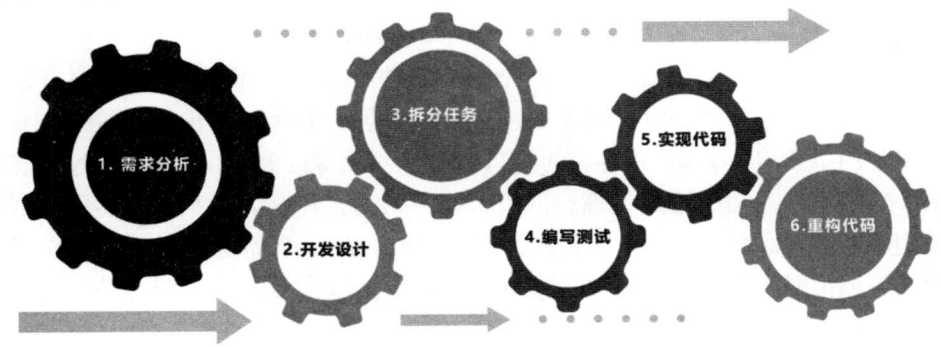

图4 测试驱动开发工作流程

（4）开发人员根据自己分配到或认领的开发任务，首先编写单元测试，细化任务所需要实现代码的输入、输出和验证条件。

（5）开发人员实现业务功能，并同时执行单元测试，验证业务代码是否符合单元测试预期。

（6）单元测试失败时，对业务代码进行重构，再重复执行单元测试，直到业务代码通过单元测试。

测试驱动开发工作中有一些好的指导原则：

（1）不允许编写任何产品代码，除非目的是让失败的单元测试通过。

（2）不允许编写多于一个的失败测试，编译错误也是失败。

（3）不允许编写多于恰好能让单元测试通过的产品代码，有效地减少返工。

3.2 测试驱动开发平台和框架技术

测试驱动开发根据不同的开发语言采用了不同的测试框架。由于国金证券后端开发以基于 Java 语言开发的框架为主，后端 Java 代码单元测试采用了以 Spring Boot Test、Mockito 和 DBUnit 为主的单元测试框架（见图 5）。

图 5　Java 单元测试框架组合

Spring Boot Test 是 Spring Boot 的一个重要组件，它集成了 JUnit、AssertJ、Hamcrest 等常用的框架，使搭建单元测试开发运行环境、引入第三方依赖变得更加容易。同时，Mockito 和 DBUnit 的引入，采用 Mock 技术合理隔离单元测试对外部服务和数据库的依赖，提高了单元测试编写的灵活性和单元测试的运行效率。

Mock 是一种独立测试类功能的方法。Mock 不需要外部真实接口、真实网络服务、真实数据库连接、真实文件或真实文件服务器来测试功能。Mock 对真实服务进行模拟，返回与传递给它的某个虚拟输入对应的虚拟数据。Mockito 有助于无缝地创建模拟对象。它使用 Java Reflection 为给定的接口创建模拟对象。Mock 对象只不过是实现接口、服务、数据库、文件等的代理。以股票服务为例，在开发过程中，实际的股票服务不能用于获取实时数据。因此，我们需要股票服务的一个虚拟实现。Mockito 可以很容易地做到模拟股票服务的行为。这就有助于把待测试的方法或功能与外围环境进行隔离，从而提高单元测试代码编写效率和测试执行时的运行效率。

国金证券前端开发使用的是 React，单元测试框架因此采用的是 Jest 和 Enzyme（见图 6）。Jest 是一个很受欢迎、简单易学的 JavaScript 测试框架，它适用于 React、Vue、

Angular、Node、TypeScript、Babel 等多种 JavaScript 框架。Jest 在确保全局状态的前提下，可以并行测试以提高测试效率。它首先运行先前失败的测试，然后根据测试文件需要消耗的时间组织测试案例的运行。在 Jest 中可以引入 Mock Functions API 来模拟测试对象依赖的函数，把单元测试中被测方法很容易地从实际环境中隔离出来。

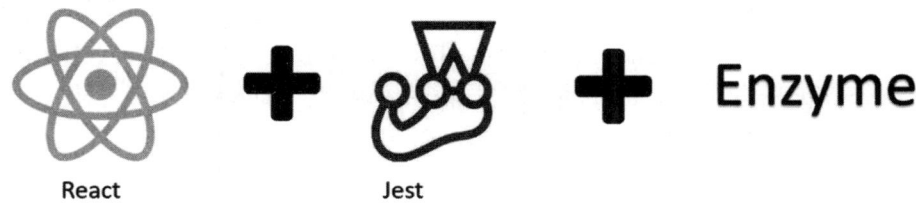

图 6　前端 React 单元测试框架组合

Enzyme 是 React 的 JavaScript 测试工具包，可以方便地对 React 组件的输出进行测试，可以把组件输出进行遍历或其他操作后输出到指定的设备上。

为了提高测试驱动开发的工作效率，我们把单元测试脚本管理、测试执行工作同 DevOps 工具结合在一起（见图 7），实现根据监控代码事件自动触发单元测试的运行。

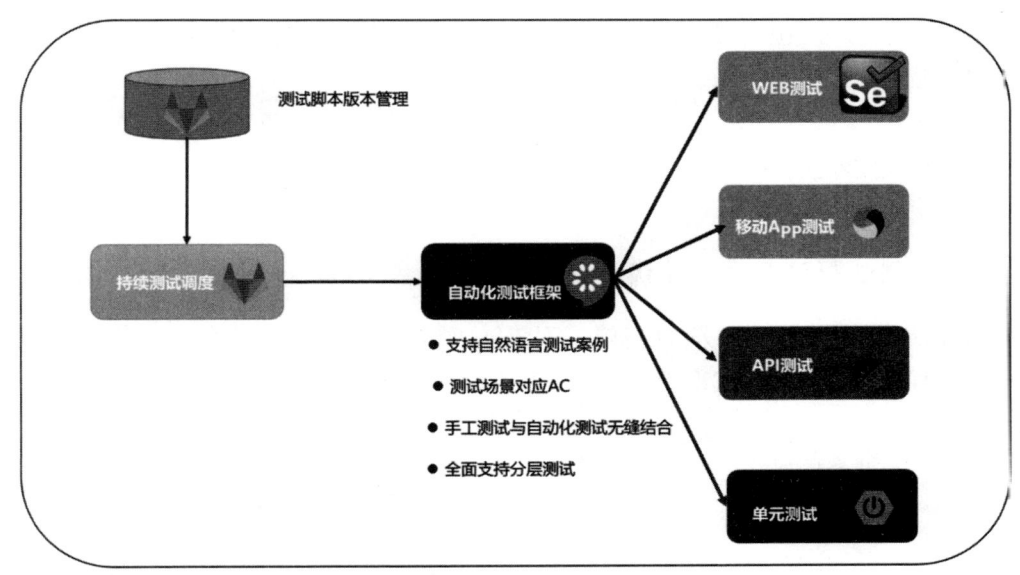

图 7　测试驱动开发与 DevOps 工具平台结合

测试驱动开发中单元测试代码往往和业务实现代码在一个代码工程目录下，如在 Java Spring Boot 或 Spring Cloud 代码工程中，单元测试代码通常放在工程根目录下的 test 目录下，按照业务模块划分单元测试目录，这样便于单元测试代码的版本维护。单元测试代码按照要求会及时上传到 GitLab 代码仓库，GitLab 平台自带 GitLab CI 功能，在 GitLab CI Pipeline 中加入单元测试阶段（stage），每次业务代码更新就可以自动触发单元测试运行，从而确保提交到 GitLab 代码库中的业务代码通过了单元测试符合质量要求。

为了提高测试场景和测试结果的可读性，国金证券测试驱动开发框架引入了Cucumber框架。Cucumber框架是一个支持行为驱动开发（Behavior–Driven Development，BDD）的技术框架，同时也可以用于测试驱动开发。该框架支持自然语言描述测试场景，使测试场景容易被各种角色人员理解，可以提高开发团队各角色的沟通效率。Cucumber框架同时具有友好的测试结果报告，方便各角色用户查看关注的验证结果。Cucumber框架支持多种开发语言，如Cucumber–JVM版支持Java语言、Cucumber.js版支持JavaScript语言、Cucumber.cpp版支持C++语言、Android TM版支持Android移动应用、Cucumberish版支持iOS、Swift和ObjC。

高效的单元测试需要相关方法论作为支持，国金证券提出了可测试性架构设计理念，从架构设计层满足单元测试所需的高内聚和低耦合要求。可测试性架构设计遵循SOLID原则：

- S 单一职责原则，一个类只完成一项独立的工作。
- O 开放封闭原则，对象应该对扩展开放、对修改封闭。
- L 里式替换原则，子类应该能够替换其父类并保持系统行为的一致性。
- I 接口隔离原则，客户对使用的接口实现是透明的。
- D 依赖倒置原则，高层次模块不依赖低层次模块的实现，而是依赖低层次模块的抽象。

4. 关键或创新点展示

4.1 测试驱动开发实施流程创新

国金证券测试驱动开发的实施，不是一项孤立的行动，而是结合敏捷研发、DevOps工程技术以及各研发部门（团队）的具体情况展开的（见图8）。测试驱动开发

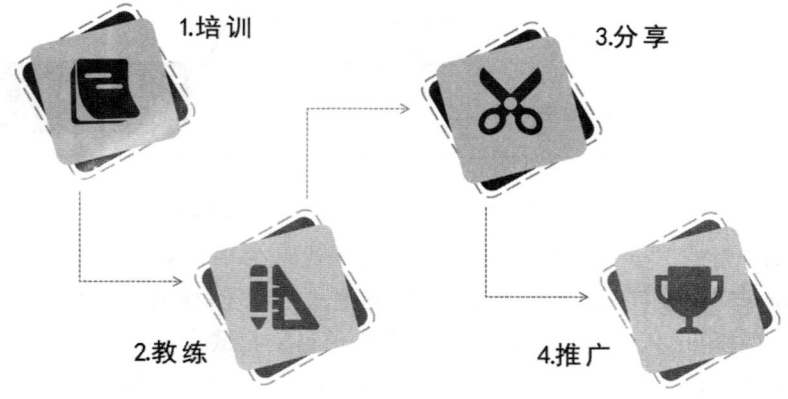

图8 测试驱动开发（TDD）实施导入流程

的导入过程首先由专业教练进行全面讲解，消除研发团队由于对新事物的陌生产生的隔阂，让研发团队从内心接受新的研发工作模式。针对试点团队，由专业教练对种子队员进行一对一带教，采用"扶上马，送一程"的帮扶模式，让试点团队的种子队员从实践中快速学习测试驱动开发和相关开发语言单元测试技能，减少种子队员对常见困难的探索时间，提升种子队员集中精力思考和解决实际特定问题的时间，在实践中快速成长。

种子队员掌握测试驱动开发技能后，在各自试点团队讲解、培训、带教测试驱动开发的工作流程，从而有效避免专业教练对各部门业务不熟的情况。种子队员经过专业教练的指导和自己团队测试驱动开发实际导入历练，为企业培养了一批专业的人才和测试驱动开发工作模式的推广者。

4.2 测试驱动开发技术框架创新

国金证券测试驱动开发不仅从全局视角考虑了不同语言单元测试所要用的框架，如 Java 后端服务用 Spring Boot Test、JUnit，前端 React 用 Jest 等，而且考虑了如何提高单元测试编写效率和形成最佳实践，如合理使用 Mock 技术，隔离被测业务功能代码对外部环境的依赖，从而提高单元测试的编写效率和运行效率。

在实施测试驱动开发的过程中合理分配开发人员必需的工作量，利用工程技术框架和平台提高自动化水平，降低人员投入工作量，在提升效率的同时降低人力成本投入。对于测试驱动开发生产出的单元测试代码，支持开发人员验证业务代码的同时，可以集成到 CI/CD Pipeline 中，作为质量门禁支持产品代码的持续迭代和维护。在 CI/CD Pipeline 中，单元测试通常采用单元测试覆盖率、单元测试失败数等指标作为质量门禁指标（见图9），一般情况下使用测试驱动开发模式实现的业务代码，在编写业务代码之前已经编写了单元测试代码，具有较高的单元测试覆盖率，并且在业务代码提

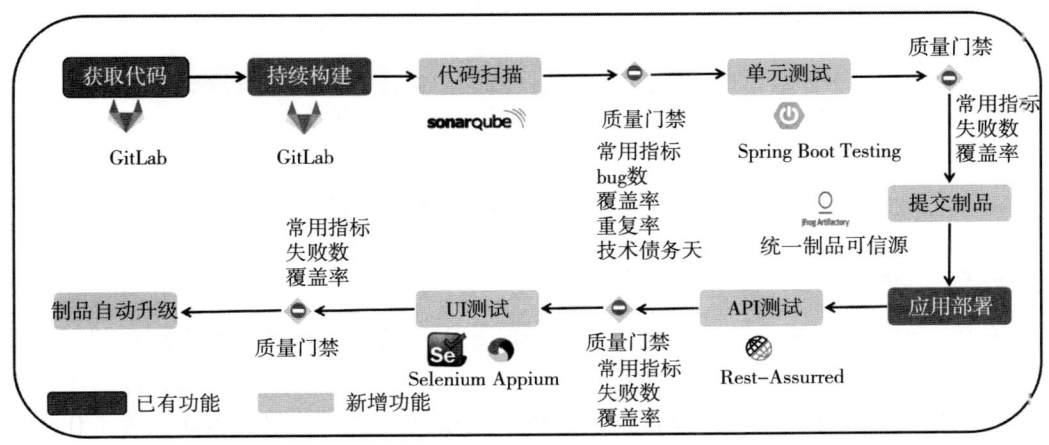

图 9 测试驱动开发与 CI/CD 质量门禁

交前，开发人员在本地环境已经运行并通过了单元测试，因此在 CI/CD Pipeline 中通常发现的是迭代过程影响范围没有分析到的业务功能导致了测试不通过。

5. 收益、总结及下一步规划

5.1 测试驱动开发收益

通过测试驱动开发的实施，国金证券试点研发团队很明显感知到了以下收益：

相对于引入测试驱动开发之前，试点团队的缺陷数量明显减少（见图10），从而缩短了功能测试周期，提升了产品功能的交付效率和质量。

按照测试驱动开发工作流程，开发人员在实现业务代码前，往往先与测试人员协商好了业务功能的输入和输出数据，测试人员进行功能测试时，可以复用开发人员准备好的数据，减少了开发人员和测试人员的理解歧义，从而在提升团队合作精神的同时，也提高了测试人员的工作效率。

测试驱动开发工作模式促使开发人员在分析需求的同时，提前考虑软件产品的验收，以终为始，让开发人员对产品需求理解得更透彻，减少了功能点遗漏。

测试驱动开发促使开发人员更多地思考代码的合理性，实现代码可读性和可维护性显著提高。

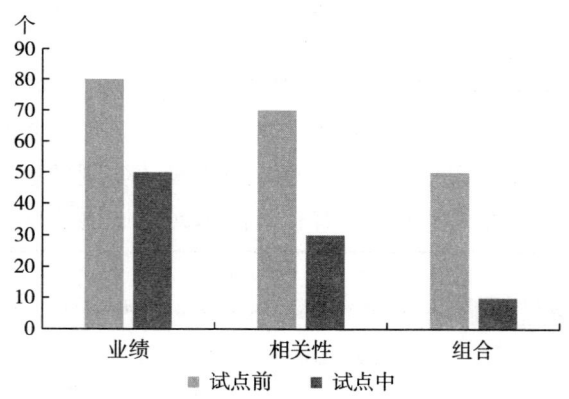

图10 引入测试驱动开发后团队缺陷明显减少

5.2 总结

总体来说，国金证券从测试驱动开发知识普及，到研发部门（团队）对测试驱动开发产生兴趣，开始学习并进行尝试，最后到更多的部门（团队）加入，经历了一个从陌生、熟悉、精通到主动向外推广的过程。试点团队也通过测试驱动开发工作模式锻炼和提升了团队成员代码设计与开发能力，团队成员产出的代码质量显著提高，开发人员和测试人员协同工作和合作能力也得到了明显改善，最终体现在软件产品上是产品缺陷率快速下降，产品从开发到验收发布周期显著缩短，团队成员个人能力、团队满意度明显提高，最终达到了个人发展和公司利益的一致。

5.3 下一步规划

国金证券测试驱动开发还在不断的迭代和推广当中，随着更多团队加入实践和总结，相信后面会做得越来越好。同时，随着国金证券研发效能平台的发展和成熟，研发支持工具平台越来越自动化和智能化，测试驱动开发将在产品研发中变得越来越容易，效率也会越来越高。

参考文献

Lasse Koskela. 测试驱动开发的艺术 [M]. 李贝, 译. 北京：人民邮电出版社, 2010.

光大证券 AI 技术加持测试敏捷化的建设与实践

朱震宇　文梦梦　李高远　罗　涛

光大证券股份有限公司

1. 背景及意义

随着敏捷开发模式在 IT 领域越来越广泛和深入的应用，测试团队也需要适应快速迭代、快速响应的敏捷开发模式，实现研发全流程和上下游团队的高效协作。特别是随着移动端的应用，为适应市场的瞬息万变，快速的迭代需求对测试敏捷化提出了较高要求。

金融信息系统由外购类和自研类组成。针对外购类项目，测试团队以明确的测试需求为验收依据，按照传统的测试体系，出具测试计划、验收测试用例、执行测试、给出测试报告。针对自研类项目，需求按迭代规划，以敏捷开发的方式完成。每个版本的迭代要求响应时间短、速度快。通过测试敏捷化将测试左移，结合不同类型的自动化实践，并通过集约化的测试管理平台将测试设计、功能测试、性能测试、自动化测试、安全测试等贯穿研发全生命周期和 DevOps 持续交付能力建设的实践应用中，才能更好地适应小步快跑的模式，进一步缩短软件交付周期，降低软件质量风险，提高团队质量意识。

光大证券通过测试敏捷化与 DevOps 测试流水线实践，打造出"稳态"和"敏态"共存的测试生态，通过测试平台、自动化测试、质量管理和技术赋能四大部分，全方位输出测试团队的测试能力。

2. AI 技术实现原理介绍

2.1　基于深度学习的 OCR 文字识别

基于深度学习的端对端文字识别技术，不需要显式加入文字切割环节，而是将文字识别转化为序列学习问题，虽然输入图像尺度、文字长度不同，但是经过深度卷积神经网络（DCNN）和循环神经网络（RNN）后，在输出阶段进行一定的翻译后，就可以对整个文本图像进行识别，将文字切割的任务融入深度学习流程。目前，两大主流技术包括 CRNN 和 Attention OCR（见图 1），区别在于最后输出层序列对齐使用的算法和机制。借鉴语音识别领域处理不定长语音序列的思路，将 OCR 建模为时序依赖的词汇或短语识别问题，基于 CTC 算法训练 RNN 网络，将 CTC 损失函数整合到 OCR 识别的深度网络中。

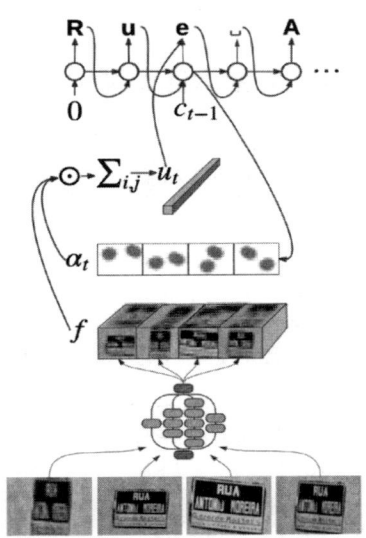

图 1　Attention OCR 文字识别方法

文字检测是识别的前提条件，目前主流的文字检测方法包括 CTPN、SegLink 和 EAST 等。CTPN 方法针对文本的特点改进传统的 Faster RCNN 网络，引入文本行以水平长矩形存在和文本行间隔的先验知识，在文本检测中加入基于双向 LSTM 的循环神经网络，建模文字左右方向的上下文依赖关系。EAST 方法将文本检测的流程简化为全卷积网络生成行参数和局部感知的非最大化抑制两个阶段，进一步提高检测准确性和速度。OCR 后续工作是将 EAST 文字检测方法与 Attention OCR 有效整合，构建端对端的文字检测与识别统一模型。

2.2　基于深度学习的通用图标识别能力

基于深度学习的视觉分类模型，用于区分 UI 多类别图标，采用卷积神经网络架构的多类图标分类方法可以提高精度。将相似语义和表观的图标类别进行合并以减少歧义性并增加单类样本数量，根据规则和组件 XML 信息合并的图标存在噪声，需要经过人工检查清理。为达到更好的识别精度，在正式的模型训练前，需要对图标图像进行预处理，如彩色转灰度、数值归一化、平移扰动和白化等。

考虑到图标数量与典型分辨率接近 CIFAR – 100 数据集，拟选择分类精度较高的模型——CIFAR，该模型由 6 组 17 个卷积层构成，每组输出增加 MAX POOLING 和 dropout 操作，最后两层由 512 个神经元组成全连接层，通过 SOFTMAX 函数后，激活层有 99 个输出。网络训练采用 RMS Prop 方法最小化分类交叉熵，除最后一层外，均使用 ELU 激活函数。

为了区分图像与图标，图标分类流水线需要检测出与图标差异很大的图像，可以训练高斯混合模型区分 CNN 最后 SoftMax 层的异常激活。采用具有 128 个成分的高斯混合模型，能够准确区分图像与多类图标。

2.3 基于深度学习的自定义图像匹配能力

采用动态模板匹配算法，结合页面语义识别结果进行目标对象匹配，提高对象识别精度。综合使用 OCR、噪声监测、邻近区域聚合算法，实现页面语义识别，准确区分文字、图像和图标。

2.4 NLPC 能力

构建基于自然语言编写的自动测试脚本，支持主要的自动化测试的语法与语义表达，提高自动化脚本的可读性和编写效率。定义语法规则文件，编写语法分析器功能，进行关键词的提取，有利于关键词进行后续操作。

3. 以测试敏捷化实现高效交付

测试左移与右移的基点是瀑布模型的测试阶段，其测试阶段侧重系统测试，可以涵盖集成测试，其中单元测试属于编程阶段，与编程同时进行。测试左移是将测试计划与设计提前进行，以及开展需求评审、设计评审、代码评审等。测试右移是将测试延伸到研发阶段之后的其他阶段，一般主要指产品上线后的测试，包括在线测试、在线监控和日志分析，甚至包括 Alpha 测试、Beta 测试。测试敏捷化模型见图 2。

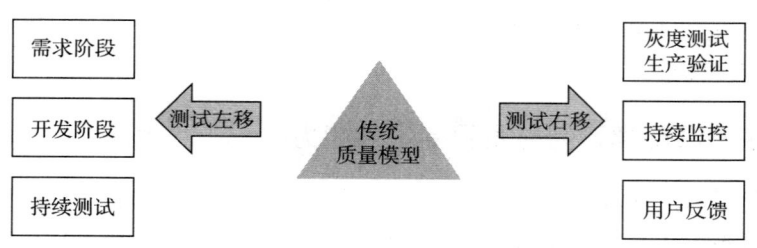

图 2 测试敏捷化模型

从现实角度出发，测试左移也包括加强单元测试，对单元测试有较高要求，如代码覆盖率做到 100%，而且强调代码编写和单元测试同步进行，写好一个类测试一个类、写好一个方法测试一个方法，而不是集中写几天代码，再集中作单元测试。发现问题越早越好，避免以后重复犯错。

测试右移指在线测试，传统的 Alpha 测试、Beta 测试也是上线后的测试，分别指内部用户、外部有限用户的试用，通过试用来发现问题。

测试左移和测试右移，能够让测试拥有更多的主动权，让测试可以协助不同角色，从质量视角进行跨域质量优化。不管是测试左移还是测试右移，都是为产品质量服务。

在测试左移和测试右移过程中，光大证券依托 DevOps 平台，进行了 DevOps 测试实践（见图 3）。根据当前团队管理以及工作的实际流程，形成了具有光大证券特色的 DevOps 测试流水线。在整个流程的前期全面落实了测试过程左移，从研发、运营和用户视角出发，要求测试人员从前置需求环节发现问题，并形成测试风险库，打造测试人员的产品思维和业务同理心；同时结合自动化测试工具，包括接口自动化、PC 及 App 端的 UI 自动化以及自动化安全漏洞扫描等，降低手工测试成本，提升测试效率。在全生命周期的开发过程中，落实测试过程右移，在系统上线后，建立了对生产环境主要功能的每日巡检机制，对生产环境的主要功能进行测试巡检，扩大了测试覆盖面，能够及时发现问题并跟进解决，可以降低生产问题的发生概率。

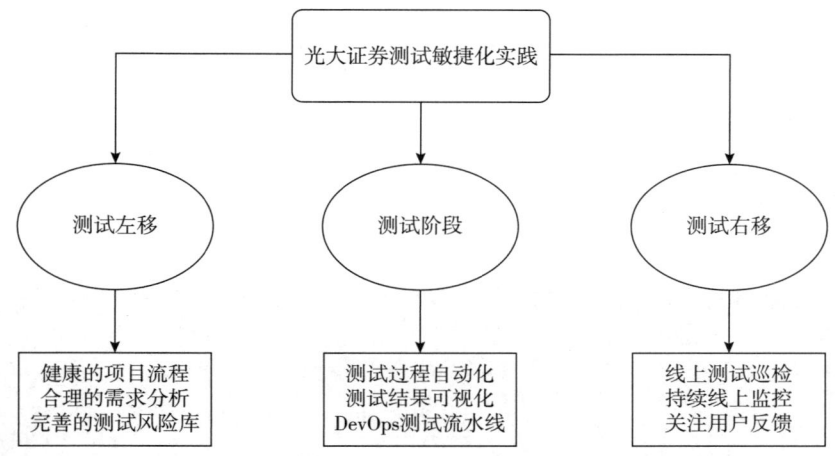

图 3　光大证券测试敏捷化实践整体设计

4. 光大证券测试敏捷化相关技术介绍与成果分析

4.1　数据驱动型接口自动化测试

4.1.1　背景介绍

一般来说，接口测试指的是对某个给定接口进行功能测试，输入不同的参数，检查接口返回值是否正确。下面是经典的测试金字塔模型。

在图 4 这个模型中，越往下比例越高，也就是说在一个产品测试中，单元测试比例是最高的,其次是接口测试和界面测试,最顶端是人工测试部分。服务端接口测试在中部,承上启下,由此可见其重要性。

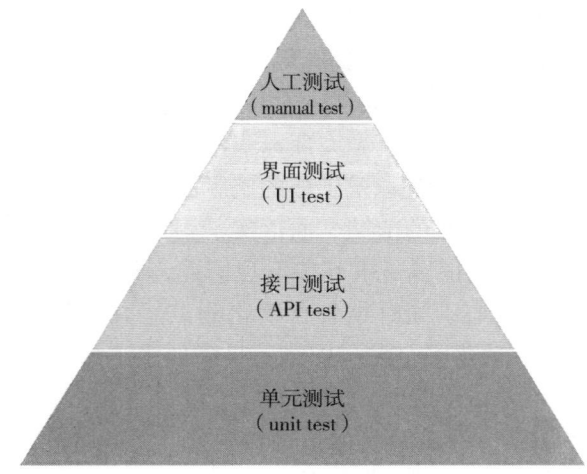

图 4　测试金字塔模型

为了节省人力成本,协助手工测试完成很难模拟或无法模拟的工作,提高接口测试的效率,团队搭建了数据驱动型接口自动化测试框架。

4.1.2　框架介绍

整体框架支持数据驱动,将数据与脚本(见图 5)分离,编写测试用例存储在数据库中,通过封装关键的公共方法,用例层的代码尽量简化,大幅度降低代码的维护工作量;支持中文命名,提高了代码的可读性等。

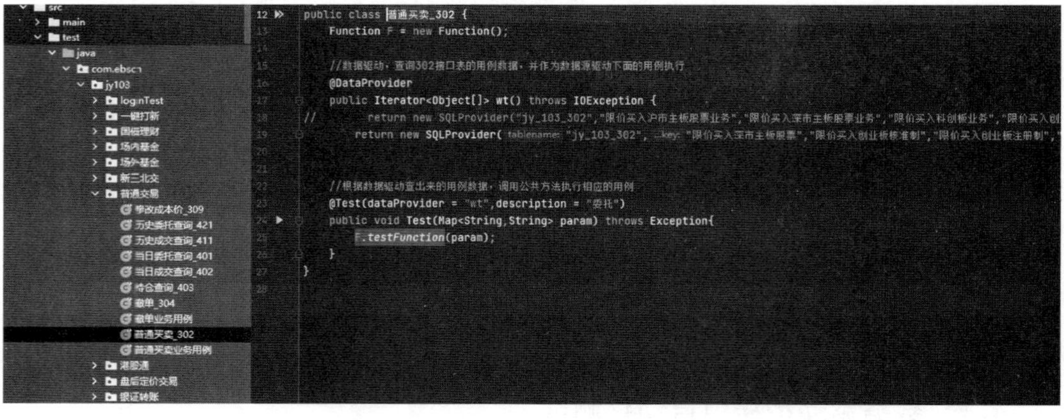

图 5　光大证券接口自动化测试脚本结构

同时,接口自动化测试框架对接了数据管理平台 API,实现了自动化测试数据获取的功能。通过协议适配支持 HTTP 协议和 TCP 协议的接口,基本满足了主要系统的接口自动化测试需求(见图 6)。在实施过程中尽早开展动态测试,可以提前发现缺陷,在开发阶段开始接口自动化测试准备，对每次提交的代码进行自动化接口回归测试，可以有效提升测试效率。

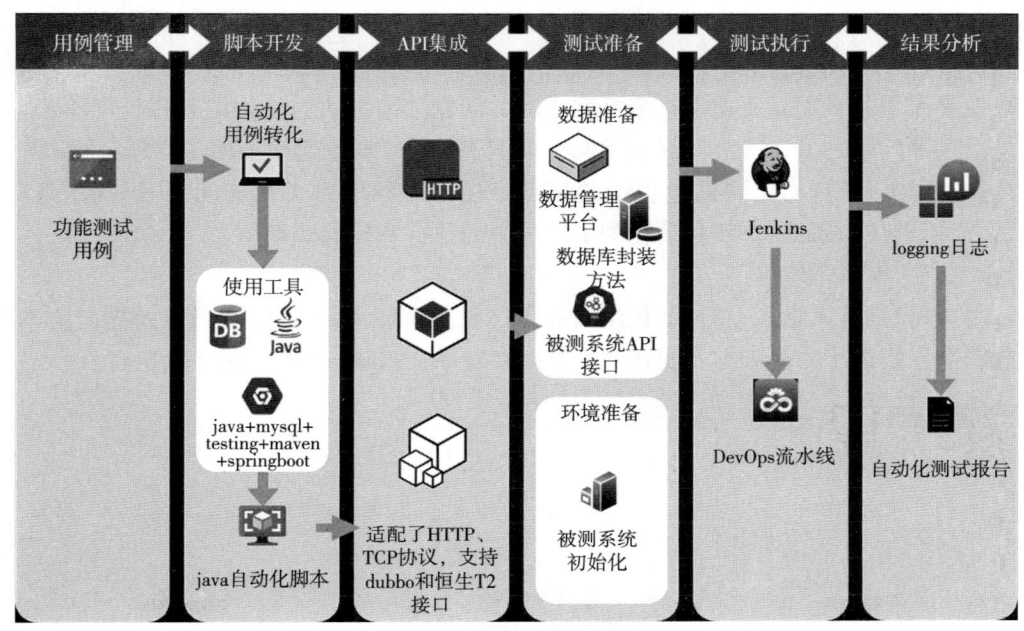

图6 光大证券接口自动化测试框架

4.1.3 数据驱动思想

数据驱动思想，简而言之，就是测试脚本与测试数据分离，让测试数据独立于测试脚本单独存在，解除脚本与数据之间的强耦合。测试脚本不再负责管理测试数据，而测试数据在数据驱动测试中会以文件或者数据库形式存在。脚本每次执行会机械地从数据文件或者数据库中读入测试数据，根据测试数据的不同走进不同的测试路径。在整个测试中，测试脚本是一成不变的，它一直机械地执行它本身的代码，而变化的是测试数据集，这个思想能够避免测试数据杂糅在测试脚本中，方便测试数据的扩展。另外，在自动化测试中，为了维持回归测试的稳定一致，测试脚本应当尽量避免更改，而非数据驱动恰恰违背了这一原则。让数据和脚本分离，坚持"死"的代码、"活"的数据，脚本维护工作量将大大降低。

4.1.4 接口自动化测试成果分析

接口自动化测试框架搭建完成之后，现已完成两千余条用例的脚本编写，分别覆盖了App和PC客户端的集中交易接口、登录接口、理财商城系统的接口、业务办理系统的接口、证券开户系统的接口。现在遇到柜台升级或者账户类系统升级的回归测试，都使用接口自动化测试，能够有效缩短回归测试时间1~2天，整体回归测试效率提升40%左右。接口自动化测试也发现了一些手工测试未发现的缺陷，通过自动化弥补了手工测试的漏测。

4.2 AI 技术赋能 UI 自动化测试

4.2.1 背景介绍

传统的 UI 自动化测试存在很多痛点，比如，App 总是变化，一直要去适配。用例失败率很高，怎么提高成功率？多机型适配的问题如何解决？使用的开源框架不稳定，总是出各种问题，怎么解决？很多用例实现不了，或者实现起来很困难，怎么解决？

针对以上 UI 自动化测试过程中的痛点，光大证券搭建了专属的 AI 识别服务器，通过 AI 识别技术来提高 UI 自动化测试过程中的执行和校验效率。

4.2.2 框架介绍

将 AI 识别技术融入 UI 自动化测试框架（见图 7），基本消除了平台差异对脚本编写的影响，实现了一套脚本（见图 8）可以在安卓、鸿蒙、IOS 上跨平台执行。

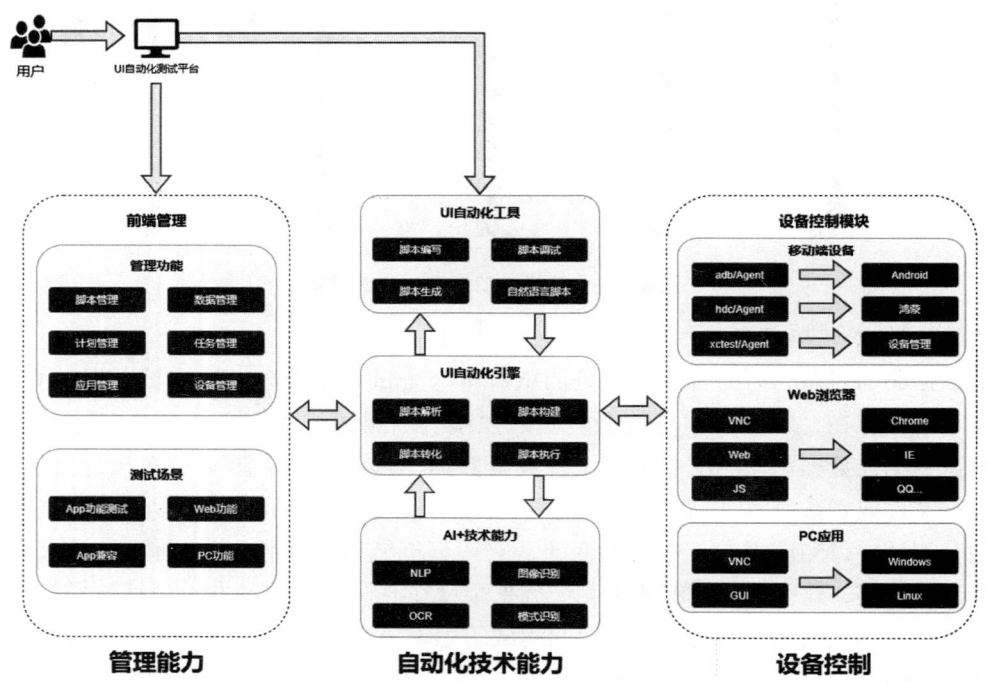

图 7 UI 自动化测试框架介绍

4.2.3 自动化脚本分层的实践

当脚本能够实现自动化，接下来就要考虑这个脚本的稳定性。因为自动化用例越来越多，数据也越来越多，为了提高脚本的维护性、稳定性、可读性、复用性等，需要把自动化脚本按照用例和组件分层。

用例层（见图 9）的作用是编写测试用例，调用组件层的能力来执行业务测试；组件层（见图 10）的作用是应对前端组件库变化，将所有可复用的页面组件的定位方式抽象出来，形成统一的组件层。

图 8　UI 自动化测试脚本展示

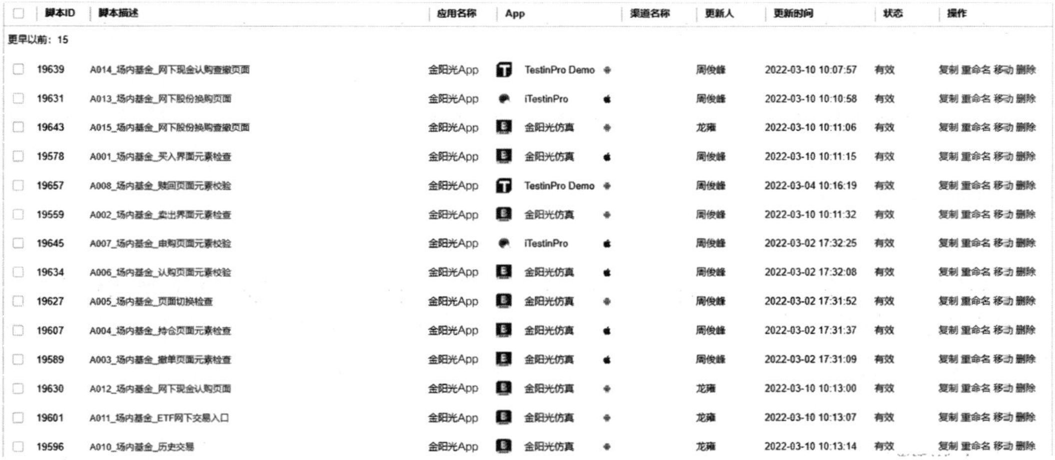

图 9　用例层的脚本展示

4.2.4　UI 自动化测试成果分析

光大证券 UI 自动化测试平台总共完成了近两千条用例的脚本编写，分别覆盖了 App 和 PC 客户端的交易模块的主要页面功能。同时，通过将 AI 技术融入 UI 自动化测试框架，脚本编写效率提升 40% 以上，脚本维护工作量降低 30% 左右，脚本阅读效率

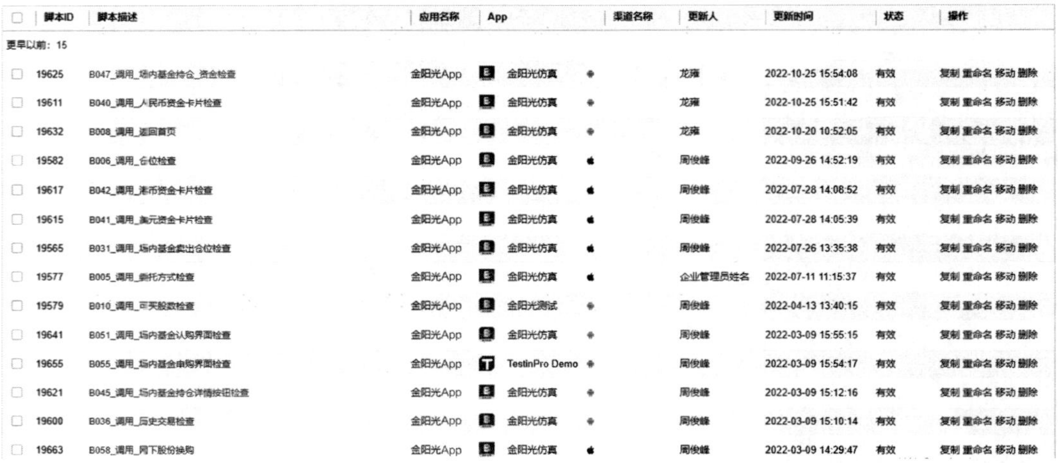

脚本ID	脚本描述	应用名称	App	渠道名称	更新人	更新时间	状态	操作
更早以前：15								
19625	B047_调用_场内基金持仓_资金检查	金阳光App	金阳光仿真		龙薇	2022-10-25 15:54:08	有效	复制 重命名 移动 删除
19611	B040_调用_人民币资金卡片检查	金阳光App	金阳光仿真		龙薇	2022-10-25 15:51:42	有效	复制 重命名 移动 删除
19632	B008_调用_返回首页	金阳光App	金阳光仿真		龙薇	2022-10-20 10:52:05	有效	复制 重命名 移动 删除
19582	B006_调用_仓位检查	金阳光App	金阳光仿真		周俊峰	2022-09-26 14:52:19	有效	复制 重命名 移动 删除
19617	B042_调用_港币资金卡片检查	金阳光App	金阳光仿真		周俊峰	2022-07-28 14:08:52	有效	复制 重命名 移动 删除
19615	B041_调用_美元资金卡片检查	金阳光App	金阳光仿真		周俊峰	2022-07-28 14:05:39	有效	复制 重命名 移动 删除
19565	B031_调用_场内基金卖出仓位检查	金阳光App	金阳光仿真		周俊峰	2022-07-26 13:35:38	有效	复制 重命名 移动 删除
19577	B005_调用_委托方式检查	金阳光App	金阳光仿真		企业管理员姓名	2022-07-11 11:15:37	有效	复制 重命名 移动 删除
19579	B010_调用_可买股数检查	金阳光App	金阳光测试		周俊峰	2022-04-13 13:40:15	有效	复制 重命名 移动 删除
19641	B051_调用_场内基金认购界面检查	金阳光App	金阳光仿真		周俊峰	2022-03-09 15:55:15	有效	复制 重命名 移动 删除
19655	B055_调用_场内基金申购界面检查	金阳光App	TestinPro Demo		周俊峰	2022-03-09 15:54:17	有效	复制 重命名 移动 删除
19621	B045_调用_场内基金持仓详情按钮检查	金阳光App	金阳光仿真		周俊峰	2022-03-09 15:12:16	有效	复制 重命名 移动 删除
19600	B036_调用_历史交易检查	金阳光App	金阳光仿真		周俊峰	2022-03-09 15:10:14	有效	复制 重命名 移动 删除
19663	B058_调用_网下股份换购	金阳光App	金阳光仿真		周俊峰	2022-03-09 14:29:47	有效	复制 重命名 移动 删除

图 10　组件层的脚本展示

提升约 30%。AI 技术解决了前端技术栈选型变化、开发不规范（控件属性不规范等）等问题，实现了和开发解耦，拥抱前端技术栈的变化。

4.3　安全测试左移实现高效交付

4.3.1　背景介绍

软件在开发过程中会遇到相应的开发安全问题，一是软件自身存在错误和缺陷引起的安全漏洞，二是来自外部的攻击。良好的软件开发过程管理可以很好地减少软件自身缺陷，并有效抵御外部的攻击。

DevSecOps 是将安全无缝集成到其中的一种研发模式。安全左移是在整个软件开发生命周期中，提前发现并对包括潜在漏洞在内的各类问题进行渗透测试与修复，缩短开发周期，提升开发效率。

4.3.2　安全测试左移实践方案介绍

光大证券安全测试左移实践方案是使用安全扫描工具的扩展 API 对接 DevOps 平台，实现在代码提交后自动执行安全漏洞扫描（见图 11）并生成安全评估报告，并基于 html 格式的报告模板，对安全测试报告数据进行提炼，提供可视化能力。

4.3.3　报告模块优化

DevOps 对接的安全扫描工具在完成安全扫描后只有简单的 CSV 漏洞报告，缺乏可读性，且对后续统计分析没有很好的帮助。在此基础上，通过测试集约化管理平台对接 DevOps 流水线接口，编码实现了安全扫描任务发起、查询以及报告汇总的功能，优化了安全测试报告（见图 12），简化了操作流程。

4.3.4　安全测试左移成果分析

以企微基础服务能力建设项目一期来说，在开发交付上线的过程中，以提前介入进行自动化安全扫描实现了安全测试左移，扫描出 2 个高危漏洞、1 个中级漏洞，及时

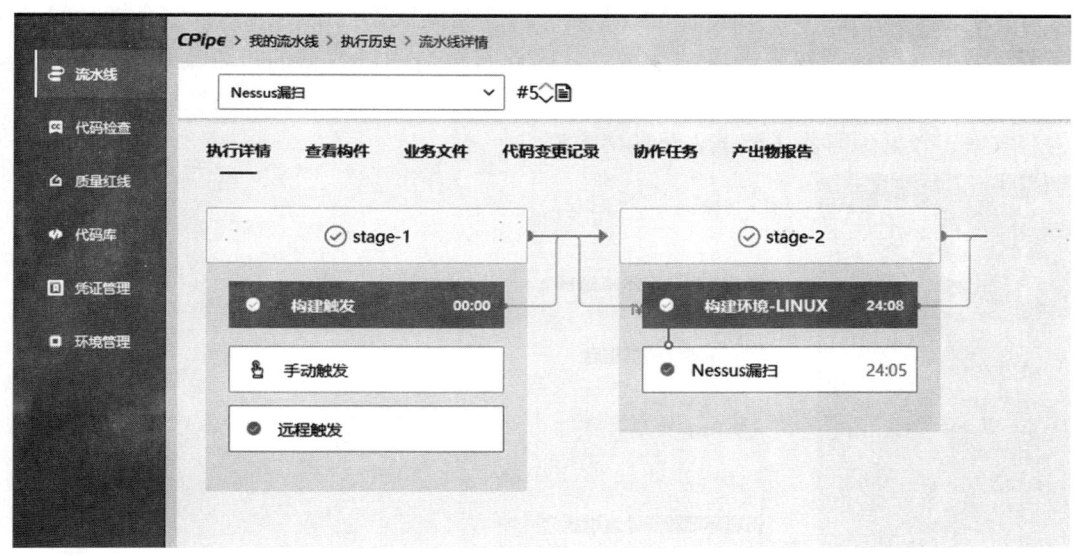

图 11　安全扫描流水线

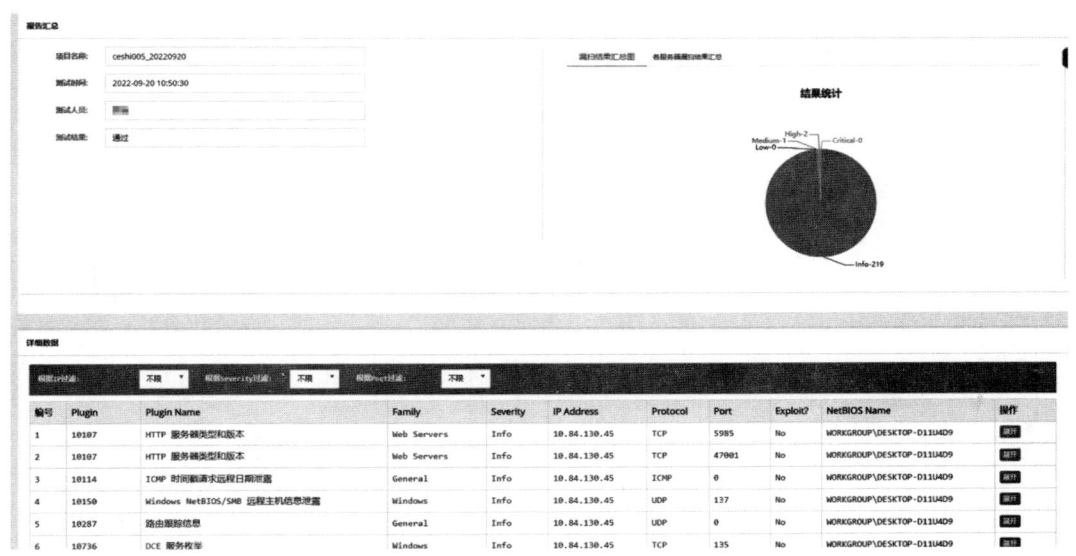

图 12　安全测试报告优化后成果展示

将安全问题反馈给开发团队，早发现早修复，减少了修复代码和安全问题的耗时。

结合 DevOps 流程实现自动化安全扫描，将安全扫描从上线前的最后环节左移，较大的意义在于可以让开发团队更快地交付更安全的代码。

4.4　测试集约化管理平台建设

在测试过程中，构造测试数据常常受制于操作权限以及对测试环境的掌握程度，对无权限或测试经验不够丰富的人员来说，构造测试数据面临困难，常常会把时间花在请教同事或寻求有权限同事的帮助上，因此将构造测试数据的过程简化十分必要。光大证券测试集约化管理平台（见图13和图14）大大提高了在日常测试过程中的数据构造效率，较好地解决了测试人员的诸多痛点。

图13　光大证券测试集约化管理平台功能展示

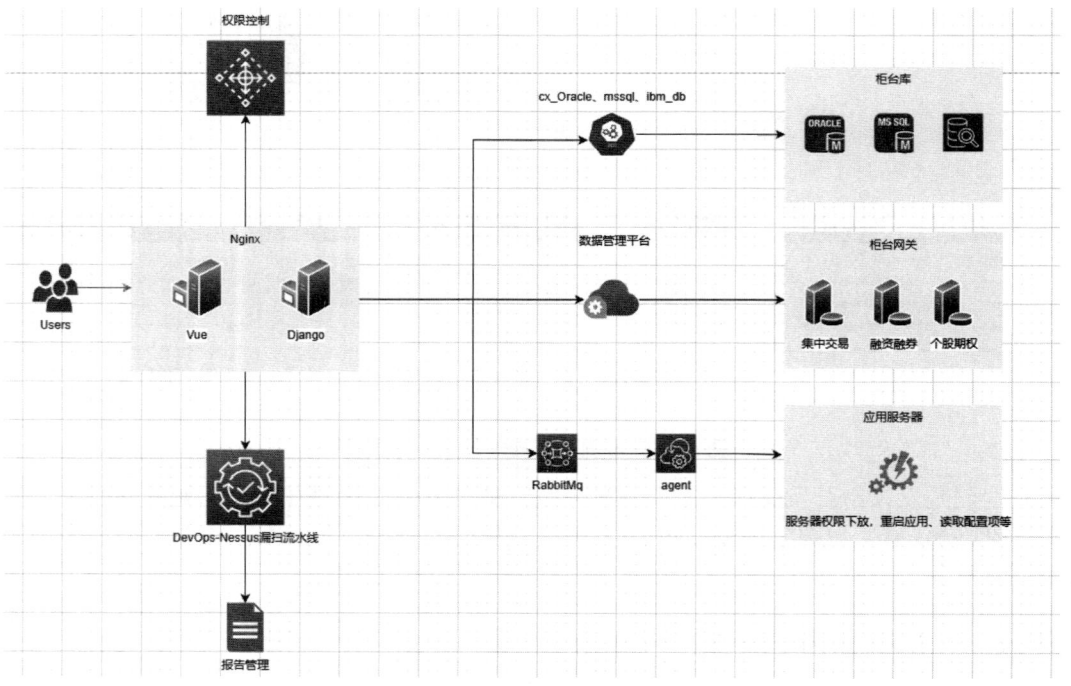

图14　光大证券测试集约化管理平台架构

测试集约化管理平台是基于将测试工具进行集约化管理这一理念开发出来的平台，通过集成各种零散的测试工具和自动化测试任务以及提供自动化测试报告，实现测试人员使用一个平台完成各种类型测试的目标。测试集约化管理平台的核心功能包括交易数据构造、行情数据构造、服务器权限下放、测试环境中间件重启、测试报告集成展示、测试工具集成等。

5. 总结与展望

5.1 总结

光大证券有效地结合了 DevOps 测试流水线的设计理念，将测试左移与右移的基础理论运用于测试实践，结合接口自动化、UI 自动化、安全测试自动化并左移以及测试集约化管理平台开发的各种技术手段，减少了手工测试的成本，提升了测试的可靠性和效率。将敏捷化测试理念运用于新项目上线的落地实践中，通过可视化的成果分析，高效地完成了各系统的测试工作，显著缩短了产品的交付周期，有效提升了产品的交付质量，并努力朝持续测试、持续交付的方向奋进。

5.2 展望

结合 DevOps 的理念和平台运用，着重测试方向的探索与实践，实现测试工具的平台一体化，将测试管理方法和测试集约化管理平台运用到测试工作的每个环节，辅助金融科技的测试工作更加高效且稳定地开展。持续测试能力成熟度模型见图 15。

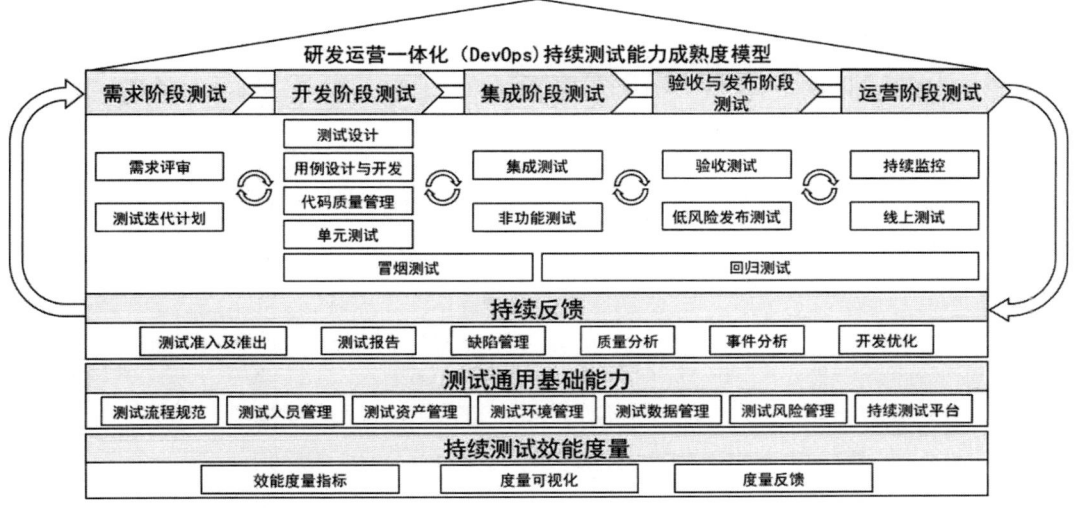

图 15 持续测试能力成熟度模型

根据持续测试的标准，夯实测试通用基础能力，提升团队测试整体水平；通过算法和工具，分析测试数据，优化测试过程和测试数据，实现精准测试；通过持续测试效能度量，实现持续交付，提升测试效率。

参考文献

［1］桑吉夫·夏尔马．DevOps实施手册：在多级IT企业中使用DevOps［M］．万金，译．北京：清华大学出版社，2018．

［2］胡兆华，何舒，王慧．敏捷测试在软件项目中的应用研究与实践［J］．数字技术与应用，2017（9）．

［3］覃琳，杨程，孙卫宁．基于敏捷开发下的协同创新管理效能平台能力提升［J］．企业科技与发展，2021（2）．

［4］孙子谦，王雅琴，黄明明，等．循环在敏捷软件质量管理中的应用方法研究［J］．计算机应用与软件，2021，33（11）．

华泰证券稳定性工程实践

田 江 王 刚

华泰证券股份有限公司

为有效防控技术风险,提高实时业务应用高可用能力,有效降低或消除重要业务和系统中断的影响,基于稳定性工程平台的能力,华泰证券采取"专项行动+突袭演练+红蓝攻防"的形式,围绕生产运行的五大风险,进行稳定性工程实践。通过对公司内部事件和行业重大事件的分析,结合各系统业务特点、技术架构、功能特性,深度挖掘业务系统潜在的技术风险,并通过主动模拟故障的形式进行演练,验证各系统风险发现、承受、处置能力,形成风险挖掘、模拟演练、问题跟踪的闭环风险管理体系。

1. 实践背景和意义

在数字化转型逐步推进的过程中,伴随着云原生、微服务等技术的大规模使用,业务的开发模式逐步向敏捷开发演进。在 DevOps 流程被广泛应用的前提下,应用系统的稳定性保障受到了巨大挑战,主要包括以下三个方面:一是如何建立应用快速迭代背景下的风险识别模型。为适应当前快速发展变化的市场环境以及业务需求,以往烟囱式的应用系统架构逐步被拆散成彼此间更为独立、包含自身功能特点的微服务模块,在实现业务快速上线、快速迭代的同时,也导致部署架构的复杂度增加,业务链路加长,调用关系复杂。传统的风险"评估"已经很难应对日趋庞大繁杂的架构,建立能够识别高复杂度架构下的潜在风险的模型成为燃眉之急。二是如何高仿真地模拟故障以应对风险。以往"人工断网、手杀进程"的形式已经无法满足大量风险场景进行演练的需求。而且故障的模拟形式往往和实际发生的事件相去甚远,如何更好地贴近真实场景检验故障的发现能力,检验预案的可操作性,需要技术手段的提升。同时,鉴于证券行业对可用性要求极高,控制"爆炸半径"的演练无法在核心业务实施,生产环境的"无损演练"和仿真环境的"有损演练"需要相互结合。三是如何完善现阶段的技术风险管理体系。在金融行业领域,业务风险的防控已经非常成熟,但是技术风险的管理尚未形成体系。"编写预案+组织演练"的形式需要结合现有的技术手段在管理模式上进行拓展完善。构建风险管理文化、建立配套组织架构、丰富演练组织形式、优化平台技术手段、量化评估演练效果、持续完善闭环管理，全方位的技术风险管理需要不断通过实践进行总结优化。

在上述背景下，为进一步消除生产安全隐患，压降生产事件，提升故障及时发现率，缩短故障处置时长，基于稳定性工程平台的能力，围绕技术风险识别，华泰证券采取"专项行动＋突袭演练＋红蓝攻防"的形式，在公司全面开展稳定性工程实践，逐步建立风险管理体系。该实践的意义在于：第一，全面构建了五大技术风险分类，再结合内外部事件不断细化成20项子类，逐步形成了符合实际的风险识别体系。通过事件复盘、案例分析，结合各系统业务特点、技术架构、功能特性，将某个业务出现过的故障泛化，横向扩展至还未发生过类似故障的业务，深入挖掘场景，提前做好风险防范。第二，有效验证了风险发现、承受、处置能力。通过"无损""有损"相结合的故障模拟形式，在仿真环境与生产环境两大场地持续深入，检验了各项指标监控告警的有效性，全面提升了突发事件时的故障发现能力、应急处理能力、协同调度能力。第三，初步建立了风险管理体系，通过深度挖掘业务系统潜在技术风险，形成了针对不同技术风险的场景专家库，再结合专项行动、突袭演练、红蓝攻防的推进，不断探测业务系统运行底线，并形成解决方案，逐步建立起了风险挖掘、故障模拟、问题跟踪的闭环风险管理体系，从而不断提升业务系统的稳定性，以更好地适用复杂多变的运行环境。

2. 实践过程

基于证券行业的特点，结合生产运维经验，华泰证券总结出威胁安全稳定运行的五大风险：单点故障风险、功能缺陷风险、性能容量风险、数据丢失损坏风险、运维误操作风险。为应对五大风险，引入混沌工程，建设了稳定性工程平台，并在生产和仿真环境完成了自助式、平台化的稳定性演练。稳定性演练的开展主要包括以下内容。

2.1 平台建设

稳定性工程平台的建设紧紧围绕高仿真模拟故障、多维度数据分析、全流程自动化。

（1）故障构建能力：支持 Linux 和 Windows 两种操作系统，合计注入近百种故障场景，支持灵活的编排，可以实现复杂历史故障的回放。

（2）量化分析能力：支持系统稳定性评估、用户行为分析、演练运营报表多维度分析。

（3）自动化能力：支持批量创建场景、"串行"任务集演练、"并行"批量演练等自助编排、自动演练。

平台底层汇聚了内部的 Agent 监控、一体化监控、统一监控、应用 CMDB、自动化服务等基础能力。中间层是资源管理、演练管理、演练自动化、演练评价及技术运营，演练完会形成演练知识库，对用户进行演练推荐，并且对第三方系统开放 API 接口，自动生成演练报告，对系统进行稳定性评价。最上层是用户视图和演练空间，通过开放第三方 API 接口，实现运维类系统的数据流转。其逻辑架构及系统功能见图 1。

图 1 稳定性工程平台逻辑架构及系统功能

2.2 组织保障

为确保稳定性演练有序开展，华泰证券成立了稳定性演练行动小组，小组由决策组、执行组及保障组构成。决策组负责整体统筹；执行组负责具体执行，对接信息技术部各中心接口人；保障组具体分为产品开发组和技术支持组，负责稳定性工程平台功能开发及技术支持。

2.3 制定目标

通过对五大风险的进一步分析，结合内外部事件细化形成 29 个子类（见图 2）。

根据风险分类情况，结合公司财富管理、机构服务、国际业务、投资管理四个业务条线梳理演练场景，明确行动目标主要包括核心系统单点故障演练、内外部事件模拟演练、交易行情接入/报盘演练、全链路性能容量演练、数据备份恢复演练、清算勾稽演练及基础设施联合演练。

2.4 培训宣讲

为保证行动快速展开，举办线上线下培训沟通会数十次，累计 500 余人参加。通过培训沟通会进行宣讲，对稳定性工程平台的使用进行详细的指导，同时对演练涉及的各能力平台的使用进行介绍。

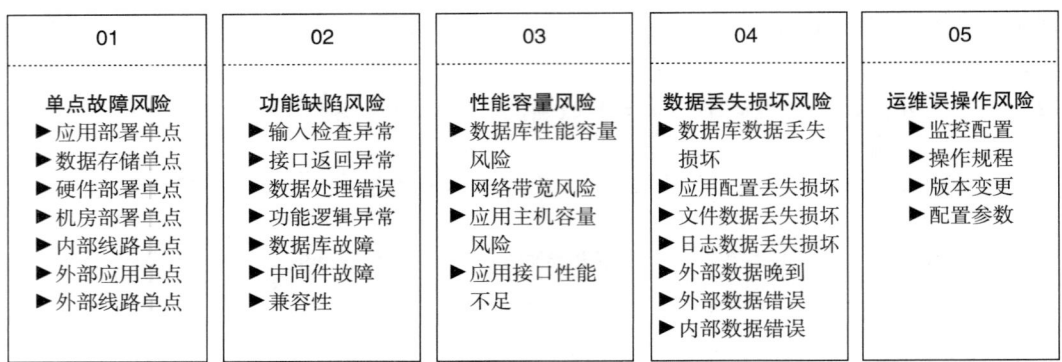

图 2 五大风险

2.5 进度跟踪

为保障实践明确到人，稳定性工程平台建立了 PC 端进度报表和移动端进度报表两套跟踪报表，分别展示系统、部署单元、主机的覆盖情况，便于团队、个人实时查看演练情况。

2.6 技术支持

以团队、个人为维度建立技术支持群 200 多个，用于演练排期沟通、演练准备工作确认、平台问题答疑、每日演练任务跟进、定期演练数据统计、演练问题跟踪闭环。

2.7 风险闭环

针对每个实践专项分别发送演练周报，汇报演练进度、演练人员参与情况、演练场景个数、演练系统数、技术风险发现细项及优化改进方案，对遗留风险问题与风险管理平台联动进行闭环跟踪。

2.8 评估执行

为评估稳定性演练的参与度和系统风险防控的贡献度，就事件故障构造、演练覆盖度、演练次数、技术风险发现及平台建议五个方面，对参与实践的相关人员作出综合评价。

3. 实践创新

3.1 强化风险识别预防

将风险管理体系创新地引入稳定性实践，总结出了 FMEA 和五大风险场景相结合的分析方法。所谓 FMEA 就是故障模式分析，它不是"事后"操作，而是"事前"行为，通过对外部事件、行业案例泛化分析，再结合生产监控、内部数据审计，在还未发生故障的系统中进行稳定性实验，将风险发现的能力前置，起到风险预防的作用。

3.2 构建风险防控矩阵

与运行质量管理平台形成统一联动，对照五大风险 29 个子类（见图 3），定位事件根因，再通过与稳定性工程平台故障注入原子能力的一一对应，初步构建了稳定性工程平台的 TTP（Tactics、Techniques 和 Procedures）能力矩阵，为网站可靠性工程师（SRE）进行各类风险演练提供了稳定性工程平台可使用的原子能力的映射指导。

风险矩阵
本页面列举了五大风险与故障类型矩阵，直观呈现五大风险可能的业务故障表现形式。

[全部展开] [全部隐藏]

单点故障风险 7种风险类型	功能缺陷风险 7种风险类型	性能容量风险 4种风险类型	数据丢失损坏风险 7种风险类型	运维操作风险 4种风险类型

▸应用部署单点（3）
  杀进程
  进程假死
  集群节点故障
▸数据存储单点（3）
  连接数满
  删除索引
  数据库锁表
▸外部应用单点（3）
  修改返回值
  端口中断
  集群节点故障
▸外部线路单点（2）
  网络丢包
  网络延迟
  硬件部署单点（0）
  机房部署单点（0）
  内部线路单点（0）
	▸功能逻辑异常（6）
	  执行延迟
	  抛异常
	  修改返回值
	  内存溢出
	  线程池满
	  动态执行脚本
	▸数据处理错误（6）
	  执行延迟
	  抛异常
	  修改返回值
	  内存溢出
	  线程池满
	  动态执行脚本
	▸接口返回异常（1）
	  抛异常
	▸输入检查异常（5）
	  抛异常
	  CPU满载
	  修改返回值
	  内存溢出
	  动态执行脚本
	  数据库故障（0）
	  中间件故障（0）
	  兼容性（0）
		▸应用接口性能不足（5）
		  执行延迟
		  CPU满载
		  内存溢出
		  网络延迟
		  CPU占用
		▸应用主机容量风险（3）
		  磁盘写IO
		  磁盘读IO
		  磁盘填充
		▸网络带宽风险（2）
		  网络丢包
		  网络延迟
		▸数据库性能容量风险（4）
		  网络延迟
		  连接数满
		  删除索引
		  数据库锁表
			▸数据库数据丢失损坏（4）
			  动态执行脚本
			  连接数满
			  删除索引
			  数据库锁表
			▸文件数据丢失损坏（2）
			  动态执行脚本
			  磁盘填充
			▸应用配置丢失损坏（2）
			  动态执行脚本
			  磁盘填充
			▸日志数据丢失损坏（2）
			  动态执行脚本
			  磁盘填充
			  外部数据晚到（0）
			  外部数据错误（0）
			  内部数据错误（0）
				▸配置参数（2）
				  修改返回值
				  动态执行脚本
				▸版本变更（1）
				  动态执行脚本
				▸操作规程（1）
				  动态执行脚本
				  监控配置（0）

图 3 风险矩阵

目前风险分类已逐步覆盖各风险防控管理系统，将日常工作发现问题、测试发现问题、生产发现问题、演练发现问题等不断代入，不断推进风险管理体系化的建设。

3.3 多场地演练相结合

目前的稳定性工程实践主要集中在生产和仿真环境。为避免影响实际业务，生产环境的演练集中在闭市后没有业务的时点进行，主要用于检验系统中的监控告警、高可用或者分布式集群是否有效。

考虑到生产环境的演练局限性，引入了在仿真环境进行稳定性工程实践的思路。通过仿真环境流量回放，最大限度贴近生产实际，展开"有损"攻击，进行真实的故障注入，便于 SRE 真实地了解业务影响范围及业务告警的有效性，从而进一步提升系统稳定性。

3.4 多种演练形式互补

首先针对应用系统进行了地毯式演练，采用分层分级原则，梳理了应用资源层、通信链路层、数据库层、负载均衡及域名层资源，确保核心业务系统做到主机级覆盖；在此基础上加入生产突袭演练，在应用系统负责人不知情的情况下，结合业务特性由指定人员注入故障，更加全面地检验业务的告警发现能力、人员响应能力、业务恢复能力。为充分识别应用系统的潜在风险以及增强故障发生后的应急处置能力，公司还定期组织红蓝攻防演练，将参演人员分为蓝、红两组。蓝军负责分析故障场景，设计故障注入方案，并且执行故障注入，目的是制造出真实的故障；红军在指定的时间内发现和恢复故障。通过多样的演练形式，提升了人员响应、应急处置和协同调度能力。

3.5 量化评估持续改进

稳定性工程实践目前已经建立了完整的评估体系。对于人员：就事件故障构造、演练覆盖度、演练次数、技术风险发现及平台建议五个方面进行度量，旨在通过激励的方式提升使用人员的积极性；对于系统：通过融合 CMDB、统一监控、日志分析等运维系统数据，并结合稳定性 KPI 评估内容项，对参与演练的系统从应急能力、故障发现、故障处置速度及故障处置的自动化程度四个维度进行评分和排名，检验稳定性工程实施效果，驱动系统稳定性能力不断提升。

4. 实践收益

2022 年以来，日常使用稳定性工程平台人员达 200 多人，涉及公司 300 多个系统、3555 个部署单元、8000 台主机，覆盖单点故障风险、性能容量风险、功能缺陷风险、数据丢失损坏风险及运维误操作风险五大风险场景，演练累积 1 万次以上。稳定性工程实践进一步减少了安全生产隐患，有效压降了生产事件，提升了监测、预警、处置、协同作战能力。

4.1 平台搭建提升效率

稳定性工程平台上线前，故障演练主要依靠业务系统运维人员手工演练，每日可演练少量场景，部门平均每季度演练数百次。稳定性工程平台上线后，每日最多演练上千个场景，季度演练达数千次，整体演练处理效率提升了近 26 倍。

4.2 风险发现及时闭环

演练期间共识别风险 400 多条，通过每周周报以及与风险管理平台联动，持续跟进风险改进，并通过稳定性工程平台验证改进效果，闭环率达 92%。

4.3 生产演练验证监控

当前在生产环境的稳定性工程实践，通过固化场景的演练，有效验证了系统的基础监控及进程监控等，进一步提升了监控覆盖率。2022 年前三个季度监控告警或系统巡检主动发现率相较 2021 年提升了 16%，事件发生后 10 分钟内处置完成率相较 2021 年提升了 23%。

5. 未来规划

针对前期工作情况，对稳定性工程实践的组织形式、平台能力等环节进行深入分析，识别出待改进项，并落实到下一阶段各项工作中，推动稳定性工程实践的持续改进。下一阶段主要工作如下。

5.1 深挖风险以攻促防

当前稳定性工程实践的场景已经丰富到五大风险，后续将进一步把日常工作发现问题、测试发现问题、生产发现问题、演练发现问题等不断代入，结合五大风险，不断丰富攻防的"弹药库"。建立日常面向业务的突袭演练、红蓝攻防机制，检验应急预案效果和可操作性，提高应对突发事件的风险意识，优化应急处置流程，增强突发事件应急反应能力。

5.2 平台建设无人值守

目前，稳定性工程平台已经具备一定程度的自动化能力，通过对演练准备、演练开展、平台使用的调研，下一阶段重点在优化使用体验、提升平台智能化水平上持续发力，主要包括：针对演练中故障恢复、演练后效果验证等功能进行进一步自动化改造，实现更加智能化的无人值守演练。

5.3 完善规范优化机制

后续持续加强风险管理文化宣传，逐步完善相关管理规范，通过持续运营优化流程机制，以量化分析促进风险防控能力提升，逐步实现以稳定性工程为锚点的全面技术风险管理。

第六部分
合规及安全管理

证券期货行业的数据量巨大，要保证数据的完整性和准确性，需要高效的数据管理和分析，同时证券期货行业的信息涉及大量的客户敏感信息和交易数据，一旦泄露，将会给客户和企业造成严重的损失。因此，在证券期货行业研发运营一体化体系建设中，合规及安全管理是保障企业合法经营和信息安全至关重要的一环。

为解决安全问题，企业需要将安全工作前置在开发、测试等各个环节，达到"安全即代码、治标亦治本"的安全目标。而 DevSecOps 安全解决方案，可以让安全贯穿业务全生命周期，包括技术开发、测试、发布、上线、部署及运营等阶段，从而构建新一代安全、高效、合规的全生命周期应用安全运营体系，为企业数字化转型保驾护航。

本部分汇编了合规及安全管理优秀实践案例相关的信息，华泰证券从文化、流程及技术等方面探索，介绍了 DevSecOps 的落地实践。中泰证券从控制通用风险、控制开发过程风险、控制交付过程风险、控制运营过程风险四个方面介绍了一种全新的安全理念与实践模式。国信证券介绍了源码与开源组件安全审计实践。中信建投证券结合自身业务需求和现状，以 DevOps 平台为基础平台，将安全管理介入开发管理的整个过程，并形成 DevSecOps 落地的整体规划和指导方法。这些企业在 DevSecOps 领域的最佳实践给业内形成了一系列有益经验，助力企业数字化转型。

合规及安全管理能够帮助安全团队自动化和集成安全方案，从而确保开发过程和发布过程中发现未知的安全漏洞，减少"在软件开发的后期耗对安全性进行处理"造成的时间和成本损失，通过提高软件开发过程的质量和安全性，有效保障客户敏感信息和交易数据的安全，进一步提高客户满意度，增强客户对产品有效性和稳定性的信心。

DevSecOps 在华泰证券落地实践

庄 飞 江 旺

华泰证券股份有限公司

随着 DevOps 的普及，传统的"守门员"安全运营模式已经严重影响产品交付的速度，安全已经成为 DevOps 发展的阻碍，在此趋势下，DevSecOps 应运而生。本文介绍了华泰证券成功落地 DevSecOps 的实践，通过文化融合、人员协作、流程内嵌、技术驱动等手段，将安全及合规融入 DevOps 研发运营一体化过程，在软件开发全生命周期的各个阶段实现了安全风险的有效管理。通过 DevSecOps 实现安全左移，在软件开发早期阶段进行安全介入，从源头管控安全风险，降低了后期安全缺陷的出现概率及修复成本。

1. 背景

随着技术的不断发展，软件开发模式也在不断变化，从传统的瀑布式到敏捷（Agile）、精益（Lean）及 DevOps 等。云计算开源产业联盟发布的《中国 DevOps 现状调查报告（2021 年）》显示，采用 DevOps 实践获得了研发效率的显著提升，极大地提升了交付速度。因为能够给企业带来诸多益处，目前 DevOps 已经成为企业软件研发的主流，被众多企业所采用。

但是，DevOps 的转型使软件开发的速度与质量都在快速提升，传统的安全运营模式，如上线前安全扫描、人工渗透等，已经严重影响到产品交付的速度，延长了系统上线周期，最终在业务的压力下，很多应用未进行安全测试或"带病"就上线，带来了极大的安全风险。Gartner 在 2015 年数据中心和信息安全峰会上发布的调研报告显示，安全已经成为 IT DevOps 发展的阻碍。经过调研，安全人员和研发人员都认为，安全降低了 IT 对业务需求的响应速度。

2021 年证监会发布的《证券期货业科技发展"十四五"规划》提出，要加强和规范软件安全开发生命周期管理流程和制度，更新各类开发规范和架构规范，将安全理念和安全工具深植架构与应用软件研发建设过程，更早更好地收敛安全漏洞。

因此，安全模式必须要积极转型，以适应 DevOps 全新的开发过程。在此趋势下，DevSecOps 应运而生。DevSecOps 是一种全新的安全理念与模式，从 DevOps 的概念延伸和演变而来，其核心理念为安全是整个 IT 团队（包括开发、运维及安全团队）每个人的责任，需要贯穿从开发到运营整个业务生命周期的每一个环节。

但是如何落地 DevSecOps 存在行业共性痛点，如安全人员较少，研发安全的专业度欠缺；研发及运维人员安全知识和技能薄弱；存在"组织孤岛"，研发、运维及安全团队间存在壁垒；DevSecOps 处于发展阶段，行业内没有成熟实践经验可以借鉴；安全流程孤立，与研发流程割裂；安全测试多为人工手动和重复性工作，存在滞后性；等等。

华泰证券从 2017 年开始全面向敏捷及 DevOps 转型，为了避免安全成为业务数字化转型的阻碍，在业界没有 DevSecOps 成熟经验可以借鉴的情况下，作为最早一批 DevSecOps 实践先行者，积极探索 DevSecOps 实践之路。

2. 整体方案

华泰证券参考 Gartner、RSA 等业界理念，结合自身实践，从文化、流程及技术等方面探索，落地了 DevSecOps。图 1 为华泰证券 DevSecOps 参考框架，包含了从计划、创建、验证、预发布、发布到防护、检测、响应、预测及优化的 DevSecOps 全生命周期。

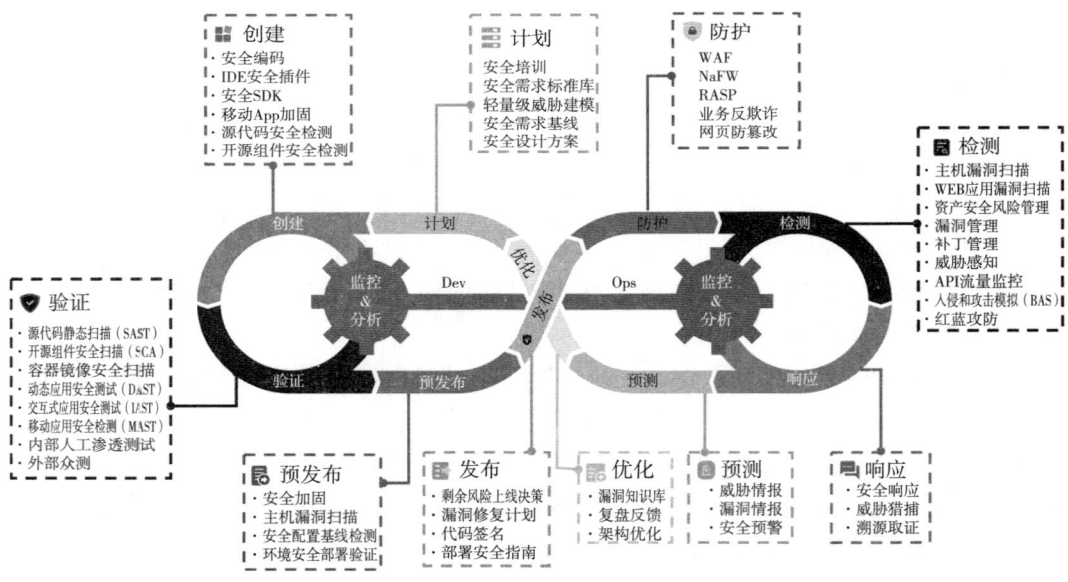

图 1　华泰证券 DevSecOps 参考框架

2.1　组织建设

安全左移，需要和研发有更深的协作，需要有既懂安全又懂研发的专业应用安全人员，因此要培养应用安全队伍，培养专业应用安全能力。

华泰证券成立了独立的应用安全团队,主要职责包括软件安全开发生命周期管理 SDL 及 DevSecOps 体系建设和推广,持续提升软件安全能力成熟度;项目上线前安全评估与咨询,在 IT 项目建设过程中安全内嵌及知识赋能,提供安全专家技术支持;提供应用安全标准化架构、应用安全解决方案及安全组件的交付,提升产品交付效率;建设端到端应用安全测试工具链,持续提升安全漏洞发现能力和效率;研发安全工具及产品,提升安全运营效率;应用安全风险常态化运营,通过度量驱动项目风险改进;应用安全相关新领域安全研究和实践,如云原生安全、区块链安全、AI 安全、供应链安全等,提升新兴技术安全风险应对能力。应用安全团队设置有安全顾问角色,负责项目安全建设的全流程跟进,包括安全需求分析、威胁建模、安全设计、安全架构、代码审计、风险决策等。应用安全团队成员大都可独立承担安全顾问职责,进行项目的安全评估,同时也有各自的技术专长,如移动安全、逆向、渗透测试、安全研发、大数据分析等。

对于应用安全人才的选择和培养,关注的主要技能点有熟悉常见的 Web 安全、移动安全等漏洞原理与防范方法;熟悉常见的渗透测试工具及手法;熟练掌握 Python/Java/C++/Go/PHP 等一种以上编程语言,具有代码审计能力,能够向开发人员输出安全编码培训;熟悉常见软件开发方法及流程,如瀑布、敏捷、Scrum、DevOps 等;熟悉国家、行业信息安全相关法律、法规、政策、标准、规范及最佳实践等方面的知识;熟悉业务主流技术安全风险并可以提供安全解决方案,如移动安全、云原生安全、大数据安全、区块链安全等;掌握常见的应用安全测试工具及使用方法,包括但不限于 SAST、DAST、SCA、IAST、MAST 等;熟悉常见的威胁建模方法论,可以对应用系统进行系统化威胁建模,识别系统存在的风险并给出解决方案;熟悉常见加密算法、特点及适用场景和用法;熟悉主流安全模型和企业安全架构方法论,可以进行企业级安全架构设计等。

由于应用系统新技术新框架被持续引入,如 AI、大数据、云原生、区块链、服务网格等,应用安全人员需要持续学习和提升自身专业技能,才能跟上新技术的发展,从而识别新技术带来的安全风险,并提供安全解决方案。安全技能的提升,可以有以下途径:通过 Gartner、NIST、RSA、OWASP、MITRE 等资源进行学习;参与安全峰会提升视野;内部培训,如"安全顾问特训营",以老带新;参与外部专业培训;等等。应用安全人员自身也可以考虑技能认证,如 CISSP、CISA、CISM、CISP – PTE、CCSP 等。

因此,想要成功落地 DevSecOps,实现安全左移,必须有具备专业技能的应用安全人员作支撑,否则只能纸上谈兵,无法取得实际效果。

2.2 文化融合

安全通常是作为独立组织存在,且与开发和运维分开,潜在就有"一堵墙"。对传统开发和运维模式来说,DevSecOps 实质上改变了 IT 的观念,在 IT 人员传统观念中,安全都是安全团队的事，安全往往会增加IT人员额外的工作量，这些工作量对业务没有价值，拖累项目的进度甚至导致延期。而开发和运维人员大多不懂安全，因此会造成安全理念及意识的壁垒，往往需要文化的变更才能打破。

DevSecOps强调安全是每个人的责任，需要所有团队成员都对安全负责，因此需要通过持续教育和宣传，打破研发、安全和运维之间的壁垒，通过协作建立信任。随着时间的推移，潜移默化中每个人会逐渐适应职责共担的安全文化。华泰证券主要通过以下方法逐步转变研发及运维人员的安全认知。

（1）高层支持。首先要争取高层的认同和支持。借助监管要求、外部咨询、安全案例等形式，积极和高层沟通，强化应用系统生命周期安全管理的必要性，争取高层的认同与支持，这样才能获得更多的人力及预算等资源。

（2）安全干系人。通过安全宣贯、安全顾问沟通等形式，对研发及运维人员进行软件生命周期安全开发实践的推广，并明确项目安全建设过程中涉及的干系人的主要活动、职责和义务，让研发及运维人员意识到安全是整个IT团队每个人的责任。

（3）安全培训。开展一系列的信息安全技能培训，提升IT人员安全专业技能。基于不同的角色，定制不同的培训课程。除了线下活动，在网络培训学院及信息安全门户，提供安全培训视频、安全技术指南、漏洞知识库、最佳实践等，IT人员可以自主进行安全知识学习，提升自身的安全技能，在软件研发和运营过程中，有意识地融入安全要素，主动降低安全风险。

（4）安全管理合作伙伴（Business Partner，BP）。推广安全BP机制，对安全BP进行培训，通过资格认证后，安全BP可以参与项目安全评估流程，起到安全团队与研发团队沟通桥梁的作用。

2.3 流程内嵌

研发团队很多时候并不关注甚至漠视安全，因此要在项目流程中内嵌安全卡点，保证软件的计划、实现、构建、发布及变更等流程中嵌入安全控制措施。

2.3.1 项目安全策略

安全团队和研发团队合作，对应用系统进行分类分级，针对不同的系统分类分级，定义不同的安全策略。系统分类分级维度有研发模式（自研、合作开发、外购等）、网络模式（面向互联网、面向办公网、核心网等）、用户场景（机构、客户、员工等）等。

安全策略定义了在项目建设过程中，不同分级的项目需要进行的安全活动。项目立项时，项目管理平台会根据项目分类分级，设定项目的安全策略，同时立项完成后，平台会生成安全评估任务，结项时安全评估任务必须完成。在项目过程定义中加入安全策略，可以督促开发人员在项目建设过程中主动进行安全评估，潜移默化提升其安全意识（见表1）。

表 1　　项目分级安全策略

		分级	流程策略表（Process）	安全策略表（Security）	配置策略表（Configuration）	测试策略表（Test）	数据策略表（Data）	连续性策略表（Continuity）
研发类	1. 纯自研、自研+在岸外包	A	直接面向客户的系统、面向集团的邮件系统（注：如此类系统出现异常，则会影响外部客户体验）	P1 档	S1 档	C1 档	T1 档	D2 档（非互联网技术类系统）D3 档（互联网技术类系统）	C1 档
		B	支撑业务开展的系统（备注：此类系统主要面向内部用户使用）	P1 档	S1 档	C1 档	T1 档	D2 档	C2 档
		C	面向全集团的系统	P1 档	S2 档	C1 档	T1 档	D1 档（数据分析、资讯类系统）	C3 档
		D	面向信息技术部的系统	P2 档	S2 档	C2 档	T1 档	—	C4 档
非研发类	2. 软件模块采购（标准模块采购、定制化模块采购）	A	直接面向客户的系统、面向集团的邮件系统（注：如此类系统出现异常，则会影响外部客户体验）	P3 档	S3 档	—	T1 档或 T2 档或 T3 档	D3 档	C1 档
		B	支撑业务开展的系统（注：此类系统主要面向内部用户使用）	P3 档	S3 档	—	T1 档或 T2 档或 T3 档	D3 档	C2 档
		C	面向全集团的系统	P3 档	S4 档	—	T1 档或 T2 档 T3 档	D3 档	C3 档
		D	面向信息技术部的系统	P3 档	S4 档	—	T1 档或 T2 档或 T3 档	—	C4 档
	3. 其他购买类[购买license、维保服务、咨询服务，购买硬件、线路、机房、低值易耗品（手机等）]	A	直接面向客户的系统、面向集团的邮件系统（注：如此类系统出现异常，则会影响外部客户体验）	P4 档	S5 档	—	T4 档	—	C1 档
		B	支撑业务开展的系统（注：此类系统主要面向内部用户使用）	P4 档	S5 档	—	T4 档	—	C2 档
		C	面向全集团的系统	P4 档	S5 档	—	T4 档	—	C3 档
		D	面向信息技术部的系统	P4 档	S5 档	—	T4 档	—	C4 档

2.3.2 项目上线安全评估流程

项目上线前,需要完成安全评估任务,取得剩余风险报告才能上线。安全评估通过三叉戟 SDL 全流程安全赋能平台进行管理,主要安全活动有轻量级威胁建模、架构评审、安全设计、源代码安全扫描、开源组件安全扫描、黑盒安全扫描、渗透测试、生产环境部署验证、剩余风险评级与接受等(见图2)。

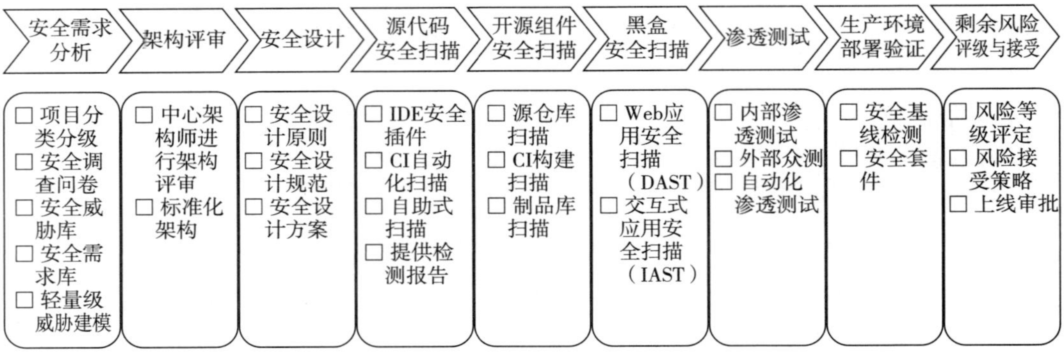

图 2 项目安全评估流程

在项目上线流程中嵌入安全发布门限,只有项目经过安全评估并获得中低风险以下评级的剩余风险报告才允许上线;如果申请例外,则需要负责人签署风险接受意见,并制订风险整改计划才能上线。

2.3.3 CI/CD 流水线安全工具集成

Gartner 建议,不要强制 DevOps 开发人员采用安全人员的旧流程,相反,应该把持续的安全保证措施无缝地集成到开发的持续集成(CI)和持续部署(CD)的工具链中(见图3)。

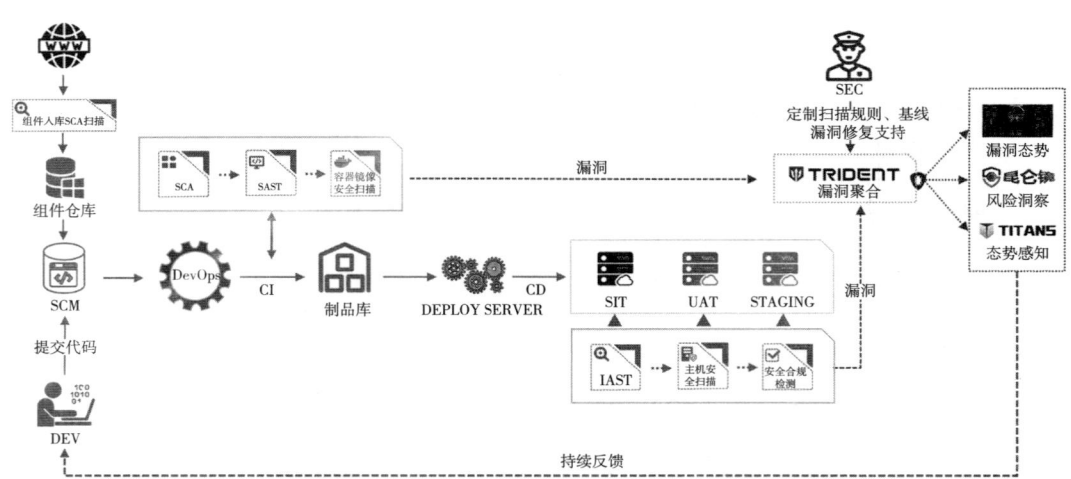

图 3 流水线集成安全工具链

华泰证券已经建立端到端应用安全测试工具链，并集成到持续集成（CI）和持续部署（CD）流程中，包括静态应用安全测试（SAST）、开源组件安全扫描（SCA）、动态应用安全测试（DAST）、交互式应用安全测试（IAST）、容器镜像安全扫描、移动应用安全测试（MAST）等，实现无人工干预的自动化安全测试，极大地提升了安全测试效率。

在流水线中按需设置安全门限，安全门限可以为各种安全测试报告的中高危漏洞数量等。比如，在构建阶段，进行源代码安全扫描和开源组件安全扫描，设置门限为源代码安全扫描高危漏洞数量为 0 并且含有高危漏洞的开源组件（可以根据实际风险影响设置开源组件黑名单，如 Log4j、Fastjson 等）数量为 0，只有符合安全门限，构建才会成功，否则构建失败并将安全扫描结果通知开发人员。

2.4 技术驱动

DevSecOps 核心理念之一，是工具化和自动化，通过技术手段驱动 DevSecOps 成功实施。DevSecOps 全生命周期涉及的技术很多，如威胁建模、安全设计、安全架构、安全编码、代码审计、应用安全测试、移动安全测试、软件组成分析、基础设施即代码测试、容器镜像扫描、安全加固、代码签名、漏洞扫描、合规扫描、资产测绘、密钥管理、威胁监控、安全审计、安全预警、漏洞管理、安全响应、威胁情报等，同时采用工具化、自动化、编排、流水线集成等手段来高效应用技术。

技术和工具在 DevSecOps 实践中扮演着缩短软件开发生命周期和提高效率的关键角色，大多数流程应该通过工具和技术实现自动化，在本文后面部分将详细介绍重点实践。

3. 重点实践

3.1 轻量级威胁建模

威胁建模是软件开发设计阶段执行的主要安全活动之一。威胁建模通过识别威胁、理解信息系统的安全风险，发现信息系统设计中的安全问题，制定消减措施，并将消减措施落入信息系统设计中。威胁建模活动可以在早期阶段发现安全缺陷，理解安全需求，设计和交付更安全的产品。

传统的威胁建模方法流程太多，过于烦琐，且对于人工投入要求较高，很难适应业务的敏捷快速迭代开发模式，而且由于应用安全人员不足，在实际研发过程中往往很难落地。因此，华泰证券对威胁建模过程进行优化（见图 4），通过自研三叉戟全流

图 4 轻量级威胁建模过程

程赋能平台，实现场景化轻量级威胁建模，提升威胁建模效率，以适应 DevOps 的快速交付节奏。

3.1.1 问卷调研

目的是了解系统的关键信息，为后面的攻击面分析及威胁建模作准备。调研问卷内容包括系统架构、用户类型、使用场景、认证机制、业务类型、部署架构、安全相关功能或服务等。这些要素都是从项目安全评估中积累下来，与攻击面分析及安全风险密切相关的。

3.1.2 攻击面分析及威胁识别

根据问卷调研，进行攻击面分析，识别对应的业务场景。基于业务场景与安全威胁库进行匹配，识别出系统面临的威胁点。此过程涉及业务场景库及安全威胁库。如开户业务常见安全威胁见图 5。

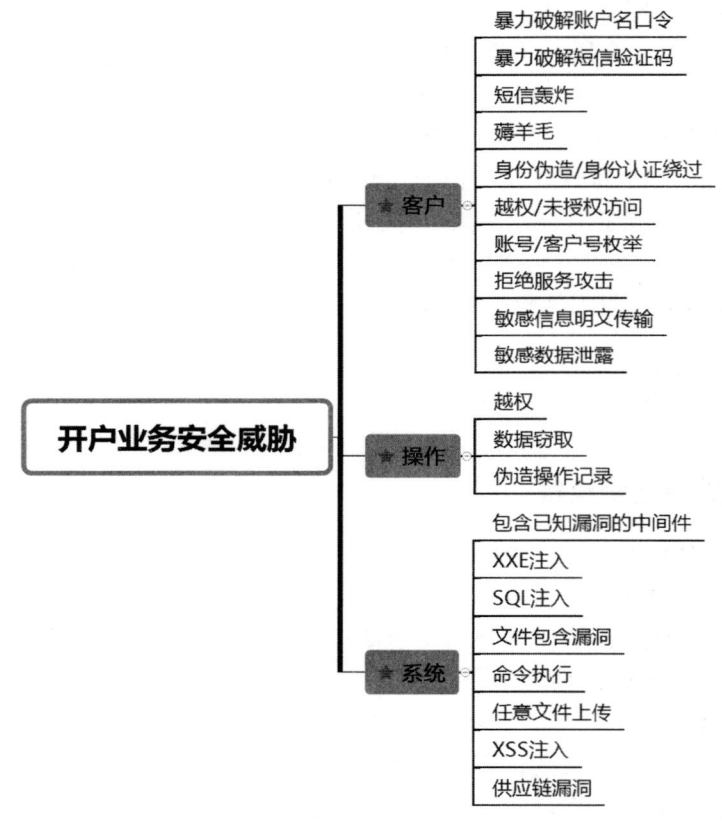

图 5　开户业务安全威胁

（1）业务场景库。根据行业不同，梳理自身业务系统，形成业务场景库。如对于证券行业，对客业务场景有用户开户、用户交易、清算、营销活动、客服系统、资讯、行情等，自有员工业务场景有 CRM、业务系统运营后台、数字员工、研发 PaaS 平台、运维监控台等，自有员工办公场景有会议、IM、邮件、人力资源等系统。

（2）场景化安全威胁库。对各类业务场景的攻击面进行分析，识别典型的安全威胁，形成业务场景对应的安全威胁库。

3.1.3 安全需求及设计

根据威胁分析结果，匹配安全需求标准库，输出进行威胁缓释需要实施的安全需求基线，制订最终的安全设计方案。

（1）安全需求标准库（见图6）。汇总各种安全需求而形成的安全通用需求库，主要需求来源有：国家法律法规及标准，如《网络安全法》《网络安全等级保护基本要求》等；行业监管法令、指引及技术标准，如《证券公司网上证券信息系统技术指引》等；公司自有信息安全策略、标准及指南，如公司信息技术数据管理规范；业界安全实践，如 OWASP ASVS、OWSAP TOP 10 等。安全需求标准库，对于每条安全需求，提供需求内容、最佳实践及参考示例，研发人员根据安全需求，即可制订最终的安全设计方案。安全需求的闭环通过三叉戟全流程赋能平台进行跟踪。

图6 安全需求标准库

（2）安全设计原则。在安全架构设计中，遵循安全设计原则很关键。安全设计原则，是在安全业界实践中已被证明成功的抽象概念的集合，是无数前辈经验的总结。它告诉我们安全设计的正确做法以及为什么这么做。应用系统的设计人员应遵循这些安全设计原则进行威胁分析和安全方案设计，避免设计不当引发的安全风险，提升应用系统的安全性。

当今安全设计经典理论中，被引用最多的是由 MIT 的 Saltzer 教授在 1975 年提出的八大安全设计基本原则，被安全业界奉为"经典安全原则"。业界经过多年的发展和总结，在原有八大安全设计基本原则的基础上，又发展引申出其他一些安全设计原则，如纵深防御、不要轻信、保护最薄弱环节、提升隐私原则等（见图7）。

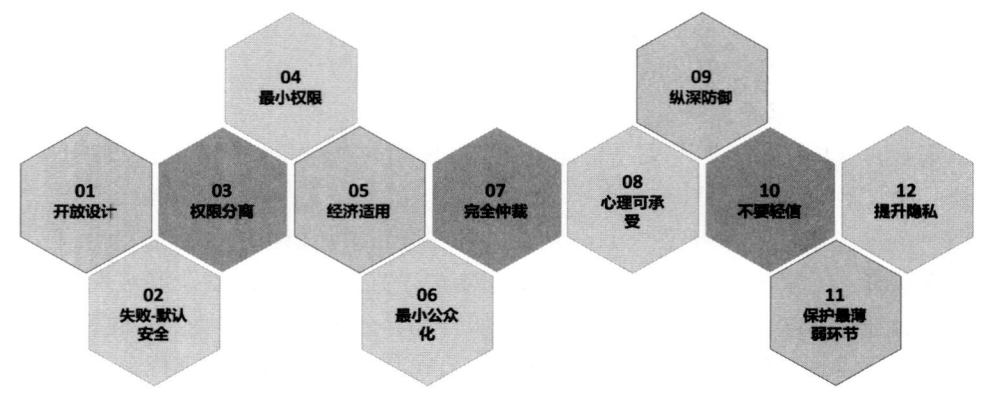

图 7 安全设计原则

应当指出的是，并非所有的安全设计原则都需要完全在一个系统中实现。有些安全设计原则本身就是相互冲突的，需要作出权衡。

3.2 安全测试工具链

在《DevSecOps 领导者指南》中，提到了安全测试金字塔概念，安全测试工具引入的优先级可以参考安全测试金字塔。

安全测试金字塔的最底层是单元测试和静态代码分析测试。这些允许工程师在编写代码时测试他们的代码并在他们的集成开发环境（IDE）中修复问题，或当他们将代码提交到源代码仓库时触发静态代码分析测试；中间部分由多个跨组件工作的工具组成，如软件组成分析（SCA）、容器镜像扫描、网络扫描和交互式安全扫描；金字塔的上方是动态的端到端测试自动化工具。

在金字塔最上方，则是无法集成到 CI/CD 流水线的安全测试，如手动渗透测试和漏洞赏金计划（外部众测），还有更具侵入性的手动流程，如代码审查。

一个高效且有效的测试策略拥有最大限度地降低成本，同时最大限度地发现产品脆弱性的能力。金字塔中不同层级的安全测试工具针对的测试重点不一样，因此需要多种安全测试工具配合使用，结合各自安全检测能力优势，及时、准确地发现更多的安全风险。安全测试工具链见图 8。

3.2.1 源代码安全扫描

源代码安全扫描，即静态应用安全测试（Static Application Security Testing，SAST），是指分析应用程序的源代码或二进制文件的语法、结构、过程、接口等来发现程序代码存在的安全漏洞，有些工具也会依赖编译过程，通过一些抽象语法树、控制流分析及污点追踪等技术手段来提升检测覆盖度和准确度。SAST 的优点是广泛支持多种语言和架构，对漏洞类型的覆盖率较高，但是也存在缺点如误报率高、扫描速度慢及依赖安全专家对结果进行过滤和确认。

华泰证券最初采用了国外商业的 SAST 工具，但是在初始运营过程中存在较多问

DevSecOps 在华泰证券落地实践

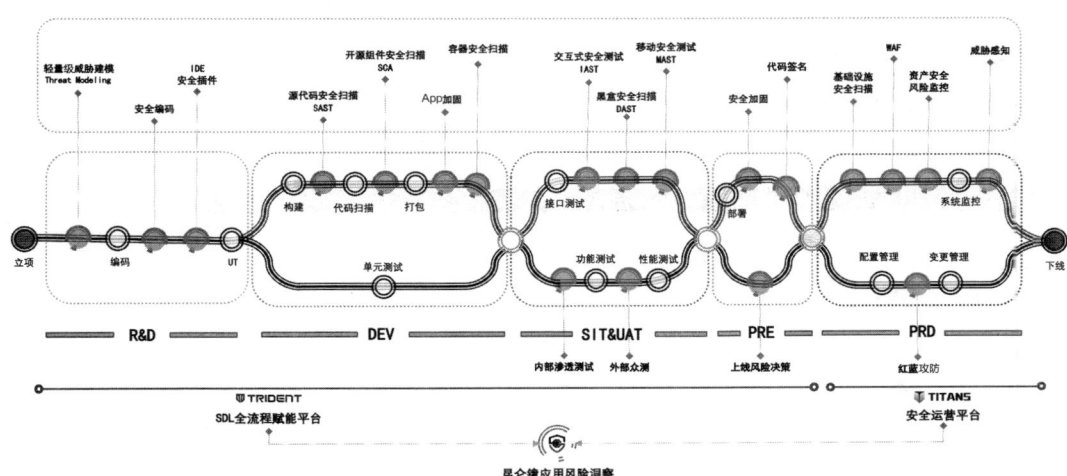

图 8 安全测试工具链

题。一方面，误报太多，需要耗费大量人力进行漏洞筛选和确认。中间也进行扫描过程优化，如定义漏洞规则，对扫描结果，按照关注优先级，如 OWASP TOP 10 中的 SQL 注入等，进行自动化过滤，筛选出少量漏洞给研发人员。另一方面，扫描速度太慢，大的项目往往需要扫描数个小时。这些因素都会拖累 DevOps 交付速度。

后来基于软件开发成熟度现状，且公司 90% 以上项目均为 Java 语言，为了更好地集成到 DevOps 流程，华泰证券放弃商用工具，采用开源 SonarQube 及 Find Security Bugs 插件（当前版本共有 141 条安全规则）（见图 9）取代。

图 9 Find Security Bugs

研发团队已经部署有代码质量管理平台 SonarQube，安全团队基于该平台，集成 Find Security Bugs 插件进行安全漏洞扫描，将安全规则集和代码质量规则集集成，形成"ht–sonar" profile，项目组只需要一次集成 sonar 扫描，即可以兼具代码质量及安全扫描功能，扫描的结果会在 SonarQube 中通知展示（见图 10）。

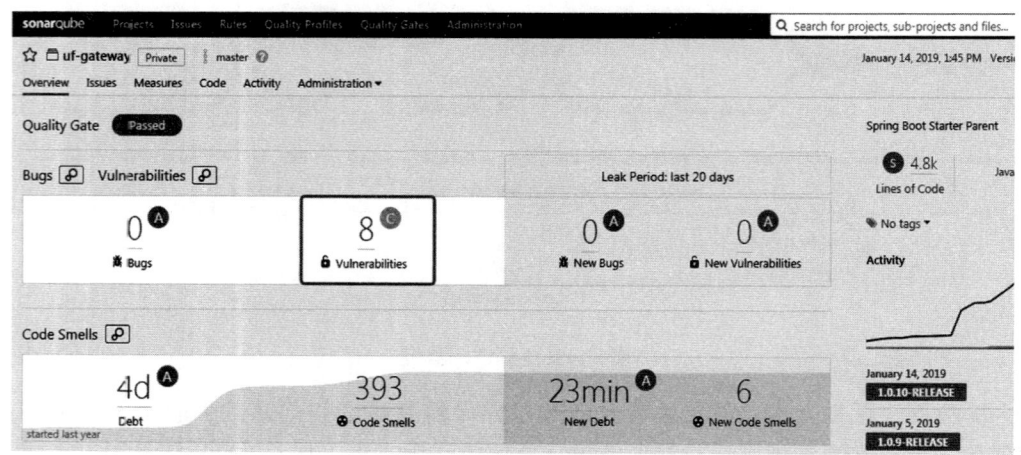

图 10　SonarQube 扫描

SonarQube 中 Vulnerabilities 即是依据安全规则扫描出来的安全漏洞，对于项目组来说，对应的项目只需要集成 sonar 扫描，即可在日常构建过程中自动进行安全扫描，根据 SonarQube 中的安全测试结果，自行进行漏洞的修复工作。

SonarQube 源代码安全测试报告会通过 API 汇总收到 SDL 平台，项目上线前，安全顾问会审核三叉戟平台中源代码安全扫描对应的漏洞是否修复完成（见图 11）。

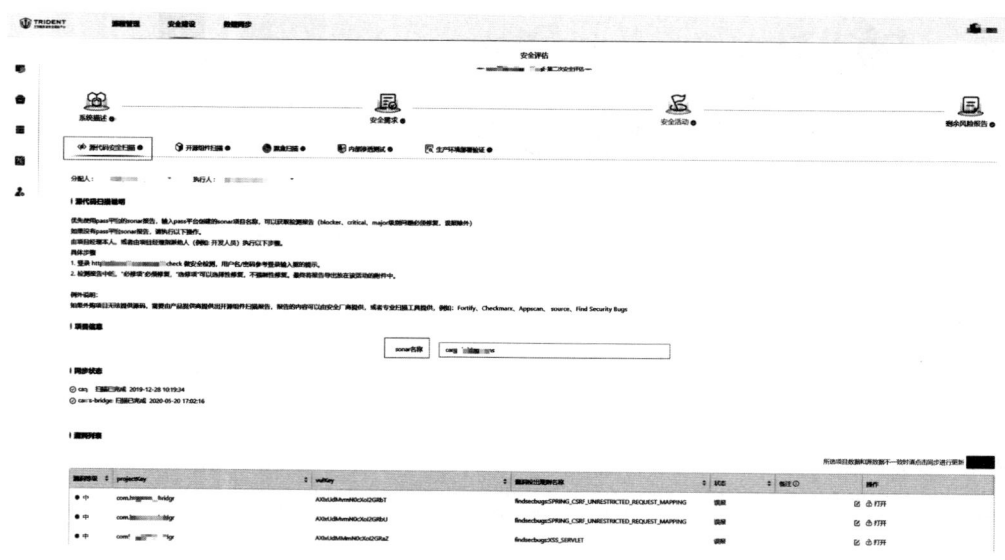

图 11　三叉戟 Sonar 源代码安全扫描

在运营 SonarQube 及 Find Security Bugs 一段时间后，基本上发现的严重漏洞也都差不多修复了，此时则需要提升漏洞检测率，毕竟 Find Security Bugs 安全规则不是很全，因此，引入商业 SAST 供应商，基于 SonarQube 进行源代码安全扫描插件的定制化开发。

SonarQube 商业 SAST 定制化插件（见图 12）主要调优方向有：

图 12　商业 SAST 定制化插件

（1）对已有扫描器的检测效果和误报漏报进行分析调优；

（2）覆盖和增强 Find Security Bugs 插件所涉及的安全检测能力并中文化安全风险提示；

（3）支持更多编程语言安全扫描，支持 C、C++ 语言的安全问题检测；

（4）支持 Python、JavaScript、PHP 语言的安全规范检测；

（5）增加商业扫描器所能检测的安全缺陷类型（如主流商业 SAST 工具能检测的安全漏洞类型）。

源代码安全扫描的集成点主要有：

（1）开发人员本地源代码安全检测，如采用 IDE 插件；

（2）代码提交时进行源代码安全检测，如提交时，通过 git webhook 进行源代码安全扫描；

（3）CI 构建过程中进行源代码安全扫描，如 DevOps 平台集成 SAST。

在这三个阶段，前两个阶段安全规则可以更全面，即使有些误报也可以接受，而在 CI 构建过程中，为了保证构建的速度及成功率，如果有安全质量门限，安全规则要尽可能精简并准确。

3.2.2　交互式应用安全测试

交互式应用安全测试技术（Interactive Application Security Testing，IAST）是一种实

时动态交互的漏洞检测技术，通过在服务端部署 agent 程序，收集、监控 Web 应用程序运行时函数执行、数据传输，并与扫描器端进行实时交互，高效、准确地识别安全缺陷及漏洞，同时可准确确定漏洞所在的代码文件、行数、函数及参数。IAST 融合了 SAST 和 DAST 技术的优点，无需源码，支持对字节码的检测。IAST 通过插桩将 DAST 和 SAST 技术结合起来，以提高应用安全测试的准确性。插桩技术可以获得 DAST 所能达到的准确性和 SAST 所能实现的代码覆盖率。

华泰证券在引入 IAST 时，主要关注的功能点如下：

（1）支持主流的开发语言，包括但不限于 Java、.NET（C#，ASP.NET，VB.NET）、NET Core、Node.js、Ruby 等；支持 Web 应用、Web Service、微服务及 API 的安全检测；支持多种环境服务器类型和框架，包括但不限于 Tomcat、Weblogic、Jboss、Jetty、IIS 等。

（2）支持插桩式安全检测技术，通过插桩点自动收集执行过程信息，包括调用的方法、传递的参数和执行逻辑，利用内建的针对不同漏洞的模型进行匹配分析，发现存在的安全漏洞。

（3）支持检测包括 OWASP TOP 10 在内的常见应用安全漏洞，包括但不限于 SQL 注入、XSS、CSRF、路径遍历、Hibernate 注入、Log 注入、NoSQL 注入、不受信任的反序列化、XXE、Xpath 注入、不安全的加密算法、LDAP 注入、未经检查的重定向、http 头文件注入、表达式语言注入和 OS 命令注入等。

（4）支持分析并显示应用系统所调用的开源库及版本、开源库所包含的已知 CVE、开源库漏洞的修复建议，统计每个库所包含的类的数量和被实际调用的数量，以及对使用公司禁用的库进行告警等。

（5）漏洞详细信息、漏洞回放及验证、API 接口、CI/CD 集成、容器化部署、定制化报表、多 agent 并发扫描等。

IAST 工具应用时采用插桩模式，进行非侵入式扫描。由于公司有很多项目为外购软件，无法集成到 DevOps 平台，因此，在三叉戟 SDL 流程的黑盒安全测试环节，由测试人员根据提供的 IAST 工具指南，自行下载 agent 进行配置（对于如 Java 应用，程序启动脚本采用 java –jar 方式加载 agent 即可），测试人员在进行功能测试的同时，IAST 安全测试在后台自动化进行，在 IAST web 里可以查看测试报告，根据漏洞修复指南进行漏洞修复。同时，三叉戟平台会通过 IAST 工具的 API 接口，采集漏洞进行统一漏洞管理。

IAST 极大地提高了安全测试的效率和准确率，良好地适用于敏捷开发和 DevOps，可以在软件的开发和测试阶段无缝集成到 DevOps，让研发人员在执行功能测试的同时，无感知地完成安全测试，实时输出安全测试结果。

3.2.3 开源组件安全扫描

软件组成分析（Software Composition Analysis，SCA）是一种对二进制软件的组成部分进行识别、分析和追踪的技术。SCA 工具分析开发人员所使用的各种源码、模块、框架和库，以识别和清点开源软件（OSS）的组件及其构成和依赖关系，并精准识别系统中存在的已知安全漏洞或者潜在的许可证授权问题，把这些安全风险排除在软件的发布上线之前，也适用于软件运行中的诊断分析。

开源组件安全扫描工具，既有开源的也有商用的。开源的有 OWASP Dependency Check。OWASP Dependency Check 能自动完成第三方组件识别、漏洞数据库维护，以及漏洞匹配、生成检查报告等一系列活动。除了支持 Java 和 .Net 应用外，还支持 Ruby、NodeJS 及 Python 应用，以及部分 C/C++ 应用，同时支持 Jenkins 插件和 Sonar 插件。商业工具功能更加强大，有集中的 Web 控制台，更强大的漏洞数据库、更好的服务支持等。流水线集成开源组件安全扫描见图 13。

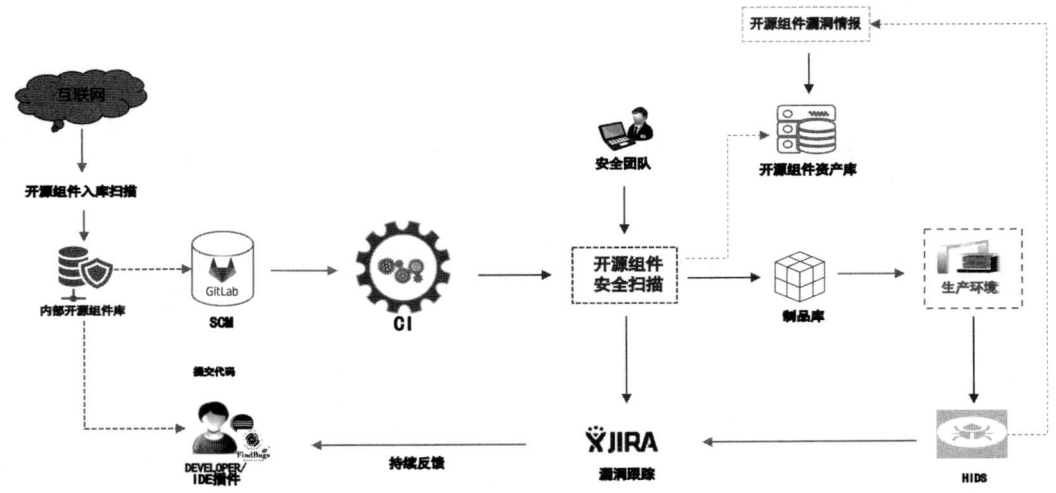

图 13　流水线集成开源组件安全扫描

将开源组件安全扫描工具和研发持续集成平台工具链集成，实现 DevOps 流程中的开源组件安全检测自动化。集成方法可以利用工具的 API 接口或者工具提供的插件，如 Dependency-Check 的 Jenkins 插件，在利用 Jenkins 进行 CI 构建过程中，实现开源组件的自动化扫描。

在 CI 构建过程中，自动化进行开源组件安全扫描，而不需要人为参与。在日常构建过程中，及时发现含有漏洞的开源组件，及早进行漏洞修复，也可以在 CI 构建过程中设置开源组件漏洞的质量门限，不符合门限则告警或终止构建。对于未集成到 DevOps 平台的应用，则通过扫描版本发布的制品库进行开源组件识别和漏洞扫描。对于存量线上系统（无版本迭代，研发阶段无法识别），则通过主机 agent 进行开源组件识别。

3.3　容器安全

随着容器技术的兴起，华泰证券也建设了自身的容器平台，越来越多的应用选择容器化部署，与此同时，容器的安全性问题也受到了越来越广泛的关注。为了对容器全生命周期进行安全管理，安全团队基于自身需求，调研了业界的容器安全产品并进行了 POC 测试。测试方案关注的需求点有：

（1）系统技术架构是否具有技术先进性及扩展性，如系统灾备、自动化/手动扩展、系统可用性等。

（2）基础镜像管理，如自定义基础镜像、非基础镜像构建的应用、镜像的启动管理等。

（3）安全基线控制，如主机、容器及集群等安全基线合规检测。

（4）镜像安全，如镜像安全扫描、识别镜像中第三方组件漏洞、漏洞库等。

（5）网络控制及微隔离，如支持 ovs、calico 等网络的东西向隔离。

（6）运行时安全防护，如基于进程、网络、命令、文件等行为的安全保护，容器运行环境中容器逃逸、反弹 shell 等威胁的检测等。

（7）漏洞管理、可视化、CI/CD 集成、API、兼容性等。

容器安全平台实现了容器的全生命周期管理（见图 14），包括镜像的入库、CI 持续集成的镜像扫描、安全加固、可信镜像管理、容器运行时保护等。

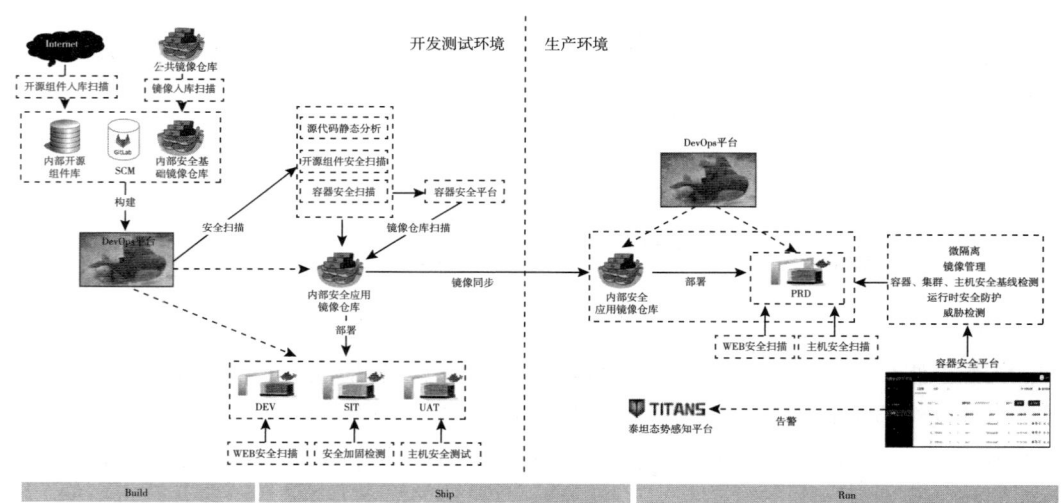

图 14　容器全生命周期安全

3.3.1 构建（Build）阶段

与 DevOps 平台进行集成，在容器构建过程中融入安全要素，解决了镜像的安全问题。同时 DevOps 平台中集成容器安全扫描结果，设置容器安全门限，提高了安全漏洞修复效率及易用性。CI 流水线容器安全工具自动化集成过程如下：

（1）当开发团队提交构建时，DevOps 平台将从源代码仓库中拉取源代码，进行镜像构建。

（2）基于容器安全配置基线对容器镜像进行安全加固。

（3）镜像构建成功后，调用容器安全扫描平台 scanner 进行本地化容器镜像安全扫描。

（4）只有扫描结果通过安全门限才会构建成功，将镜像推送到内部镜像仓库，同时将构建结果及扫描报告通知开发人员。如果构建失败，开发人员需完成漏洞修复后再次进行构建，直至镜像扫描结果通过安全门限才能入库。

（5）所有容器镜像安全扫描报告均可以在容器安全平台（见图15）进行查看。

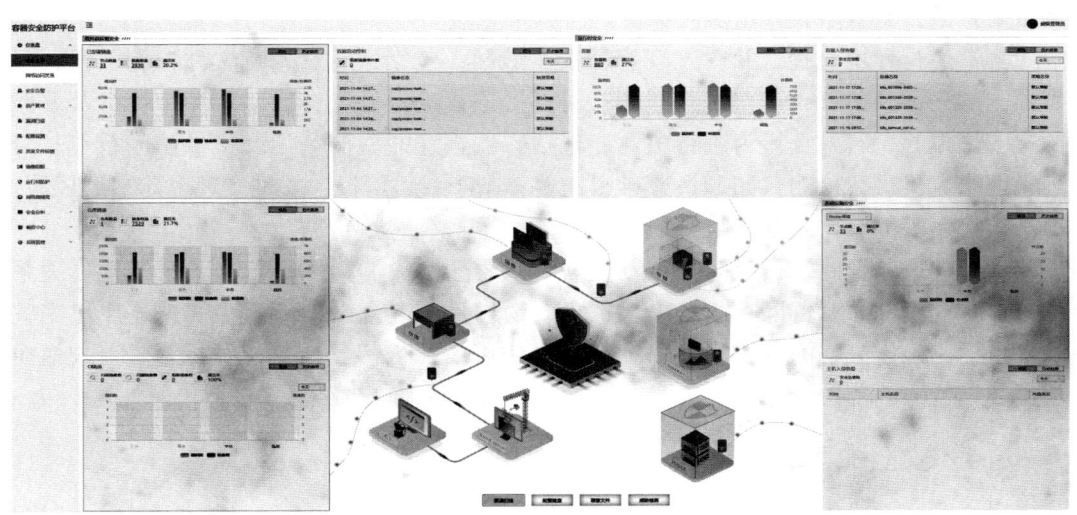

图 15　容器安全平台

内部所有容器构建只能基于内部安全镜像仓库。禁止开发人员从公共网络直接下载镜像，而是维护一个安全的内部镜像仓库。开源组件委员会、安全团队及开发团队持续维护镜像仓库，同时建立了开发人员请求新镜像的流程，从互联网容器镜像仓库拉取镜像时，必须经过容器安全扫描，确认无安全漏洞才可以拉取到内部安全镜像仓库。这避免了研发人员从互联网拉取带有安全漏洞的镜像到运行环境，从源头上消除抑制含有漏洞组件的使用，提高了容器安全性。

3.3.2　分发（Ship）阶段

关注镜像可信及运行环境安全，防范由私自引入第三方镜像或者镜像篡改带来的安全风险。

一是基于安全配置基线对容器、集群及主机进行安全加固，保证容器运行环境的安全性。二是对达到发布标准的可信镜像进行签名，只有具备可信签名的镜像才允许在生产环境中运行。三是通过容器平台进行自动化部署，禁止镜像的手动分发和部署，并对平台及镜像仓库进行最小化权限管控。

由于行业监管要求，研发测试和生产需要进行隔离，因此在研发测试环境和生产环境分别建立了镜像仓库，发布的镜像将会从研发测试环境同步到生产镜像仓库，生产环境的DevOps平台拉取镜像进行部署。

3.3.3 运行（Run）阶段

关注容器运行时的安全，及时对风险进行监测、预警和处置。

容器微隔离，阻止横向移动。 容器自身的隔离性较弱，在失陷时容易被攻击者横向渗透到其他容器和主机。通过容器安全平台，实现主机与容器的隔离、容器之间的隔离、应用隔离、不同网络分段的隔离及异常行为或可疑容器的自动隔离阻断等，限制威胁扩散，有效阻止攻击横向移动。

容器运行环境监控，及时发现容器安全威胁，包括：通过恶意文件检测引擎，对容器内的病毒及 Webshell 等进行检测；对异常进程进行检测，如恶意命令执行及恶意的提权操作等；对异常行为进行检测，包括容器逃逸的漏洞利用及文件访问行等；对异常网络流量进行检测，如 SHS 爆破横向等；基于威胁情报，及时发现容器漏洞风险。对于监控发现的容器安全威胁，及时上报安全运营平台进行预警。

应急响应，及时定位风险并联动处置。 对容器、集群信息及行为关系等建立关系图谱，对攻击溯源时可以在容器、虚拟机、物理机等混合网络环境中快速还原出完整的攻击树，确定失陷的容器及主机，并联动 HIDS、NTA 及 AD 监控等排查是否被横向攻击和定位失陷范围，对失陷资产进行应急响应，封锁攻击路径，进行风险处置。

3.4 安全加固

系统部署时，需要对操作系统、数据库、Web 中间件、容器等进行安全加固，华泰证券参考 CIS Benchmarks（见图 16）进行了自身安全配置基线的定制。

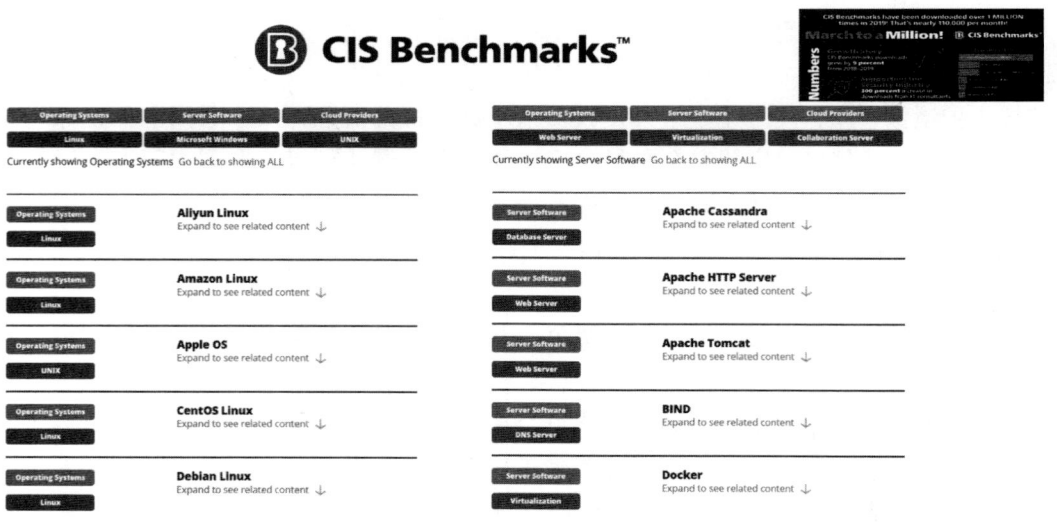

图 16 CIS Benchmarks

CIS 互联网安全中心是一个非营利组织。CIS Benchmarks 覆盖了主流操作系统、数据库和中间件等，如 apache、tomcat、docker、k8s 等。

由于 CIS 原生的安全配置基线（见图 17）要求很多，企业需要根据自身需要进行裁剪。同时，安全加固过程可以使用脚本实现自动化。

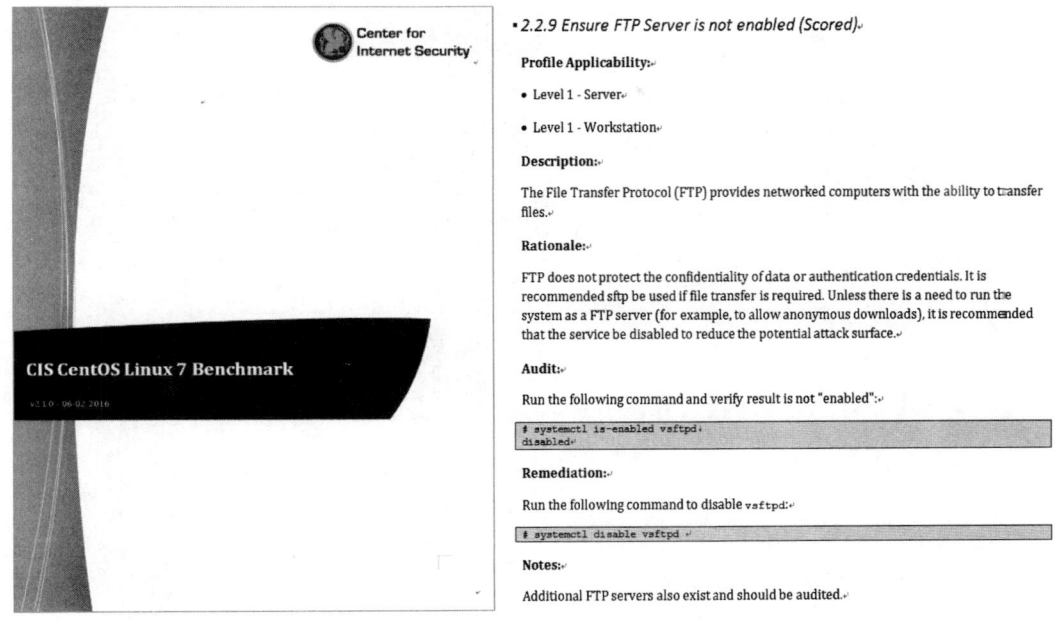

图 17　CIS 安全配置基线

可以对操作系统的镜像预先进行加固生成黄金镜像，对于测试环境和生产环境采用统一的镜像发布流程，实现安全配置基线一致化。

对于安全加固后的运行环境，需要进行安全配置基线合规检测，可以采用定制化脚本或者安全基线检测工具实现自动化检测。

安全配置基线脚本示例见图 18。

3.5　攻击面管理

2021 年 7 月，全球权威 IT 研究顾问机构 Gartner 发布了《2021 年安全运营技术成熟度曲线》（*Hype Cycle for Security Operations*，2021），将攻击面管理（Attack Surface Management，ASM）相关技术定义为新兴技术。早在 2018 年 Gartner 就已经提出攻击面的概念，并将攻击面管理纳为整体网络安全风险管理计划的一部分。

攻击面管理是一种从攻击者的角度对企业网络攻击面进行检测发现、分析研判、情报预警、响应处置和持续监控的资产安全性管理方法，其最大特性就是从外部视角审视企业网络资产可能存在的攻击面及脆弱性，重点关注边界处存在可被利用的攻击可能性，强调整个企业资产可能存在的脆弱性。

日常安全运营中攻击面管理常见的痛点有资产不可知，导致风险不可控，容易成为攻击跳板；资产碎片化，缺乏资产全局视角（见图 19）；漏洞响应时，无法快速准确定位特定条件的应用等。

```
#2.2.6 Ensure LDAP server is not enabled
#已启用。
echo
echo \*\*\*\* Ensure\ LDAP\ server\ is\ not\ enabled
systemctl disable slapd.service
#2.2.7 Ensure NFS and RPC are not enabled
#已启用。
echo
echo \*\*\*\* Ensure\ NFS\ and\ RPC\ are\ not\ enabled
systemctl disable nfs.service
systemctl disable rpcbind.service
#2.2.8 Ensure DNS Server is not enabled
#已启用，关闭DNS服务。
echo
echo \*\*\*\* Ensure\ DNS\ Server\ is\ not\ enabled
systemctl disable named.service
#2.2.9 Ensure FTP Server is not enabled
#已启用，关闭FTP服务。
echo
echo \*\*\*\* Ensure\ FTP\ Server\ is\ not\ enabled
systemctl disable vsftpd.service
#2.2.10 Ensure HTTP server is not enabled
#已启用，关闭HTTP服务。
echo
echo \*\*\*\* Ensure\ HTTP\ server\ is\ not\ enabled
systemctl disable htttpd.service
#2.2.11 Ensure IMAP and POP3 server is not enabled
#未启用。
echo
echo \*\*\*\* Ensure\ IMAP\ and\ POP3\ server\ is\ not\ enabled
systemctl disable dovecot.service
```

图 18 安全配置基线脚本示例

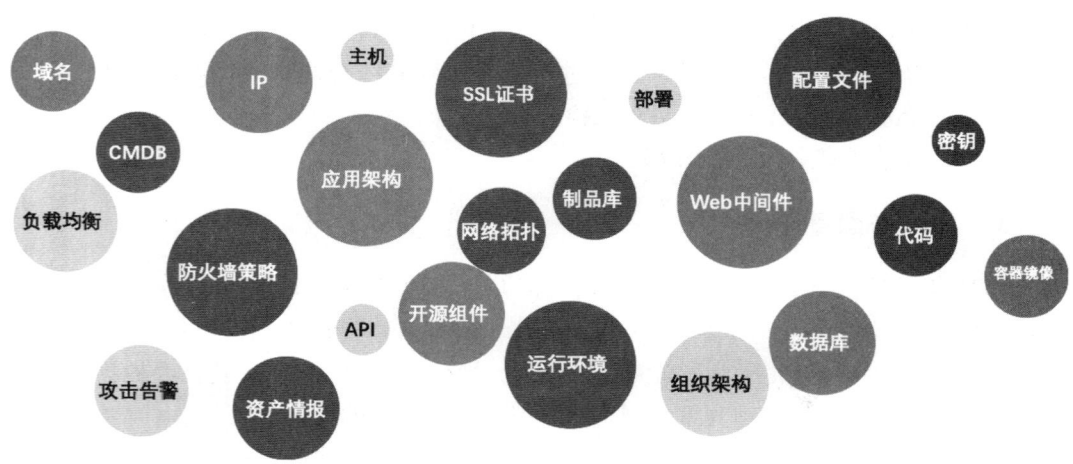

图 19 资产数据碎片化

习近平总书记在"4·19"重要讲话中指出，"维护网络安全，首先要知道风险在哪里，是什么样的风险，什么时候发生风险"，工作重点是"摸清家底，认清风险，找出漏洞，通报结果，督促整改"。"摸清家底"，就是通过各种技术手段实现网络空间资产识别，实现安全资产管理。

说到资产管理，一般人首先都会想到 CMDB，确实，CMDB 是一个重要的资产信息来源。很多企业 CMDB 都是运维人员建设的，运维关注的资产有域名、IP、负载均衡、网络拓扑、虚拟机、物理设备、容器、机房、操作系统、应用名称、资产使用人、硬件信息等。而从安全人员视角来看这远远不够。安全关注的资产有域名、IP、端口、协议、应用、系统负责人、登录 URL、API、技术架构、Web 中间件、开源组件、系统漏洞、脆弱性、情报、告警等。

为了有效实现攻击面管理，需要具备安全相关资产的全局视角，华泰证券通过聚合多维度的安全资产数据，形成全网应用资产图谱（见图 20）。

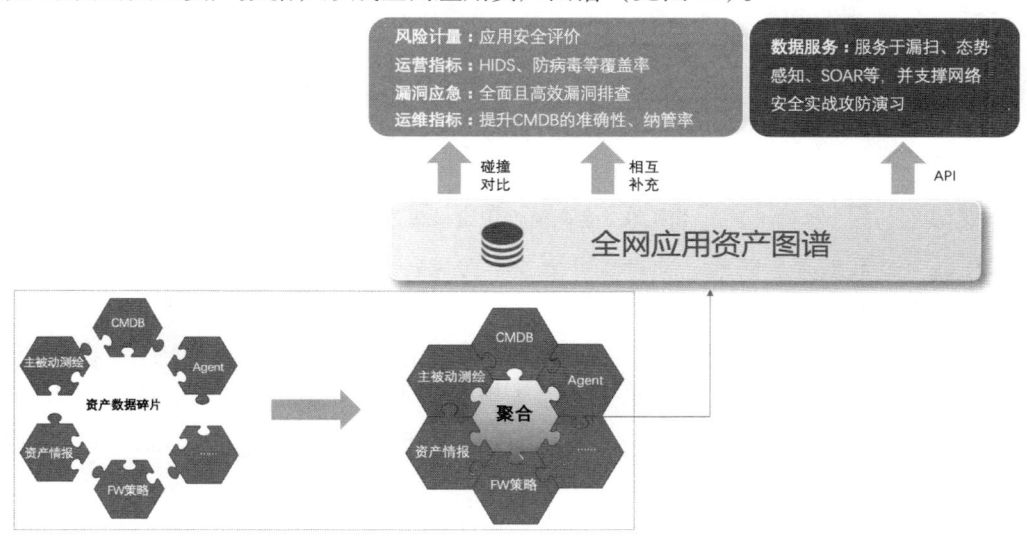

图 20　全网应用资产图谱

安全资产主要数据来源如下。

（1）资产测绘平台：通过资产测绘工具，采用端口识别、协议栈识别、带外识别、特定指纹比对、动态端口识别等方法，识别出设备指纹画像（设备类型、操作系统版本、设备型号、品牌）、服务端口画像［标准服务端口、非常用端口、不合规端口（如 ssh 映射到 35022 端口）］、应用指纹画像（应用类型、应用品牌、应用开发框架、应用开发语言、应用编码语言、应用域名信息、应用备案信息等）等。

（2）CMDB：域名、IP、硬件信息、主机责任人、网络区域、机房等。

（3）资产情报：比如安全服务厂商提供的 SaaS 应用、小程序、公众号、未知资产信息等。

（4）主机 agent：部署在主机的 agent，如 HIDS、运维 agent 等，可以采集主机上软件信息等。

（5）防火墙策略。

（6）API 流量监控：通过 API 方式对接，获得应用的一些敏感 URL 等。

（7）软件组成分析工具：应用系统对应的开源组件。

（8）制品库：应用系统对应的版本信息、软件信息、配置等。

全网资产图谱的构建过程（见图21）如下。

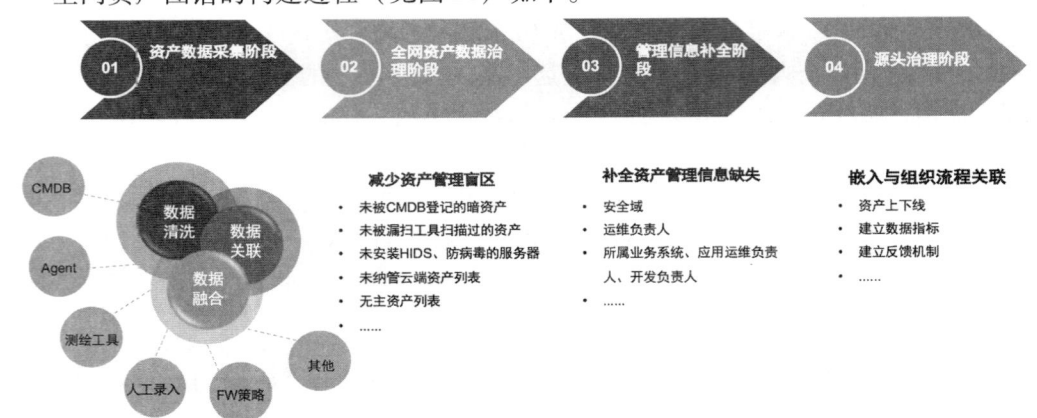

图21 全网资产图谱构建过程

（1）资产数据采集阶段。通过资产测绘手段进行资产数据采集，再进行数据清洗、数据关联及数据融合，形成全网资产图谱。

（2）全网资产数据治理阶段。经过第一阶段全面的资产采集，可能还存在资产管理的盲区，如未被 CMDB 登记的暗资产，未被漏扫工具扫描过的资产，未安装 HIDS、防病毒的服务器，未纳管云端资产列表，无主资产列表。需要采取手段进行资产治理，减少资产管理盲区。

（3）管理信息补全阶段。由于资产责任人变动不及时，存在无主资产、未知资产等原因，CMDB 中资产信息也可能不准确，因此需要进行碰撞和相互补充，对资产管理信息进行补充，包括安全域、运维负责人、业务系统、开发负责人等。

（4）源头治理阶段。通过资产探测等手段采集资产数据存在滞后性，比如资产下线了而 CMDB 未及时更新，所以需要在源头进行治理，第一时间感知资产的变动。因此需要将资产管理嵌入组织流程中，比如系统上下线流程等，通过资产数据指标进行跟踪，并建立反馈机制，实现资产动态和主动管理。

构建了全网资产图谱后，还需要建立资产常态化运营机制，实现资产管理的全面性、准确性和实时性，及时发现资产变动并识别面临的风险。

资产常态化运营流程（见图22）如下。

（1）定期资产测绘有两种场景：一是资产变动流程发起，CMDB 通过 API 通知资产管理平台，资产管理平台触发互联网资产测绘引擎进行变动资产的定向探测；二是 SaaS 端资产测绘引擎定期（每天）进行全网资产测绘。

（2）资产管理平台根据资产探测报告，如果有资产更新，则更新资产图谱，并将资产变动信息通知安全运营人员。如果资产测绘发现类似于高危端口开放到互联网，则告警。

DevSecOps 在华泰证券落地实践

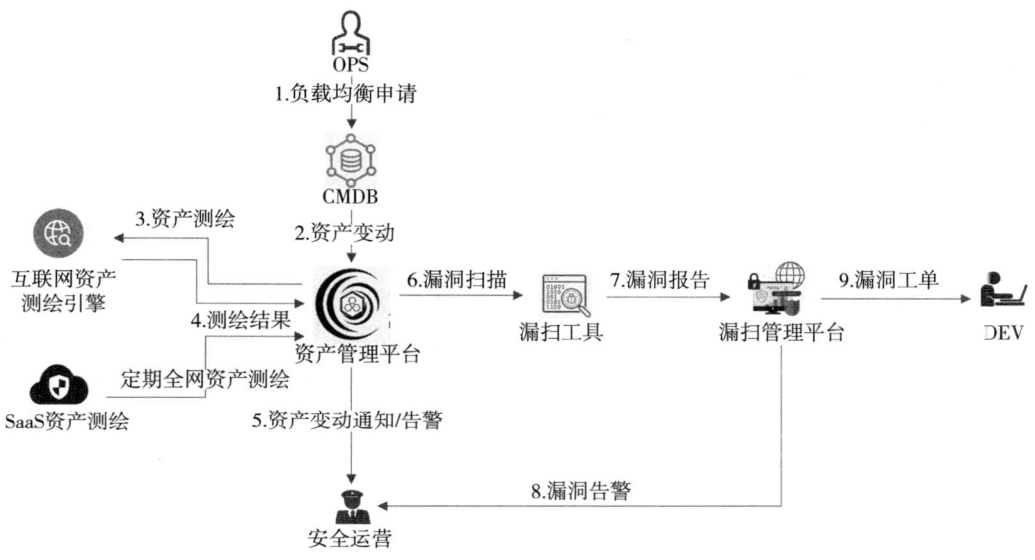

图 22 资产常态化运营流程

（3）资产测绘平台联动漏扫工具，对新增的资产进行漏洞扫描。

（4）漏洞扫描平台根据漏扫报告，如果发现漏洞，则根据资产图谱下发工单给相应的开发人员，同时将漏洞告警通知安全运营人员。

华泰证券通过全网资产图谱，全面掌控安全视角资产库，实现挂图作战。通过资产测绘、漏扫引擎、威胁情报等，对攻击面进行持续检测，全面识别资产及风险暴露面，如高危端口、高危组件、系统漏洞、Web 后台暴露、弱口令、未授权访问 API 等，及时进行风险预警和响应，从而实现攻击面的有效管理（见图 23）。

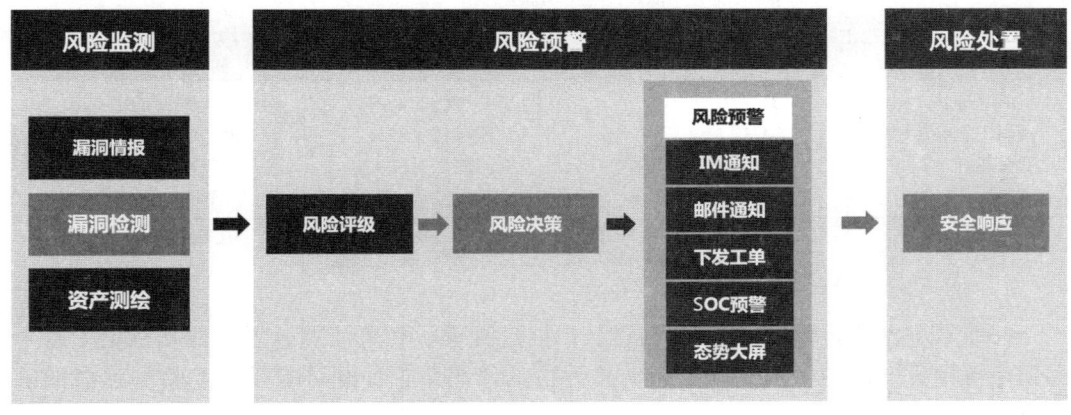

图 23 攻击面管理

3.6 安全能力成熟度评估

管理学大师彼得·德鲁克（Peter Drucker）曾经说过，"你如果无法度量它，就无法管理它"，因此，需要引入软件安全能力成熟度模型，对当前的安全水平进行度量和对比，既可以纵向量化安全的成果，也可以横向发现与业界领先水平的差距。

华泰证券每年都会进行软件安全能力成熟度自评估，软件安全能力成熟度评估模型基于软件安全构建成熟度模型（Build Security In Maturity Model，BSIMM）。BSIMM 是一种描述性的模型，由 Synopsys（原 Cigital）公司研究与维护，通过量化多家不同企业的实际做法，发现共同点和不同点，帮助其他组织规划、实施和衡量其软件安全计划。BSIMM 的软件安全框架分为 4 个领域（domain），包括治理、情报、安全软件开发生命周期（SSDL）触点和部署，每个领域又各分为 3 项实践（practice），共形成 12 项安全实践（见图 24）。

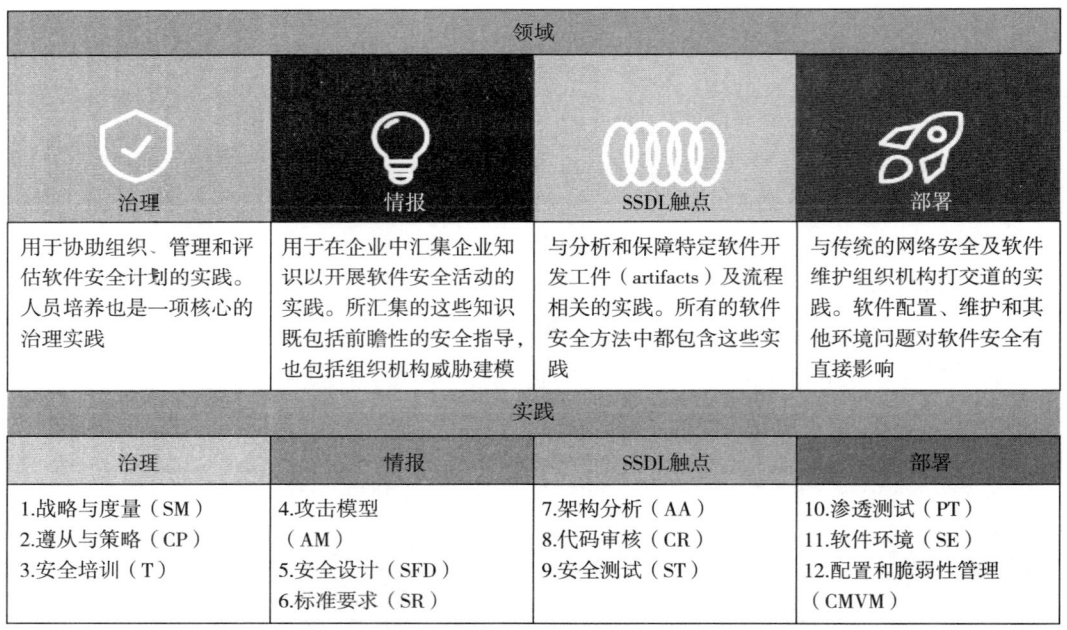

图 24　BSIMM 软件安全构建成熟度模型

华泰证券基于 BSIMM 的活动描述，根据自身现状和关注点，每个活动制定了三个可清晰确定完成度的子活动。子活动是评估的最小单位，既可以是活动目标达成的阶段性步骤，也可以是衡量目标是否达成的控制措施，可以参照国际/国内的通行做法、相关标准规范要求或者企业自身实践来确定，作为活动的评价依据。表 2 为架构分析（AA）的子活动分解示例。

表 2　　BSIMM 子活动分解示例

			架构分析（AA）	
[AA1.1]	开展安全性功能审查	AA1.1.1	针对项目设计方案，识别安全功能列表	
		AA1.1.2	评审安全功能设计中的问题	
		AA1.1.3	针对安全功能设计缺陷给出整改建议	
[AA1.2]	针对高风险应用程序开展设计审查	AA1.2.1	定义重点，高风险项目	
		AA1.2.2	对于选定项目进行深入、详细的安全设计评审	
		AA1.2.3	针对设计缺陷给出缓释计划	
[AA1.3]	由 SSG 领导设计审查工作	AA1.3.1	SSG 主导安全架构设计	
		AA1.3.2	协同架构师共同进行架构设计评审	
		AA1.3.3	教练、培训、传导安全架构设计能力给软件架构师	
[AA1.4]	利用风险方法论为应用程序排序	AA1.4.1	设计信息系统风险调查问卷	
		AA1.4.2	项目组填写风险调查问卷	
		AA1.4.3	依据调查问卷对信息系统进行风险定级	

根据 BSIMM 官方文档描述，BSIMM 采用高水位标记方法绘制蛛网图，进行不同公司间对比，评估大致的 SSI 成熟度。分配高水位线的标记方法比较简单，如果实践活动中观察到一个 3 级活动，就给此模块分配 3 分，而不去考虑是否也观察到了任何 2 级或 1 级的活动。

BSIMM 公开文档并没有提供可操作的活动评分标准。华泰证券参考 OpenSAMM 的活动和实践评分规则，在考虑活动执行完整度的同时，加入了对活动完成质量的度量，表 3 是详细的评分细则。

表 3　　BSIMM 评分细则

实践得分	Level x 实践得分	活动得分	子活动得分	完整度	质量
实践得分 = Level 1 得分 + Level 2 得分 + Level 3 得分	Level 1 得分 = 所有 Level 1 活动得分平均值	活动 1 得分 = 3 个子活动得分平均值	子活动 1 得分 = 完整度得分×质量得分		
			子活动 2 得分 = 完整度得分×质量得分	3 级：0、0.5、1	3 级：0、0.5、1
			子活动 3 得分 = 完整度得分×质量得分		
		活动 x 得分 = 3 个子活动得分平均值	子活动 1 得分 = 完整度得分×质量得分		
			子活动 2 得分 = 完整度得分×质量得分		
			子活动 3 得分 = 完整度得分×质量得分		

实践得分	Level x 实践得分	活动得分	子活动得分	完整度	质量
实践得分 = Level 1 得分 + Level 2 得分 + Level 3 得分	Level 2 得分 = 所有 Level 2 活动得分平均值	活动 1 得分 = 3 个子活动得分平均值			
		活动 x 得分 = 3 个子活动得分平均值			
	Level 3 得分 = 所有 Level 3 活动得分平均值	活动 1 得分 = 3 个子活动得分平均值			
		活动 x 得分 = 3 个子活动得分平均值			

采取现场集体评估的方法，对每一个活动的控制措施即子活动逐项打分。每个子活动，根据当年度是否在完整度及质量方面有改进进行客观评估，最终得出 4 个领域 12 项实践的年度评分。采取蜘蛛图方式进行实践得分的直观展示（见图 25），既可以与往年纵向比较，量化各个实践安全能力成熟度的提升，也可以横向比较，发现与业界领先水平的差距。

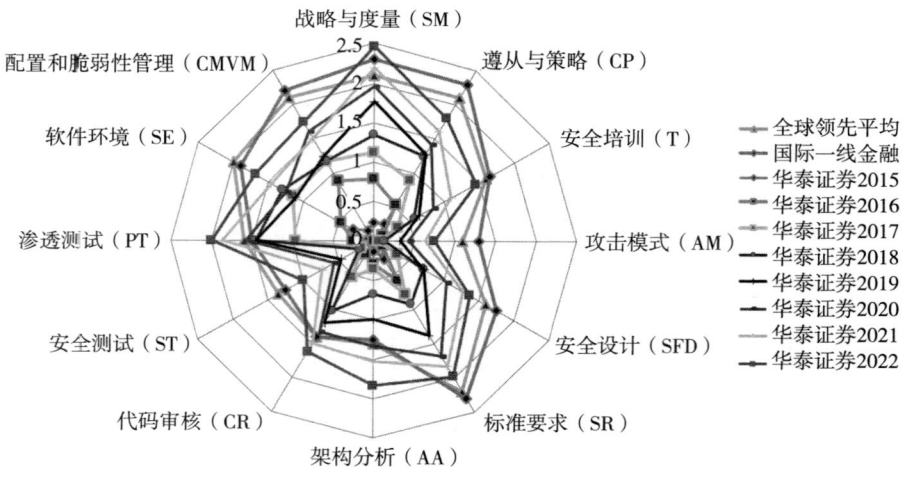

图 25　华泰证券 BSIMM 蛛网图

根据评分结果，分析当前软件安全能力成熟度现状，历史纵向比较成熟度的改进，并横向分析与业界领先水平存在的差距，发现自身的不足。针对差距较大的实践，详细分析当前差距点和缺失的控制措施等，作为改进方向参考。

软件安全能力的建设是一个持续并不断优化的过程，涉及各方面的资源投入和平衡，根据差距分析的结果，参考业界领先的实践，结合实施的成本和收益，规划需要实现的首要活动，确定下一年度可行的改进方向和行动计划。BSIMM 的实践活动每个版本都会有少许变化，因此每年在作差距分析时，需要对最新版本进行解读，同步更新活动。

通过软件安全能力成熟度评估，以评促建，并参考框架标准的指导，结合自身实际情况，可以逐步形成适合自身的软件安全开发生命周期管理框架，通过迭代反馈，持续进行优化，逐步提升软件安全风险管理能力。

3.7 安全平台赋能

为了提升安全运营效能，进行安全赋能，华泰证券自主研发了三叉戟 SDL 全流程赋能平台，实现流程化、自助化、自动化的项目安全评估。

应用系统上线或者变更进行安全评估时，由项目经理在三叉戟平台发起安全评估流程，评估流程涉及的干系人有项目经理、安全顾问、架构师、安全测试人员等，通过三叉戟平台进行安全评估全流程管理。

三叉戟平台主要功能有项目管理（见图 26）、项目安全评估总览（见图 27），轻量级威胁建模（见图 28）、安全威胁及需求库（见图 29）、漏洞管理（见图 30）等。

图 26　三叉戟项目管理

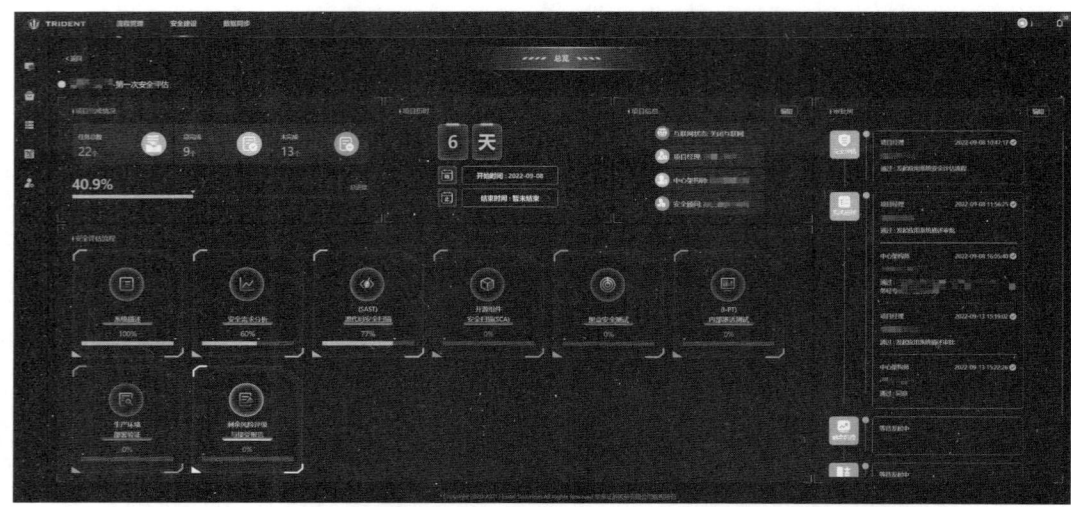

图 27 三叉戟项目安全评估总览

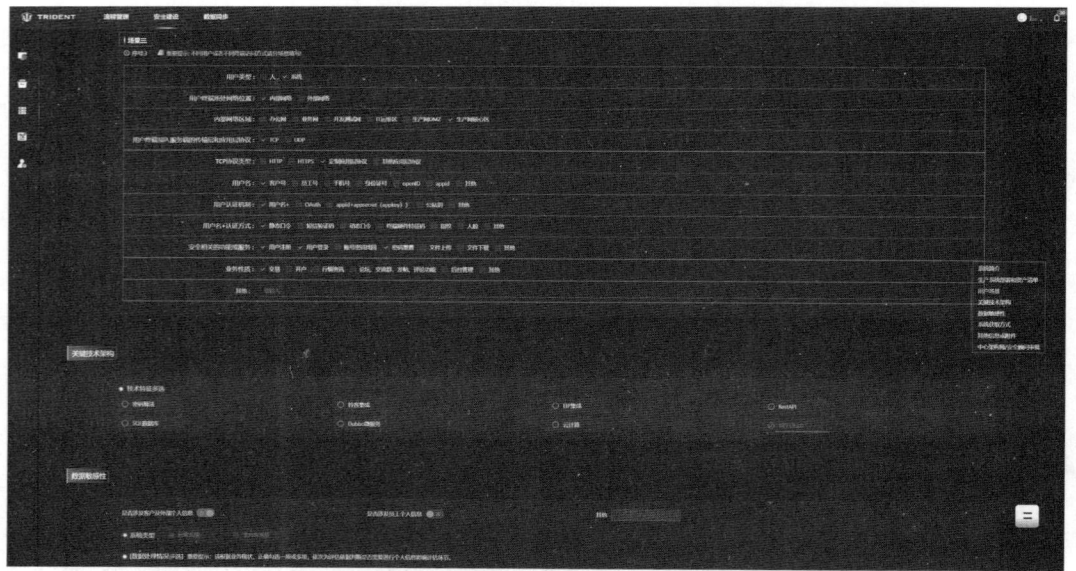

图 28 三叉戟轻量级威胁建模

DevSecOps 在华泰证券落地实践

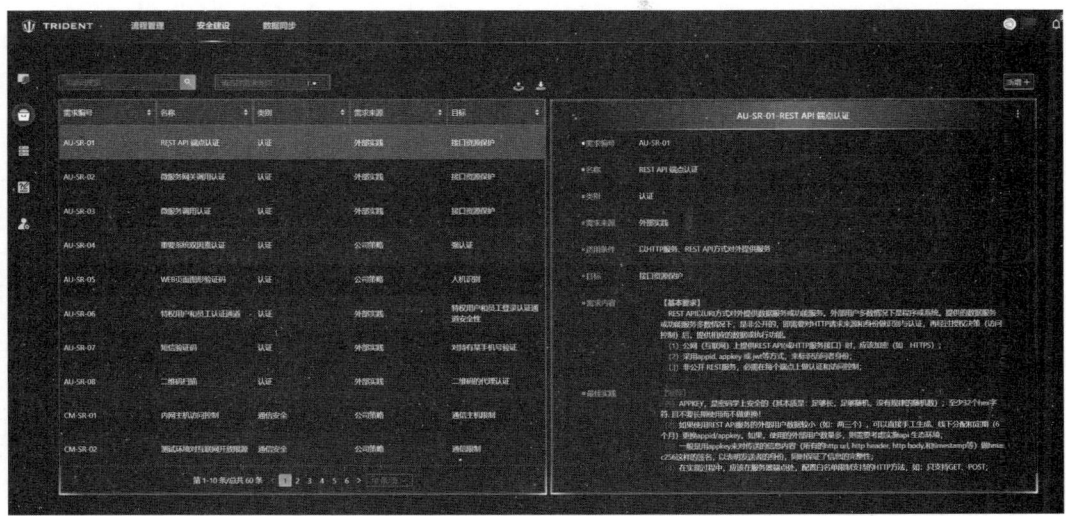

图 29　三叉戟安全威胁及需求库

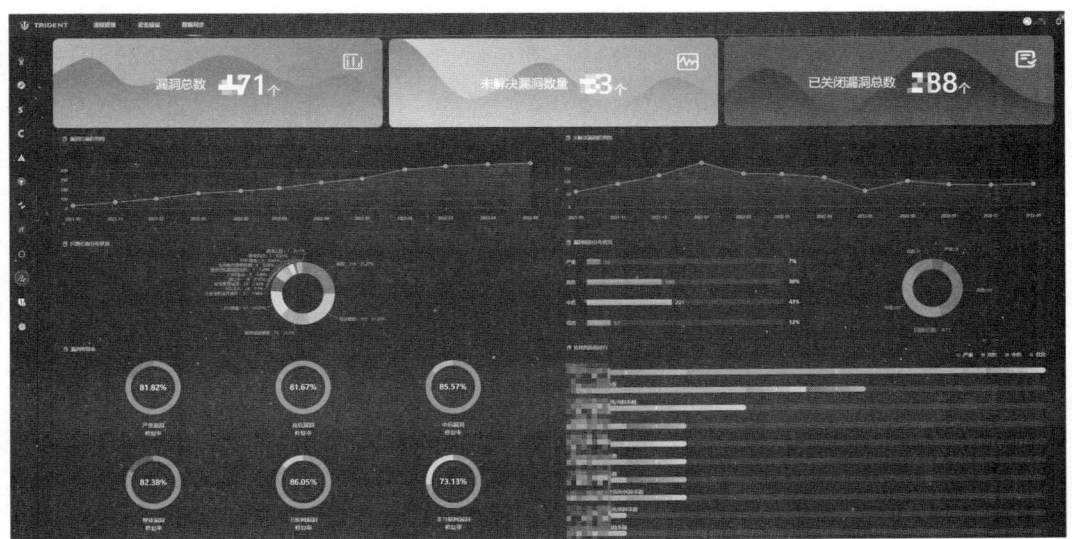

图 30　三叉戟漏洞管理

其他功能包括自动化安全测试、运行环境部署验证、剩余风险决策、运营支持等。

3.8 安全武器库

DevSecOps 全生命周期各个阶段会涉及各种安全工具，业界既有商业产品，也有优秀的开源工具，企业可以根据自身需求选择合适的安全工具，打造自身的 DevSecOps 工具链。开源安全武器库见图 31。

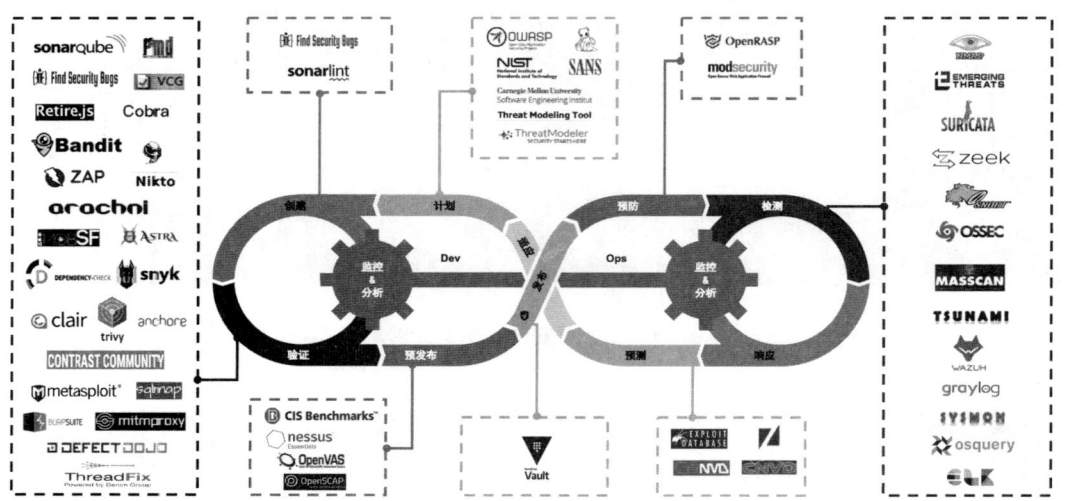

图 31 开源安全武器库

4. 收益

华泰证券已经全面落地 DevSecOps，每年有几百个系统上线前均经过项目安全评估流程，通过轻量级威胁建模将安全需求落实到系统需求分析及架构设计中，通过设计保证安全（Secure By Design），实现了应用系统"内生安全"，提升了应用系统自身主动免疫能力。

实现安全左移，在软件开发早期阶段发现安全缺陷，从源头控制安全风险，应用上线时已知中高危以上安全漏洞为 0，外部渗透测试漏洞下降 50% 以上，极大地降低了漏洞修复成本。

通过采用 DevSecOps 实践，安全评估的交付时间从数周降低到数天，极大地提升了应用上线的安全评估效能，相比传统安全模式，缩短了产品平均投产时间，提升了产品的竞争力，抢占市场先机带来的经济效益无法估量。安全不再是 DevOps 团队的阻碍因素，安全从"守门员"转变为赋能者。

安全职责共担，打破团队壁垒，提高了团队协作效率。将安全内嵌于研发流程、安全测试工具链自动化及自主研发安全赋能平台，提高了安全运营效率，降低了人力成本。

华泰证券的 DevSecOps 实践也获得了业界的广泛认可。华泰证券于 2020 年 12 月作为券商独家、全国首批顺利通过信通院"研发运营一体化（DevOps）能力成熟度模型"安全与风险管理（DevSecOps 标准）2 级评估，标志着华泰证券 DevSecOps 实践成熟度达到了国内领先水平。"金融机构 DevSecOps 参考框架与应用实践"获得第八届证券期货业科学技术奖优秀奖。

行业机构可以参考华泰证券 DevSecOps 实践经验，如安全测试工具链、轻量级威胁建模、容器全生命周期安全管理、攻击面管理、安全能力成熟度评估及开发安全赋能平台等，少走弯路，大幅降低学习和应用成本，提高自身 DevSecOps 落地效率。

行业可以通过技术分享、开源社区交流、课题研究、专项研讨会等多种形式，促进知识与技能的提升，从而提升行业整体的软件安全成熟度水平。

5. 总结

DevSecOps，作为一个概念和实践，正在不断发展，越来越多的企业将实施 DevSecOps 作为它们安全问题的解决方案。DevSecOps 给企业带来了很多收益，包括降低成本、提升交付速度、安全和合规内建等。DevSecOps 成功地消除了 DevOps 和安全之间的障碍，帮助它们作为一个整体为企业的业务目标服务。通过安全左移，企业将有能力在开发过程中更早地发现和修复安全问题，从而大大降低识别和修复安全问题的相关成本。

安全人员应该积极主动地融入 DevSecOps 的实践，秉承团队协作、敏捷和职责共担的理念，将安全更好地内嵌到软件研发运营一体化流程中，将安全更好地融入软件全生命周期，通过安全赋能，为企业的数字化转型保驾护航。

参考文献

［1］云计算开源产业联盟《中国 DevOps 现状调查报告（2021 年）》。
［2］Glenn Wilson. DevSecOps：A Leader's Guide to Producing Secure Software without Compromising Flow，Feed back and Continuous Improvement［M］. Rethink Press，2020.
［3］Gartner. Hype Cycle for Security Operations，2021.
［4］Gartner. 10 Things to Get Right for Successful DevSecOps.

中泰证券 DevSecOps 体系实践与探索

何 波　董红涛　张永启　陈树冰　朱继建　向元武

中泰证券股份有限公司

　　DevSecOps 将安全集成到软件端到端的全过程，覆盖组织级通用的基础安全能力工程实践、安全开发过程实践、安全持续交付过程实践、安全运营过程实践。

　　业界常见的软件安全成熟度模型有研发运营一体化能力成熟度模型、DSOMM 模型、BSIMM 模型、SAMM 模型等。各个模型有各自的优缺点，研发运营一体化能力成熟度模型具有操作性强、具备成熟工具支持且推广成本低等特点，结合中泰证券安全现状，中泰证券参照研发运营一体化能力成熟度模型开展 DevSecOps 建设，通过该模型分析行业建设差距并参考同业优秀 DevSecOps 落地工程实践案例规划落地 DevSecOps 建设方案。

　　研发运营一体化（DevOps）能力成熟度模型即 DevOps 标准，覆盖端到端软件交付生命周期全流程，是一套体系化的方法论、实践和标准的集合。研发运营一体化（DevOps）总体架构可划分为五大部分，即过程（敏捷开发管理、持续交付、技术运营）、应用设计、安全及风险管理、组织结构、系统和工具。

　　《研发运营一体化（DevOps）能力成熟度模型　第 6 部分：安全及风险管理》（以下简称 DevSecOps 标准）是一种全新的安全理念与实践模式，有助于控制通用风险、开发过程风险、交付过程风险和运营过程风险（见图 1）。

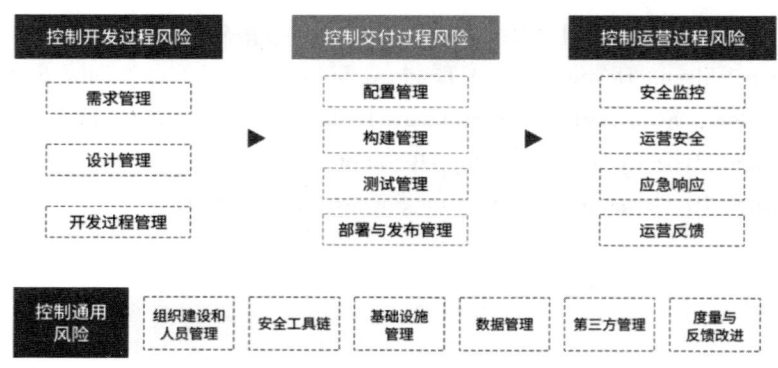

图 1　DevSecOps 安全体系

DevSecOps 标准对 DevOps 全过程中开发、交付、运营等过程的安全风险控制进行了规范要求，包含了业界领先的实践，对于如何落地 DevSecOps 提供了明确的方向和很好的实践指导。借鉴业界领先的实践经验，中泰证券进行针对性改进，不断缩小与业界领先者的差距，使得在 DevOps 数字化转型过程中，DevSecOps 达到业界先进水平，实现安全真正地赋能 DevOps，而不再成为阻碍。

1. DevSecOps 在中泰证券的落地实践

中泰证券敏捷研发过程见图 2。

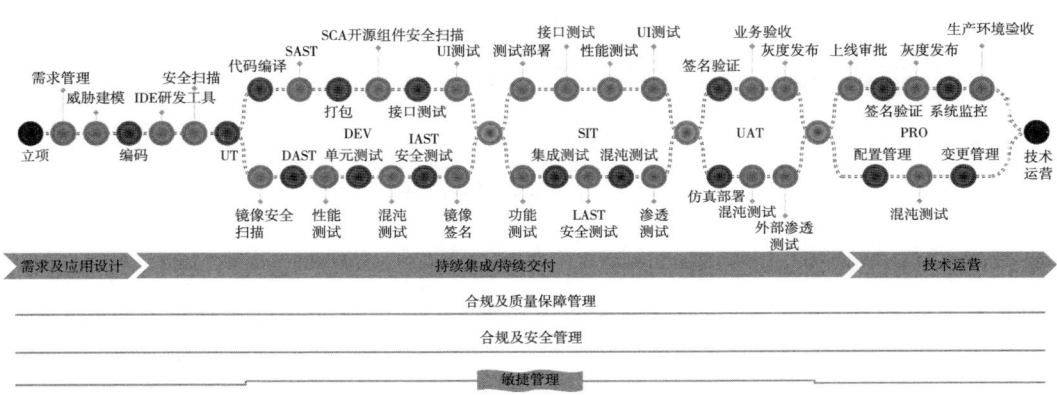

图 2　中泰证券敏捷研发过程

1.1　控制通用过程风险

在 DevOps 模式下，安全内建于开发、交付、运营的全过程中，控制通用过程风险包括组织建设与人员管理、安全工具链、基础设施管理、数据管理、第三方管理、度量与反馈改进六个能力项（见图 3），强调管理标准化、技术标准化，强调工具的体系化与规范化。

中泰证券在这 6 个能力项中都做了标准化的动作，建立了相应的安全组织及岗位，在 DevSecOps 阶段负责不同的安全职责，并定期进行研发安全及安全意识培训。对 IDE、构建及测试、部署引入了不同的自动化测试工具，针对第三方建立了完善的管理制度及检查机制，防范第三方风险。建立了覆盖运营过程的数据安全制度及规范，具有明确的分类分级及数据管理细则，对于不同环境、类别及级别的数据建立了安全管控机制，如访问控制、数据加解密、数据脱敏等。定义了覆盖率、告警事件转化率、及时率（MTTD、MTTR、MTTA 等）、有效率（运营平台规则有效率）等运营指标，基于度量识别的安全问题纳入系统管理，并定期反馈给团队。

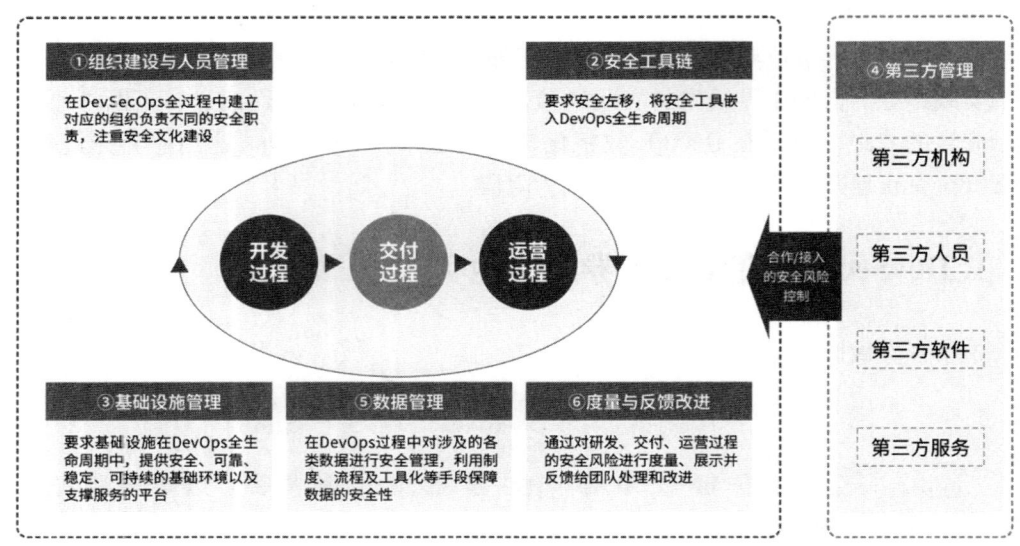

图 3 控制通用过程风险

1.2 控制研发过程风险

以等保 2.0 为基础框架，汇总国家法律法规及标准、证券行业规章制度等建立了安全需求库，引入轻量级威胁建模，从需求端进行安全控制。参照的部分法律法规见表 1。

表 1   参照的部分法律法规

序号	分类	文件	适用性	发布机构	备注
1	证券类	《证券公司网上证券信息系统技术指引》	高	中国证券业协会	基本要求/网上证券客户端/服务端
2	证券类	《证券期货业移动互联网应用程序安全规范》（JR/T 0192—2020）	高	中国证券监督管理委员会	身份鉴别/通信安全/数据安全等
3	证券类	《证券期货业网络安全等级保护基本要求》（JR/T 0060—2021）	高	中国证券监督管理委员会	等保基础上明确、细化、调整，证券期货业
4	证券类	《证券期货业数据分类分级指引》（JR/T 0158—2018）	高	中国证券监督管理委员会	数据分类分级概述
5	个人信息保护	《个人信息安全保护法》	高	全国人大常委会	个人信息收集、处理、利用
6	个人信息保护	《个人金融信息保护技术规范》（JR/T 0171—2020）	高	中国人民银行	个人信息收集、传输、存储、利用
7	个人信息保护	《信息安全技术 个人信息安全规范》（GB/T 35273—2020）	高	国家标准化管理委员会	个人信息收集、传输、存储、利用

续表

序号	分类	文件	适用性	发布机构	备注
8	个人信息保护	《App 违法违规收集使用个人信息行为认定方法》	高	国家互联网信息办公室秘书局	隐私合规
9	个人信息保护	《App 违法违规收集使用个人信息自评估指南》	高	App 专项治理工作组	隐私合规
10	数据安全	《金融数据安全 数据生命周期安全规范》	高	中国人民银行	数据全生命周期安全保护
11	数据安全	《中华人民共和国数据安全法》	高	全国人民代表大会常务委员会	
12	数据安全	证券期货业数据安全标准设计方案	高		
13	第三方SDK	《银行第三方软件开发工具包（SDK）安全 接入指南》（JR/T 0231—2021）	高	中国人民银行	第三方工具包设计安全
14	第三方SDK	《第三方软件开发工具包（SDK）安全指引》	高	全国信息安全标准化技术委员会	第三方 SDK 安全问题/措施建议

中泰证券建立了组织级的编码规范（Java、C&C++、Android 及 iOS 等）、安全设计库及安全评审流程，通过在 IDE 中设置安全扫描插件，在代码开发时就进行自测（见图4），提交代码时通过商业化软件 Pinpoint 代码扫描工具按照编码规范设置规则进行自动化扫描，流水线中设置质量门限，禁止提交高危问题（见图5）。

图 4　IDE 安全插件扫描结果

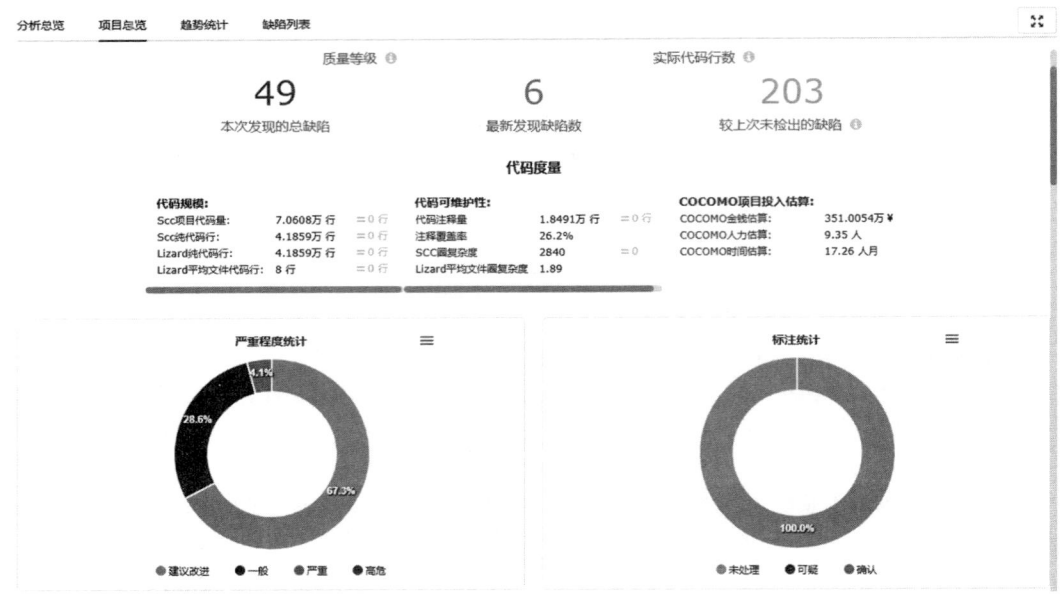

图 5 静态代码扫描统计分析

1.3 控制交付过程风险

从代码提交到应用发布,需通过配置、构建、测试及部署发布的过程,中泰证券为各个过程建立规范,将安全嵌入交付过程。建立安全测试规范(见图6),引入了自动化的安全扫描工具,集成到流水线,实现了自动化、标准化的扫描,在保障安全的同时提升了交付效率。中泰证券目前已经把 SAST、DAST、IAST 及 SCA 成功集成到蜂鸟流水线,全部实现了自动化扫描,根据对应的质量门限决定是否提交测试及生产部署。各种测试类型的安全测试报告见图7。

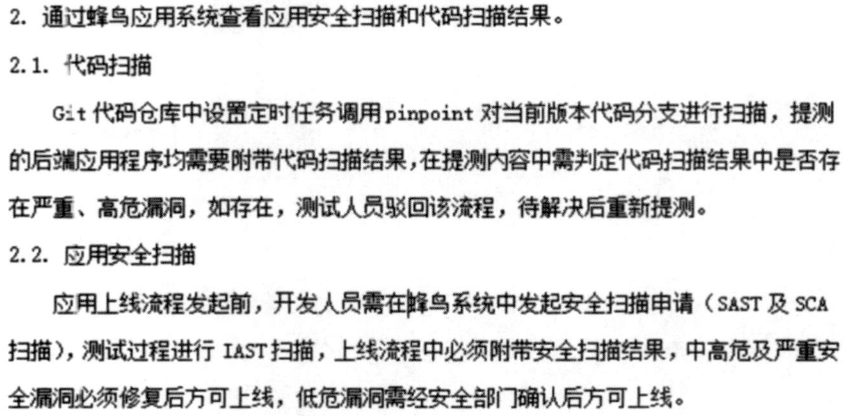

2. 通过蜂鸟应用系统查看应用安全扫描和代码扫描结果。

2.1. 代码扫描

Git 代码仓库中设置定时任务调用 pinpoint 对当前版本代码分支进行扫描,提测的后端应用程序均需要附带代码扫描结果,在提测内容中需判定代码扫描结果中是否存在严重、高危漏洞,如存在,测试人员驳回该流程,待解决后重新提测。

2.2. 应用安全扫描

应用上线流程发起前,开发人员需在蜂鸟系统中发起安全扫描申请(SAST 及 SCA 扫描),测试过程进行 IAST 扫描,上线流程中必须附带安全扫描结果,中高危及严重安全漏洞必须修复后方可上线,低危漏洞需经安全部门确认后方可上线。

图 6 安全测试管理规范中针对安全扫描的要求

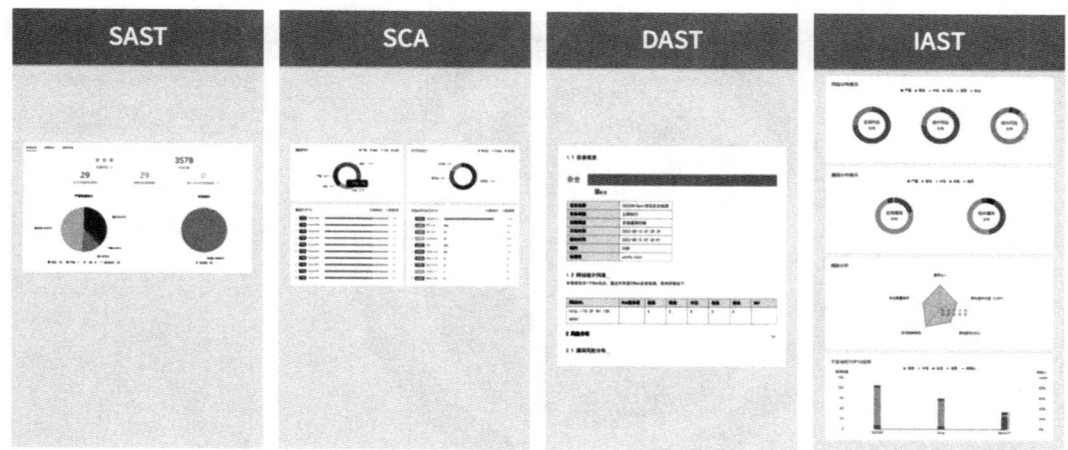

图 7　各种测试类型的安全测试报告

1.4　控制运营过程风险

控制运营过程风险关注的是将安全内建于运营过程中（见图8），通过监控、运营、响应、反馈等实现技术运营过程中安全风险的闭环管理，包括安全监控、运营安全、应急响应和运营反馈四个能力项。

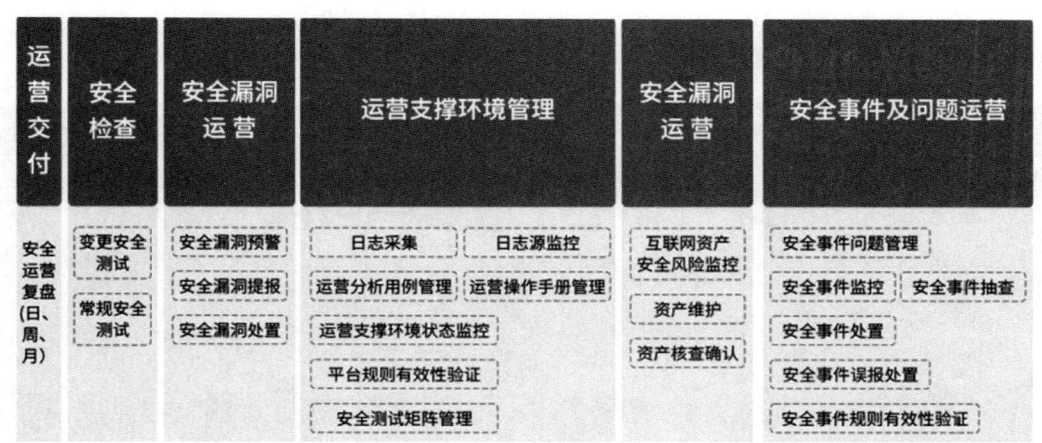

图 8　中泰证券通过安全运营体系化建设控制运营过程风险

为实现安全风险的闭环管理与持续优化，中泰证券构建由安全运营团队主导，各部门通力协作，以组织、技术、流程为三大支撑，在三大安全运营方向开展安全运行与内外部监测、响应处置、纠正与完善、安全评价度量、安全验证五大持续性活动的全过程安全运营体系（见图9）。

（1）在安全监控能力领域，中泰证券通过多维度、广覆盖安全探针，结合纵深防御安全防护体系架构，利用安全大数据及安全运营支撑平台，对整体网络安全情况进

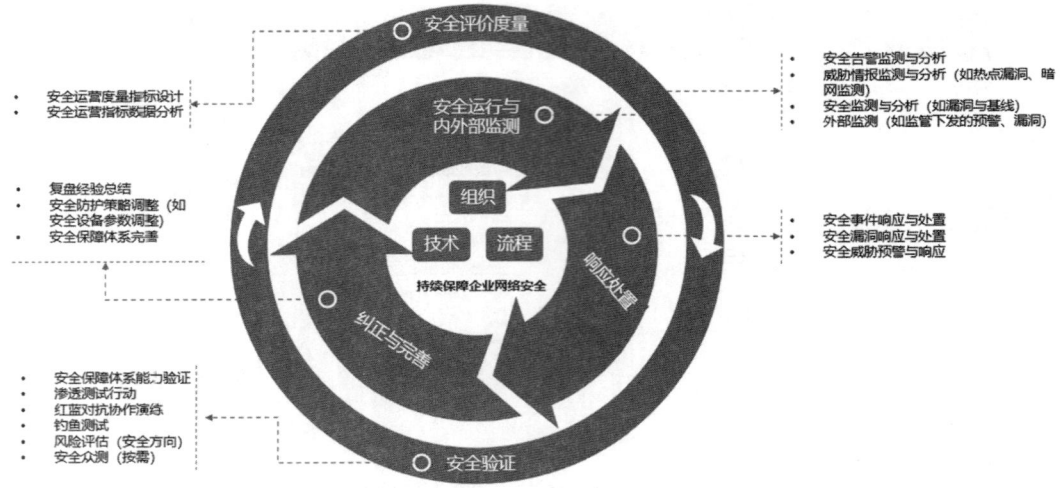

图 9　安全运营整体框架

行全面监控，监控类型覆盖各类漏洞扫描、挂马暗链、页面篡改、木马病毒、DDos 攻击、暴力破解、注入攻击、接口滥用、Web 欺诈等安全威胁，根据攻击链过程进行分类，利用安全大数据关联分析能力进行威胁模型定制并持续优化，综合利用威胁情报、智能聚合等技术不断提升监测告警准确性（见图 10）。监测结果快速通过邮件、短信、微信公众号等通道进行同步，并可通过服务接口推送至安全运营支撑平台，依据相应的运营脚本驱动风险处置过程。

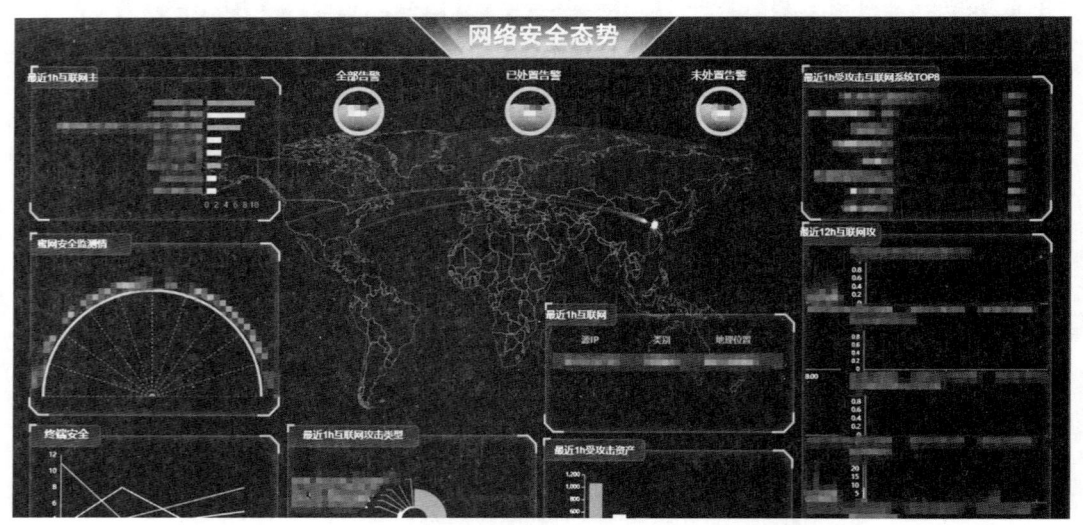

图 10　网络安全态势

（2）在运营安全能力领域，中泰证券将安全能力与安全活动有效嵌入系统生命周期流程，通过漏洞扫描与渗透测试等工作，对普通变更与敏捷变更中的安全风险进行高效深度检测，并通过变更流程推动安全问题的整改。另外，中泰证券通过全面的周期性安全评估工作，包括季度、年度全面安全评估，月度互联网系统安全评估，系统高危风险专项安全评估等，全面把控系统安全风险态势，保障运营过程安全。中泰证券通过安全运营体系将各项安全活动有效串联，并通过安全指标的量化管理，持续优化安全运营过程（见图11至图13）。

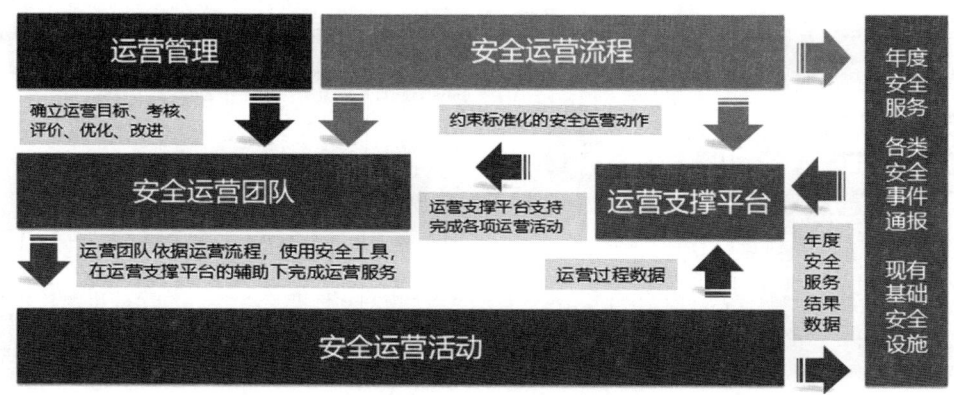

图11 安全运营过程体系

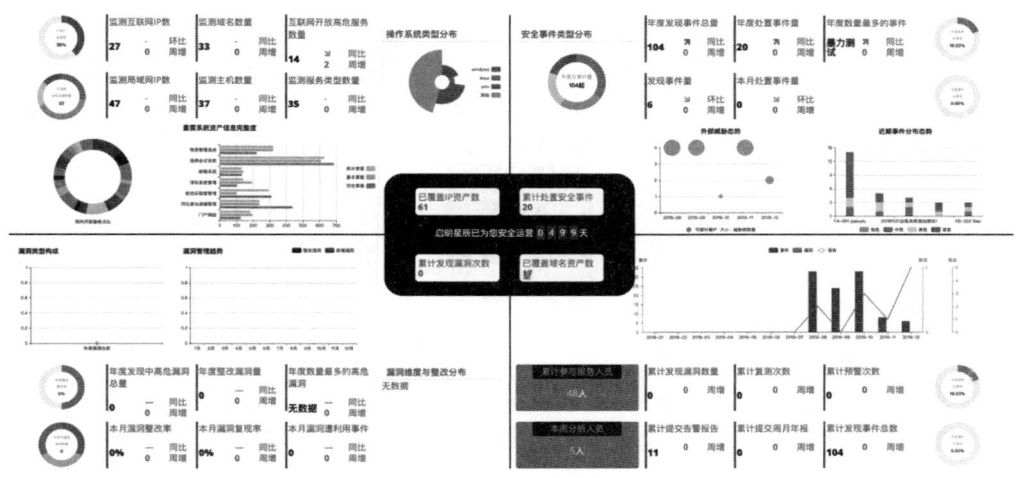

图12 安全运营数据可视化

（3）在应急响应能力领域，中泰证券通过内部多团队协同，并组织不同能力维度的多家服务商共同开展7×24小时的本地化应急响应工作，囊括主机与网络安全异常、互联网攻击、系统入侵、病毒爆发等完整的安全场景，并对网络中发生的安全事件进行溯源分析，针对事件产生的原因、扩散范围、影响范围进行深度挖掘，识别整个攻击链。针对安全事件制订有效的加固方案并提供支持，及时降低风险和影响，保障业务连续性。各阶段应急响应活动见图14。

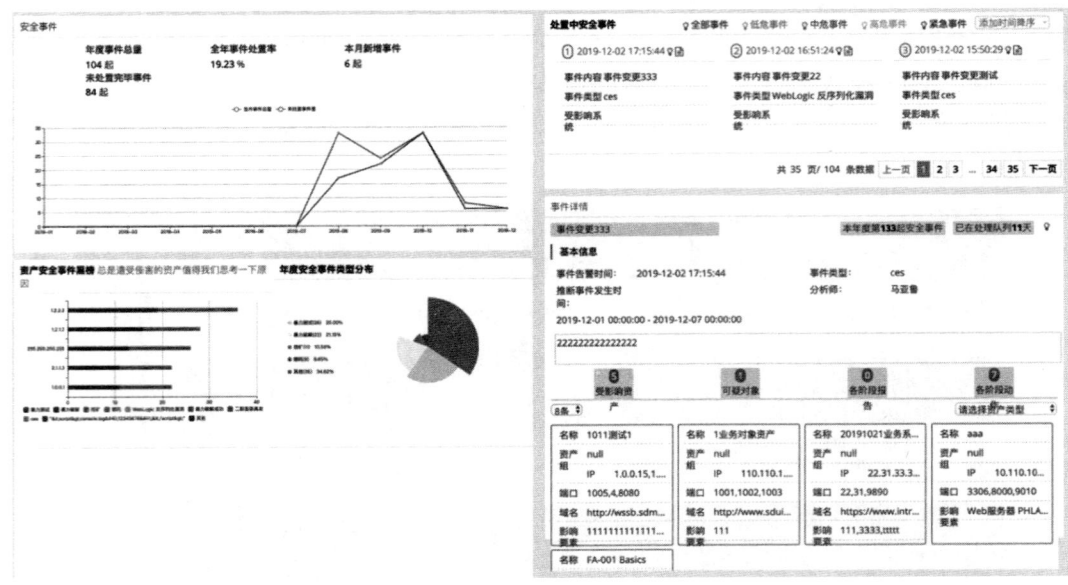

图 13 安全运营指标

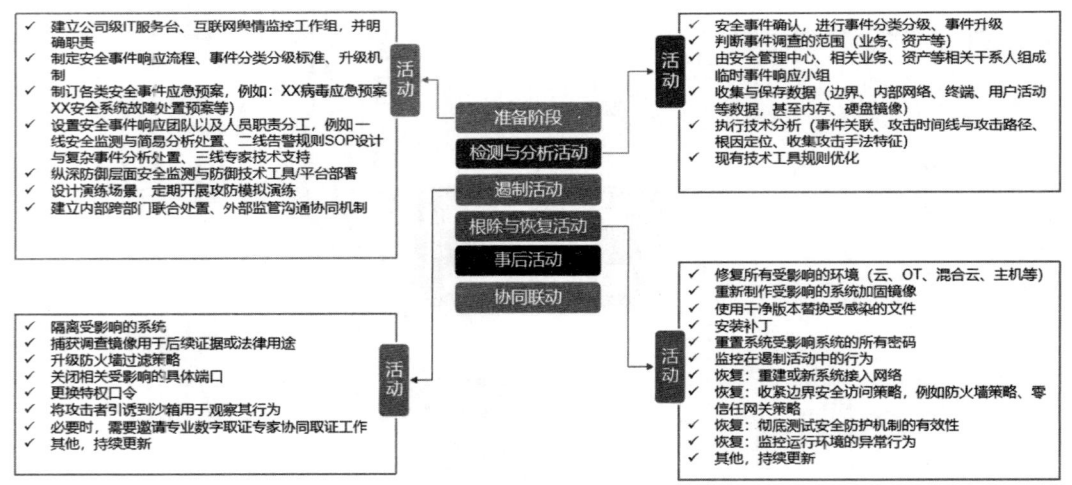

图 14 应急响应活动

（4）在运营反馈能力领域，中泰证券通过安全运营支撑平台为持续性安全运营工作提供全流程支撑，以运营脚本为核心驱动运营团队精准稳定地开展各项运营活动，对于运营过程中的各项活动进行记录留痕、跟踪推进、质量监管，从而实现安全运营工作的精细化管理，持续提升对威胁处置、脆弱性闭环管理等工作的体系化管理，将安全工作由静态、碎片化转变为动态、持续性，不断提升安全保障体系的有效性。

2. 中泰证券 DevSecOps 的技术点

2.1 安全左移

中泰证券安全左移示意见图 15。

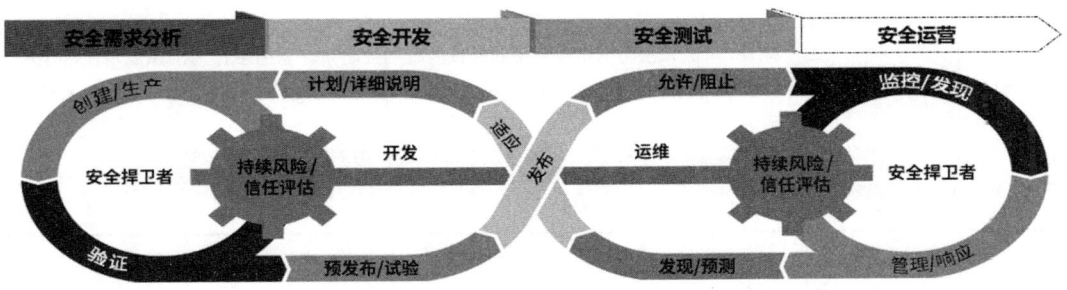

图 15 安全左移

（1）引入轻量级威胁建模，从源头控制风险。业务需求阶段介入安全需求，建立安全知识库、合规库，并根据业务场景建立轻量级威胁建模。产品经理在提交需求的时候，可以按照业务场景选择威胁建模的场景，系统根据内置模型中每种场景对应的威胁给出安全设计。威胁建模里的标签和场景都是可以复用的模型，我们建立了几种常见业务场景的威胁模型，从而实现威胁建模的自动化。产品经理在创建需求的时候，只要勾选对应场景即可自动完成建模并给出安全需求、对应的缓解措施及安全测试用例，业务测试人员根据用例验证安全需求是否通过，实现安全需求的闭环。

（2）将安全测试提前到编码和构建阶段。左移，意味着在更早的阶段——编码和构建阶段就可开始进行安全测试，在早期就扫描代码中的漏洞是保障产品安全的基本也是首要步骤。自动化安全测试工具与流水线高度集成，提升安全测试效率，并尽早发现安全问题。

提早发现原先在生产环境中的一部分漏洞，在开发、测试阶段开展修复工作，会大大降低生产环境解决安全风险的时间、金钱等成本，把安全风险控制在研发阶段。

2.2 安全工具链

工具对 DevSecOps 实践起到至关重要的作用，中泰证券建设 DevSecOps 体系时引入了一系列应用安全扫描工具如 SAST、SCA、DAST 及 IAST 工具等（见表 2），并通过与中泰蜂鸟效能平台集成，实现了安全扫描的自动化，提升了整体的交付效率。

表 2　　AST 工具列表

分类	技术	描述
SAST	静态应用安全测试	分析应用程序的源码、字节码或二进制代码安全漏洞，通常是在编程和/或测试软件生命周期（SLC）阶段
DAST	动态应用安全测试	分析了在测试或运行阶段的动态、运行状态下的应用。它模拟对应用程序的攻击（通常是网络支持的应用程序、服务和 API），分析应用程序的反应，从而确定它是否脆弱
IAST	交互应用安全测试	将 DAST 的元素与测试中应用的插桩同时结合起来，它通常作为测试运行时环境中的引擎实现［例如，对 Java 虚拟机（JVM）或 NET CLR］，观察操作或攻击并识别漏洞
SCA	软件组成分析	用于识别应用程序中使用的开源和第三方组件的软件组成分析技术，它们已知的安全漏洞，以及通常的对抗性许可限制

2.3　安全流程自动化

DevSecOps 流程的实现，得益于中泰蜂鸟效能平台。中泰蜂鸟效能平台可实现各类流程的自动化编排，把相关的安全测试活动，如 SAST、IAST 及 DAST 等组件化，根据流水线流程即可自动化调用各类安全测试活动，实现安全测试工具的自动化，大大提升了安全交付效率。

3.　目前成果

3.1　完善安全管理规范，建立安全质量门限

完善了开源软件管理规范、安全测试管理规范、安全需求基线库、配置管理规范等一系列规范，并将规范内建到 DevOps 流水线。把行业合规作为安全需求纳入研发过程，降低了行业合规风险。研发过程中采用统一的质量门限，如代码扫描中高危安全漏洞为 0，提升了软件质量，提高了软件产品的一致性。

3.2　安全左移，降低线上运营压力

在软件生命周期中，越靠后修复问题的成本越高，越靠前修复问题的成本越低。安全左移是将安全投资更多地放到开发阶段，包括安全需求分析、安全设计、安全编码、供应链（软件库、开源软件等）安全、镜像安全等。安全左移，可以发现 90% 以上的安全漏洞，上线前识别出应用安全的风险，大大降低了线上解决安全漏洞的成本及安全风险。

3.3 大幅提升交付效率，缩短交付时间

DevSecOps 的实施将安全测试工具链集成到流水线，安全无缝嵌入衔接到 CI、CD，大大提升了交付效率。

（1）SAST 缩短了开发时间周期，通过静态代码扫描可以在 10~20 分钟内实现对一个应用系统的代码检查，提升了开发人员代码审查（code review）的效率，每个迭代的时间缩短 0.5~1 天；

（2）DAST，从 1~3 天人工进行，到目前的自助式服务在 30 分钟以内，缩短了处理时间；

（3）IAST 通过插桩方式在做自动化及回归的过程中无感地进行安全测试，无额外的安全测试开销。

国信证券 DevSecOps 的源码与开源组件安全审计实践

金文佳 朱 毅 唐会明 王方凯

国信证券股份有限公司

1. 背景与目标

长期以来,控制应用系统的信息安全风险,防止应用可用性被破坏、敏感数据被窃取,一直是国信证券信息安全工作的重要组成部分。目前已形成一套行之有效的风险控制实践,即系统化地实施应用全生命周期安全管理,在需求、设计、编码、测试、发布、运营各环节施加安全控制措施,层层预防、步步检测,最终收敛应用安全风险。

现今,随着国信证券内部云计算、微服务开发框架的成熟,以及开源技术的广泛使用,开发运维模型从传统的瀑布模型演变到敏捷模型再到 DevOps,其中包含工具、流程、文化等深刻变化,给安全带来了挑战。研发过程敏捷要求安全控制措施效率更高,应用组成的多样化要求安全风险检测质量更高。而 DevSecOps 正是为应对这种挑战发展起来的理念。它是一套基于 DevOps 体系的全新 IT 安全实践框架和模型,糅合了研发、安全及运营理念。对应 DevOps 快速交付和灵活响应,DevSecOps 提倡在不牺牲安全性的前提下快速交付、持续运营,安全控制措施要柔和地嵌入企业现有研发流程体系。DevSecOps 概念示意如图 1 所示。

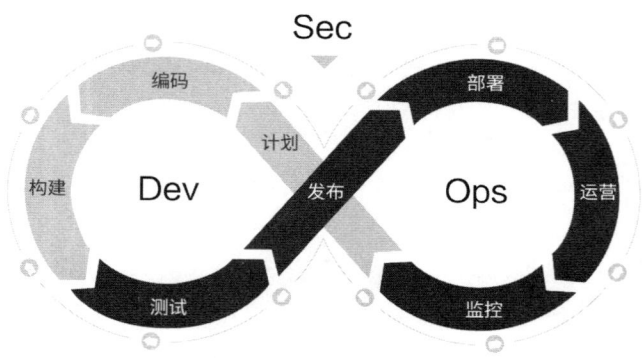

图 1 DevSecOps 概念示意

其中，国信证券源码与开源组件安全审计的实施，正是国信证券实践 DevSecOps 理念的缩影，真正实现安全控制敏捷高效、柔和无感。长期以来，编码缺陷是应用安全风险传统且重要的源头，比如长期霸榜 OWASP TOP 10 安全漏洞前三的经典安全缺陷 SQL 注入，就属于应用编码缺陷的一种；而引入存在漏洞的开源组件则作为应用安全风险的新兴源头被日趋重视，其背景是开源软件的蓬勃发展，开源组件成为应用开发不可或缺甚至颇为倚仗的组成。从源码层面检测应用的编码缺陷，检查是否引入存在漏洞的开源组件，在应用上线前更全面地挖掘并修复安全漏洞，同时将该检测过程全面融入研发运营一体化，既能保障应用安全健壮性，又不影响应用的研发交付效率。

2. 架构与运营

为实现 DevSecOps 理念的源码与开源组件安全审计，主要完成以下工作：

（1）完成流程准备。充分调研公司内部研发运营环境，包括项目管理、需求管理、源码管理、CICD 流程、各类管理用到的平台工具。设计安全审计嵌入执行流程，以及安全漏洞跟踪流程。

（2）完成工具准备。调研选型源码审计、开源组件扫描工具，进行工具适配定开。完成公司内部 DevOps 各关联平台的适配定开与联调。

（3）完成人员准备。面向信息安全相关岗位进行源码审计、工具使用的专业技能培训，面向各开发团队进行源码审计与组件扫描要求、实施模式的定向通识培训。

（4）完成全面推广。推动公司各应用研发管理接入源码与开源组件安全审计。

源码与开源组件安全审计工作平台架构，由以下五部分共同支撑（见图 2）：

- 需求开发管理平台（JIRA）；

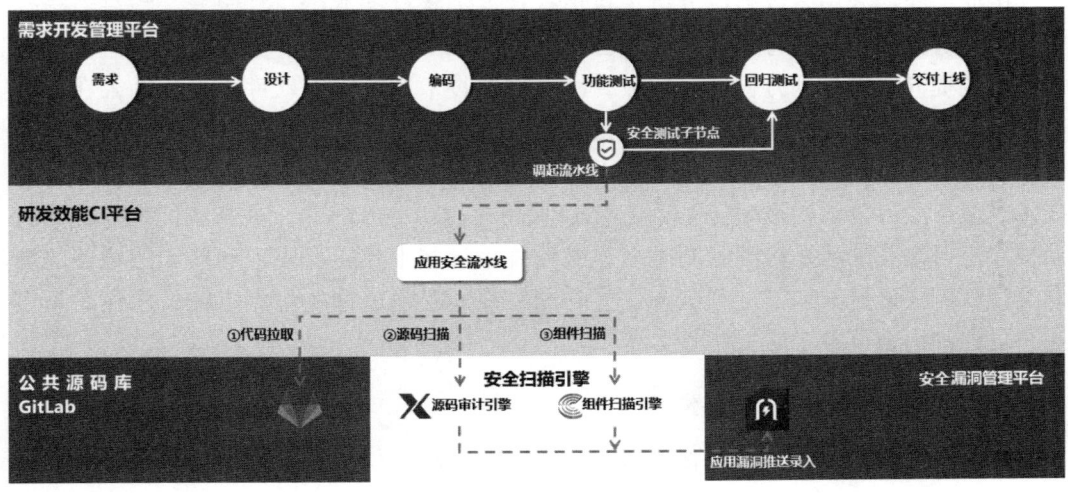

图 2　源码与开源组件安全审计工作平台架构

- 研发效能 CI 平台；
- 公共源码库（GitLab）；
- 安全扫描引擎、源码审计引擎、组件扫描引擎；
- 安全漏洞管理平台。

在实际运营时，业务需求触发研发活动，开发人员编码完成提交功能测试，流程触发安全审计流水线执行，流水线完成代码拉取、源码扫描、组件扫描，各项扫描完成后扫描引擎将安全漏洞推送到漏洞管理平台，漏洞管理平台通知安全岗复核漏洞。以上过程完全是流程触发、自动执行、实时检出，核心环节不需要开发人员与安全人员参与，真正实现敏捷、内生的安全管控。

3. 关键技术要点

3.1 源码审计技术

源码审计是应用安全测试技术的一种，从源代码出发挖掘软件安全漏洞，具有其独特的优势，发展出基于正则、抽象语法树、数据结构查询等的有效技术方案。传统的源码审计技术一方面由于自身原理局限，另一方面也因为重视漏报率指标，往往在实际使用中耗时长误报高。万行代码分钟级的耗时、30%以上的误报率在瀑布式项目开发的低迭代场景问题不大，投入大量人力资源与时间，一次性保障更全面挖掘安全漏洞是可以接受的。但是在快速迭代敏捷交付的开发场景，会严重制约源码审计的自动化程度，难以高效无感地融入研发运营体系。耗时短误报低的源码审计引擎是把源码审计敏捷高效融入研发运营的关键。

因此，我们采用以数据流分析污点追踪技术为核心的源码审计引擎。污点追踪技术直接分析源码，不执行大量的正则匹配，不用编译中间代码，执行速度相对传统技术有质的提升，能达到万行代码秒级。污点追踪技术通过跟踪软件不可控输入在代码中执行的数据流以及最终输出点，识别可能存在的安全漏洞。比如不可控的用户输入数据未经过安全清洗函数就输出到数据库查询函数，可能造成 SQL 注入漏洞。该检测技术类似于业界公认误报率优秀的交互式动态扫描技术（IAST），同样也能保障优秀的误报率。但是其缺陷是检测漏洞类型相对传统审计技术比较有限，这些无法覆盖的漏洞类型就需要通过其他安全测试方式去补充解决。源码审计的污点追踪技术在此不赘述，更详细内容可参考后文参考文献。

3.2 软件成分分析技术

开源组件安全审计是基于软件成分分析技术实施的，该技术是应用安全测试技术的一种，通过分析源码或者程序包，识别软件中的组件组成与依赖关系，并检测各组件是否存在已知的安全漏洞、许可合规以及兼容性问题。在此我们主要利用软件成分分析技术快速筛查应用引入存在安全漏洞的第三方开源组件。

优秀的软件成分分析扫描引擎在于组件库与漏洞库的全面以及匹配算法的精准。除此之外，我们的实践要点是实现以组件版本基线与组件黑名单为基准的开源组件安全扫描。组件版本基线就是设定组件能使用的版本范围，黑名单就是禁止使用的组件范围。公司内部会根据历史漏洞、威胁情报，长期维护一份组件版本基线与组件黑名单。开源组件安全扫描输出的结果是违反版本基线与黑名单的组件及其引用路径，修复建议是符合基线的版本范围与禁用建议。这样给出的扫描结果对于开发人员是最友好的，相比常规的以安全漏洞为基准的开源组件扫描，不需要关注众多的安全漏洞细节，不需要合并同一组件多个漏洞的修复要求。开发人员得到的报告只涉及哪些路径下引用的组件应该升级到哪个版本、哪些组件要禁用。简洁易懂的安全测试结果与修复建议减少了开发与安全的沟通成本，提高了修复效率。

4. 总结展望

国信证券 DevSecOps 模式的源码与开源组件安全审计落地，已达到三大预期效果，即安全审计有效、安全审计高效、安全审计友好。

安全审计有效。首先是安全审计范围覆盖全面，通过直接把安全审计嵌入研发运营的需求管理流程，卡住了应用开发的关键路径，确保所有的应用开发活动最终都必须经过安全审计。需求流程自动触发安全审计，防范了人工触发可能发生的遗漏或者刻意规避。其次是安全审计能力可靠，源码审计、开源组件审计是源码层面挖掘应用安全漏洞的主流方式，针对常见的 Web 编码缺陷、组件漏洞有很高的检出率。

安全审计高效。安全审计与功能测试并发执行，其发起、执行、结果反馈实现高度自动化，源码审计与开源组件审计两大引擎经选型调优达到万行代码秒级，这些都能保证整个安全审计的快速执行，在研发活动中不会成为交付瓶颈。

安全审计友好。首先，高度的自动化，全过程无须研发与安全团队人工介入，最大限度的无感就是对大家的友好。其次，研发团队在自己熟悉的研发管理环境处理安全漏洞，安全审计的发起、执行、结果跟踪完全在研发运营的平台承载，研发团队处理安全漏洞与处理功能 bug 使用的流程与平台是一致的，不需要在单独的安全管理平台查阅、流转。最后，从面向安全的安全漏洞报告转变为面向研发的安全漏洞报告，让研发人员更轻松地理解安全缺陷与修复要求。

有效、高效、友好的安全审计，关键在于全面融入研发运营环境，实现高度的自动化与面向研发的设计，不仅保障了业务及产品的快速交付、安全稳定，也降低了研发团队与安全团队的人力投入。国信证券应用安全管理将会继续实践 DevSecOps 理念，在以下三个方面推动整体提质增效。

（1）打造核心能力工具链。应用安全检测（AST）技术日新月异，作为核心安全能力，必须与时俱进。现有的安全检测引擎也要在实际环境中不断打磨适配，以漏报率、误报率为关键指标核验其效果,根据 CI/CD 流程的变化调整安全嵌入节点提升其效率。

(2)标准化研发运营体系。公司内部的 IT 生态是信息安全工作的基础,要结合自身业务的情况、研发管理现状,与各 IT 部门合作促成研发管理体系标准统一,包括需求、编码、测试等各个环节工具与流程的标准化。通过标准化保障 SDLC 中各安全控制措施的覆盖率、实施效率,为实施更严格的应用安全风险管控措施与标准提供基础。

(3)培育安全协作文化。DevSecOps 中开发、运维与安全的融合,需要管理层对安全的理解与投入,也需要业务团队、开发团队以及运维团队等的通力协作。这些都需要内部重视安全、协作、共赢的文化氛围。

参考文献

王蕾,李丰,李炼,等. 污点分析技术的原理和实践应用 [J]. 软件学报,2017,28(4).

安信证券 DevSecOps 落地实践

覃阳青

安信证券股份有限公司

随着云计算、微服务和容器技术的快速普及，许多企业及 IT 团队的交付模式迎来了巨大的变迁，由传统的瀑布式开发和一次性全量交付逐渐过渡为敏捷开发，以满足业务及商业化需求。然而，传统的敏捷研发模式存在诸多问题，如安全责任过度依赖有限的安全资源、安全团队在上线前介入、安全活动与研运流程严重割裂、系统安全问题暴露滞后等，非但不能有效地进行安全防护，还会影响交付速度。如何在较短的研发周期内快速实现业务价值，同时保障质量、安全、交付速度的平衡，是传统敏捷开发模式面临的重要挑战。

此外，传统的敏捷研发模式中，需求、设计、研发、测试、运维等角色工作流程彼此隔离，存在数据与信息孤岛，开发全场景数据收集困难，管理角色无法通过度量分析及时发现进度与质量的风险，更难以追踪溯源进而驱动产研持续改进。

研发与运营逐步走向一体化的大环境下，设计与执行基于敏捷研发框架之下的 DevOps，以其一定程度上提高软件部署与迭代效率的优势，获得不少企业的认可与关注。在 DevOps 流程中，研发人员往往通过应用和编排开源工具，加快开发与部署节奏。但该模式依赖过多的脚本维护与人工跟进，可扩展性差，自由编排能力弱，软件供应链安全风险极高。

因此，如何保障业务及系统安全、如何提高流水线的执行效率成为 DevOps 面临的最大瓶颈。

1. DevSecOps 的推进与落地难点

1.1 DevSecOps 的推进

针对以上困境，我们很早就开始 DevSecOps 理念的落地探索，强调安全左移，让安全贯穿业务生命周期的每个环节，并成为 IT 组织架构内所有成员的责任。发展至今，业界关于 DevSecOps 的呼声日益高涨，它是对自动化能力不足、面临安全瓶颈的敏捷开发模式的关键响应，从源头上补齐了 DevOps 体系缺失的安全能力。因此，越来越多的企业纷纷加入 DevSecOps 实践行列。显然，DevSecOps 的起源、演进发展及广泛使用，足见市场已对安全研运提出更高标准。

那么，DevSecOps 业内已落地的前沿创新及解决方案，是否能够应对云原生、微服务、容器等新兴技术带来的开源漏洞？安全检测工具是否准确、易用、高效？是否打破数据孤岛，是否实现真正的项目或团队协同？度量分析是否提供智能决策，是否真正驱动产研保质增效？

1.2 DevSecOps 的落地难点

我们带着以上疑问，对 DevSecOps 业内已落地的实践进行了系统性分析。

DevSecOps 的出现与实践，正在帮助我们找寻速度与安全的平衡点，DevSecOps 体系已日趋成熟，方法论、技术与实践经验均有明显提升。

但目前的 DevSecOps 实践，普遍过多地关注 CI/CD 流水线相关的安全工具集成与应用，且安全工具大多只集成了 SAST，缺乏 SCA、IAST 及模糊测试等能力，这种情况下，工具与流程不易集中管理与调整，安全测试无法紧跟快速迭代的步伐，严重拖累交付节奏。

与此同时，我们忽视了一个重要信息，这种单点防御的方式，即使编排了准确高效的安全检测工具，也只局限于发现研发阶段的漏洞，而漏洞往往并非只发生于开发编码阶段。

"越早发现漏洞，修复成本越低"已然是我们的共识，因此，我们在 DevSecOps 的实施过程中，应该建立完善的风险评估体系，在设计、架构阶段就介入安全需求，让安全任务更为彻底地实现左移，从源头上避免漏洞的产生。另外，要搭建纵深安全研运管理体系，打破流程闭锁，实现产品、研发、运维一体化管理，提高自动化能力，减弱对人工的依赖，以可视化、智能化驱动安全研运。

随着交付规模不断扩大及对交付速度要求越来越高，如何在保障交付速度的前提下，确保研发质量与安全质量的一致性，仍是管理者关注的重点。

在此背景下，应当建立智能的研发效能分析体系，实现交付效率、交付质量、交付能力的可视、溯源与追踪，通过精准的分析模型，驱动管理者持续改进产研效率，助力企业向市场快速交付更多的业务价值。

2. 安信证券的落地实践

鉴于以上情况，我们梳理了来自不同行业诸多企业的 DevSecOps 落地经验，总结了集安全技术能力、超前的 DevSecOps 组织与文化理念、完备的安全服务于一体的实践方法，一方面，助力企业对齐行业认知；另一方面，帮助 IT 团队精准选型，顺利完成安全研运一体化的 DevSecOps 转型与落地。

我们通过打造研运全流程的纵深一体化安全研运管理平台，帮助客户打破信息与数据孤岛，基于数据挖掘与人工智能技术，收集多场景、全流程的数据，搭建了领先于行业的智慧效能度量体系，帮助企业快速找到研运低效率、低质量的根源，进而通过 BI 决策模型辅助团队快速交付。

2.1 安全需求

在具体实践中，纵深一体化安全研运管理平台在需求设计阶段融合 S‑SDLC 威胁建模能力，针对每个具体业务需求，在产研各个环节中植入由安全专家发起的安全需求。

具体的步骤如下：

首先，我们建立了大量的安全需求库、设计库、研发库、测试库。所有安全知识库内容均"师出有名"。

（1）来自不同的法律法规及行业相关标准：

- 等保 2.0；
- 《中华人民共和国个人信息保护法》；
- 《证券公司网上证券信息系统技术指引》；
- 《证券期货业信息安全保障管理办法》；
- 《证券期货业网络安全等级保护基本要求》；
- 《证券期货业网络安全等级保护测评要求》；
- 《证券期货业信息系统运维管理规范》；
- 《证券期货业信息系统审计规范》；
- 《证券期货业软件测试规范》；
- 《信息安全技术　信息系统密码应用设计技术要求》（征求意见稿）；
- 《信息安全技术　应用软件系统安全等级保护通用技术指南》（GA/T 711—2007）；
- 《信息安全技术　信息系统安全工程管理要求》（GB/T 20282—2006）；
- 《信息安全技术　应用软件系统通用安全技术要求》（GB/T 28452—2012）；
- 《Java 语言源代码漏洞测试规范》（GB/T 34944—2017）；
- 《信息安全技术　移动智能终端应用软件安全技术要求和测试评价方法》（GB/T 34975—2017）；
- 《信息安全技术　应用软件安全编程指南》（GB/T 38674—2020）；
- 《信息安全技术　代码安全审计规范》（GB/T 39412—2020）；
- 《信息安全技术　信息系统密码应用基本要求》（GB/T 39786—2021）；
- 《银行核心信息系统密码应用技术要求》（GM/T 0077—2019）；
- 《移动应用软件安全评估方法》（YD/T 3228—2017）；
- 《OWASP 安全编码规范快速参考指南》。

（2）来自公司内部的安全管理制度和规范。

（3）来自公司特殊业务场景的安全威胁。

通过建立完整的安全知识库，我们可以为研发团队提供更好的安全开发技术指导。此外，以丰富的安全知识库为基础，以业务功能场景为分类方法，对安全研发知识库进行分类管理，方便在调用时从功能角度直接进行筛选，极大地提高了安全知识库利用效率，也便于日后做基于业务需求维度的细粒度安全审计。

其次，在立项、系统变更、迭代环节，针对需求进行安全场景问卷调研，安全场景问卷包含了系统通用类的功能场景，如文件操作、登录、注销、指纹密码、缓存、短信验证码等。问卷使用者只需通过识别与业务需求相匹配的功能场景即可完成该业务需求的威胁建模工作。

再次，在立项、系统变更、迭代环节，针对系统架构采用 DFD 形式的架构图威胁分析，确定系统各组件的安全基线以及系统交互级的安全基线。

最后，在系统发布前，针对系统变更项进行安全需求完成情况审核，确认前期的安全需求都在研发过程中进行了确认和实现。

建立全面的安全知识库（见表1），并对知识库进行场景化分类形成场景问卷（见图1），一方面提高了产研团队的安全防范意识，从源头减少了漏洞产生，另一方面长期坚持"授人以鱼不如授人以渔"的理念，以赋能形式整体上提高研发团队的安全研发能力，帮助研发团队降低对安全团队的依赖，使市场实现研运普惠安全。

表 1　　　　　　　　　　软件安全知识库

关联场景			安全需求库								
场景	二级场景	三级场景	需求名称	需求编号	需求描述	系统等级	需求标准	类型	名称	描述	缓解措施	严重性
通用	攻击模式		检查循环条件的输入	SEC-REQ-0016	对用于循环条件的输入进行适当的检查，防止软件循环过多导致拒绝服务攻击	核心	安全	威胁	退出条件不可达的循环（"无限循环"）	如果循环可能受到攻击者的影响，则此弱点可能使攻击者消耗过多的资源，如CPU或内存	检查是否存在无限循环	中等
通用	攻击模式		外部数据转换安全设置	SEC-REQ-0017	不同的系统间进行数据传输时，需要进行本机字节序和网络字节序之间的相互转换	核心	安全	威胁	安全配置错误	安全配置错误可以发生在一个应用程序堆栈的任何层面，包括平台、Web 服务器、数据库、架构和自定义代码。攻击者通过访问默认账户、未使用的网页、未安装补丁的漏洞、未被保护的文件和目录等，以获得对系统未授权的访问	1. 自动化安装部署，保证各种环境的配置尽量相同，减少一个新安全环境的耗费 2. 更新相应的系统应用软件，安装相关补丁信息 3. 尽量少开放服务器的端口，服务器密码应设置强密码 4. 实施漏洞扫描，检测错误的配置和未安装的补丁	高

续表

关联场景			安全需求库								
场景	二级场景	三级场景	需求名称	需求编号	需求描述	系统等级	需求标准	类型	名称	描述	缓解措施	严重性
通用	攻击模式		防止出现不被执行的代码	SEC-REQ-0018	需要确定为什么会出现永远不会执行的死代码，并正确解决这个问题	核心	安全	威胁	死代码	死代码是永远无法在正在运行的程序中执行的源代码。周围的代码使一段代码永远不可能被执行	在部署应用程序之前删除死代码	中等

安全设计库				安全研发库		
设计名称	设计编号	安全设计方案描述		研发任务编号	研发任务名称	代码示例/库
检查循环条件的输入安全设计方案	SEC-DESIGN-0016	规定循环次数的上限，在将用户输入的数据用于循环条件前验证用户输入的数据是否超过上限		SEV-DEV-0016	检查循环条件的输入任务	

外部数据转换安全设置安全设计方案	SEC-DESIGN-0017	在不同的系统间进行数据传输，在调用 recv 或 read 函数从外部系统接收数据后，调用系统 API（ntohs、ntohl）进行数据字节序转换，然后再使用		SEC-DEV-0017	外部数据转换安全设置任务	int goodl(int ss){
						    short uu;
						    recv(ss,&uu,sizeof(uu),0);
						    short w = ntohs(u);
						    retunw - 12;
						}

防止出现不被执行的代码安全设计方案	SEC-DESIGN-0018	（1）根据代码逻辑，判断为何会出现不被执行的死代码，并根据实际情况调整代码逻辑，如执行完代码后，通过 return 返回，避免死代码
		（2）根据实际代码逻辑与功能删除不必要的死代码
				SEC-DEV-0018	防止出现不被执行的代码任务	static void good1( )
						{
						/* FIX:Put code prior to return,or omit it */
						printLine("Hello");
						return;
						}

安全测试库				合规库		
安全测试用例名称	测试任务编号	人工测试指引	自动化测试指引	合规需求编号	标准名称及编号	描述
测试是否检查循环次数上限	SEC-TEST-0016	调用循环数据时，查看用户输入的用于循环次数的参数是否设置上限并是否有验证机制，若无判断条件则表示此循环存在风险	使用开源网安灰盒安全测试平台检测	COMPLIANCE-0016	GB/T 34944—2017 Java 语言源代码漏洞测试规范 - 6.2.3.11	漏洞说明：软件没有对被用于循环条件的输入进行适当的检查，攻击者可以让软件循环过多而使软件拒绝服务

续表

安全测试库				合规库		
安全测试用例名称	测试任务编号	人工测试指引	自动化测试指引	合规需求编号	标准名称及编号	描述
测试本机字节序和网络字节库之间是否相互转换	SEC-TEST-0017	通过手动配置调用 recv 或 read 函数从外部系统接收数据，查看本机字节序和网络字节序之间是否相互转换		COMPLIANCE-0017	GB/T 38674—2020 信息安全技术 应用软件安全编程指南-A2.1.1.10	漏洞说明：在不同的系统间进行数据传输，在调用 recv 或 read 函数从外部系统接收数据后，如果不调用 ntohs 或 ntohl 函数将网络字节序转换为本地字节序，会造成数据错误，进而导致预料之外的行为
测试系统是否存在不被执行的死代码	SEC-TEST-0018	根据自动化测试平台检测结果，结合人工代码逻辑分析，判断是否存在不被执行的死代码的情况	使用开源网安源代码审核平台检测	COMPLIANCE-0018	GB/T 39412—2020 信息安全技术 代码安全审计规范-6.1.1.17	漏洞说明：程序中从来不被执行的代码称为死代码，死代码属于程序编码错误，一般不会导致严重的安全问题，但代码本身存在的逻辑漏洞可能危害系统运行

```
□支付信息传递           □转账                  □密码修改               □数据安全
设计：1 研发：0 测试：1  设计：1 研发：1 测试：1  设计：4 研发：1 测试：4  设计：2 研发：2 测试：6

□登录场景              □日志安全               □代码安全               □身份认证
设计：1 研发：1 测试：1  设计：4 研发：4 测试：5  设计：3 研发：2 测试：2  设计：2 研发：2 测试：4

□文件上传与下载         □短信验证码             □订单支付               □账号和口令
设计：2 研发：1 测试：2  设计：5 研发：2 测试：7  设计：1 研发：1 测试：1  设计：5 研发：4 测试：7

□缓冲区溢出            □积分兑换               □服务最小化             □会话安全
设计：1 研发：0 测试：7  设计：1 研发：0 测试：0  设计：1 研发：2 测试：2  设计：2 研发：2 测试：2

□账户、交易数据安全存储   □忘记密码               □基础配置安全           □用户登出
设计：1 研发：1 测试：1  设计：3 研发：3 测试：3  设计：1 研发：3 测试：4  设计：2 研发：2 测试：2

□用户注册              □用户登录               □第三方组件安全          □输出验证
设计：1 研发：1 测试：1  设计：5 研发：5 测试：4  设计：2 研发：2 测试：2  设计：2 研发：2 测试：2

□权限管理              □多因素验证             □个人信息访问控制        □特权管理
设计：3 研发：2 测试：4  设计：0 研发：0 测试：0  设计：1 研发：1 测试：1  设计：0 研发：0 测试：0
```

图 1 功能场景安全问卷

2.2 安全工具

在研发编码阶段，我们借助多种安全检测技术如静态代码扫描、交互式应用安全测试、软件成分分析、动态应用安全测试等，帮助团队实现了较低的平均检测时间（MTTD），有效地将安全漏洞阻隔于上线前。

安全检测技术工具链的选择、接入和使用遵守安全自动化、安全共生、强弱搭配、当前阶段做完本阶段该做的事等原则。

安全自动化：不损失检测质量的情况下实现安全检测技术自动化，以自动化持续提升检测效率。

安全共生：完全遵循 DevOps 的思想，选择投入最少、效果最好的方式，将安全无缝集成到其中的一种软件开发模式。

强弱搭配：采用自助化/服务化模式将安全工具前置开放给开发团队，实现事前自查；在流水线上采用强制措施，设置流水线质量门禁，安全专人检测。

当前阶段做完本阶段该做的事：开发阶段应该完成安全编码任务，测试阶段应该完成安全测试任务。

工具接入方案如下：

（1）公司统一建设安全组件库，统一维护公司开源组件、基础镜像、软件镜像等，在外部开源组件入库时自动对组件风险和许可证进行扫描，对存在风险的组件进行风险提示。

（2）在业务开发完成后，开发人员可以使用 IDE 扫描插件在本地对开发完成的代码进行安全检测，确保个人提交的代码没有安全缺陷遗留。

（3）通过 CI/CD 流水线集成自动化 SAST（流程见图 2）和 SCA（流程见图 3）扫描工具，执行流水线无须配置即自动执行编写的代码和使用的组件安全扫描。

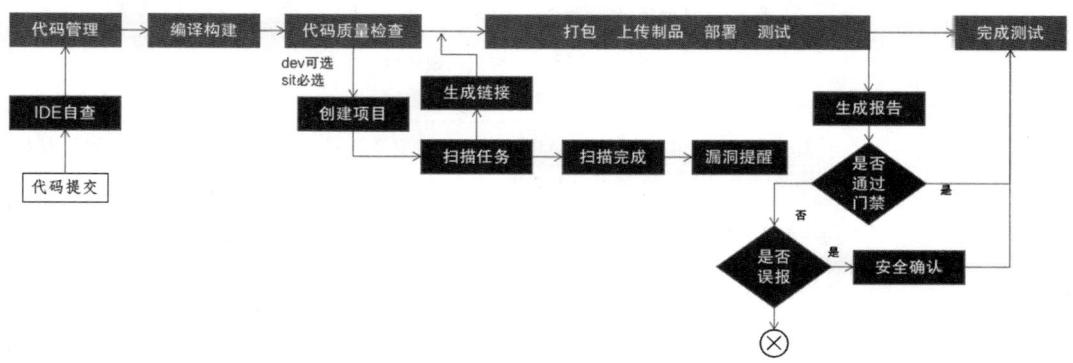

图 2　SAST 安全检测流程

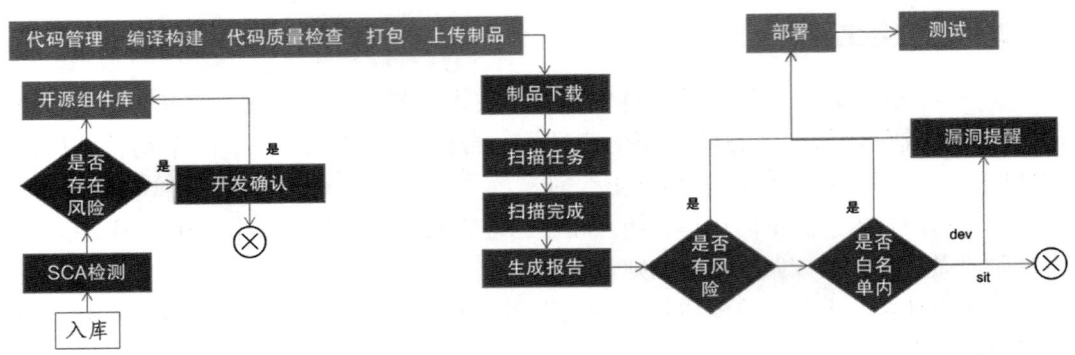

图 3　SCA 安全检测流程

（4）流水线上设置质量门禁强制措施，对存在安全缺陷未处理的系统流程进行阻断。

2.3　安全度量

对于开发安全管理人员来说，度量指标是识别安全工作计划各个组成部分有效性、安全风险变化趋势等的有效工具。度量指标还可以帮助确定不采取特性安全活动存在的安全风险水平，可以指导和纠正安全计划的优先级，指导组织内部的安全意识水平提升等（见表 2）。

表 2　　　　　　　　　　　开发安全度量指标

指标项	具体指标	指标说明
基于风险/缺陷度量指标	漏洞/缺陷数量	以系统为维度，记录 SAST、SCA、IAST、MAST 剔除误报后的漏洞数量
	风险/缺陷修复率	以系统维度分别记录 SAST、SCA、IAST、MAST 工具修复率：（总量－遗留数量）/总量×100%
	源代码安全缺陷密度	以系统维度计算千行代码缺陷数 以系统维度计算万行代码缺陷数
	同一个安全问题复发数	以系统维度 IAST 扫描和人工安全测试数据为准，第二次发现同类型安全漏洞记一次复发
	例外上线次数及例外缺陷数量	以系统维度因各种原因申请先上线后修复的次数和申请的缺陷数量
基于流程推广使用度量指标	工具覆盖率	以 SAST、SCA、IAST、MAST 等工具维度记录：已接入系统/需接入系统×100%
	工具使用率	以 SAST、SCA、IAST、MAST 等工具维度记录：已使用过的系统/需接入系统×100%
	工具使用数	以系统维度记录 SAST、SCA、IAST、MAST 等工具数量

续表

指标项	具体指标	指标说明
基于工具有效性的度量指标	误报率	以 SAST、SCA、IAST、MAST 等工具维度记录：判定为误报缺陷数/缺陷总数×100%
	安全缺陷漏出率	代码缺陷和组件缺陷，以自动检测和上线复核环节发现风险数量计算。公式：上线复核缺陷/（上线复核缺陷＋自动化检测缺陷）×100%；应用漏洞以自动检测与上线复核和持续运营发现等漏洞计算。公式：（上线复核缺陷＋持续运营发现）/（上线复核缺陷＋持续运营发现＋自动化检测缺陷）×100%
	工具扫描时长	以 SAST、SCA、IAST、MAST 等工具维度记录：完成扫描时间－开始扫描时间（单位：分钟）
	安全工具故障处理数	以 SAST、SCA、IAST、MAST 等工具维度记录，每处理一次故障/异常算一次
基于 DevSecOps 效果评价指标	各阶段安全问题的数量	按月度统计开发、测试、上线环节分别记录发现安全缺陷数量
	各阶段各级别安全问题的占比	按月度统计开发、测试、上线环节分别记录发现安全缺陷占比：阶段发现缺陷数量/总缺陷数量×100%
	缺陷左移率	按月度统计开发、测试、上线环节分别记录修复安全缺陷数量
	左移修复率	按月度统计开发、测试、上线环节分别记录发现安全缺陷占比：阶段发现缺陷数量/阶段总缺陷数量×100%
	安全检查效率提升比率	[1－（现耗时/总耗时）]×100%

我们通过风险识别、安全活动推广度、安全工具有效性、安全开发活动效果评价和开发安全能力成熟度变化等维度记录和分析数据，基于平台自动化生成安全度量结果，落地一套全流程的安全研运效能度量方法。

3. 未来展望

随着数字化转型与等保升级，DevSecOps 在业内呈现快速发展的态势，我们坚信唯创新者胜，能够感知全盘的安全态势，并实现体系化纵深安全防御的研运一体化产品，将引领行业发展。

中信建投在 DevOps 敏捷开发过程中的安全实践

张建军　吴　冰　陈祥云　卜　杰

中信建投证券股份有限公司

1. 背景及意义

近年来，随着证券行业加快数字化转型的步伐，研发运维一体化（DevOps）开发模式已成为趋势，但传统的安全措施已无法跟上敏捷开发、快速迭代的步伐，传统的安全测试也无法消减由网络技术发展带来的各项威胁。同时，监管机构对证券行业提出了更高的信息安全管理要求并出台了办法，要求严格落实安全事故处理、监管与主体责任。

基于此，中信建投证券有限公司（以下简称中信建投）通过引入 Atlassian JIRA 管理系统、夫子全流程安全管理平台、灵脉 IAST 灰盒安全测试平台（以下简称灵脉 IAST）、找八哥应用安全测试平台、JFrog Artifactory 制品库、蓝鲸 DevOps 平台等技术，结合中信建投现有的自动化安全工具链，构建了一套完善的 DevSecOps 敏捷安全管理体系，使安全能力在整个业务生命周期中左置前移，提高应用层的威胁发现能力，同时将信息安全管理工作透明、无感知地介入到 DevOps 流程中，建立统一的自动化检测流程。

2. 整体方案介绍

中信建投结合自身业务需求和现状，以 DevOps 平台为基础平台，将安全管理介入开发管理的整个过程，并形成 DevSecOps 落地的整体规划和指导方法；从管理要求、检查手段、管控手段方面进行规划和建设，并关注运营效果，设立度量指标，持续驱动 DevSecOps 体系不断改善。

2.1 整体规划

DevSecOps 的实施必然离不开安全工具的应用。中信建投通过维护一套安全能力 & 工具链建设全景图，可直观展示各项实践工作的落地情况，如图 1 所示。全景图将

DevSecOps 分为 10 个阶段，分别是计划阶段、创建阶段、验证阶段、预发布阶段、发布阶段、配置/预防阶段、检测阶段、响应阶段、预测阶段和优化阶段。每个阶段对应相应的安全能力和需要利用的安全工具。以完整的流程阶段指导软件安全开发的正常进行，朝着预想的目标迈进。

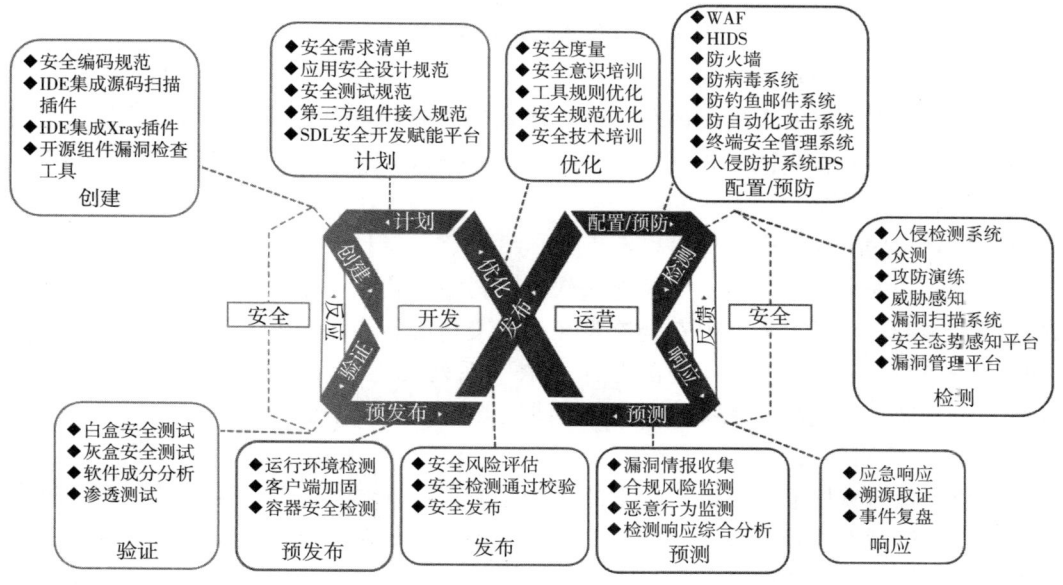

图 1 安全能力 & 工具链建设全景图

2.2 各阶段实践工作

2.2.1 计划阶段

该阶段基本覆盖软件开发立项准备、需求分析、方案设计的过程，在该阶段需要分析项目的类别、安全管控级别，在 SDL 安全开发赋能平台上结合安全威胁库、安全需求库、项目合规要求对项目进行威胁建模、需求分析和安全设计。

2.2.2 创建阶段

该阶段基本覆盖软件开发的代码实现过程。在代码实现过程中，基于安全编码规范，使用安全组件及安全 SDK 进行安全编码，同时使用源码扫描 IDE 插件、软件成分分析 IDE 插件对源码和组件进行扫描，并形成检测报告。

该阶段要着重注意引入的开源组件的安全性，可以基于软件成分分析技术对第三方开源组件进行安全扫描，重点关注源仓库扫描、制品库扫描。在该阶段采用 JFrog Artifactory + Xray 组合对开源组件进行管理，Xray 通过与 Artifactory 深度集成，对二进制软件组件进行通用分析，了解所管理的组件是否存在安全问题。

2.2.3 验证阶段

该阶段基本覆盖测试环境下的测试过程。重点是借助 DAST 的 Web 应用全扫描技术和交互式应用安全测试技术（IAST）对开发测试阶段的代码进行扫描，借助渗透测试模拟黑客攻击的方式，对应用进行全方位的入侵渗透测试，来评估业务系统的安全性。在该阶段 IAST 针对蓝鲸 DevOps 平台定制开发的插件嵌入其流水线，在 DevOps 流程下调用该插件，实现两个平台之间的项目基础数据传输。在蓝鲸 DevOps 平台，测试和研发人员可以直观地看到测试结果，在发现被测系统 bug 的同时，发现系统存在的安全漏洞，开发人员可进行功能与安全的同步修复。

2.2.4 预发布和发布阶段

该阶段重点在于安全集成评估，生产环境部署验证可以考虑安全基线、安全套件检测。上线审批时，应进行剩余风险评估与接受分析，对风险等级进行评定，制定风险接受策略。

2.2.5 配置/预防阶段

该阶段的安全实践活动主要是嵌入软件交付后的检查和上线部署过程，具体来说该阶段的实践活动可以理解为安全校验（确保交付的、即将上线部署的软件产品是合法的、未经篡改的），以及安全部署（采取一系列安全活动，例如配置 HIDS、配置 WAF、配置防自动化攻击系统等，预防上线运营发生安全问题）。

2.2.6 检测阶段

该阶段覆盖软件上线部署后正常的生产运营过程。具体来说，该阶段的安全实践活动可以理解为上线部署后运营过程中的安全检测，如对系统进行众测、对生产系统进行漏洞扫描、对系统进行安全态势感知等。

2.2.7 响应阶段

该阶段主要是对检测阶段识别出的安全问题作出应对，包含应急响应、溯源取证、事件复盘。

2.2.8 预测阶段

该阶段主要是借助前面阶段的相关检测数据和收集到的漏洞情报对潜在的安全问题作出相应的预测，并采取针对性的安全措施。

2.2.9 优化阶段

该阶段是反馈调整的过程，主要是对相关人员进行安全培训，包含安全意识培训、安全技术培训等；对相关的安全技术、工具、策略进行持续优化，包括 WAF 规则优化、安全规范优化等。

3. 主要技术介绍

3.1 场景化安全需求闭环管理

基于安全左移的思想，中信建投引入了安全软件开发全流程管理夫子平台，为项目人员和安全人员提供场景化的安全需求分析和管理工具，减少项目人员对安全开发的学习成本。在夫子平台，安全人员维护一套丰富的安全知识库系统，并自定义了完整的软件开发流程，实现基于公司业务场景的安全需求的设计和评审。

从开发源头开始，夫子平台将安全专家团队的安全能力沉淀为安全需求、安全设计和安全测试知识条目，并赋能给项目人员。项目人员在立项阶段可以通过夫子平台的威胁建模引擎进行业务场景化安全需求分析，进而识别安全威胁点，同时关联安全需求、安全设计和安全测试用例。在后续开发测试过程中，安全测试结果自动返回夫子平台，形成完整的安全威胁闭环管理。

项目人员可随时查看和调整不同阶段的软件开发安全活动和结果，进行进度控制和设计复盘，减少不合理设计和不规范编码产生漏洞需要返工而带来的时间、人力和经济成本。

3.2 交互式应用安全测试

中信建投在 2020 年开始引入交互式应用安全测试（IAST）工具，利用 IAST 的应用插桩模式、交互式流量代理模式对应用进行安全测试，将原本在软件上线前进行的安全测试前置到功能测试阶段。图 2 为插桩模式的敏捷部署。

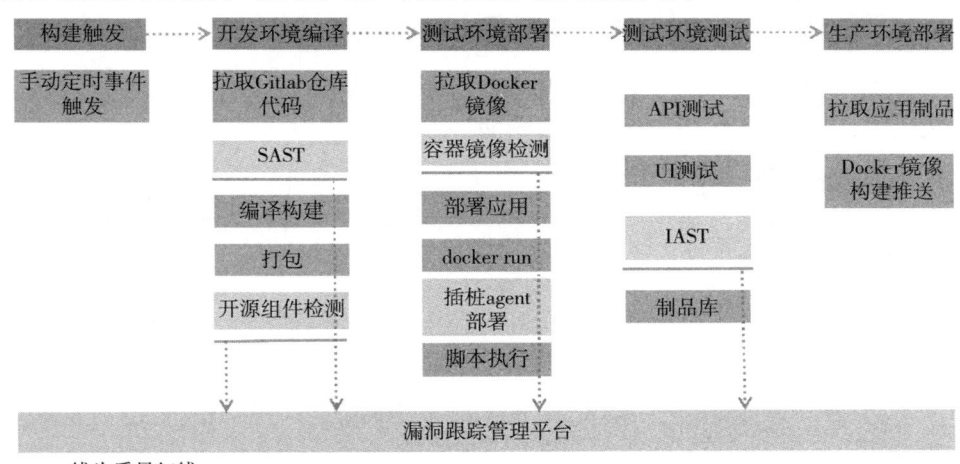

图 2 插桩模式的敏捷部署

IAST 插桩模式是将 IAST 插桩探针埋入软件测试环境中，随着软件人工或自动化测试，探针会自动分析每个功能的业务逻辑，对每个功能的数据进行安全检查。

对无法使用 IAST 插桩模式的应用，采取流量代理模式，只需要测试团队在 PC 端配置流量代理，然后人工遍历测试软件的所有功能点，IAST 工具就会自动对软件的每个功能进行安全测试。

3.3 软件成分分析

中信建投开发团队在开发过程中引用了大量的第三方开源组件，需要对第三方开源组件进行安全管理。一方面，通过对接开源组件制品库，检测已有制品的组件安全风险；另一方面，通过对接制品发布流程，在制品（包括 Jar 包、War 包、容器镜像、二进制文件等）发布时进行安全扫描，如果存在高风险则阻断发布。

3.4 CI/CD 安全自动集成

CI/CD 可以为软件开发和部署带来端到端的无缝集成，从而缩短软件的交付时间，但是不能提高其安全性。中信建投在 DevSecOps 建设过程中，将安全性流程如 SAST、SCA、IAST 等安全工具嵌入整个管道（见图2），在软件研发、编译阶段实现了自动化安全检测，确保软件安全的连续性和对软件安全质量的全面监控。

3.5 安全可视化

在安全可视化方面，我们首先建立了安全度量体系，包括漏洞修复率、千行代码漏洞率、项目各级漏洞分布等指标。其次，通过 ETL 工具从各个安全工具中抽取检测数据，并通过可视化工具（观远）对项目的安全质量和安全工具的检测能力进行展示。最后，将度量中识别出的安全问题纳入系统管理，并定期反馈给开发团队，由开发团队针对问题进行改进。整个过程如图 3 所示。

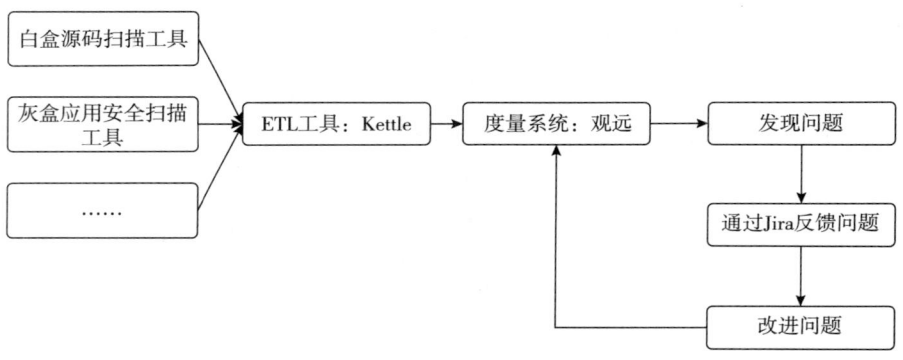

图 3　度量反馈过程

4. 主要创新点

在实践中，我们创新性地实现了工具链深度融合和安全数据统一流转。具体来说，夫子平台与 JIRA 平台和自动化测试工具 MeterSphere 进行了对接，JIRA 平台将立项的软件开发项目信息同步到夫子平台，夫子平台将分析生成的安全需求和安全设计信息推送至 JIRA 平台，同时将安全测试用例推送至 MeterSphere，最终 MeterSphere 将测试用例的测试结果同步至夫子平台和 JIRA 平台，从而形成一个完整的闭环，如图 4 所示。

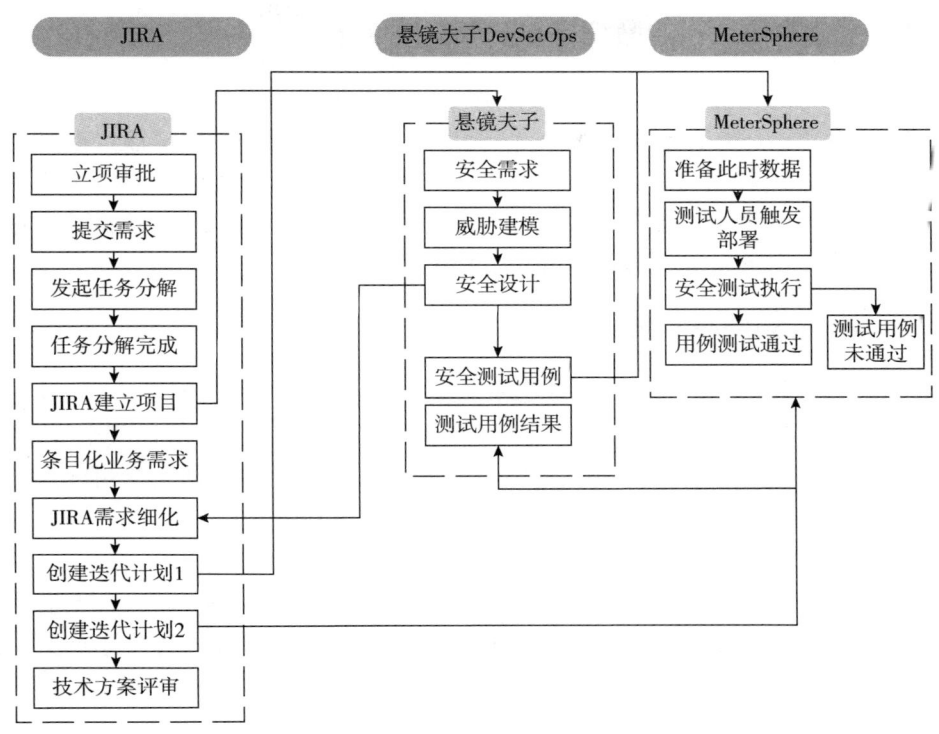

图 4 安全需求闭环管理

4.1 JIRA 项目信息同步

为实现自动化项目信息关联，达到 JIRA 平台与夫子平台的对接交互，进行统一维度的数据关联及任务管理等操作，采用 JIRA 平台 hook 推送的方式将 JIRA 平台中项目或系统信息与夫子平台项目信息同步（见图 5）。

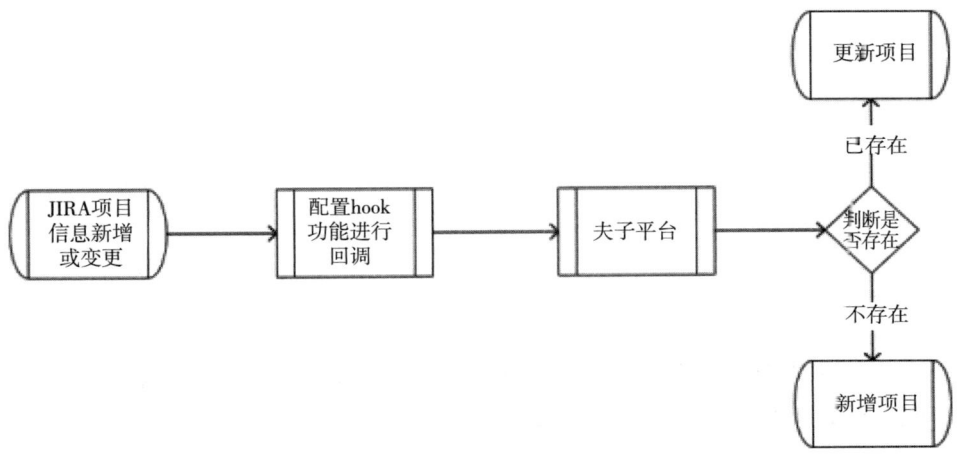

图 5 JIRA 平台推送示意图

4.2 安全需求、设计数据同步到 JIRA 平台

当在夫子平台上完成安全需求分析工作后，安全需求、设计信息形成一条数据推送至 JIRA 平台。推送时，根据夫子平台与 JIRA 平台中的统一标识，该数据可推送到 JIRA 平台的对应项目下。在 JIRA 平台中，安全需求和安全设计信息会拆解并展示在"描述"字段中。根据中信建投的数据标准，安全需求名称作为 JIRA 数据的名称，以"安全要求：安全需求名称"形式展示，以便开发人员识别。

4.3 MeterSphere 对接

MeterSphere 是对系统测试工作的管理工具，提供测试跟踪管理、接口测试管理、性能测试管理、UI 测试管理等功能。夫子平台根据安全需求提出相关的安全测试用例，并传递到 MeterSphere，MeterSphere 将测试结果返回夫子平台，实现安全测试用例闭环管理。

4.3.1 安全测试用例同步至 MeterSphere

夫子平台采用自动推送的方式将安全测试用例推送至 MeterSphere。夫子平台通过请求 MeterSphere 新增测试用例/更新测试用例接口，将安全测试用例进行同步（见图 6）。

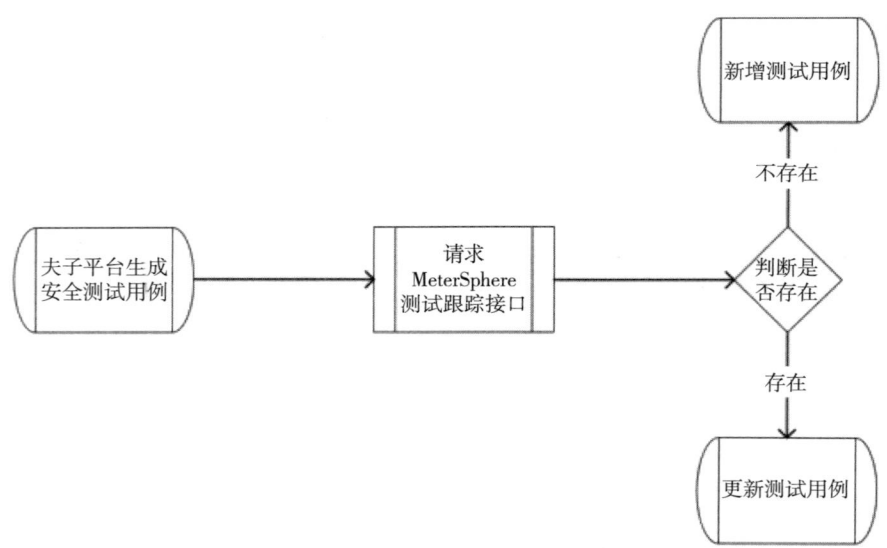

图 6 夫子平台推送示意图

4.3.2 MeterSphere 的测试结果推送至夫子平台

夫子平台根据 ID 及相关参数对 MeterSphere 相关测试用例结果进行轮询，符合条件的结果值同步至夫子平台，开发人员通过夫子平台能查看到用例评审结果和测试评审结果。

4.3.3 MeterSphere 的测试结果推送至 JIRA 平台

测试结果为不通过的情况,缺陷内容同步至 JIRA 平台,即 MeterSphere 上的测试关联的缺陷同步至 JIRA 平台,并标记安全需求未实现;测试用例结果通过的将推送至 JIRA 平台,标记安全需求完成。

5. 实践成效及下一步规划

5.1 实践成效

一是将 Sec 引入 DevOps 体系管理。通过 DevSecOps 安全工具链的集成,实现了将安全引入现有的 DevOps 流程与平台,通过"工具+技术"手段将安全属性嵌入整条 CI/CD 流水线。

二是全面降低漏洞风险,实现闭环漏洞管理。通过 DevSecOps 体系的建设,将应用威胁发现能力前置到开发测试环节,深度发现与挖掘漏洞,有效覆盖95%以上中高危漏洞,满足证券行业的安全保护需求,保障客户资金安全。

三是统一上线安全评审和检测流程。通过对接 DevOps 应用安全检测工具插件,平台对应用进行风险扫描,并匹配安全测试,按照质量门禁进行卡点,保证应用上线时满足安全基线的要求。

四是满足证券行业监管要求。通过 DevSecOps 体系的建设,实现了持续性合规应对能力,将行业政策要求与业务需求结合落地,符合相关监管要求。

5.2 下一步规划

漏洞追踪管理贯穿 DevSecOps 整个流程,针对漏洞不仅仅是推进修复和制定缓解策略,更重要的是将漏洞的成因反馈到 DevSecOps 的其他阶段,检查疏漏点,不断优化整个 DevSecOps 体系。后续计划落地全流程漏洞管理,动态跟踪整个开发测试过程中的漏洞爆发及修复情况,智能分析各开发部门漏洞收敛进度,实现漏洞发现、确认、修复、复查等关键生命周期的全流程闭环管理。

参考文献

子芽. DevSecOps 敏捷安全体系 [M]. 北京:机械工业出版社,2022.

后记一

《证券期货业研发运营一体化体系建设最佳实践汇编》由上海证券交易所牵头，汇聚了证券期货业内多家知名企业在研发运营各领域的探索经验，为全行业提供了全面而深入的理论指导和实践案例，对促进证券期货业的持续创新与发展影响深远。上海证券交易所作为中国金融市场的重要机构，在证监会的领导下，始终致力于推动全面深化的数字化转型和金融市场创新发展，具有广泛的市场影响力和丰富的实践经验，成为中国资本市场高质量发展的核心引擎。

当前，数字经济的高质量发展是我国国际竞争力提升的重要战略领域。随着科技的不断进步和金融行业的快速发展，人工智能、大数据、云计算等新一代信息技术与行业各领域加速融合。在企业业务需求和技术创新的并行驱动下，传统软件研发运营模式发生巨大变革。工业和信息化部发布的《"十四五"软件和信息技术服务业发展规划》提出要"创新软件开发模式"，并实现软件交付、产品升级、运维服务的一体化。

我国证券期货业高度重视数字化转型发展，正处于信息化、数字化转型升级的关键阶段。中国证监会陆续发布《证券基金经营机构信息技术管理办法》《证券期货业网络和信息安全管理办法》等政策文件，助推证券期货业信息系统管理由信息化向数字化、智能化阶段演进。在此过程中，研发运营一体化已成为促进行业转型创新与卓越发展的核心驱动力之一。中证协数据显示，截至2022年，已有52.3%的企业采用DevOps技术实践并开展相应的系统改造，这标志着DevOps已进入大规模全面应用阶段。

证券期货业信息化、数字化发展离不开标准化工作。2022年，人民银行会同市场监管总局、银保监会、证监会联合印发的《金融标准化"十四五"发展规划》指出，到2025年，与现代金融体系相适应的标准体系基本建成，金融标准化的经济效益、社会效益、质量效益和生态效益充分显现。中国信息通信研究院云计算与大数据研究所长期与上交所、证标委、通标委等行业权威机构组织合作，围绕IT多元化运营体系领域开展标准和课题研究，联合证券期货业、银行业、通信业等近百家知名企业共同编制《研发运营一体化（DevOps）能力成熟度模型》系列行业标准。该标准覆盖了敏捷开发管理、持续交付、技术运营、应用设计、安全及风险管理、持续测试等软件全生命周期，帮助企业全方位、标准化地实践研发运营一体化。标准自发布以来获得企业广泛关注，已有近20家证券期货企业完成相关领域的能力评估工作，通过对标权威的行业标准实现对自身数字化研发运营转型现状的自查、自证、对照、衡量，达到"以评促建、以评促改"的目标。中国信通院云大所将进一步与以上交所为代表的证券期货机构和企业合作开展标准建设、课题研究、检验检测等相关工作，全面推进产学研用深度融合。

在此，衷心感谢中国证监会科技监管局、全国金融标准化技术委员会证券分技术委员会以及各单位、企业的领导和专家学者对《证券期货业研发运营一体化体系建设最佳实践汇编》编撰工作的大力支持。同时也希望以此书出版为契机，推动行业间、企业间深化合作，搭建多维度、高规格的行业交流平台，强化全面合作共研共建的协作机制，共同推动证券期货业研发运营一体化的蓬勃发展，为我国金融行业发展和数字经济繁荣作出更大的贡献。

何宝宏
中国信息通信研究院云计算与大数据研究所所长

后记二

党的二十大报告提出，加快发展数字经济，促进数字经济和实体经济深度融合，打造具有国际竞争力的数字产业集群。数字经济已成为中国经济增长的新动能，全面推动行业机构数字化转型既是助力证券行业高质量发展的内在引擎，也是更好服务实体经济和满足人民群众需求的重要举措。因此，数字化转型从经济层面上升为国家战略，成为推动高质量发展的重要途径。

证券行业面临来自客户需求、经营模式和合规监管三大方面的挑战，行业制胜要素发生迁徙，提供极致的用户体验、以客户为中心的高质量服务供给和优异的成本效率是在新一轮行业竞争中制胜的关键要素，要求企业必须具备快速响应市场变化、持续交付高质量产品的能力。搭建企业研发运营一体化架构，实现开发、测试与运维的高效协同，提升企业 IT 效能，成为金融科技企业竞争的关键一环。证券期货行业正积极探索业务与科技的深度融合。在满足安全、合规的前提下不断提升敏捷交付能力，是企业实现数字化转型和高质量发展的必然要求。本书汇集了行业机构在研发运营一体化体系建设中的理论创新和实践探索，覆盖了研发运营的完整生命周期，是行业的智慧结晶和实践指引。

国泰君安证券紧抓数字化机遇，在行业内首次清晰地、成体系地提出"SMART 投行"的全面数字化转型愿景，运用数字科技加速三类客户商业模式升级，赋能业务增长，提升客户体验，成功打造行业领先的君弘智能 App，构建三位一体君弘灵犀智能投顾服务体系、业内首家全面部署智能网点，首创 3A3R 数字化运营指标体系，打造集团穿透式的全面风险管理平台，形成高效协同的数字职场，实现高效智能运维转型，成为证券行业数字化转型的领跑者。同时构建了卓越的科技创新能力，在行业内首家完成了新一代信创低延时核心交易系统的建设和全面切换，核心系统自主研发率高达 90% 以上，拥有 20 项发明专利、69 项软件著作权，承担了"十一五""十二五"国家科技支撑计划、国家重点研发计划、行业信创试点、市国资创新能级提升等多个重点研发任务，成为行业信息技术创新标杆。高质量发展离不开完善的科技治理体系，国泰君安是国内唯一同时拥有 CMMI5、ISO20000、ISO27001、ISO22301 四项主要信息技术管理认证的证券公司，近年来为适应业务敏捷、高效、创新的要求，实现快速响应和高质量交付，国泰君安积极打造智能运营"新大脑"，以"数据化、智能化、自动化"为主线构建研发运营一体化平台，提升以数据驱动为导向的自动化、智能化研发过程能力。国泰君安证券作为本书的重要支持单位之一，通过分享相关实践经验，希望可以为证券期货行业开展敏捷转型及研发运营一体化转型提供实践参考价值，并借此书出版的契机，继续推进金融科技数字化转型，聚焦促进证券业务创新、驱动业务增长、提升客户体验、优化运营协作、拓展业务创新生态等重点方向，为推动企业高质量发展提供助力。

DevOps 在金融企业落地实践是一个持续优化、持续完善的过程，我们需要有足够的勇气和耐心去追求精益，其间伴随着技术、组织机构、文化的一次次迭代和变革，期待与行业各机构一起，从"拥抱变化"向"引领变化"迈进！

俞　枫
国泰君安证券股份有限公司首席信息官

后记三

国内外大型企业实践表明，标准化和工具赋能是企业成功的关键所在。在行业数字化转型过程中，研发运营一体化实践的落地，能够切实解决研发过程不规范、软件交付效率低、软件交付质量差等基础性问题，更加敏捷安全地提高企业市场竞争力，助力企业数字化转型。

中泰证券始终高度重视金融科技创新发展，逐步构建"科技牵引、全面赋能"的金融科技体系。充分运用大数据、云计算、人工智能、区块链等前沿技术，大幅提升平台化、移动化、智能化水平，数字化转型与流程管理项目入选国务院国有重点企业管理标杆项目；科技生产力加速释放，XTP 量化私募覆盖率超过 90%，成为行业第一大量化私募交易平台。齐富通 App 连续七年获得"十佳券商 App"称号；数据治理能力不断提升，成为首家通过数据管理能力成熟度 3 级认证券商。蜂鸟效能管理平台是中泰证券以敏捷研发、研发运营一体化相关理念为指导思想，结合证券行业安全、合规等需求特性搭建的一个集多环境持续集成（CI）、持续发布（CD）、代码质量检测、自动化测试、上线流程审批、研发效能数据分析于一体的平台。该平台与敏捷研发模式相结合，实现了小迭代形式的持续交付，可以显著提高研发交付效率、缩短测试周期、提升交付质量、增强运维部署能力，加快产品功能特性的上线速度。自动化、平台化的自助式 DevOps 工具服务为金融科技研发团队发挥了重要的赋能作用，使中泰证券财富管理研发团队实现了技术团队的数字化转型。作为金融科技中的一个基础设施项目，蜂鸟效能管理平台实现了产品多环境交付、流程可视化、测试自动化、运维智能化、流程规范化和效能指标可视化等功能，解决了产品、研发、测试和运维等角色沟通协作中遇到的一系列问题，同时规范了公司内部互联网各系统上线审批流程，加强了交付过程的质量门禁把控，提高了中泰证券金融科技管理水平。

中泰证券作为《证券期货业研发运营一体化体系建设最佳实践汇编》重要支持单位，组织案例的编写，在各方人员的共同努力下，完成行业运营效能理论研究和实践探索的最新代表性案例汇总和系统梳理。本书详细介绍如何梳理现有平台、工具和流程，搭建符合证券期货行业实际的研发运营一体化模型标准的流水线和工具链，建立符合安全、合规要求的规范体系及度量体系，内容全面、实用性强，既可以帮助行业各方了解研发运营一体化体系建设的基本原理和方法，又提供了具体实践落地指导。

最后，《证券期货业研发运营一体化体系建设最佳实践汇编》是一本能够给准备或者已经在进行研发运营一体化体系建设及转型的行业机构提供实践指导的不可多得的好书,相信本书能够给证券期货行业和金融科技企业在实践研发运营一体化过程中提供启发、借鉴和参考。同时,希望读者朋友们在这个信息技术快速发展的时代乘风破浪、勇往直前,实现梦想!

张　勇

中泰证券股份有限公司首席信息官

鸣 谢

重要支持单位：

中国信息通信研究院
国泰君安证券股份有限公司
中泰证券股份有限公司

参编单位：

（以首字拼音排序）

安信证券股份有限公司
东方证券股份有限公司
富国基金管理有限公司
光大证券股份有限公司
国金证券股份有限公司
国信证券股份有限公司
海通证券股份有限公司
华泰证券股份有限公司
上海金融期货信息技术有限公司
上证所信息网络有限公司
中欧基金管理有限公司
中信建投证券股份有限公司